Ondernemerschap in de praktijk

Financieel management voor het MKB

Drs. A.W.W. Heezen

Derde druk

Noordhoff Uitgevers Groningen/Houten

Ontwerp omslag: G2K Designers Groningen/Amsterdam
Omslagillustratie: iStockPhoto

Eventuele op- en aanmerkingen over deze of andere uitgaven kunt u richten aan: Noordhoff Uitgevers bv, Afdeling Hoger Onderwijs, Antwoordnummer 13, 9700 VB Groningen, e-mail: info@noordhoff.nl

Ofschoon iedere poging is ondernomen om de volgens de auteurswet rechthebbenden van het in dit boek opgenomen illustratiemateriaal te traceren, is dit in enkele gevallen niet mogelijk gebleken. In het onderhavige geval verzoekt de uitgever rechthebbende met hem contact op te nemen.

0 / 17

ISBN 978-90-01-87821-4
NUR 782

Woord vooraf

Het ondernemerschap kan zich verheugen in een groeiende belangstelling. Hbo-instellingen stimuleren het ondernemerschap onder meer door het aanbieden van speciale modules of studies die zijn afgestemd op het ondernemerschap. Dit boek is echter ook geschikt voor hbo-opleidingen waarin het financieel management van een onderneming een minder prominente rol speelt. We kruipen in de huid van de ondernemer, waarbij we de financiële besturing en financiële beoordeling van een onderneming op de voorgrond stellen. Dit betekent onder meer dat we ons gaan bezig-houden met de balansen, de winst- en verliesrekeningen en de kasstromen van de onderneming. Zowel wat het verleden als de toekomst betreft, want de blik van de ondernemer moet immers op de toekomst zijn gericht. We besteden daarbij aandacht aan de financiële gegevens, maar ook aan de sterke en zwakke punten van de onderneming en aan de concurrentieposi-tie binnen de branche. Een branchevergelijking hoort daarbij. Dit boek is sterk op de praktijk georiënteerd en tot stand gekomen in nauwe samen-werking met docenten, adviseurs uit de bancaire wereld en ondernemers. Aan de hand van de fictieve onderneming Demo simuleren we concrete bedrijfssituaties. Verder laten we een echte ondernemer aan het woord in de persoon van Bart Romijnders (www.bartromijnders.nl), eigenaar van een carrosseriebedrijf.

Hoewel goed kunnen rekenen geen slechte eigenschap is, is het niet de bedoeling al te veel berekeningen te maken. Berekeningen die wat omvang-rijker zijn, hebben we met behulp van Excel uitgewerkt (zie www.financieel-managementmkb.noordhoff.nl). Deze Excel-uitwerkingen geven de gebruikers de mogelijkheid allerlei wijzigingen in de basisgegevens aan te brengen. Het Excel-model rekent dan de financiële gevolgen uit, zodat de gebruiker zich kan concentreren op het analyseren van de resultaten en het trekken van conclusies.

Dat dit boek is afgestemd op het financieel management binnen het MKB blijkt onder meer uit de onderwerpen die aan de orde komen, zoals: beoordeling concurrentiepositie, branche-analyse, fiscale aspecten en aansprakelijkheid (bij eenmanszaak, vennootschap onder firma en besloten vennootschap), gewaardeerd ondernemersloon (GOL), vermogenskosten van het eigen vermogen, bedrijfseconomisch resultaat, financiële analyse, gestapelde financiering, kredietunie, crowdfunding, participatiemaatschap-pijen, Borgstelling MKB, Innovatiekrediet, regionale ontwikkelingsmaat-schappijen, staatsgaranties en aanvraag van een banklening.

Dit boek is tot stand gekomen in nauwe samenwerking met personen uit de praktijk. In het bijzonder bedanken we C.G. Houterman, drs. H. Langeslag, G.T.M. Leenders FA, N. Nienhuis, Bart Romijnders, drs. G. Sweers, H. Verhaegen, J. Vrolijks en drs. W. Verhoeven voor hun creatieve ideeën en praktische aanwijzingen.

Reacties van gebruikers zien we graag tegemoet. Deze kunt u zenden naar Noordhoff Uitgevers, Afdeling Hoger Onderwijs, Antwoordnummer 13, 9700 VB Groningen.

Januari 2018

Elst, André Heezen

Inhoud

Inleiding 9

Deel 1
Introductie en inventarisatie 12

1 De ondernemer en de onderneming 15

1.1	Waar krijgt een ondernemer mee te maken?	16
1.2	Persoonlijke kwaliteiten van de ondernemer	17
1.3	De onderneming en haar omgeving	17
1.4	Onderneming en markt	18
1.5	Quick scan	18
1.6	Goederen- en geldstromen	19
1.7	Rechtsvormen	22
1.8	Enkele bijzondere regelingen	35
1.9	Ondernemingsvormen en belastingen	38
1.10	Omzettingsmotieven eenmanszaak/vof in een bv en omgekeerd	44
	Samenvatting	45
	Begrippenlijst	46
	Opgaven	49

2 Financiële verslaggeving 59

2.1	Functies van verslaggeving	60
2.2	Interne verslaggeving	60
2.3	Externe verslaggeving	61
2.4	Financieel verslag	62
2.5	Hoofdindeling van de balans	70
2.6	Hoofdindeling van de winst- en verliesrekening	73
2.7	Hoofdindelingen van het kasstroomoverzicht	74
	Samenvatting	75
	Begrippenlijst	76
	Opgaven	80

3   Samenhang tussen verschillende vormen van financiële informatie 87

3.1   Balans, winst- en verliesrekening en kasstroomoverzicht 88
3.2   Kapitaalsvergelijking 98
3.3   Bedrijfseconomisch resultaat 99
3.4   Cashflow 102
3.5   Overige financiële informatie 104
       Samenvatting 105
       Begrippenlijst 106
       Opgaven 107

Deel 2
Analyse huidige situatie 116

4   Analyse van de financiële structuur 119

4.1   Financiële structuur van een onderneming 120
4.2   Partiële en totale financiering 122
4.3   Interne en externe financiering 125
4.4   Vermindering van de vermogensbehoefte 125
4.5   Vermogensstructuur, zekerheden en zeggenschap 132
4.6   Rentabiliteit 133
4.7   Liquiditeit 143
4.8   Solvabiliteit 153
4.9   Brancheanalyse en historische ratioanalyse 156
       Samenvatting 159
       Begrippenlijst 160
       Opgaven 164

5   Brancheanalyse en benchmarking 183

5.1   Brancheanalyse 184
5.2   Benchmarking 191
5.3   Benchmarking voor onderneming Demo 191
       Samenvatting 194
       Begrippenlijst 195
       Opgaven 196

Deel 3
De financiële besturing van een onderneming 198

6 Inzicht in kosten en kostprijs 201

6.1	Marktvormen en kostprijs	202
6.2	Belasting toegevoegde waarde (btw)	204
6.3	Variabele en vaste kosten	207
6.4	Break-evenpunt	214
6.5	Integrale kostprijs van een product/dienst	223
6.6	Kostprijsberekening bij onderneming Demo	232
6.7	Zelf produceren of werk uitbesteden?	236
6.8	Differentiële calculatie	237
	Samenvatting 238	
	Begrippenlijst 240	
	Opgaven 242	

7 Investeren, liquiditeitsbegroting en begrote winst- en verliesrekening 259

7.1	Lange- en kortetermijnbeslissingen	261
7.2	Investeringsselectie	261
7.3	Beoordeling investeringsproject	264
7.4	Methoden om investeringsvoorstellen te beoordelen	269
7.5	Keuze uit verschillende investeringsmogelijkheden	274
7.6	Vergelijking van de selectiemethoden	277
7.7	Liquiditeitsbegroting	281
7.8	Begrote winst- en verliesrekening	284
	Samenvatting 286	
	Begrippenlijst 288	
	Opgaven 290	

8 Groei, overname en waardering 297

8.1	Interne en externe groei	298
8.2	Waardering bij overname van een onderneming	302
8.3	Onderhandelingsproces en overnameprijs	309
	Samenvatting 314	
	Begrippenlijst 315	
	Opgaven 317	

Deel 4

Het aanvragen van een bankfinanciering 326

9   Financiering in het MKB 329

9.1   Groei en de behoefte aan externe financiering 330
9.2   Financieringsmogelijkheden MKB 330
9.3   Nieuwe financieringsvormen voor het MKB 344
9.4   Financiering overname door onderneming Demo 350
9.5   Financiële reorganisatie en overnames 351
9.6   Gang van zaken bij faillissement 352
         Samenvatting 356
         Begrippenlijst 357
         Opgaven 360

10   Presentatie en beoordeling financieringsaanvraag 365

10.1   De eerste indruk 366
10.2   Financiële onderbouwing kredietaanvraag 366
10.3   Beoordeling kredietaanvraag door de bank 380
10.4   Risico-inschatting en risicobeheer 395
10.5   Procedures en beslissing over kredietaanvraag 398
           Samenvatting 399
           Begrippenlijst 400
           Opgaven 403

Numerieke antwoorden van de opgaven 420

Overzicht van websites en aanvullende literatuur 428

Register 429

Inleiding

In dit boek zetten we uiteen hoe ondernemers financiële informatie kunnen gebruiken bij het besturen van de onderneming en bij het onderbouwen van beslissingen. Daarbij staan niet allerlei theoretische beschouwingen, maar de praktische toepasbaarheid voorop.

We proberen een zo realistisch mogelijk beeld te schetsen van de financieel-economische vraagstukken waarmee een ondernemer kan worden geconfronteerd. De ondernemer staat niet alleen bij het besturen van de onderneming. Regelmatig zal gebruik worden gemaakt van interne en/of externe adviseurs, onder meer op financieel-economisch terrein. Om deze adviezen te kunnen gebruiken voor de besturing van de onderneming zal de ondernemer inzicht in de achtergronden moeten hebben. Bij de bespreking van deze achtergronden en toepassingen komen in het boek met een zekere regelmaat de volgende elementen terug:

- *Onderneming Demo.* Dit is een fictieve onderneming met de rechtsvorm eenmanszaak. Aan de hand van deze onderneming bespreken we allerlei financiële berekeningen en overzichten. Omdat de vennootschap onder firma (vof) en de besloten vennootschap (bv) ook belangrijke rechtsvormen zijn, maken we op basis van de fictieve onderneming Demo zo nu en dan uitstapjes naar de vof en/of bv.
- *Ondernemer Bart Romijnders.* Bart geeft op grond van zijn ervaringen met zijn eigen carrosseriebedrijf vooral inhoudelijke toelichtingen bij beslissingen die hij heeft genomen.
- *Voorbeelden.* De voorbeelden gaan in op onderwerpen die niet of in beperkte mate voorkomen bij onderneming Demo of carrosseriebedrijf Bart Romijnders.
- Aan het einde van ieder hoofdstuk is een aantal opdrachten of opgaven opgenomen. Door deze te maken, wordt de gebruiker van dit boek gestimuleerd de theorie toe te passen op vraagstukken uit de praktijk.
- *Exceluitwerkingen op de website.* In het kader van de financiële besturing en analyse van ondernemingen ontkomen we er niet aan allerlei berekeningen te maken. We proberen dit rekenwerk voor de gebruikers van dit boek tot een minimum te beperken, door ze ook in de vorm van een Excelbestand op de website bij dit boek (www.financieelmanagementmkb.noordhoff.nl) beschikbaar te stellen. Dit geeft de lezer de gelegenheid allerlei veranderingen in de basisgegevens aan te brengen en na te gaan wat de financiële consequenties daarvan zijn. Hiermee wordt het gebruik van Excel een belangrijk hulpmiddel bij het besturen van de onderneming.

Het boek bestaat uit vier delen: introductie en inventarisatie, analyse huidige situatie, de financiële besturing van een onderneming en het aanvragen van een bankfinanciering.

In het deel *Introductie en inventarisatie* wordt op basis van de balansen van de afgelopen twee jaar, de winst- en verliesrekening en het kasstroomoverzicht over het afgelopen jaar, de huidige financiële positie van de onderneming in kaart gebracht. Deze fase is gericht op het berekenen van allerlei financieel-economische groatheden, zonder er conclusies aan te verbinden. Daarbij besteden we ook aandacht aan het gewaardeerd ondernemersloon (GOL) en de vermogenskosten van het eigen vermogen.
In het deel *Analyse huidige situatie* beoordelen we de huidige financiële positie van de onderneming. Hier moeten we de resultaten uit de inventarisatiefase met elkaar in verband brengen en beoordelen hoe de onderneming er op dit moment financieel voorstaat. Daarbij wordt ook een vergelijking gemaakt met de financiële resultaten van branchegenoten.
In het deel *De financiële besturing van een onderneming* gaan we in op de financiële onderbouwing van concrete ondernemingsbeslissingen. Daarbij hoort onder meer de beslissing over het al dan niet overnemen van een branchegenoot. We beschrijven de overwegingen en financiële gevolgen van de beslissing van onderneming Demo om een branchegenoot over te nemen.
In het deel *Het aanvragen van een bankfinanciering* komt het opstellen van een begrote winst- en verliesrekening, een begroot kasstroomoverzicht en een begrote balans aan de orde. Dit zijn de overzichten die een belangrijke rol zullen spelen bij de beslissing van externe financiers, om al dan niet vermogen beschikbaar te stellen. Op basis van deze overzichten maken we een analyse van de toekomstige financiële positie van onderneming Demo, nadat ze een branchegenoot heeft overgenomen. Voor de financiering van de overname vraagt onderneming Demo een banklening aan. We ronden het boek af met het bespreken van de factoren die een rol spelen bij de beoordeling van de kredietaanvraag door de bank.

DEEL 1

Introductie en inventarisatie

1   **De ondernemer en de onderneming** 15

2   **Financiële verslaggeving** 59

3   **Samenhang tussen verschillende vormen van financiële informatie** 87

In Deel 1 brengen we de huidige financiële situatie van een bestaande onderneming in kaart. Dit doen we in het bijzonder op basis van de balansgegevens, de kasstroomoverzichten en de winst- en verliesrekeningen van twee opeenvolgende jaren. Naast de financiële gegevens zijn ook gegevens over de omgeving van de onderneming van belang om een goed beeld te vormen van de financiële positie van de onderneming. Daartoe behoren gegevens over de branche, de positie op de inkoop- en verkoopmarkt, concurrentieverhoudingen, marktpositie enzovoort. Ook informatie over de rechtsvorm waarin de onderneming wordt gevoerd en fiscale aspecten spelen een rol bij het voeren van een eigen onderneming.

1
De ondernemer en de onderneming

1.1   Waar krijgt een ondernemer mee te maken?
1.2   Persoonlijke kwaliteiten van de ondernemer
1.3   De onderneming en haar omgeving
1.4   Onderneming en markt
1.5   Quick scan
1.6   Goederen- en geldstromen
1.7   Rechtsvormen
1.8   Enkele bijzondere regelingen
1.9   Ondernemingsvormen en belastingen
1.10   Omzettingsmotieven eenmanszaak/vof in een bv en omgekeerd
        Samenvatting
        Begrippenlijst
        Opgaven

De eigenaar van een onderneming krijgt met een groot aantal zaken te maken. Zo moet een ondernemer over een aantal persoonlijke kwaliteiten beschikken, die hem of haar geschikt maken als ondernemer. Het beheersen van de goederen- en geldstromen is essentieel om de doelstelling van de onderneming te kunnen realiseren. Daarbij krijgt de ondernemer onder meer te maken met wet- en regelgeving en met het gedrag van concurrenten en afnemers. Een belangrijke beslissing betreft de keuze van de rechtsvorm van de onderneming. Deze keuze heeft gevolgen voor de aansprakelijkheid en de te betalen belastingen. In dit hoofdstuk gaan we nader in op deze aspecten van het ondernemerschap.

1.1 Waar krijgt een ondernemer mee te maken?

Ondernemers krijgen bij het voeren van een eigen onderneming onder meer te maken met juridische, fiscale, financiële en organisatorische aspecten. In dit boek over ondernemerschap staan de financiële aspecten van een eigen onderneming op de voorgrond. Deze aspecten hebben zowel te maken met de financiering van de onderneming, als met de beoordeling van de financiële resultaten die met de onderneming zijn behaald. Ook staan we stil bij de factoren die van invloed zijn op de toekomst van de onderneming. Ondernemen is immers vooruitzien! Een onderneming wil blijven voortbestaan en hopelijk op een zodanige wijze dat de financiële resultaten de minimaal vereiste vergoeding voor de werkzaamheden van de ondernemer en voor het geïnvesteerde eigen vermogen (zo veel mogelijk) overtreffen. Wij gaan ervan uit dat een ondernemer streeft naar het behalen van een zo hoog mogelijke winst.

Ondernemings-doelstelling
Bij het nastreven van de ondernemingsdoelstelling (en) moet de ondernemer ook rekening houden met randvoorwaarden, die het gevolg zijn van wettelijke voorschriften, overeenkomsten en dergelijke. Zo kunnen vestigings- en milieuvoorschriften beperkingen opleggen aan de wijze van produceren en aan de omvang van de onderneming. De ondernemingsdoelstelling (bijvoorbeeld het behalen van een zo hoog mogelijke winst) moet worden geconcretiseerd, waarbij de volgende vragen moeten worden beantwoord:
- Op welke afzetmarkten richt de onderneming zich?
- Welke producten of diensten gaat de onderneming aanbieden?
- Wat wordt de omvang van de onderneming?
- Waar wordt de onderneming gevestigd?
- Hoe wordt de productie opgezet?
- In welke rechtsvorm wordt de onderneming gedreven?
- Hoe wordt de onderneming gefinancierd?
- Hoe gaat de interne organisatie er uitzien?
- Wat wordt de personele bezetting en wie zorgt daarvoor?
- Hoe wordt de financiële administratie ingericht?

Het zijn allemaal vragen waarop de ondernemer antwoord zal moeten geven. Daarbij zullen regelmatig financiële aspecten een rol spelen.

Romijnders carrosseriebedrijf
In dit boek laten we regelmatig een ondernemer aan het woord, die vanuit zijn eigen ervaringen toelichtingen geeft bij de onderwerpen van het betreffende hoofdstuk. Het gaat hierbij om Bart Romijnders, die een eigen carrosseriebedrijf heeft (zie www.bartromijnders.nl). Bart legt zich toe op het herstellen van schades aan moderne auto's en het restaureren van klassieke auto's. Daarbij staat vakmanschap voorop. Bart legt uit waarom hij in 2006 een eigen onderneming is begonnen: 'Na mijn opleiding tot plaatwerker ben ik bij een carrosseriebedrijf in dienst getreden, waar ik het vak van autoschadehersteller tot in de puntjes heb geleerd. Maar op een gegeven moment begon het toch te kriebelen. Afkomstig uit een gezin waar het ondernemerschap in het bloed zit, wilde ik een eigen onderneming beginnen. Ik kan daarin mijn eigen ideeën over het vak volledig kwijt. De grote mate van vrijheid en het zelf volledig verantwoordelijk zijn voor het geleverde product waren voor mij belangrijke motieven. Tot op de dag van vandaag heb ik daar zeker geen spijt van.'

Ondernemer Bart Romijnders voor een van zijn restauratieobjecten. Zo ziet een ondernemer met passie voor zijn vak eruit!

1.2 Persoonlijke kwaliteiten van de ondernemer

Bij het leiden van een eigen onderneming wordt een beroep gedaan op een groot aantal kwaliteiten, zoals kennis van de markt(verhoudingen), initiatief nemen, leiding geven en het kunnen interpreteren van financiële gegevens (onder meer van de eigen onderneming). Gelukkig hoeft een ondernemer niet zelf over alle kwaliteiten te beschikken. Hij kan ook gebruikmaken van deskundigen. Zo zal het opstellen van de jaarrekening (balans en winst- en verliesrekening) en de belastingaangifte worden overgelaten aan externe adviseurs, zoals de accountant en belastingdeskundige. Hoewel de ondernemer niet zelf in staat hoeft te zijn de balans en winst- en verliesrekening van zijn eigen onderneming op te stellen, moet hij deze overzichten wel kunnen interpreteren en op basis daarvan beslissingen kunnen nemen. Wat betekenen de posten op de balans en hoe kan op basis van de balans en winst- en verliesrekening worden vastgesteld hoe de onderneming er in financieel opzicht voorstaat? De ondernemer zal op deze vragen antwoord moeten kunnen geven.

Externe adviseurs

1.3 De onderneming en haar omgeving

Een onderneming leidt geen geïsoleerd bestaan, maar maakt onderdeel uit van de maatschappij. De ondernemer moet rekening houden met een grote groep van individuen en instanties buiten de eigen onderneming. Om een onderneming te mogen beginnen moet aan bepaalde wettelijke eisen worden voldaan en er moet ook rekening worden gehouden met de belangen van bijvoorbeeld de omwonenden. Daarbij kunnen aspecten zoals geluidshinder en luchtverontreiniging een rol spelen. In figuur 1.1 geven we een overzicht van mogelijke externe relaties van een onderneming.

Externe relaties

FIGUUR 1.1 De onderneming en haar externe relaties

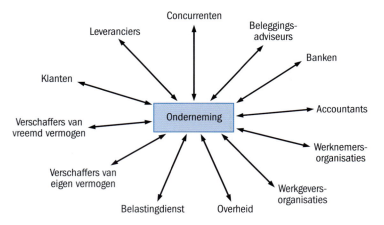

In figuur 1.1 zijn de belangrijkste externe relaties (personen en instellingen buiten de onderneming) van een bedrijf opgenomen. Uit de vorm van de pijlen blijkt dat de contacten tussen de onderneming en haar omgeving een tweerichtingsverkeer is: van binnen naar buiten en van buiten naar binnen. Zo verstrekt een onderneming informatie aan personen en instellingen buiten de onderneming en ontvangt ze ook informatie van deze externe relaties.

1.4 Onderneming en markt

Een onderneming legt zich toe op het voortbrengen en aanbieden van producten en diensten waaraan de maatschappij behoefte heeft. In vrije economieën komt de prijs van een goed in veel situaties tot stand onder invloed van vraag en aanbod (het marktmechanisme). De ondernemer zal in het algemeen (een monopolist uitgezonderd) moeten concurreren met andere aanbieders. De afnemer kan zelf beslissen van welke producent hij de producten afneemt (marktwerking). Daarbij zal de afnemer een afweging maken tussen de kwaliteit en de prijs van het geleverde product. Vanuit de ondernemer gezien heeft het voorgaande betrekking op de verkoopmarkt. Maar de ondernemer zal zelf ook materialen, grondstoffen en arbeid moeten inkopen voor zijn productieproces. Dan treedt hij op als inkoper en heeft hij te maken met de marktomstandigheden op de inkoopmarkt. Voor het nemen van verantwoorde beslissingen moet de ondernemer op de hoogte blijven van de ontwikkelingen zowel op de verkoopmarkt als op de inkoopmarkt.

**Markt-
mechanisme**

Marktwerking

1.5 Quick scan

Als een ondernemer snel een eerste indruk wil krijgen van het kwaliteits-niveau van de eigen organisatie, kan een quick scan worden gemaakt. Het Instituut Nederlandse Kwaliteit (INK) heeft een vragenlijst opgesteld waarin over 25 onderwerpen een vraag wordt gesteld. Op basis van de

Quick scan

antwoorden op deze vragen wordt aan de betreffende onderneming een score toegekend, die wordt vergeleken met de gemiddelde score in de betreffende branche. De vragenlijst is via www.ink.nl te downloaden.

1.6   Goederen- en geldstromen

Een ondernemer moet zich een goed beeld vormen van de markt waarop hij zich begeeft en van de wensen van de afnemer (de consument). De beslissingen die de ondernemer neemt zullen vroeg of laat tot een stroom van goederen en/of diensten leiden. Veel ondernemingen zijn tegenwoordig actief op het terrein van dienstverlening, waarbij het geven van adviezen een belangrijk onderdeel uitmaakt. Hoewel bij dienstverlening bepaalde bijzondere aspecten een rol spelen, zullen we bij de bedrijfseconomische benaderingswijze het leveren van fysieke producten en het leveren van diensten onder één noemer plaatsen. In beide gevallen spreken we van een goederenstroom. Voor een ondernemer is het belangrijk dat hij inzicht heeft in de goederenstromen die het gevolg zijn van zijn beslissingen. **Goederenstroom**
We lichten hierna eerst het begrip primair proces toe en gaan daarna in op de samenhang tussen de goederen- en geldstromen van een onderneming.

Met het primaire proces van een organisatie bedoelen we die activiteiten die rechtstreeks samenhangen met het product dat of de dienst die de organisatie voortbrengt. De middelen (zoals grondstoffen, machines en hulpmiddelen) die nodig zijn om een product voort te brengen, noemen we productiemiddelen. Tijdens een productieproces vormen arbeid, machines, grondstoffen en hulpmiddelen de input en is het eindproduct dat aan de klant wordt geleverd de output. We kunnen het primaire proces in een schema weergeven, zie figuur 1.2. **Primair proces**

FIGUUR 1.2 Het primaire proces

De pijlen geven de richting van de goederenstromen binnen de onderneming weer.
Om over de productiemiddelen te kunnen beschikken zal een onderneming een tegenprestatie moeten leveren. Deze tegenprestatie heeft meestal de vorm van het betalen van een geldbedrag. Zo zal voor de aanschaf van machines een geldbedrag aan de leverancier van de machines betaald **Geldstromen** moeten worden. Aan de werknemers (de productiefactor arbeid) zal een salaris betaald moeten worden, terwijl de leveranciers van energie (zoals Essent en Eneco) de betaling van de energienota zullen eisen. Dit zijn allemaal voorbeelden van uitgaande geldstromen. Daar staat tegenover dat

de onderneming van haar klanten geld zal ontvangen voor de geleverde producten en/of diensten. De richting van de geldstromen is tegenovergesteld aan de richting van de goederenstromen. De geldmiddelen waarover een onderneming de beschikking heeft, noemen we liquide middelen. Geldontvangsten vergroten de voorraad liquide middelen, terwijl gelduitgaven daarop in mindering komen. De goederen- en geldstromen van een organisatie geven we in figuur 1.3 weer.

Liquide middelen
Goederen- en geldstromen

FIGUUR 1.3 Goederen- en geldstromen van een organisatie

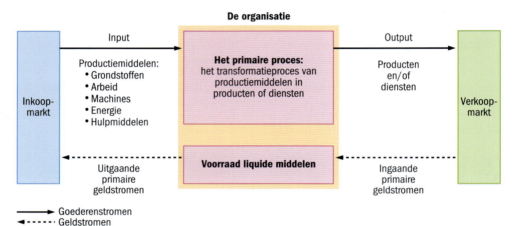

De voorraad liquide middelen aan het einde van een periode = voorraad liquide middelen aan het begin van een periode + geldontvangsten – gelduitgaven. De geldstromen die verband houden met het primaire proces noemen we primaire geldstromen.

Primaire geldstromen

Het doel van een onderneming is dat uiteindelijk de ingaande primaire geldstromen de uitgaande primaire geldstromen overtreffen. In dat geval is de onderneming levensvatbaar. Tijdelijk kan zich echter de situatie voordoen dat de beschikbare financiële middelen onvoldoende zijn om alle gewenste aankopen te betalen. In dat geval kan een beroep worden gedaan op de vermogensmarkt. Zo zal een startende onderneming in het begin grote investeringen moeten verrichten, terwijl de hoeveelheid liquide middelen beperkt is. In dat geval zal een lening bij een bank mogelijk uitkomst bieden: de onderneming doet een beroep op de vermogensmarkt. Het opnemen van een lening bij een bank (een vorm van vreemd vermogen) leidt in eerste instantie tot een ingaande geldstroom. Over de lening zal in het algemeen interest en aflossing moeten worden betaald. Dit leidt tot uitgaande geldstromen naar de vermogensmarkt (waartoe ook de banken behoren). De geldstromen van en naar de vermogensmarkt noemen we secundaire geldstromen. Alle andere geldstromen noemen we primaire geldstromen. Als we ook rekening houden met de geldstromen van en naar de vermogensmarkt zien de goederen- en geldstromen eruit zoals in figuur 1.4 is weergegeven.

Vermogensmarkt

Secundaire geldstromen

FIGUUR 1.4 Goederen- en geldstromen van een organisatie met vermogensmarkt

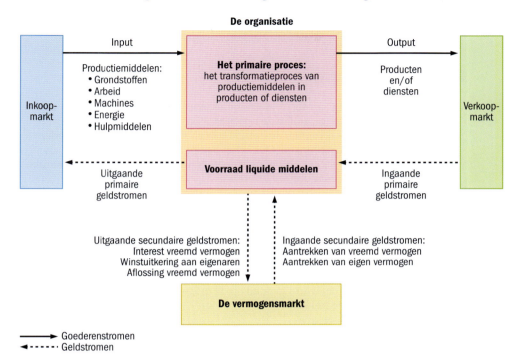

—————▶ Goederenstromen
◀········ Geldstromen

Naast vreemd vermogen kan een onderneming ook eigen vermogen aantrekken. Het eigen vermogen van ondernemingen in het Midden- en Kleinbedrijf (met de rechtsvorm van bijvoorbeeld eenmanszaak, vennootschap onder firma of bv) wordt meestal ingebracht door de eigenaren en/of familieleden of vrienden van de eigenaren. Grote bedrijven met de rechtsvorm van nv trekken eigen vermogen aan door aandelen uit te geven via de effectenbeurs. De verkoop van de aandelen aan beleggers (aandeelhouders) leidt tot een ingaande geldstroom. Het eigen vermogen hoeft in tegenstelling tot vreemd vermogen niet terugbetaald te worden. Het is permanent aan de onderneming ter beschikking gesteld. De aandeelhouders verwachten echter wel een vergoeding over het beschikbaar gestelde vermogen. Ze hebben recht op een gedeelte van de winst. Het gedeelte van de winst dat voor de aandeelhouders is bestemd, noemen we dividend. We vatten in figuur 1.5 het voorgaande kort samen.

Eigen vermogen

Dividend

FIGUUR 1.5 Vormen van vermogen

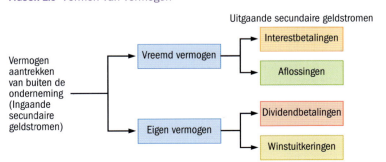

Vermogens-markt

Als een onderneming van buiten de eigen organisatie geld (vermogen) aantrekt, doet zij een beroep op de vermogensmarkt. De vermogensmarkt is het geheel van vraag naar en aanbod van eigen en vreemd vermogen. Banken zijn de belangrijkste aanbieders van vreemd vermogen.

1.7 Rechtsvormen

Bij de oprichting van een onderneming moet een aantal zaken formeel worden geregeld. Zo zullen de noodzakelijke vergunningen verkregen moeten worden en zullen de oprichters een naam voor de nieuwe onderneming moeten bedenken. Ook is het belangrijk algemene leveringsvoorwaarden vast te stellen, zodat de afnemers weten tegen welke voorwaarden de nieuwe onderneming wil leveren.

Ondernemings-vorm

Een andere belangrijke beslissing is de keuze van de ondernemingsvorm. Een onderneming kan kiezen in welke juridische vorm (rechtsvorm) de onderneming wordt gedreven. De keuze van de rechtsvorm heeft onder meer gevolgen voor de aansprakelijkheid, de zeggenschap en het eigendom van de onderneming. De gekozen rechtsvorm is ook van belang voor de externe relaties van de onderneming. Daarom wordt de rechtsvorm vermeld op de officiële stukken, zoals facturen en briefpapier. Bovendien heeft de keuze van de rechtsvorm invloed op de mogelijkheden om eigen en vreemd vermogen aan te trekken.

Een onderneming heeft de keuze uit onder andere de volgende acht rechtsvormen:
1 eenmanszaak
2 maatschap
3 commanditaire vennootschap (cv)
4 vennootschap onder firma (vof)
5 besloten vennootschap (bv)
6 naamloze vennootschap (nv)
7 vereniging
8 stichting

Natuurlijke personen

Bij de eerste vier rechtsvormen behoort de onderneming toe aan een of meer *natuurlijke personen (mensen)*. Zij zijn in principe met hun *privévermogen* aansprakelijk voor de schulden van de onderneming. Deze rechtsvormen worden daarom *persoonlijke ondernemingsvormen* genoemd. In een cv of vof wordt een bedrijf uitgeoefend en in een maatschap wordt een beroep uitgeoefend (bijvoorbeeld een maatschap van fysiotherapeuten).

Rechts-personen

De laatste vier rechtsvormen zijn *rechtspersonen*. Een rechtspersoon is een zelfstandig lichaam met eigen rechten en plichten én een afzonderlijk vermogen. Bij deze rechtsvormen hebben de rechten en verplichtingen die door de onderneming zijn aangegaan, geen betrekking op de eigenaren persoonlijk. Ze worden daarom *onpersoonlijke ondernemingsvormen* genoemd. Als de onderneming in de vorm van een rechtspersoon wordt gedreven, zijn de eigenaren niet met hun privévermogen aansprakelijk voor de schulden van de onderneming. Alleen het vermogen dat ze aan de onderneming beschikbaar hebben gesteld, staat dan op het spel.

Tijdens het bestaan van de onderneming kunnen de omstandigheden zodanig wijzigen, dat de onderneming besluit een andere rechtsvorm te kiezen.

De keuze van de rechtsvorm heeft gevolgen voor de:
- regeling van de aansprakelijkheid (wie draagt de risico's?);
- omvang van de te betalen belastingen (vennootschapsbelasting en inkomstenbelasting);
- mogelijkheden om vermogen aan te trekken;
- sociale zekerheid en pensioenopbouw van de directeur/eigenaar;
- publicatieplicht en de rol van de accountant.

Bij de keuze van de rechtsvorm zal de ondernemer zich laten adviseren door deskundigen, zoals accountants en notarissen. Ook kan informatie worden ingewonnen bij de Kamer van Koophandel. De Kamer van Koophandel heeft regionale vestigingen, die zich bezighouden met het geven van voorlichting en informatie voor bedrijven en met de uitvoering van twee wetten: de Handelsregisterwet en de Handelsnaamwet. In het handelsregister van de Kamer van Koophandel staan ondernemingen, verenigingen en stichtingen ingeschreven. De gegevens in dit register (waaronder handelsnaam en vestigingsplaats) kunnen door iedereen worden geraadpleegd. **Kamer van Koophandel**

Het bestuur van de regionale Kamers van Koophandel bestaat uit vertegenwoordigers van regionale ondernemers- en werknemersorganisaties. Op deze wijze kunnen bedrijven uit de regio invloed uitoefenen op het beleid van de Kamers van Koophandel. Nadere informatie over de Kamer van Koophandel is te vinden op www.kvk.nl.

In de paragrafen 1.7.1 tot en met 1.7.3 lichten we de verschillende rechtsvormen nader toe.

We gaan nader in op de eenmanszaak, de vennootschap onder firma (vof) en de besloten vennootschap (bv). Voor deze rechtsvormen bespreken we de aspecten aansprakelijkheid, te betalen belastingen (fiscale aspecten), de mogelijkheden om vermogen aan te trekken, sociale zekerheid en pensioenopbouw, publicatieverplichtingen en de rol van de accountant. Ook sommen we de belangrijkste voor- en nadelen van deze rechtsvormen in het kort op. Hierbij gaan we uit van de situatie zoals die in 2017 gold. Het is raadzaam bij de keuze van de rechtsvorm de hulp van externe adviseurs in te roepen. Ook kan informatie via internet worden verkregen. In dat verband zijn ook de websites www.notaris.nl en www.kvk.nl van belang.

1.7.1   Eenmanszaak

Een ondernemer die als rechtsvorm de eenmanszaak kiest, heeft de eigendom en de leiding van de onderneming. De financiële resultaten van een eenmanszaak zijn sterk afhankelijk van de inzet en bekwaamheden van de eigenaar. Wanneer de eigenaar zich (bijvoorbeeld door ziekte of het bereiken van een hoge leeftijd) uit de eenmanszaak wil terugtrekken, is het vaak moeilijk een geschikte opvolger te vinden. Startende ondernemingen worden, omdat ze meestal op kleine schaal beginnen, vaak opgericht in deze rechtsvorm. 'Eenmanszaak' betekent overigens niet dat er geen werknemers in dienst kunnen zijn. Ook ondernemingen met een groot aantal werknemers kunnen de rechtsvorm van eenmanszaak hebben. **Eenmanszaak**

Aansprakelijkheid

Aansprakelijk-heid

Bij een eenmanszaak is er geen juridische scheiding tussen het vermogen van de onderneming en het privévermogen van de eigenaar. De eigenaar is met zijn totale vermogen aansprakelijk voor de schulden van de onderneming. In geval van faillissement wordt ook het privévermogen van de eigenaar aangesproken om de schulden van de eenmanszaak te voldoen.

Huwelijkse voorwaarden

Huwelijkse voorwaarden

Bij rechtspersonen is er een duidelijke juridische scheiding tussen het zakelijk vermogen van de rechtspersoon en het privévermogen van de eigenaren/bestuurders. Dit is echter niet het geval bij natuurlijke personen (zoals eenmanszaak, maatschap, vennootschap onder firma of commanditaire vennootschap).

Als de eigenaar van een onderneming die geen rechtspersoonlijkheid bezit, trouwt of een geregistreerd partnerschap aangaat zonder vooraf huwelijkse voorwaarden op te stellen, dan is men gehuwd of is een geregistreerd

Algehele gemeenschap van goederen

partnerschap aangegaan in *algehele gemeenschap van goederen*. Dat houdt onder andere in dat de partner van de eigenaar mede aansprakelijk is voor de schulden van de onderneming (natuurlijk persoon). Als de partner over een privévermogen beschikt en de natuurlijke persoon (de onderneming) gaat failliet, dan kan de schuld verhaald worden op het privévermogen van de partner.

Zakelijk vermogen

Bij een algehele gemeenschap van goederen is er geen scheiding tussen het zakelijk vermogen en het privévermogen van de partners. We geven dat in figuur 1.6 weer, waarbij we veronderstellen dat de onderneming in de vorm van een eenmanszaak wordt gedreven.

FIGUUR 1.6 Algehele gemeenschap van goederen

De stippellijnen geven een
denkbeeldige scheiding aan,
juridisch bestaat deze scheiding niet.

In voorgaande situatie loopt de partner van de ondernemer het risico het privévermogen te verliezen. Als men dat risico niet wil lopen, moet er een juridische scheiding worden aangebracht tussen het vermogen van de eigenaar van de eenmanszaak en het vermogen van de partner. Om dat te bereiken moeten de gehuwden en/of geregistreerd partners huwelijkse voorwaarden opstellen (bij voorkeur vóór het sluiten van het huwelijk of het aangaan van het geregistreerd partnerschap), waarin deze scheiding van de vermogens wordt vastgelegd. De situatie die dan ontstaat, geven we in figuur 1.7 weer.

FIGUUR 1.7 Huwelijkse voorwaarden waarbij een scheiding tussen de vermogens van de ondernemer en de partner is vastgelegd

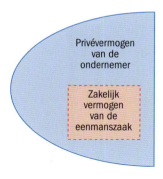

In deze situatie (figuur 1.7) is er geen juridische scheiding tussen het zakelijk en privévermogen van de ondernemer, maar wel tussen het vermogen van de ondernemer en het vermogen van de partner. De partner is niet aansprakelijk voor de schulden van de onderneming. Bij ondernemingen die geen rechtspersoonlijkheid bezitten (zoals een eenmanszaak en vennootschap onder firma), verdient de situatie zoals in figuur 1.7 is geschetst, de voorkeur.

Tijdens het huwelijk kunnen alsnog huwelijkse voorwaarden worden gemaakt, maar de rechtbank zal dan alleen goedkeuring verlenen als er geen benadeling van crediteuren optreedt.

Fiscale aspecten

De winsten die de eigenaar van een eenmanszaak geniet, zijn onderworpen aan de inkomstenbelasting. De inkomstenbelasting wordt geheven volgens een progressief stelsel. Dat wil zeggen dat over de eerste schijven van het belastbaar inkomen een lager belastingtarief wordt geheven dan over de hogere schijven. De percentages van de inkomstenbelasting (inclusief premies volksverzekeringen) voor personen tot 65 jaar beginnen bij 36,55% en lopen op naar 52% van het belastbaar inkomen (gegevens over het belastingjaar 2017). Daarom kan het voor eenmanszaken met hoge winsten op grond van fiscale aspecten aantrekkelijk zijn een andere rechtsvorm te kiezen. In paragraaf 1.8 gaan we nader op de fiscale aspecten in.

Inkomstenbelasting

Aantrekken van vermogen

Het vermogen dat door de eigenaar beschikbaar is gesteld en de ingehouden winsten zijn voor de eenmanszaak de belangrijkste bronnen van eigen vermogen. Daarnaast kan van buiten de onderneming (vreemd) vermogen worden aangetrokken. Externe financiers (veelal banken) zullen bij het verstrekken van *vreemd vermogen* vooral letten op:
- de winstverwachtingen van de onderneming;
- het vertrouwen in de ondernemingsleiding (kwaliteiten van de ondernemer of het managementteam);
- de aard van het bedrijf en de branche waarin het actief is;
- de omvang van het eigen vermogen van de onderneming en het privévermogen van de ondernemer/eigenaar;
- het beschikbaar zijn van onderpanden, zoals machines, inventaris, voorraden en debiteuren.

Als banken op basis van de eerste drie aspecten bereid zijn krediet te verstrekken, zullen ze daarnaast vaak nog een onderpand vragen voor de te verstrekken lening. Het onderpand dient voor de banken als zekerheidstelling. Als de onderneming niet aan haar verplichtingen voldoet, kan de bank het onderpand verkopen en uit de opbrengst haar vordering verhalen.

Sociale zekerheid en pensioenopbouw

De eigenaar van een eenmanszaak is een zelfstandige en kan geen aanspraak maken op werknemersverzekeringen, zoals de Werkloosheidswet (WW), de Wet op de arbeidsongeschiktheidsverzekering (WAO), de Wet werk en inkomen naar arbeidsvermogen (WIA) en de Ziektewet (ZW). De eigenaar van een eenmanszaak kan niet deelnemen aan een pensioenfonds en zal zijn pensioenvoorziening zelf moeten regelen. Zo kan de eigenaar een beleggingsportefeuille opbouwen. De inleg in de beleggingsportefeuille is fiscaal niet aftrekbaar. Het is ook mogelijk een lijfrenteovereenkomst te sluiten. De premies die in verband daarmee moeten worden betaald, zijn fiscaal aftrekbaar. Bijgevolg worden de toekomstige uitkeringen op basis van de lijfrente fiscaal belast. Een andere mogelijke bron van inkomsten nadat een ondernemer zijn activiteiten heeft gestaakt, vloeit voort uit het bezit van onroerend goed (bijvoorbeeld een zakenpand). Een ondernemer kan het pand waarin zijn onderneming was gehuisvest, na beëindiging van zijn activiteiten, gaan verhuren. De waarde van het pand valt in box 3 (zie paragraaf 1.9). Over de waarde van het pand in verhuurde staat wordt een fictief rendement berekend en als inkomen aangemerkt. Over dit fictieve rendement moet inkomstenbelasting (in box 3) worden betaald. De feitelijk ontvangen huur is vrij van belasting. Het bezit van bedrijfspanden en de huuropbrengsten die daaruit voortvloeien, zijn voor de ondernemer die zijn activiteiten heeft gestaakt een vorm van pensioenvoorziening.

Ondernemers die nog geen 65 jaar zijn en aan een urencriterium voldoen, kunnen een oudedagsreserve opbouwen. Jaarlijks kan een gedeelte van de winst aan de oudedagsreserve worden toegevoegd. Over deze dotatie is in het jaar waarin de toevoeging plaatsvindt geen inkomstenbelasting verschuldigd. Toekomstige afnames van de oudedagsreserve worden op het moment van deze afname belast. De toevoeging (dotatie) aan de oudedagsreserve leidt tot uitstel (maar geen afstel) van belastingbetaling. De toename en/of afname van de oudedagsreserve leidt niet tot geldstromen, met uitzondering van het feit dat de uitgaande geldstroom naar de belastingdienst wordt uitgesteld. De oudedagsreserve kan op ieder gewenst moment worden omgezet in een lijfrenteverzekering. Tegenover de belaste afname van de oudedagsreserve staat dan een even hoog bedrag aan aftrekbare lijfrentepremie. De betaling van de lijfrente leidt op het moment van storting tot een uitgaande geldstroom en in de toekomst tot een ingaande geldstroom.

Alleen mensen in loondienst, met uitzondering van de directeur-grootaandeelhouder bij een bv (zie hierna), kunnen aanspraak maken op uitkeringen op grond van de sociale verzekeringen, zoals de Wet werk en inkomen naar arbeidsvermogen (WIA) en de Ziektewet (ZW). Met ingang van 1 januari 2006 is de WIA in werking getreden. De WIA is opgebouwd uit twee onderdelen: de Inkomensvoorziening Volledig Arbeidsongeschikten (IVA) en de Werkhervatting Gedeeltelijk Arbeidsgeschikten (WGA).
De ziektewet is grotendeels geprivatiseerd. De verplichting tot doorbetaling van loon gedurende 104 weken is bijna geheel op de schouders van de ondernemer gekomen. Er zijn inmiddels verschillende mogelijkheden om

Margin terms:
WW
WAO
WIA
ZW
Pensioen-
voorziening

Oudedags-
reserve

Lijfrente-
verzekering

IVA
WGA

het risico van ziektegeld te verzekeren. Ook de ondernemer kan zelf aan de (collectieve) ziekteverzuimverzekering deelnemen. Nadere informatie is te vinden op www.uwv.nl en www.rijksoverheid.nl.

Zorgverzekering

Met ingang van 1 januari 2006 is er een zorgverzekering voor iedereen. Voor de kosten ervan kan een tegemoetkoming worden verleend. Dit is de zorgtoeslag waarvan de hoogte afhankelijk is van het inkomen van de verzekerde. Ook het inkomen van de eventuele partner is van belang bij de vaststelling van de hoogte van de zorgtoeslag (zie www.toeslagen.nl).

Zorg-verzekering

Publicatieverplichtingen en de rol van de accountant

Een eenmanszaak hoeft zijn financiële gegevens (zoals de balans en winst- en verliesrekening) niet te publiceren. Dit wordt door menig ondernemer als een voordeel gezien, omdat de meeste ondernemers derden (bijvoorbeeld concurrenten) geen inzicht willen verschaffen in de behaalde resultaten.
De accountant is een belangrijke adviseur voor het MKB. Uit een onderzoek blijkt dat 47% van de ondernemingen in het MKB de accountant (of boekhouder) als belangrijkste adviseur zien. De accountant wordt met name ingeschakeld bij:

Accountant

- opstellen van de jaarrekening
- grote investeringen
- overnames en bedrijfsopvolging
- wijzigingen in de leiding
- uitbreiding van de externe financiering

Voor- en nadelen van de eenmanszaak

Voordelen van de eenmanszaak zijn:

Voordelen eenmanszaak

- Snelle besluitvorming is mogelijk, omdat de eigenaar niet met mede-eigenaren hoeft te overleggen.
- Grote betrokkenheid van de eigenaar bij het bedrijfsgebeuren omdat zijn inkomen in veel gevallen (volledig) afhankelijk is van de resultaten van zijn zaak.
- Fiscaal aantrekkelijk bij lage winsten.

Nadelen van de eenmanszaak zijn:

Nadelen eenmanszaak

- Juridisch zijn persoon en bedrijf één. Stopt de ondernemer, dan houdt het bedrijf juridisch gezien op te bestaan.
- Het inkomen van de eigenaar kan sterk schommelen, omdat het afhankelijk is van de bedrijfsresultaten.
- De eigenaar is in geval van faillissement ook met zijn privévermogen aansprakelijk voor de schulden van de eenmanszaak.

1.7.2   Vennootschap onder firma (vof)

Als twee of meer natuurlijke personen samen een onderneming willen drijven, kunnen ze kiezen voor de rechtsvorm van de vof. De firmanten van een vof kunnen natuurlijke personen zijn (bijvoorbeeld familieleden, kennissen of vrienden), maar ook een rechtspersoon zoals een bv kan een firmant zijn. De oprichting van een vof moet schriftelijk gebeuren. Een notariële akte is niet verplicht, maar verdient wel aanbeveling. Een vof moet in het handelsregister (dat wordt bijgehouden door de Kamer van Koophandel) worden ingeschreven.

Vennootschap onder firma

De vof is een vennootschap ter uitoefening van een *bedrijf* onder een gemeenschappelijke naam. De vennoten kunnen geld, maar ook goederen, arbeid, octrooien of andere zaken van waarde inbrengen. De vennoten hebben samen de leiding over de vof. Een vof tussen echtgenoten is ook mogelijk. Deze zogenoemde manvrouwfirma heeft als voordeel dat beide firmanten als zelfstandige ondernemer worden aangemerkt en recht hebben op de fiscale faciliteiten die daaraan zijn verbonden. Omdat het voortbestaan en de financiële resultaten van een vof niet afhankelijk zijn van één persoon, zijn de mogelijkheden om een vof voort te zetten groter dan bij een eenmanszaak.

Maatschap

Een samenwerkingsverband tussen twee of meer personen waarin een *beroep* wordt uitgeoefend is een maatschap. Zo zijn er maatschappen van fysiotherapeuten, chirurgen, advocaten en notarissen. In grote lijnen gelden voor de vof en de maatschap dezelfde regels (met name op fiscaal terrein). In plaats van vof mag daarom in veel gevallen ook maatschap worden gelezen.

Aansprakelijkheid

Hoofdelijk aansprakelijk

Ieder van de vennoten is hoofdelijk aansprakelijk voor de schulden van de vof. Ook het privévermogen van de vennoot kan worden aangesproken. Bij faillissement worden de schuldeisers van de vof zo veel mogelijk betaald uit het vermogen van de vof. Als dit niet toereikend is, kunnen de schuldeisers aanspraak maken op het hele privévermogen van iedere vennoot afzonderlijk. Deze zakelijke schuldeisers staan dan op gelijke hoogte met de privé-schuldeisers van de vennoten.

Er ontstaan door de vof aansprakelijkheden voor alle vennoten, tenzij het gaat om handelingen die niet binnen het doel van de vof passen. Ook kunnen in het vof-contract beperkingen worden opgelegd met betrekking tot de bevoegdheid van individuele vennoten om de vof te vertegenwoordigen. Zo kan bijvoorbeeld worden vastgelegd dat voor het aangaan van verplichtingen boven een bepaald bedrag, de toestemming van alle vennoten vereist is. In het vof-contract kunnen onder meer afspraken worden vastgelegd over de winstverdeling, de voorschotten op de winst, opnames uit de kas en onkostenvergoedingen. De afspraken tussen de firmanten van de vof hebben geen externe werking.

Fiscale aspecten, sociale zekerheid, pensioenen et cetera

De fiscale aspecten, sociale zekerheid en pensioenen, publicatieverplichtingen en de rol van de accountant bij een vof zijn vergelijkbaar met de situatie die geldt voor de eenmanszaak. Dit geldt ook voor de voor- en nadelen van deze rechtsvorm. De mogelijkheden om vermogen aan te trekken zullen in het algemeen echter groter zijn dan bij een eenmanszaak, omdat het eigendom en de leiding niet afhankelijk zijn van één persoon.

De vof en de maatschap worden voor de omzetbelasting en (als er personeel is) ook voor de loonbelasting als zelfstandige eenheid beschouwd.

Bij een vof moeten er maatregelen worden getroffen om het voortbestaan van de vof te waarborgen in geval een van de vennoten komt te overlijden. Zo kan er een compagnonverzekering worden afgesloten die ervoor zorgt, dat de nabestaanden van de overleden vennoot verzorgd achterblijven. De

Risico-verzekeringen

risicoverzekeringen moeten wel *kruislings* (over en weer) worden gesloten.

Ook een zelfstandige ondernemer heeft aanspraak op ouderdomspensioen op grond van de Algemene Ouderdoms Wet (AOW). Er zijn ook andere manieren om oudedagsvoorzieningen op te bouwen, zoals de opbouw van oudedagsvoorzieningen in eigen beheer, oudedagsvoorzieningen uit de opbrengst van het te verkopen bedrijf en het gebruikmaken van de oude- dagsreserve. Een ondernemer die gebruikmaakt van de oudedagsreserve hoeft over het gedeelte van de winst dat in een bepaald jaar aan de oude- dagsreserve wordt toegevoegd geen inkomstenbelasting af te dragen. In het jaar waarin er bedragen aan de oudedagsreserve worden onttrokken, wordt alsnog inkomstenbelasting geheven over het bedrag dat aan de oudedags- reserve is onttrokken. De oudedagsreserve leidt in feite tot uitstel van belastingbetaling. Naast de oudedagsreserve kan de ondernemer gebruik- maken van bepaalde vrijstellingen, waardoor het te betalen belastingbedrag lager wordt.

Oudedags- reserve

1.7.3   Besloten vennootschap (bv)

De besloten vennootschap is een vennootschap waarbij het maatschappe- lijk kapitaal verdeeld is in aandelen die niet vrij overdraagbaar zijn (de aandelen staan *op naam*). Van de aandelen worden geen aandeelbewijzen uitgegeven. In plaats daarvan houdt de bv een register bij waaruit blijkt welke personen deelnemen in de bv en voor welk aantal aandelen.
Op grond van wettelijke voorschriften is de overdracht van aandelen van een bv aan beperkingen onderhevig.

Besloten vennootschap

Binnen de bv kunnen we de volgende drie geledingen onderscheiden.
1 *De Algemene Vergadering van Aandeelhouders (AVA).* De AVA komt minimaal één keer per jaar bijeen. Belangrijke taken van de AVA zijn:
  • vaststellen van de jaarrekening;
  • benoemen van leden van de Raad van Bestuur;
  • verlenen van toestemming voor een aantal belangrijke beslissingen, zoals wijziging van de statuten, uitgifte van aandelen en fusie.
In het algemeen hebben de aandeelhouders het recht om per aandeel één stem in de AVA uit te brengen.
2 *De Raad van Bestuur (RvB).* De RvB (de directie) is belast met de dagelijkse leiding van de bv. Voor belangrijke beslissingen is veelal de toestemming van de AVA of de Raad van Commissarissen vereist.
3 *De Raad van Commissarissen (RvC).* Er kan bij de bv een RvC zijn inge- steld. De RvC houdt toezicht op en geeft adviezen aan de RvB.

Algemene Vergadering van Aandeel- houders

Raad van Bestuur Raad van Commis- sarissen

Zeggenschap
De aandeelhouders zijn de eigenaren van de bv. Zij kunnen hun macht uitoefenen via de AVA. De dagelijkse leiding van de bv berust bij de RvB (de directie), die door de AVA wordt benoemd. In de statuten kan bepaald worden dat er een RvC moet worden benoemd, die namens de aandeelhou- ders toezicht op het bestuur moet uitoefenen.

Zeggenschap

De aandeelhouders hebben recht op een deel van de winst. De rechten die aan aandelen verbonden zijn, kunnen verschillen. Er zijn onder andere de volgende aandelen:
  • *Gewone aandelen*: deze aandelen geven stemrecht in de AVA en recht op een evenredig deel in de winst van de bv;
  • *Winstpreferente aandelen*: aandelen die voorrechten geven bij de winstverdeling;
  • *Prioriteitsaandelen*: aandelen die extra zeggenschap geven bij belang- rijke zaken, zoals de benoeming van leden van de Raad van Bestuur, beslissingen over grote investeringsprojecten en de uitbreiding van het aandelenkapitaal.

Aandelen

Afhankelijk van de vraag aan wie de aandelen van een bv zullen worden overgedragen, is de overdracht vrij of geblokkeerd. De groep van personen waaraan op grond van de wet de aandelen van een bv vrij kunnen worden overgedragen, zijn:
- echtgenoot of geregistreerd partner;
- bloedverwanten en aanverwanten in de rechte lijn onbeperkt en in de zijlijn tot en met de tweede graad;
- medeaandeelhouders;
- de besloten vennootschap zelf.

Blokkeringsregeling

Het besloten karakter van een bv komt ook tot uitdrukking in de blokkeringsregeling. De blokkeringsregeling kan de vorm hebben van een goedkeuringsregeling of een aanbiedingsregeling.

Goedkeuringsregeling

Bij een goedkeuringsregeling heeft de aandeelhouder die zijn aandelen wil overdragen, hiervoor de goedkeuring nodig van een bij statuten daartoe aangewezen orgaan van de vennootschap. Dit orgaan kan de AVA of de RvB zijn.

Aanbiedingsregeling

Als de statuten een aanbiedingsregeling bevatten, moet een aandeelhouder die zijn aandelen wil verkopen, deze eerst aan zijn mede-aandeelhouders aanbieden.

Zowel bij de goedkeuringsregeling als de aanbiedingsregeling geldt dat de aandeelhouder die zijn aandelen wil verkopen een prijs moet krijgen die gelijk is aan de waarde die door een of meer onafhankelijke deskundigen is vastgesteld.

Aansprakelijkheid

Aansprakelijkheid

Tot op het moment dat aan alle juridische formaliteiten voor de oprichting en inschrijving van een bv is voldaan, zijn de oprichters hoofdelijk aansprakelijk voor de schulden van de bv. Als er aan alle wettelijke voorschriften voor oprichting is voldaan, blijft de aansprakelijkheid van de aandeelhouders beperkt tot het bedrag waarvoor zij aandelen in de bv hebben genomen. De aandeelhouders zijn niet met hun privévermogen aansprakelijk voor de schulden van de bv. De houders van niet-volgestorte aandelen kunnen, bijvoorbeeld in geval van faillissement, verplicht worden tot volstorting. Het niet-volgestorte gedeelte is gelijk aan het verschil tussen de nominale waarde van het aandeel en het bedrag dat op het aandeel is gestort. De oudeigenaar die zijn niet-volgestorte aandelen heeft verkocht, blijft minimaal één jaar na de overschrijving aansprakelijk voor volstorting (tot aan de nominale waarde) als dat wordt verlangd.

Anti-misbruikwetgeving

Op grond van de anti-misbruikwetgeving kunnen de bestuurders van een bv in het geval van een faillissement hoofdelijk aansprakelijk worden gesteld. Er moet dan wel sprake zijn geweest van kennelijk onbehoorlijk bestuur en dat moet tevens een belangrijke oorzaak van het faillissement zijn.

Wanbeleid

Het feit dat een bv een zelfstandige drager van rechten en plichten is, betekent niet dat de bestuurders maar hun gang kunnen gaan. Bestuurders van een bv die door opzet of grove schuld van de bestuurders (onbehoorlijk bestuur) failliet gaat, kunnen persoonlijk aansprakelijk worden gesteld. Ook kunnen de schuldeisers van de gefailleerde bv hun vorderingen verhalen op

Onbehoorlijk bestuur

de andere bv's die tot dezelfde holding behoren. In geval van onbehoorlijk bestuur is de bestuurder in privé aansprakelijk voor gemaakte schulden in de bv. Indien een onderneming dertien maanden na afloop van een boekjaar de jaarrekening niet heeft gedeponeerd bij de KvK, is er een vermoeden van onbehoorlijk bestuur en wordt de bewijslast omgedraaid. De bestuurder moet dan aantonen dat er geen sprake is van onbehoorlijk bestuur.

HET FINANCIEELE DAGBLAD, 10 JUNI 2011

Eurocommissaris

Ondernemer hunkert naar Europese bv

Martin Visser
Den Haag

De Europese markt kent nog te veel hindernissen. Twee ondernemers bestoken eurocommissaris Barnier van interne markt.

'Ik ben heel blij te horen dat die Europese bv er echt komt, meneer Barnier,' zegt Gerwin Hoogendoorn van Senz, de uitvinder en producent van stormparaplu's. 'Want we willen die over een paar jaar gaan gebruiken.' Het is donderdag half zes en eurocommissaris interne markt Michel Barnier sluit een bezoek aan Den Haag af met deze afspraak met twee ondernemers. De Kamer van Koophandel arrangeerde deze ontmoeting tussen politiek en praktijk. Al na enkele minuten kan de Brusselaar beide ondernemers blij maken: die

Europese bv komt er, ondanks verzet van onder meer Nederland.
Ondernemers Daniël Bols van Senso Vloeren en Hoogendoorn mogen al hun problemen met zaken doen in Europa aan Barnier voorleggen. Ze zeggen gek te worden van de verschillende regeltjes in de landen en kijken uit naar die uniforme bv, maar ook naar de komst van het Europese patent.

Opmerking
Aan de wens van het bedrijfsleven om een Europese bv (Societas Europaea Private = SPE) te kunnen oprichten, is in 2017 nog steeds niet voldaan. Het overleg hierover binnen EU-verband is nog gaande.

Fiscale aspecten

De winsten van een bv zijn onderworpen aan de *vennootschapsbelasting*. Over het belastbare bedrag tot en met €200.000 moet 20% vennootschapsbelasting worden betaald en over het meerdere 25% (tarieven voor het belastingjaar 2017). Het kabinet heeft besloten de eerste schijf van de vennootschapsbelasting in stappen te verhogen van de €200.000 naar €350.000. Omdat de belastingtarieven kunnen veranderen is het raadzaam de actuele ontwikkelingen op dit gebied nauwlettend te volgen en/of een fiscaal specialist in te schakelen.
De AVA beslist op welke wijze de winst na vennootschapsbelasting wordt verdeeld. In het algemeen zal een deel van de winst na vennootschapsbelasting aan de aandeelhouders in de vorm van dividend worden uitgekeerd. Deze dividendontvangsten worden bij de aandeelhouders als inkomen aangemerkt en als zodanig belast volgens het progressieve stelsel. Er is dan sprake van *dubbele belasting*: in eerste instantie is over de ondernemingswinst vennootschapsbelasting betaald, daarna wordt over de aan de aandeelhouders uitgekeerde winst nog eens inkomstenbelasting geheven.
In paragraaf 1.9 gaan we nader op de fiscale aspecten in.

Vennootschapsbelasting

Dubbele belasting

Aantrekken van vermogen

De mogelijkheden om eigen vermogen aan te trekken zijn bij een bv groter dan bij de eenmanszaak en vennootschap onder firma. De aandelen van een bv kunnen in het bezit zijn van directieleden, familie en/of vrienden of bevriende (zaken)relaties, maar ze zijn niet in handen van het 'grote publiek'. Omdat de aandelen niet vrij verhandelbaar zijn en geen beursnotering hebben, is het aantal personen en instellingen, die de aandelen zouden willen kopen, beperkt. Omdat de bv over relatief (ten opzichte van de hiervoor besproken rechtsvormen) veel eigen vermogen kan beschikken en het voortbestaan niet afhankelijk is van één of enkele personen, zijn de mogelijkheden om vreemd vermogen aan te trekken ook groter. De continuïteit van een bv is in het algemeen goed, omdat er verschillende vermogensverschaffers en bestuurders zijn. Dit verruimt de mogelijkheden om vreemd vermogen aan te trekken.

Met ingang van 1 oktober 2012 worden er minder wettelijke eisen gesteld aan de oprichting van een bv. Dat neemt niet weg dat het aanbeveling verdient een adviseur (bijvoorbeeld een accountant of fiscaal specialist) in te schakelen bij de oprichting van een bv.

Sociale zekerheid en pensioenopbouw

Bij een bv zijn de aandelen in handen van een beperkt aantal personen en ze zijn meestal niet vrij verhandelbaar. In veel gevallen bezit de directeur een groot gedeelte of zelfs alle aandelen van de bv waaraan hij leiding geeft.

Directeur-grootaandeel-houder

Er is dan sprake van een directeur-grootaandeelhouder (DGA). De directeur van een bv (en dus ook een DGA) is in loondienst van de bv. Dit betekent dat het salaris van de DGA kosten zijn voor de bv en dat de DGA inkomstenbelasting moet betalen over dit salaris. De DGA komt echter *niet* in aanmerking voor de sociale werknemersverzekeringen. Dat moet hij zelf regelen. De positie van de DGA verschilt ten aanzien van dit aspect niet van de situatie van de eigenaar van een eenmanszaak.

Werknemers (dus ook de DGA) kunnen deelnemen aan een collectieve pensioenvoorziening die door de bv is afgesloten. Tot 1 april 2017 was het voor de DGA mogelijk een pensioen in eigen beheer op te bouwen. In dat

Pensioen-opbouw

geval kan een pensioen-bv worden opgericht. Periodiek stort de DGA een bedrag in de pensioen-bv. Het bedrag dat in de pensioen-bv is gestort, is vrij beschikbaar voor de financiering van de ondernemingsactiviteiten. Het kan echter ook worden belegd. Tijdens het werkzame leven van de DGA wordt een zodanig bedrag opgebouwd, dat daaruit het pensioen van de DGA kan worden betaald. Als de financiële middelen van de pensioen-bv zijn aangewend voor de financiering van de onderneming, moeten deze financiële middelen weer beschikbaar komen op het moment dat het pensioen aan de DGA moet worden uitbetaald. Het voordeel van een pensioen-bv is bovendien dat bij faillissement van de bv waarin de ondernemingsactiviteiten plaatsvinden (de werkmaatschappij), de opgebouwde pensioenrechten buiten schot blijven.

Met ingang van 1 juli 2017 is het niet meer mogelijk een pensioen in eigen beheer verder op te bouwen. Een DGA heeft de mogelijkheid het voor 1 juli 2017 opgebouwde pensioen in eigen beheer (PEB) te behouden of af te kopen. De wetgeving omtrent de pensioenopbouw is sterk aan verandering onderhevig. Het inschakelen van een adviseur op dit gebied is onontbeerlijk.

Publicatieplicht en rol van de accountant

Een bv is verplicht zijn balans en winst- en verliesrekening met toelichtingen te publiceren.

Publiceren houdt in dat de te publiceren gegevens worden gedeponeerd bij het handelsregister (dat wordt bijgehouden door de Kamer van Koophandel) waar de onderneming volgens haar statuten is gevestigd.

Publiceren

Naarmate een onderneming groter is, worden er hogere eisen gesteld aan de inrichting en deponering van de winst- en verliesrekening en de balans. Daarnaast zijn grote ondernemingen verplicht hun jaarrekening te laten controleren door een externe accountant.

Op deze onderwerpen gaan we in hoofdstuk 2 nader in.

Voor- en nadelen besloten vennootschap

We noemen hierna voor- en nadelen van een bv ten opzichte van een eenmanszaak/vof.

Voordelen van een besloten vennootschap zijn:

Voordelen besloten vennootschap

- In vergelijking met de eenmanszaak en de vof kan een relatief groot eigen vermogen bijeengebracht worden, omdat er bij een bv meerdere aandeelhouders zijn.
- Een groter eigen vermogen maakt het (in combinatie met goede winstverwachtingen) mogelijk meer vreemd vermogen aan te trekken.
- De aansprakelijkheid van de aandeelhouders (eigenaren) is beperkt tot het bedrag van hun deelname. Maar in de praktijk zal de financier (de bank) toch eisen dat de eigenaren hoofdelijk aansprakelijk zijn. Dat is zeker het geval als de bv relatief veel vreemd vermogen heeft.
- De continuïteit van de onderneming is groter, omdat de leiding en de eigendom niet afhankelijk zijn van een of enkele personen.
- De winsten van een bv worden niet belast volgens het progressieve stelsel, zoals bij de eenmanszaak en de vof.

Nadelen van een besloten vennootschap zijn:

Nadelen besloten vennootschap

- Over de uitgekeerde winsten (in de vorm van dividend) moet tweemaal belasting worden betaald. De bv betaalt vennootschapsbelasting over de fiscale winst van de bv en de aandeelhouders betalen inkomstenbelasting over de ontvangen dividenden.
- Aandelen zijn meestal niet vrij verhandelbaar.

Bart Romijnders vertelt welke argumenten voor hem een rol speelden bij de keuze van de rechtsvorm: 'Ik heb in 2012 gekozen voor de rechtsvorm eenmanszaak en ben begonnen in een gehuurd bedrijfspand. Op een andere locatie, bij een collega van wie ik tegen betaling een spuitcabine huurde, werden de auto's door mij gespoten. In het begin beschikte ik over weinig startkapitaal en waren de activiteiten nog bescheiden van omvang. Huren was toen voor mij een logische keuze. De financiële risico's waren in het begin beperkt, waardoor de keuze voor de rechtsvorm van eenmanszaak gerechtvaardigd was. Inmiddels leven we in 2018 en zijn de activiteiten drastisch uitgebreid. Ik heb besloten een nieuw pand te laten bouwen, waarin zowel een ruimte voor schadeherstel en restauratie als een eigen spuitcabine is ondergebracht. Door de investeringen in het nieuwe pand en het feit dat deze voor een groot deel met vreemd vermogen zijn gefinancierd, zijn de bedrijfsrisico's aanzienlijk toegenomen. Mede daarom heb ik de eenmanszaak laten omzetten in een besloten vennootschap.'

Verschillende soorten bv's

In principe kent de Nederlandse wetgeving maar één soort bv. Toch wordt in de dagelijkse (advies)praktijk gewerkt met meer namen om een bv aan te duiden. De bv wordt in de praktijk voor vele soorten activiteiten ingezet. We lichten de volgende specifieke vormen van bv's kort toe: management-bv en vastgoed-bv.

Management-bv

Management-bv

Een management-bv is een bv die het management voert over een of meer andere bv's.
De management-bv moet haar diensten aan meerdere opdrachtgevers verlenen, of in concernverband een aantal ondernemingen besturen. Een management-bv wordt meestal opgericht om fiscale motieven. De winst van de management-bv kan bijvoorbeeld worden gebruikt voor het opbouwen van een pensioenvoorziening. Er moet een 'waterdicht' contract worden gesloten tussen de management-bv en de bv of bv's waaraan door de management-bv leiding wordt gegeven. Daarin mag bijvoorbeeld niets worden opgenomen over secundaire arbeidsvoorwaarden, zoals vergoeding voor telefoonkosten, auto van de zaak en snipperdagen. Nadeel van een management-bv is dat de arbeidsrechtelijke bescherming, zoals ontslagbescherming, wordt opgeheven. De fiscus zal de management-bv kritisch beoordelen en er 'doorheen prikken' als de management-bv alleen om fiscale redenen is opgericht. De kans bestaat dat dan het honorarium alsnog als salaris wordt aangemerkt en dat alsnog loonbelasting betaald moet worden. Het inschakelen van een fiscaal specialist bij de oprichting van een management-bv is daarom onontbeerlijk.

Vastgoed-bv

Vastgoed-bv

Een onderneming kan ervoor kiezen het onroerend goed onder te brengen in een afzonderlijke bv. De vastgoed-bv heeft uitsluitend onroerend goed als bezittingen. Deze onroerende goederen worden verhuurd aan andere bv's die tot dezelfde groep behoren. De huuropbrengsten van de vastgoed-bv zijn onderworpen aan de vennootschapsbelasting. Het spreiden van risico's kan de reden zijn om de activiteiten van een organisatie over verschillende bv's te verdelen. Zo kunnen bedrijfsactiviteiten (die in verschillende werkmaatschappijen kunnen worden ondergebracht) en het beheer van het onroerend goed (in een afzonderlijke vastgoed-bv) worden gescheiden. Als een van de bv's failliet gaat, betekent dat niet onherroepelijk het faillissement van de andere werkmaatschappijen of van de vastgoed-bv.

Persoonlijke holding (PH)

Persoonlijke holding

Onder een persoonlijke holding verstaan we een rechtspersoon waarvan de aandelen volledig en direct in handen zijn van een natuurlijk persoon en die uitsluitend de privébelangen van deze natuurlijke persoon behartigt. Zo kunnen bijvoorbeeld familieleden via een PH aandelen nemen in een bv X, zonder zelf deel te nemen aan het bestuur van de bv X. In bv X vinden de bedrijfsactiviteiten plaats en deze wordt daarom ook wel werkmaat-

Werkmaatschappij

schappij genoemd (WM). Als de werkmaatschappij (bv X) failliet gaat, kunnen de aandeelhouders (indien zij geen bestuurder zijn) niet hoofdelijk

aansprakelijk worden gesteld. De aandeelhouders-niet-bestuursleden kunnen een vaste winstuitkering krijgen door uitgifte van preferente aandelen. Deze aandelen geven de houder het recht om een vooraf afgesproken percentage van de winst te ontvangen.
Door aanstelling van een commissaris (waarschijnlijk een van de familieleden) kunnen zij invloed blijven uitoefenen op de onderneming.

Er zijn ook verschillende relaties tussen bv's mogelijk. Zie figuur 1.8.

FIGUUR 1.8 Een voorbeeld van relaties tussen bv's

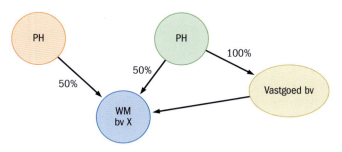

Vastgoed bv verhuurt panden aan de werkmaatschappij (WM)

1.8 Enkele bijzondere regelingen

Naast de rechtsvormen is er een aantal bijzondere regelingen die van invloed zijn op de te betalen belastingen en de te betalen premies sociale verzekeringen. Met ingang van 1 mei 2016 is de Wet deregulering beoordeling arbeidsrelatie (DBA) van kracht geworden. Door de invoering van deze wet zijn zowel opdrachtgevers als opdrachtnemers verantwoordelijk voor de arbeidsrelatie die zij met elkaar aangaan. Daarbij spelen drie criteria een rol:
1 De opdrachtnemer is vrij vervangbaar.
2 De opdrachtnemer werkt niet onder het gezag van een opdrachtgever.
3 Er is geen sprake van loon.

Als aan één of meer van de voorgaande criteria wordt voldaan, vindt een opdracht buiten loondienst plaats (de opdrachtnemer wordt als zelfstandige aangemerkt).
Als aan geen van de voorgaande criteria wordt voldaan, vindt een opdracht in loondienst plaats (de opdrachtnemer wordt als werknemer aangemerkt).
Bij twijfel of de opdracht aan één van de drie criteria voldoet, kan werken volgens een modelovereenkomst zekerheid bieden dat je minimaal aan één van de criteria voldoet. De modelovereenkomsten en meer informatie staan op www.belastingdienst.nl/dba.

HET FINANCIEELE DAGBLAD, 20 JANUARI 2017

Minder zzp'ers lopen opdracht mis na uitstel handhaving wet-DBA

In het vierde kwartaal zijn minder zzp'ers een opdracht misgelopen dan in de voorgaande maanden. Dit is mogelijk te danken aan het besluit van staatssecretaris Eric Wiebes van Financiën om de handhaving van de wet Deregulering beoordeling arbeidsrelaties (DBA) uit te stellen, zeggen zzp-expert Pierre Spaninks en marktbureau Intelligence Group.

In 2016 waren ongeveer 400.000 zzp'ers actief in de zakelijke dienstverlening. Van hen liepen in het vierde kwartaal zo'n 46.000 zelfstandigen een opdracht mis,

blijkt uit het Arbeidsmarkt GedragsOnderzoek van Spaninks en Intelligence Group. Van die zzp'ers kon 49% de opdracht alsnog uitvoeren. Dan moest wel een arbeidsovereenkomst, payroll- of uitzendcontract worden ondertekend, een stap die nadelig kan uitpakken voor de zelfstandige.

De opdrachtderving valt lager uit dan Spaninks en Intelligence Group begin december meldden. Toen gaven 62.000 zzp'ers aan een opdracht te zijn misgelopen door de wet-DBA. Eind september waren dat er 47.200.

Verschil niet-werknemer (zelfstandige) ten opzichte van een werknemer:
- geen arbeidsovereenkomst maar een overeenkomst tot levering van een eindproduct of dienst;
- geen (verplichte) deelname aan werknemersverzekeringen, dus geen premies en rechten op uitkeringen voor de Werkloosheidswet (WW) en de Wet werk en inkomen naar vermogen (WIA);
- geen gezagsverhouding: een zelfstandige opdrachtnemer is eigen baas en kan zelfs zijn opdrachten aan anderen uitbesteden;
- geen verplichting tot persoonlijk uitvoeren van de opdracht.

Een zelfstandige opdrachtnemer heeft geen personeel in dienst en wordt daarom ook wel zelfstandige zonder personeel (zzp'er) genoemd.
Bij het gebruikmaken van zzp'ers kan er onduidelijkheid zijn over de relatie (en de rechten én verplichtingen) tussen de opdrachtgever en de opdrachtnemer. Payrollbedrijven zijn in dit 'gat in de markt' gedoken.

Payroll   Een payrollbedrijf neemt het werkgeverschap van zijn opdrachtgevers (klanten) over. Zzp'ers treden in dienst van het payrollbedrijf (ze zijn dus in loondienst). Klanten van een payrollbedrijf zijn bedrijven die personeel/zzp'ers betrekken van het payrollbedrijf. Deze klanten hoeven dan geen loon door te betalen bij ziekte en hebben geen ontslagkosten en geen kosten van een loonadministratie (die kosten komen ten laste van het payrollbedrijf). Oud-werknemers of zzp'ers die voorheen voor de opdrachtgever werkten, treden in dienst bij het payrollbedrijf en worden tewerkgesteld bij hun voormalige opdrachtgever (werkgever) op basis van een 'inleenovereenkomst'. Een payrollmedewerker is goedkoper dan een uitzendkracht. Een uitzendbureau maakt ook kosten voor werving en selectie van uitzendkrachten. Een payrollbedrijf heeft die kosten niet, omdat een opdrachtgever vaak al weet welke zzp'er ze voor haar wil laten werken (het zijn bijvoorbeeld oud-werknemers). De wet DBA heeft in het begin voor veel onduidelijkheid gezorgd. Dat heeft de rol van payrollbedrijven vergroot, zoals uit het volgende artikel blijkt.

HET FINANCIEELE DAGBLAD, 10 JANUARI 2017

Tussenpartijen profiteren van opdrachtloze zzp'ers

Eenpitters krijgen minder opdrachten door onduidelijkheid over hun fiscale status. Zij kunnen dit opvangen door in zee te gaan met een tussenpartij. Maar dan zijn ze vaak veel slechter af.

Het idee was simpel. De op 1 mei 2016 ingevoerde wet Deregulering beoordeling arbeidsrelaties moest onderscheid maken tussen legitieme zelfstandigen zonder personeel (zzp'ers) en schijnzelfstandigen. Maar de uitvoering draaide uit op een chaos bij de Belastingdienst en koudwatervrees bij opdrachtgevers, die bang waren voor een boete.
Zzp'ers werden massaal door hun broodgevers aan de dijk gezet. Alleen al in het vierde kwartaal zouden 62.000 zelfstandigen opdrachten hebben misgelopen door de wet DBA, becijferde zzp-expert Pierre Spaninks samen met marktbureau Intelligence Group begin december.
Het kabinet tilt een herziening van de DBA over de verkiezingen heen en heeft de handhaving opgeschort tot 1 januari 2018. In afwachting van een wettelijke oplossing verwijzen veel opdrachtgevers zzp'ers de laatste maanden door naar een tussenpartij, bijvoorbeeld payrollbedrijven. Daarmee kunnen zelfstandigen opdrachten nog steeds uitvoeren. In december ging het volgens Spaninks om ongeveer 26.000 zelfstandigen.
Voor het in zee gaan met een tussenpartij betaalt de zzp'er wel een hoge prijs. De opdrachtgever koopt zich tegen een klein bedrag vrij van de risico's en onzekerheid,

die de wet DBA heeft gecreëerd. Maar de zzp'er verliest zijn zelfstandigheid en daarmee ook de fiscale voordelen.
'Met pijn in mijn hart, maar ook in mijn portemonnee heb ik een contract getekend bij een payrollbedrijf', zegt Daniëlle, een IT-adviseur die haar echte naam liever niet in de krant terugziet. Daniëlle ontvangt in plaats van een uurtarief een brutosalaris nu ze werknemer is. Dat ligt 33% lager dan het uurtarief dat ze eerst rekende. De opdrachtgever betaalt een vergoeding van ongeveer 2% aan de payrollonderneming. De overige 31% gaat naar de sociale premies.
Als werknemer betaalt Daniëlle mee aan sociale verzekeringen. Maar ze vreest dat ze er geen aanspraak op kan maken. Volgens de wet moet ze minimaal zes maanden plus één dag hebben gewerkt om in aanmerking te komen voor een werkloosheidsuitkering. 'Ik voel mij gedwongen mijn zzp-verzekeringen door te blijven betalen.'
Deze nadelen kende Daniëlle voordat ze haar contract ondertekende. Ze heeft de stap toch gezet omdat de vrees voor inkomensverlies te groot was. 'Ik kreeg niet snel genoeg een nieuwe opdracht als zzp'er. Vraag naar payrollers was er daarentegen voldoende.'

Wat is payrolling?
Payrollbedrijven nemen het werkgeverschap van hun klanten over. Die zijn daarmee af van het doorbetalen van loon bij ziekte, ontslagkosten en de kosten van een loonadministratie.

1

Werknemers treden in dienst bij het payrollbedrijf en worden tewerkgesteld bij hun oude baas volgens een 'inleenovereenkomst'. Een payrollmedewerker is goedkoper dan een uitzendkracht. Dat komt door het ontbreken van werving- en selectiekosten. Uitzendbureaus belasten die kosten door. Payrollbedrijven hebben die kosten niet, omdat hun klanten zelf personeel werven.

1

Commentaar bij het artikel
Ondernemingen die gebruikmaken van zzp'ers kunnen de inzet van arbeid sneller afstemmen op de behoefte. Hierdoor reageren de kosten van de onderneming sneller op schommelingen in de omzet dan in het geval gebruikgemaakt zou zijn van werknemers in vaste dienst.

1.9 Ondernemingsvormen en belastingen

De omvang van het te betalen belastingbedrag hangt mede af van de rechtsvorm waarin de onderneming wordt gedreven. Bij het kiezen van een rechtsvorm moet daarom ook rekening worden gehouden met de fiscale gevolgen. Hierna staan we stil bij de verschillen tussen de vennootschapsbelasting (paragraaf 1.9.1) en de inkomstenbelasting (paragraaf 1.9.2).

1.9.1   Vennootschapsbelasting

Ondernemingen met de rechtsvorm nv, bv en andere rechtspersonen (zoals de stichting en vereniging voor zover deze laatste twee een onderneming drijven), betalen vennootschapsbelasting over de belastbare winst. Bij de berekening van de te betalen vennootschapsbelasting wordt gebruikgemaakt van twee schijven. Over de eerste schijf moet 20% belasting worden betaald, over het meerdere 25%. De omvang van de schijven wordt de komende jaren aangepast volgens het hiernavolgende schema:

Vennootschapsbelasting

	Schijf 1	Tarief	Schijf 2	Tarief
2017	€ 0 t/m € 200.000	20%	> € 200.000	25%
2018	€ 0 t/m € 250.000	20%	> € 250.000	25%
2019	€ 0 t/m € 250.000	20%	> € 250.000	25%
2020	€ 0 t/m € 300.000	20%	> € 300.000	25%
2021	€ 0 t/m € 350.000	20%	> € 350.000	25%

Deelnemingsvrijstelling
De deelnemingsvrijstelling voorkomt dubbele belastingheffing tussen vennootschappen.
Wanneer de ene vennootschap (A) aandelen bezit van een andere vennootschap (B) en daardoor een winstuitkering (dividend) ontvangt, dan hoeft door vennootschap A over deze ontvangen winst geen vennootschapsbelasting of dividendbelasting betaald te worden. Deze winstuitkering is namelijk al belast bij vennootschap B waar de betreffende winst is gerealiseerd. Een vennootschap valt onder de deelnemingsvrijstelling wanneer deze vennootschap direct of indirect meer dan 5% van de aandelen van de andere vennootschap in haar bezit heeft.

Fiscale eenheid

Met de fiscale eenheid heeft de wetgever de mogelijkheid gecreëerd van twee of meer vennootschappen *fiscaal* één vennootschap te maken. Deze fiscale eenheid is bedoeld wanneer de moedervennootschap nagenoeg alle aandelen van de dochtervennootschap in haar bezit heeft. Nadat een fiscale eenheid is aangegaan, is er op dat moment fiscaal geen sprake meer van twee afzonderlijke vennootschappen.

Na het verkrijgen van de fiscale eenheid wordt er alleen nog bij de moedervennootschap vennootschapsbelasting geheven. De dochter en moeder zijn dan in elkaar opgegaan.

Bij een fiscale eenheid is er *juridisch* gezien nog wel sprake van afzonderlijke vennootschappen, maar voor de *fiscus* is er slechts één vennootschap.

Fiscale eenheid

1.9.2   Inkomstenbelasting

Personen die in loondienst werken en eigenaren van een eenmanszaak of vof moeten inkomstenbelasting betalen over hun belastbare inkomen. Voor de inkomstenbelasting worden de inkomens van de belastingplichtigen verdeeld in drie groepen, ook wel boxen genoemd. Zonder op de details in te gaan, geven we globaal aan welke inkomsten in de drie verschillende boxen vallen.

Inkomsten-belasting

Box 1 Inkomen uit werk en woning

In box 1 worden onder andere de volgende inkomsten belast:

Box 1

- winst uit onderneming;
- resultaat uit overige werkzaamheden (inkomsten van zelfstandigen die voor de inkomstenbelasting geen ondernemer zijn: bijvoorbeeld free-lancefotografen of freelancejournalisten);
- loon en periodieke verstrekkingen.

De belastingplichtige die voor de inkomstenbelasting als *ondernemer* wordt aangemerkt, heeft recht op een aantal aftrekposten. Een aftrekpost die met name voor ondernemers een rol kan spelen, is de zelfstandigenaftrek. Als aan bepaalde voorwaarden is voldaan, mag een bedrag van de winst uit onderneming worden afgetrokken. Daardoor betaalt de ondernemer minder inkomstenbelasting.

Zelfstandigen-aftrek

Voor het belastingjaar 2017 bedraagt de zelfstandigenaftrek €7.280, voor ondernemers die aan het begin van het kalenderjaar de AOW-leeftijd nog niet hebben bereikt. Hiervoor geldt wel de eis dat de ondernemer minimaal 1.225 uur in zijn onderneming werkzaam is geweest. Voor ondernemers die aan het begin van het kalenderjaar de AOW-leeftijd hebben bereikt, bedraagt de zelfstandigenaftrek 50% van €7.280 (= €3.640). De zelfstandigenaftrek bedraagt niet meer dan de winst vóór ondernemersaftrek. Deze beperking geldt niet als de ondernemer in aanmerking komt voor de startersaftrek. Daarnaast is er een MKB-winstvrijstelling van 14% (2017) te berekenen over de fiscale winst na ondernemersaftrek. Door deze aftrekposten daalt het belastbaar inkomen en daarmee de te betalen inkomstenbelasting.

MKB-winstvrijstelling

De startersaftrek bedraagt in 2017 €2.123. Om voor deze startersaftrek in aanmerking te komen, gelden de volgende voorwaarden:

1 De ondernemer was in 1 of meer van de 5 voorafgaande kalenderjaren geen ondernemer.
2 De ondernemer paste niet meer dan 2 keer de zelfstandigenaftrek toe.

Ondernemers-aftrek

De ondernemersaftrek is de som van de zelfstandigenaftrek, de startersaftrek en nog een aantal aftrekposten.

Globaal krijgen we dan de volgende opzet voor de berekening van het belastbaar inkomen over 2017 voor een startende onderneming (bij een eenmanszaak of vof, met fictieve bedragen):

Fiscale winst uit eigen onderneming (over 2017), stel:		€ 100.000
Aftrekposten:		
• Zelfstandigenaftrek	€ 7.280	
• Startersaftrek	€ 2.123	
• Andere aftrekposten (willekeurig bedrag gekozen)	€ 597 +	
Ondernemersaftrek		€ 10.000 −
Fiscale winst na ondernemersaftrek		€ 90.000
14% MKB-winstvrijstelling		€ 12.600 −
Belastbaar inkomen (voor de inkomstenbelasting)		€ 77.400

Om de te betalen inkomstenbelasting te berekenen, wordt het belastbare inkomen in schijven opgesplitst en wordt rekening gehouden met de leeftijd van de belastingplichtige. We geven de belastingtarieven gespecificeerd per schijf en leeftijdscategorie weer in de tabellen 1.1 tot en met 1.3.

TABEL 1.1 Tarieven voor de inkomstenbelasting (AOW-leeftijd nog niet bereikt)

Schijf		Tarief (2017)
€ 0	– ≤ € 19.982	36,55%
> € 19.982	– ≤ € 33.791	40,8%
> € 33.791	– ≤ € 67.072	40,8%
> € 67.072		52%

TABEL 1.2 Tarieven voor de inkomstenbelasting (AOW-leeftijd bereikt en geboren vanaf 1 januari 1946)

Schijf		Tarief (2017)
€ 0	– ≤ € 19.982	18,65%
> € 19.982	– ≤ € 33.791	22,9%
> € 33.791	– ≤ € 67.072	40,8%
> € 67.072		52%

TABEL 1.3 Tarieven voor de inkomstenbelasting (AOW-leeftijd bereikt en geboren voor 1 januari 1946)

Schijf		Tarief (2017)
€ 0	– ≤ € 19.982	18,65%
> € 19.982	– ≤ € 34.130	22,9%
> € 34.130	– ≤ € 67.072	40,8%
> € 67.072		52%

Box 2 Inkomen uit aanmerkelijk belang

In box 2 wordt 25% inkomstenbelasting geheven over dividendinkomsten uit een aanmerkelijk belang (AB) en over de vervreemdingswinst bij verkoop van de aandelen (tarieven 2017). Iemand die voor 5% of meer direct of indirect aandeelhouder is van een vennootschap, is aandeelhouder met een aanmerkelijk belang. Het gaat hier dus om aandeelhouders in een nv of bv. Een aandeelhouder van een grote, beursgenoteerde onderneming zal in het algemeen minder dan 5% van de aandelen bezitten en dus geen aanmerkelijk belang in de nv hebben. Daar staat tegenover dat een directeur met aandelen in de bv waaraan hij leiding geeft, algauw 5% of meer van de aandelen van zijn bv bezit. We spreken dan van een directeur-grootaandeelhouder (DGA). Deze DGA heeft dus een aanmerkelijk belang in de bv waaraan hij leiding geeft. De inkomsten van een DGA bestaan uit salaris en eventueel uit ontvangen dividenden. Als er naast salaris sprake is van ontvangen dividenden, dan worden de inkomsten van de DGA belast in box 1 en box 2. Het salaris van een directeur wordt namelijk net als dat van andere werknemers belast in box 1, terwijl zijn dividendinkomsten uit aanmerkelijk belang in box 2 worden belast. De belastingdienst gaat ervan uit dat de minimale beloning van een DGA €45.000 per jaar (2017) bedraagt. Het salaris van de DGA moet ten minste gelijk zijn aan:

- 75% van het loon dat wordt betaald voor het 'meest vergelijkbare' dienstverband
- het loon van de best verdienende medewerker bij dezelfde werkgever (enkele uitzonderingen daargelaten)
- het wettelijk minimale DGA-salaris van €45.000 (2017)

Van deze drie bedragen geldt de hoogste. Als het salaris van de DGA ten minste €45.000 bedraagt, ligt de bewijslast voor een hoger salaris bij de belastingdienst.

Box 2
Aanmerkelijk
belang

Box 3 Inkomen uit sparen en beleggen

Het inkomen uit sparen en beleggen wordt belast in box 3.

Bij de berekening van de te betalen inkomstenbelasting in box 3 (inkomen uit sparen en beleggen) wordt gebruikgemaakt van drie schijven. Deze schijven worden daarna in twee delen gesplitst: een deel wordt geacht te bestaan uit spaartegoeden en de rest uit beleggingen. Zie tabel 1.4.

TABEL 1.4 Tarieven voor de inkomstenbelasting in box 3

		Vermogensmix	
		Spaartegoeden	Beleggingen
Eerste schijf: 0	– ≤ € 100.000	67%	33%
Tweede schijf: > € 100.000	– ≤ € 1.000.000	21%	79%
Derde schijf:	> € 1.000.000	0%	100%

Over het deel van de schijf dat onder spaartegoeden valt, wordt een rendement berekend van 1,63% en over het deel van de schijf dat onder beleggingen valt, wordt een rendement berekend van 5,39% (belastingjaar 2017). Van het vermogen dat in box 3 valt, is in 2017 de eerste €25.000

vrijgesteld (voor alleenstaande). De vrijstelling van €25.000 wordt op de eerste schijf in mindering gebracht.

We geven een voorbeeld van de berekening van de verschuldigde inkomstenbelasting in box 3 (inkomen uit sparen en beleggen).

VOORBEELD 1.1

Een alleenstaande heeft een vermogen van €150.000 dat in box 3 valt.

Uitwerking: (voor het belastingjaar 2017)

	Spaardeel	Beleggingsdeel
Eerste schijf: € 100.000 – € 25.000 (vrijstelling) = € 75.000	0,67 × € 75.000 = € 50.250	0,33 × € 75.000 = € 24.750
Tweede schijf: € 150.000 – € 100.000 = € 50.000	0,21 × € 50.000 = € 10.500	0,79 × € 50.000 = € 39.500
Totaal	€ 60.750	€ 64.250
Rendement over spaardeel en beleggingsdeel (2017)	1,63% × € 60.750 = € 990,225	5,39% × € 64.250 = € 3.463,075

Het totale fictieve rendement over het vermogen in box 3 is €990,225 + €3.4630,075 = €4.453,30. Over dit fictieve rendement moet 30% inkomstenbelasting (2017) worden betaald. De te betalen inkomstenbelasting over het box 3-vermogen is 0,3 × €4.453,30 = €1.335,99.

De verschillen tussen de vennootschapsbelasting en inkomstenbelasting spelen vooral bij de keuze tussen een eenmanszaak, vof, maatschap enerzijds of een bv anderzijds een rol. Om de gevolgen van de belastingheffing toe te lichten vergelijken we aan de hand van een voorbeeld de belastingheffing bij een eenmanszaak met die van een bv, waarbij de DGA een aanmerkelijk belang heeft in zijn bv en ook dividend uit zijn bv ontvangt.

VOORBEELD 1.2

Bouwonderneming JOBO is gespecialiseerd in de renovatie van historische panden. De heer Joosten (45 jaar) is de eigenaar en tevens enige directeur van JOBO. Bouwonderneming JOBO bestaat al een aantal jaren (is geen starter).
De omzet van de onderneming bedraagt €560.000 per jaar. Alle kosten (met uitzondering van de beloning voor de directeur-eigenaar) bedragen €300.000 per jaar. Op dit moment heeft het bouwbedrijf de juridische vorm van een eenmanszaak. De heer Joosten overweegt echter de eenmanszaak in een bv om te zetten. Bij omzetting van de eenmanszaak in een bv wordt aan Joosten als DGA een salaris toegekend van €45.000. Over dit salaris moet 35% aan sociale lasten worden betaald. Joosten keert de winst na aftrek van vennootschapsbelasting volledig als dividend aan zichzelf uit.

Gevraagd:
Maak een berekening van de te betalen belasting in geval:
a de eenmanszaak in een bv wordt omgezet;
b de eenmanszaak wordt gehandhaafd.

We houden alleen rekening met de gegevens die in deze paragraaf staan vermeld.

Uitwerking: (ook in Excel beschikbaar op www.financieelmanagementmkb. noordhoff.nl)

| *a* Te betalen belasting bij JOBO als bv | *b* Te betalen belasting bij JOBO als eenmanszaak |

Winst- en verliesrekening JOBO bv:	**Eenmanszaak JOBO:**
Omzet € 560.000	Resultaat € 260.000
Alle kosten m.u.v. salaris DGA € 300.000 –	Zelfstandigenaftrek € 7.280 –
Resultaat voor aftrek salaris DGA € 260.000	Fiscale winst na ondernemersaftrek € 252.720
Salaris DGA € 45.000 –	MKB-vrijstelling € 35.381 –
Sociale lasten over salaris DGA € 15.750 –	Belastbaar inkomen € 217.339
Resultaat voor vennootschapsbel. € 199.250	
Vennootschapsbelasting[1] € 39.850 –	
Resultaat na vennootschapsbel. € 159.400	
Dividenduitkering € 159.400 –	
Winstinhouding € 0	

[1] $0,20 \times € 199.250 = € 39.850$

Berekening inkomstenbelasting	**DGA**	**Eenmanszaak**
Box 1: 1ᵉ schijf $0,3655 \times € 19.982 =$ € 7.304		$0,3655 \times € 19.982 =$ € 7.303
2ᵉ schijf $0,408 \times (€ 33.791 – € 19.982) =$ € 5.634		$0,408 \times (€ 33.791 – € 19.982) =$ € 5.634
3ᵉ schijf $0,408 \times (€ 45.000 – € 33.791) =$ € 4.573		$0,408 \times (€ 67.072 – € 33.791) =$ € 13.579
4ᵉ schijf +		$0,52 \times (€ 217.339 – € 67.072) =$ € 78.139
Totaal Box 1 € 17.511		
Box 2: $0,25 \times € 159.400 =$ € 39.850		
Totaal inkomstenbelasting € 57.361		Totaal belastingen eigenaar
Vennootschapsbelasting € 39.850		eenmanszaak € 104.655
Totaal betaalde belasting door bv en DGA € 97.211		

Uit dit voorbeeld blijkt dat bij een winst van €260.000 (bij een eenmanszaak) de te betalen belasting bij een bv €7.444 lager is dan bij een eenmanszaak. Naarmate de winsten hoger zijn, zullen de verschillen groter worden
(ten gunste van de bv).

Bij een bv is er sprake van een dubbele belastingheffing. De bv betaalt in **Dubbele**
eerste instantie vennootschapsbelasting over de winst. Als een gedeelte van **belasting-**
de winst na aftrek van vennootschapsbelasting in de vorm van dividend aan **heffing**
de aandeelhouders wordt uitgekeerd, betaalt de aandeelhouder ook nog
eens inkomstenbelasting over deze dividenden. In het geval de bv een

groter gedeelte van de winst inhoudt, zal het nadeel van dubbele belasting-heffing (op dit moment ten minste) minder optreden. Hierbij maken we echter de kanttekening dat als op een later moment de ingehouden winst wordt uitgekeerd, hierover alsnog inkomstenbelasting moet worden betaald. Er is in feite sprake van uitstel van belastingbetaling.

Belastingdruk

Belastingdruk

Met belastingdruk bedoelen we welk gedeelte (welk percentage) van het bruto-inkomen betaald moet worden aan belastingen. Voor een onder-neming met de rechtsvorm van eenmanszaak of vof berekenen we de belastingdruk als volgt:

$$\text{Belastingdruk} = \frac{\text{Totaal te betalen inkomstenbelastingen}}{\text{Winst uit onderneming}}$$

De ondernemersaftrek (som van de zelfstandigenaftrek, startersaftrek en andere aftrekposten) en de MKB-winstvrijstelling verlagen de belastingdruk. Voor eenmanszaak JOBO komt de belastingdruk uit op €104.655 : €260.000 = 0,40 (40%). Voor ondernemers met een hoge winst uit onderneming zal de belastingdruk hoger zijn dan voor ondernemers met lage winsten. Dit komt door de progressie in de tarieven voor inkomstenbelasting, oplopend van 36,55% naar 52%.

Voor een onderneming met de rechtsvorm van een besloten vennootschap berekenen we de belastingdruk als volgt:

$$\text{Belastingdruk} = \frac{\text{Totaal te betalen vennootschapsbelasting én inkomstenbelastingen}}{\text{Winst voor aftrek van salaris DGA}}$$

Voor JOBO bv komt de belastingdruk uit op €97.211 : €260.000 = 0,37 (37%). Als de bv haar winsten niet direct uitkeert (maar winsten inhoudt), dan zal de DGA nu minder belasting moeten betalen, maar in de toekomst (als de winsten alsnog worden uitgekeerd) meer.

1.10 Omzettingsmotieven eenmanszaak/vof in een bv en omgekeerd

Omzettings-motieven

Iemand die een eigen onderneming begint, start meestal op bescheiden schaal. In deze levensfase van de onderneming kiest de ondernemer vaak voor de rechtsvorm van eenmanszaak, maatschap of vennootschap onder firma. Deze rechtsvormen passen bij ondernemingen met een relatief beperkte vermogensbehoefte en met ondernemingsrisico's die goed zijn te overzien. Groei van de onderneming kan er echter toe leiden dat de behoefte aan vermogen en de financiële risico's toenemen. Dat kunnen argumenten zijn om een van de hiervoor genoemde rechtsvormen om te zetten in een bv. Als een eenmanszaak, vof of maatschap wordt omgezet in een bv, worden de bezittingen van de onderneming met de 'oude' rechts-vorm ingebracht in de nieuwe op te richten bv.

Er kunnen ook fiscale argumenten ten grondslag liggen aan een wijziging in de rechtsvorm (zie paragraaf 1.9). Bij de overgang naar een bv wordt de inkomstenbelasting verruild voor de vennootschapsbelasting, waarvoor lagere percentages gelden.

Samenvatting

Na het bestuderen van dit hoofdstuk zal één ding duidelijk zijn: een goede ondernemer is een schaap met vijf poten. Hij moet een duidelijk beeld hebben van de markt en mede op basis daarvan de slagingskansen van de onderneming inschatten. Maar er moet ook een groot aantal zaken worden geregeld waarbij juridische, fiscale en bedrijfseconomische aspecten een rol spelen. Zo moet er een keuze worden gemaakt over de rechtsvorm waarin de onderneming wordt gevoerd. De keuze van de rechtsvorm heeft onder meer gevolgen voor de regeling van de aansprakelijkheid, de omvang van de te betalen belastingen, de mogelijkheden om vermogen aan te trekken en de sociale zekerheid. De ondernemer zal zich op de hoogte moeten stellen van deze aspecten, waarbij ook gebruik wordt gemaakt van externe adviseurs (zoals accountants en belastingdeskundigen). Ook de Kamer van Koophandel is voor de ondernemer een belangrijke informatiebron.

Begrippenlijst

Aandeel	Een bewijs van deelname in het eigen vermogen van een bv.
Aanmerkelijk belang (AB)	We spreken van een aanmerkelijk belang als iemand direct of indirect 5% of meer van de aandelen van een (besloten) vennootschap bezit.
Algemene gemeenschap van goederen	Een situatie waarin er geen juridische scheiding is tussen het zakelijk vermogen en het privévermogen van de partners.
Belastingdruk	Bij eenmanszaak/vof: totaal inkomstenbelastingen/winst uit onderneming. Bij bv: totaal vennootschaps- en inkomstenbelastingen/winst voor aftrek van salaris DGA.
Besloten vennootschap (bv)	Vennootschap waarbij het maatschappelijk kapitaal verdeeld is in aandelen op naam, die niet vrij verhandelbaar zijn.
Blokkeringsregel	Een regeling die in de statuten van een bv kan worden opgenomen met het doel de vrije overdracht van aandelen van een bv te beperken.
Directeur-grootaandeelhouder	Een directeur van een bv die een groot gedeelte van de (soms alle) aandelen bezit van de bv waaraan hij leiding geeft.
Dividend	De winst die wordt uitgekeerd aan de aandeelhouders van een nv of bv.
Eenmanszaak	Ondernemingsvorm waarbij de leiding en het eigendom van de onderneming bij één persoon berusten.
Eigen vermogen	Vermogen dat door de eigenaren eeuwigdurend (zolang de onderneming bestaat) aan de onderneming beschikbaar is gesteld.
Hoofdelijk aansprakelijk	Het met privévermogen en zakelijk vermogen aansprakelijk zijn voor de totale schuld.
Huwelijkse voorwaarden	Voorwaarden die gehuwden of geregistreerde partners kunnen vastleggen met betrekking tot de aansprakelijkheid voor elkaars schulden.
Inkomstenbelasting	Belasting die belastingplichtigen (individuen) moeten betalen over hun belastbare inkomen.

Liquide middelen	De som van het kasgeld en de saldi op de rekening-courant bij banken.
Maatschap	Een ondernemingsvorm zonder rechtspersoonlijkheid waarin een beroep wordt uitgeoefend.
Marktmechanisme	Afstemming tussen vraag en aanbod door middel van het prijsmechanisme.
MKB-winstvrijstelling	Bedrag waarmee de winst na ondernemersaftrek verminderd mag worden om het belastbaar inkomen vast te stellen.
Ondernemersaftrek	De som van zelfstandigenaftrek, startersaftrek en andere aftrekposten.
Ondernemingsvorm	Rechtsvorm waarin de onderneming wordt uitgeoefend.
Oudedagsreserve	Een fiscale faciliteit (waarvan onder bepaalde voorwaarden gebruik kan worden gemaakt) waardoor over een gedeelte van de winst van de onderneming geen inkomstenbelasting hoeft te worden betaald op het moment dat de winst ontstaat, maar op een later moment.
Payroll	Een Payrollbedrijf is een bedrijf dat zzp'ers in dienst heeft en deze zzp'ers tegen een bepaald tarief voor andere bedrijven of instellingen laat werken.
Persoonlijke holding	Een rechtspersoon waarvan de aandelen volledig en direct in handen zijn van een natuurlijk persoon en die uitsluitend de privébelangen van deze natuurlijke persoon behartigt.
Primaire geldstromen	Geldstromen die rechtstreeks samenhangen met het primaire proces (alle geldstromen met uitzondering van de geldstromen van en naar de vermogensmarkt).
Primaire proces	De activiteiten van de onderneming die rechtstreeks samenhangen met het product of de dienst die de onderneming voortbrengt.
Raad van Bestuur	Orgaan binnen een bv of nv dat belast is met de dagelijkse leiding en met de planning op lange en korte termijn.
Raad van Commissarissen	Orgaan binnen een bv of nv dat toezicht houdt op de Raad van Bestuur en gevraagd en ongevraagd adviezen verstrekt aan de Raad van Bestuur.
Rechtspersoon	Zelfstandig lichaam met eigen rechten en plichten en een afgezonderd vermogen.
Secundaire geldstromen	Alle geldstromen van en naar de vermogensmarkt.
VAR	Verklaring arbeidsrelatie.

1

Vennootschap onder firma (vof)	Maatschap ter uitoefening van een bedrijf onder een gemeenschappelijke naam.
Vennootschapsbelasting	Belastingen die onder andere bv's en nv's moeten betalen over de belastbare winst.
Vermogensmarkt	De markt waarop de vraag naar vermogen en het aanbod van vermogen samenkomen.
Vreemd vermogen	Vermogen dat tijdelijk aan de onderneming beschikbaar is gesteld (en dus afgelost moet worden) en waarover meestal rente moet worden betaald.
Zelfstandigenaftrek	Het bedrag dat een zelfstandige ondernemer (als aan bepaalde eisen wordt voldaan) van de winst mag aftrekken om de belastbare winst vast te stellen.
Zzp'er	Zelfstandige Zonder Personeel: freelancer of ondernemer die geen personeel in dienst heeft.

Opgaven

1.1 Onderneming De Papierwals is op 15 januari 2017 gestart met de productie van papier voor tijdschriften. Begin januari 2017 is voor €20 mln eigen vermogen aangetrokken door het uitgeven van aandelen. Bovendien is €15 mln vreemd vermogen aangetrokken.
In januari 2017 zijn de volgende bedragen betaald:
- voor de aanschaf van gebouwen en machines €28 mln;
- voor de aanschaf van grondstoffen €3 mln.

Over de maand januari 2017 is verder gegeven:
- €2,2 mln aan grondstoffen is tot eindproduct verwerkt. Voor deze productie is bovendien €1 mln aan arbeidskosten uitbetaald.
- Eindproducten met een kostprijs van €2,8 mln zijn contant verkocht voor €3,2 mln.
- Aan belastingen over de winst is €60.000 betaald.
- Aan interest is €150.000 betaald, terwijl €100.000 vreemd vermogen is afgelost.
- Ontvangen subsidies €20.000.

Geef voor de maand januari 2017 een gespecificeerde berekening van de:
a uitgaande primaire geldstromen
b ingaande primaire geldstromen
c uitgaande secundaire geldstromen
d ingaande secundaire geldstromen

1.2 Handelsonderneming Internettrading nv verkoopt kantoorartikelen via internet. Met betrekking tot het jaar 2017 zijn de volgende gegevens bekend:
- Het aandelenvermogen is uitgebreid met €10 mln.
- Er is €180.000 dividend uitbetaald.
- Er is voor €10 mln geïnvesteerd in gebouwen en inventaris; dit bedrag is ook betaald.
- De afschrijvingen op gebouwen en inventaris bedraagt €50.000.
- Er is voor €40 mln kantoorartikelen verkocht, waarvan €38 mln door afnemers is betaald. De inkoopwaarde van de kantoorartikelen bedraagt €30 mln.
- Er is voor €33 mln kantoorartikelen ingekocht, waarvan €32 mln is betaald.
- Het rekening-courantkrediet is afgenomen met €6 mln.
- Aan belastingen over de winst is €240.000 betaald.
- Aan interest is €90.000 betaald, terwijl €200.000 lang vreemd vermogen is afgelost.
- De ontvangen subsidies bedragen €400.000.

Geef voor het jaar 2017 een gespecificeerde berekening van de:
a uitgaande primaire geldstromen
b ingaande primaire geldstromen

   c uitgaande secundaire geldstromen
   d ingaande secundaire geldstromen

1.3   Onderneming Cash&Carry bv is een handelsonderneming die vijf jaar geleden is opgericht. De onderneming heeft de rechtsvorm van besloten vennootschap en heeft bij de aanvang €800.000 geïnvesteerd in gebouwen en inventaris. De eigenaar van Cash&Carry bv heeft €500.000 eigen vermogen ingebracht. De overige €300.000 is gefinancierd met vreemd vermogen. Op de vaste activa wordt jaarlijks €40.000 afgeschreven. Het percentage voor de vennootschapsbelasting bedraagt 20%. Alle inkopen en verkopen van Cash&Carry bv en alle kosten (met uitzondering van afschrijvingskosten) worden contant afgerekend. Ook de vennootschapsbelastingen worden direct betaald. Van de winst na belasting wordt 60% onmiddellijk uitbetaald aan de directeur-grootaandeelhouder. Cash&Carry bv houdt geen voorraden aan: alle inkopen worden dezelfde dag nog doorverkocht. De winst- en verliesrekening over het afgelopen jaar is hierna weergegeven.

Regel	Winst- en verliesrekening			Geldontvangsten		Gelduitgaven	
				Primair	Secundair	Primair	Secundair
1	Omzet		€ 800.000				
2	Kosten:						
3	Inkoopwaarde omzet	€ 480.000					
4	Personeelskosten	€ 100.000					
5	Energiekosten	€ 20.000					
6	Transportkosten	€ 30.000					
7	Afschrijvingskosten	€ 40.000 +					
8	Totale kosten m.u.v. interestkosten		€ 670.000 –				
9	EBIT		€ 130.000				
10	Interestkosten		€ 18.000 –				
11	Winst voor belasting		€ 112.000				
12	Vennootschapsbelasting 20%		€ 22.400 –				
13	Winst na belasting		€ 89.600				
14	Dividend 60% (winstuitkering)		€ 53.760 –				
15	Winstinhouding		€ 35.840				
16	Totaal van de geldstromen (m.u.v. winstuitkering)						

a Bereken – uitgaande van de winst na belasting – de som van de totale geldontvangsten en totale gelduitgaven over het afgelopen jaar (vóór dividenduitkering).

b Bepaal voor de regels 1 tot en met 7, 10 en 12 uit de winst- en verlies-rekening of er sprake is van een: primaire geldontvangst, secundaire geldontvangst, primaire gelduitgave of secundaire gelduitgave. Zet je antwoorden in de hiervoor gegeven tabel. Besteed daarbij speciale aan-dacht aan regel 12 (de betaalde vennootschapsbelasting moet in twee componenten worden opgesplitst).

c Bereken het totaal van alle primaire én secundaire in- en uitgaande geld-stromen (met uitzondering van de dividenduitkering) die in de tabel zijn ingevuld en controleer of dit totaal overeenkomt met je antwoord op vraag a.

1.4

DE TELEGRAAF, 8 JULI 2015

'Zzp'er kan minder vaak fulltime aan de slag'

HOOFDDORP - Het aantal zzp'ers in de zakelijke dienstverlening dat veertig uur per week aan het werk is neemt af. Dat blijkt uit onderzoek van marktonderzoeker ZP Facts.

Parttime
De onderzoekers bekeken ruim 10.000 zzp-contracten en constateerden dat het aantal fulltime-opdrachten afneemt. Driekwart van zelfstandigen zonder

personeel zou graag een volle werkweek draaien, maar aan deze behoefte wordt steeds minder vaak voldaan. Vooral de jongere zelfstandige moet het doen met parttimewerk.

Uit het onderzoek blijkt verder dat in bijna alle sectoren minder vaak een fulltimefree-lancer wordt ingezet. Alleen in de IT-sector nam het gemiddeld aantal uren toe. In die branche werken zzp'ers met 35 uur per week gemiddeld ook het meest.

DE TELEGRAAF, 4 AUGUSTUS 2015

Zzp'er stuwt economie

AMSTERDAM – Zelfstandigen zonder personeel (zzp'ers) zijn goed voor ruim 10% van de Nederlandse economie. Vorig jaar zetten zij gezamenlijk €62,5 miljard om, meer dan een tiende van het bruto binnenlands product (bbp), dat vorig jaar €613 miljard was.

Dat blijkt uit onderzoek van ZZP Baro-meter en detacheerder IT-Staffing. Zij noe-men dit bedrag het 'Bruto Zzp Product' (bzp) en publiceren dat vandaag voor het eerst. Initiatiefnemer Jeroen Sakkers: 'Veel mensen hebben het idee dat een zzp'er

geen echte ondernemer is, daar zijn wij het niet mee eens. We willen laten zien hoeveel waarde zzp'ers precies toevoegen aan de Nederlandse economie.'

Miljoen zzp'ers
Nederland heeft ruim en miljoen actieve zzp'ers, zo'n 12% van de werkzame beroepsbevolking. Hun gemiddelde jaaromzet was vorig jaar €60.995, hun jaarwinst €36.961, zo blijkt uit het onder-zoek dat is gebaseerd op een online enquête. Verdeeld over zeven sectoren vulden 1.496 zzp'ers de enquête in.

a Wat is een zzp'er?
b Wat is het voordeel van het gebruikmaken van zzp'ers voor een onderneming?
c Welke ondernemingsvorm zullen zzp'ers veelal kiezen? Motiveer je antwoord.
d Zal er in tijden van een economische recessie meer of juist minder gebruik worden gemaakt van zzp'ers? Motiveer je antwoord.
e Waarom zouden veel mensen denken dat een zzp'er geen echte ondernemer is?
f Met ingang van 1 mei 2016 is de Wet deregulering beoordeling arbeidsrelatie (DBA) van kracht geworden (zie theoriegedeelte). Leg uit welke invloed dit heeft gehad op de rol van payrollbedrijven.

1.5   De firmanten Jan en Toon (twee broers, beiden hebben geen partner) hebben samen een onderneming met de rechtsvorm van vennootschap onder firma (vof). De zaken gaan al een tijdje slecht en de schuldeisers hebben het faillissement aangevraagd. Bij het faillissement van de onderneming bleek dat de schulden van de vof €100.000 hoger zijn dan de bezittingen van de vof. Het privévermogen van Jan bedraagt €80.000 en het privévermogen van Toon bedraagt €30.000.
a Bereken het bedrag dat de schuldeisers kunnen eisen van Jan.
b Bereken het bedrag dat de schuldeisers kunnen eisen van Toon.

1.6   De firmanten Piet en Klaas Jansen hebben een gezamenlijke bakkerij onder de naam Bakkerij Jansen vof. De resultaten van de vof zijn al jaren negatief. Dit heeft geleid tot een uitholling van het eigen vermogen en een toename van het vreemd vermogen. Omdat de verschaffers van het vreemd vermogen de toekomst voor Bakkerij Jansen vof somber inzien, hebben ze het faillissement van de onderneming aangevraagd. De curator die belast is met de afwikkeling van het faillissement, schat de liquidatiewaarde van de activa van Bakkerij Jansen vof op €100.000. De totale schulden van de vof, die als vreemd vermogen op de volgende balans staan, bedragen €300.000.
Op grond van deze gegevens is de volgende liquidatiebalans opgesteld:

Liquidatiebalans Bakkerij Jansen vof

Bezittingen	€ 100.000	Vreemd vermogen	€ 300.000
		Eigen vermogen (negatief)	– € 200.000
Totaal bezittingen	€ 100.000	Totaal vermogen	€ 100.000

De curator heeft ook de privésituatie van de firmanten onderzocht. Dat heeft de volgende resultaten opgeleverd:

Privé Piet Jansen

Waarde woonhuis	€ 300.000	Hypothecaire lening woonhuis	€ 200.000
Spaartegoeden	€ 50.000	Privévermogen	€ 170.000
Waarde roerende zaken	€ 20.000		
Totaal bezittingen	€ 370.000	Totaal vermogen	€ 370.000

Privé Klaas Jansen

Spaartegoeden	€ 10.000	Schuld rekening-courant	€ 15.000
Waarde roerende zaken	€ 40.000	Privévermogen	€ 35.000
Totaal bezittingen	€ 50.000	Totaal vermogen	€ 50.000

a Wat houdt hoofdelijk aansprakelijk voor de firmanten van een vof in?
b Bereken welk bedrag van de schuld van de vof door Piet en welk bedrag door Klaas Jansen moet worden betaald.

1.7 De broers Ton en Don van Amerongen runnen samen een reisbureau onder de naam Ton&Don Reizen vof. De broers zijn beiden gehuwd. Doordat vakantiegangers in toenemende mate reizen rechtstreeks via internet boeken, heeft de vennootschap de laatste jaren forse verliezen geleden. Dit heeft er zelfs toe geleid dat de schuldeisers het faillissement van Ton&Don Reizen vof hebben aangevraagd. De firma bezit een klein winkelpand en wat inventaris. De curator heeft de bezittingen van de firma geïnventariseerd en de liquidatiewaarde daarvan vastgesteld. Hij komt niet verder dan een liquidatiewaarde van €200.000. De schuld aan de bank bedraagt echter €600.000 en aan de belastingdienst is €300.000 verschuldigd. Verder zijn er geen schuldeisers en zien we af van faillissementskosten.
De liquidatiebalans van Ton&Don Reizen vof ziet er als volgt uit.

Liquidatiewaarde van de bezittingen	€ 200.000	Vreemd vermogen:	
		Schuld aan bank	€ 600.000
		Schuld aan belastingdienst	€ 300.000 +
			€ 900.000
		Eigen vermogen (negatief)	€ 700.000 –
Totaal bezittingen	€ 200.000	Totaal vermogen	€ 200.000

Over het privévermogen van de firmanten en hun partners is verder het volgende gegeven:

	Firmant persoonlijk	Partner firmant	Totaal
Ton	€ 100.000	€ 60.000	€ 160.000
Don	€ 200.000	€ 500.000	€ 700.000

a Stel dat er *geen* huwelijkse voorwaarden zijn. Geef aan welk bedrag er dan verhaald kan worden op het privévermogen van:
  1 firmant Ton (persoonlijk)
  2 firmant Don (persoonlijk)
  3 de partner van firmant Ton
  4 de partner van firmant Don

b Stel dat er *wel* huwelijkse voorwaarden zijn. Geef aan welke bedrag er
dan verhaald kan worden op het privévermogen van:
1 firmant Ton (persoonlijk)
2 firmant Don (persoonlijk)
3 de partner van firmant Ton
4 de partner van firmant Don

1.8   Onderneming Faxcom heeft over het afgelopen jaar (2017) een omzet
behaald van €800.000. De kosten om deze omzet te realiseren (exclusief de
beloning voor de directeur/eigenaar), bedragen €490.000.
Als deze onderneming de rechtsvorm van bv heeft, heeft de directeur-grootaandeelhouder (DGA) alle aandelen van de bv in zijn bezit en krijgt hij een
salaris van €50.000 per jaar. Dit salaris is niet opgenomen onder de kosten
van de omzet. Met sociale lasten over het salaris van de DGA houden we
geen rekening.
Als de onderneming de rechtsvorm van een eenmanszaak heeft, is er geen
DGA waardoor de winst hoger uitvalt dan bij een bv.
In dit vraagstuk veronderstellen we dat de winst door de onderneming
volledig wordt uitgekeerd aan de eigenaar.
De vennootschapsbelasting bedraagt 20% over een winst tot en met
€200.000 en 25% over het gedeelte van de winst boven €200.000.
De eigenaar van Faxcom heeft de AOW-gerechtigde leeftijd nog niet bereikt,
is geen starter en is meer dan 1.225 uur werkzaam in zijn onderneming. De
winstvrijstelling voor 2017 bedraagt 14% van de winst na ondernemersaftrek.

De inkomstenbelasting is opgesplitst in drie boxen waarvan in deze opgave
alleen de boxen 1 en 2 van toepassing zijn.

Box 1
De zelfstandigenaftrek bedraagt €7.280.
De belastingtarieven voor de inkomstenbelasting zijn in schijven
opgesplitst:

TABEL 1.5 Tarieven voor de inkomstenbelasting
(AOW-leeftijd nog niet bereikt)

Schijf		Tarief (2017)
€ 0	– ≤ € 19.982	36,55%
> € 19.982	– ≤ € 33.791	40,8%
> € 33.791	– ≤ € 67.072	40,8%
> € 67.072		52%

Box 2
In box 2 wordt 25% inkomstenbelasting geheven over dividendinkomsten
uit een aanmerkelijk belang.

NB We houden alleen rekening met de gegevens die in deze opgave zijn vermeld. De belastingtarieven gelden voor 2017.

a Bereken de winst voor belasting als de onderneming de rechtsvorm heeft van:
   1 een eenmanszaak
   2 een bv
b Bereken de winst na vennootschapsbelasting als de onderneming de rechtsvorm heeft van bv.
c Bereken het bedrag dat in totaal aan belastingen moet worden betaald als de onderneming de rechtsvorm heeft van:
   1 een eenmanszaak
   2 een besloten vennootschap
d Bereken het bedrag dat de eigenaar na aftrek van alle belastingen in handen krijgt, als de onderneming de rechtsvorm van eenmanszaak heeft.
e Bereken het bedrag dat de eigenaar (DGA) na aftrek van alle belastingen in handen krijgt, als de onderneming de rechtsvorm van bv heeft.
f Bij een bv is er sprake van dubbele belastingheffing. Leg uit wat daarmee wordt bedoeld.
g Welke andere factoren naast de fiscale aspecten spelen een rol bij de keuze van de rechtsvorm van een onderneming?

1.9 Groothandel Jumbo is gespecialiseerd in kantoorartikelen. De heer Jacobs is eigenaar en tevens enige directeur van Jumbo. De omzet van de onderneming bedraagt €2,1 mln per jaar. Alle kosten (met uitzondering van de beloning voor de directeur-eigenaar) bedragen €1,7 mln per jaar. Op dit moment heeft de groothandel de juridische vorm van een eenmanszaak. Jacobs heeft de AOW-gerechtigde leeftijd nog niet bereikt, is geen starter en is meer dan 1.225 uur werkzaam in zijn onderneming. De winstvrijstelling voor 2017 bedraagt 14% van de winst na ondernemersaftrek.

De heer Jacobs overweegt echter de eenmanszaak in een bv om te zetten. Bij omzetting van de eenmanszaak in een bv wordt aan Jacobs als directeur-grootaandeelhouder (DGA) een salaris toegekend van €60.000. Met sociale lasten over het salaris van de DGA houden we geen rekening. Jacobs keert de winst na aftrek van vennootschapsbelasting volledig als dividend aan zichzelf uit. De dividenden die de DGA ontvangt, zijn inkomsten uit een aanmerkelijk belang en vallen in box 2. Een DGA heeft een aanmerkelijk belang als de DGA (samen met zijn of haar fiscale partner) minimaal 5% van de aandelen van de bv bezit. De vennootschapsbelasting bedraagt 20% over een winst tot en met €200.000 en over het gedeelte van de winst boven €200.000 is 25% vennootschapsbelasting verschuldigd.

De inkomstenbelasting is opgesplitst in drie boxen, waarvan in deze opgave alleen de boxen 1 en 2 van toepassing zijn.

Box 1
De zelfstandigenaftrek bedraagt €7.280.
De belastingtarieven gespecificeerd per schijf worden in de volgende tabel weergegeven (AOW-leeftijd nog niet bereikt).

TABEL 1.6 Tarieven voor de inkomstenbelasting (AOW-leeftijd nog niet bereikt)

Schijf		Tarief (2017)
€ 0	– ≤ € 19.982	36,55%
> € 19.982	– ≤ € 33.791	40,8%
> € 33.791	– ≤ € 67.072	40,8%
> € 67.072		52%

Box 2
In box 2 wordt 25% inkomstenbelasting geheven over dividendinkomsten uit een aanmerkelijk belang en over de vervreemdingswinst bij verkoop van de aandelen.

NB We houden alleen rekening met de gegevens die in deze opgave staan vermeld. De belastingtarieven gelden voor 2017.
a Maak een berekening van de in totaal te betalen belasting ingeval:
   1 de eenmanszaak wordt gehandhaafd
   2 de eenmanszaak in een bv wordt omgezet
b Bij een nv of bv kan er sprake zijn van dubbele belastingheffing. Leg uit wat wordt bedoeld met dubbele belastingheffing.

1.10 Bertus Haafkens is onder de naam 'Terminus Transport' actief in het internationale vrachtvervoer over de weg. Bertus heeft drie chauffeurs in dienst. Naast de leiding over zijn bedrijf is hij zelf ook regelmatig achter het stuur van een van zijn vrachtwagens te vinden. Samen met zijn vrouw doet hij de administratie, waaraan we de volgende gegevens ontlenen.
Over het jaar 2017 bedraagt de omzet €800.000 en de totale kosten €700.000 (waarin geen beloning is opgenomen voor Bertus en zijn vrouw). 'Terminus Transport' heeft de rechtsvorm van eenmanszaak. De eigenaar heeft de AOW-gerechtigde leeftijd nog niet bereikt, is geen starter en is meer dan 1.225 uur werkzaam in zijn onderneming. De winstvrijstelling voor 2017 bedraagt 14% van de winst na ondernemersaftrek.
Bertus en zijn vrouw overwegen de eenmanszaak om te zetten in een bv. Maar voordat ze een beslissing nemen, willen ze weten welke fiscale gevolgen dat heeft.
Als de eenmanszaak in een bv wordt omgezet, wordt aan Bertus als DGA een salaris toegekend van €70.000. Met sociale lasten over het salaris van de DGA houden we geen rekening. We veronderstellen dat aan zijn vrouw geen beloning wordt toegekend (we houden geen rekening met de fiscale gevolgen van het feit dat zijn vrouw hem helpt bij de administratie). De winst na belasting wordt onmiddellijk en volledig aan de DGA uitgekeerd. Deze winstuitkering is inkomen uit aanmerkelijk belang en wordt belast op basis van box 2. De vennootschapsbelasting bedraagt 20% over een winst tot en met €200.000 en 25% over het gedeelte van de winst boven €200.000.

De inkomstenbelasting is opgesplitst in drie boxen waarvan in deze opgave alleen de boxen 1 en 2 van toepassing zijn.

Box 1
De zelfstandigenaftrek bedraagt €7.280.
De belastingtarieven voor de inkomstenbelasting zijn in schijven opgesplitst:

TABEL 1.7 Tarieven voor de inkomstenbelasting (AOW-leeftijd nog niet bereikt)

Schijf		Tarief (2017)
€ 0	– ≤ € 19.982	36,55%
> € 19.982	– ≤ € 33.791	40,8%
> € 33.791	– ≤ € 67.072	40,8%
> € 67.072		52%

Box 2
In box 2 wordt 25% inkomstenbelasting geheven over dividendinkomsten uit een aanmerkelijk belang.
NB We houden alleen rekening met de gegevens die in deze opgave zijn vermeld. De belastingtarieven gelden voor 2017.

a Maak een berekening van de in totaal te betalen belastingen in geval van:
   1 een eenmanszaak
   2 een bv
b Bij een bv is er sprake van dubbele belastingheffing. Leg uit wat daarmee wordt bedoeld.
c Welke andere factoren naast de fiscale aspecten spelen een rol bij de keuze van de rechtsvorm van een onderneming?

2
Financiële verslaggeving

2.1   Functies van verslaggeving
2.2   Interne verslaggeving
2.3   Externe verslaggeving
2.4   Financieel verslag
2.5   Hoofdindeling van de balans
2.6   Hoofdindeling van de winst- en verliesrekening
2.7   Hoofdindelingen van het kasstroomoverzicht
        Samenvatting
        Begrippenlijst
        Opgaven

Goede ondernemers stellen zich regelmatig op de hoogte van de financiële positie van hun onderneming. De financiële positie van een onderneming blijkt onder meer uit de balans, de winst- en verliesrekening en het kasstroomoverzicht. Ondernemers kunnen informatie uit deze bronnen gebruiken bij het nemen van hun beslissingen. Om een balans, winst- en verliesrekening en kasstroomoverzicht op te kunnen stellen, moeten in de boekhouding (bedrijfsadministratie) de financiële gegevens op een zorgvuldige wijze worden vastgelegd. Ondernemingen met de rechtsvorm van bv of nv zijn verplicht bepaalde financiële gegevens openbaar te maken. De financiële informatie van een onderneming wordt weergegeven in een financieel verslag, dat bestaat uit het bestuursverslag (directieverslag), de jaarrekening en overige gegevens. De verplichting om financiële gegevens te publiceren geldt niet voor de eenmanszaak en de vennootschap onder firma. Het geheel van balans, winst- en verliesrekening, kasstroomoverzicht en de toelichtingen daarop noemen we de jaarrekening. In dit hoofdstuk bespreken we de verschillende onderdelen van de jaarrekening en de wettelijke eisen die daaraan worden gesteld.

2.1 Functies van verslaggeving

Verslaggeving

Met verslaggeving bedoelen we het proces van het verzamelen, groeperen en verstrekken van (financiële) gegevens ten behoeve van belanghebbenden binnen en buiten de onderneming. Waarom leggen ondernemingen allerlei gegevens vast? Dit doen ze om:
- beslissingen binnen de onderneming te onderbouwen (beslissingsondersteunende functie);
- de financiële positie van de onderneming te beoordelen en/of te beoordelen of er bijgestuurd moet worden (beheersingsfunctie of stuurfunctie);
- verantwoording af te leggen aan personen en instanties buiten de eigen onderneming (verantwoordingsfunctie).

De behoefte aan informatie over de (financiële) gang van zaken binnen de onderneming hangt mede af van de omvang van de onderneming. Een kleine onderneming (met bijvoorbeeld de rechtsvorm van eenmanszaak) zal minder hoge eisen stellen aan de verslaggeving dan een grote onderneming (met bijvoorbeeld de rechtsvorm van bv of nv). Bovendien zijn ondernemingen met de rechtsvorm van bv en nv op grond van de wet verplicht bepaalde financiële gegevens openbaar te maken. Openbaar maken betekent dat bepaalde financiële gegevens moeten worden gedeponeerd bij het handelsregister van de Kamer van Koophandel in de regio waar de onderneming haar statutaire vestigingsplaats heeft.

Openbaar maken

We bespreken in paragraaf 2.2 de verslaggeving van een eenmanszaak en/of vennootschap onder firma en gaan in paragraaf 2.3 in op de verslaggeving van een bv.

2.2 Interne verslaggeving

Administratie

Het bijhouden van de administratie is van veel ondernemers niet het sterkste punt. Het wordt vaak als een noodzakelijk kwaad gezien. Toch is het belangrijk dat ondernemers inzicht hebben in bijvoorbeeld de bedragen die ze nog van hun afnemers te vorderen hebben (debiteuren), wat ze nog moeten betalen aan hun toeleveranciers (crediteuren) en wat de omvang en samenstelling van de voorraden en het vermogen is. Bovendien kan aan de administratie belangrijke informatie worden ontleend voor het nemen van beslissingen binnen de onderneming. Het verstrekken van financiële informatie die wordt gebruikt binnen de eigen organisatie noemen we interne verslaggeving of management accounting.

Interne verslaggeving Management accounting

Omdat deze informatie alleen bestemd is voor gebruik binnen de onderneming, is de onderneming vrij in de wijze waarop zij de interne verslaggeving vormgeeft. Om beslissingen te onderbouwen maken ondernemers regelmatig gebruik van berekeningen die de financiële gevolgen van bepaalde alternatieven in kaart brengen. Zo kan een onderneming haar transportmiddelen zelf kopen of leasen. Voor het maken van de keuze uit deze alternatieven zal mede informatie uit de administratie gebruikt worden om de financiële consequenties te beoordelen. De eigenaar van een eenmanszaak zal in het algemeen goed op de hoogte zijn van hetgeen zich afspeelt binnen zijn eigen onderneming. De behoefte aan informatieverschaffing zal daardoor geringer zijn dan bij een grote onderneming met veel medewerkers, waar de afstand tussen de leiding en de werkvloer in het algemeen groter is dan bij een eenmanszaak.

Bij het besturen van een onderneming kan ook gebruik worden gemaakt van begrotingen, zoals een begrote winst- en verliesrekening of een liquiditeitsbegroting. Ook kunnen er budgetten worden opgesteld voor de taken die (in een komende periode) moeten worden uitgevoerd. Achteraf kunnen de werkelijke cijfers worden vergeleken met de begrote cijfers en kunnen de verschillen worden geanalyseerd. Dat kan aanleiding zijn het beleid aan te passen. Uit deze voorbeelden blijkt dat interne verslaggeving ten dienste staat van het besturen van een onderneming.

2.3   Externe verslaggeving

Financiële informatie wordt niet alleen gebruikt voor het besturen van de eigen onderneming. Ondernemingen moeten ook informatie verschaffen aan externe organisaties. Zo zijn zij op grond van de fiscale wetgeving verplicht jaarlijks een balans en winst- en verliesrekening op te stellen (ondernemingen zijn verplicht een administratie bij te houden). Een balans geeft de bezittingen, de schulden en het eigen vermogen van de onderneming op een bepaald moment weer. De winst- en verliesrekening is een overzicht van de opbrengsten en kosten gedurende een bepaalde periode. Aan de hand van de winst- en verliesrekening kan de belastingdienst de belastbare (fiscale) winst vaststellen. Bij de berekening van het fiscaal resultaat worden de opbrengsten en kosten bepaald op basis van fiscale maatstaven. Dit kan tot gevolg hebben dat de hoogte van het bedrijfseconomische resultaat afwijkt van het fiscale resultaat. Het bedrag dat aan belastingen moet worden betaald is onder meer afhankelijk van de hoogte van het fiscale resultaat.

Fiscaal resultaat

Een bv is verplicht zijn jaarrekening (gedeeltelijk) te publiceren. Een bv met een relatief lage omzet en weinig personeelsleden hoeft minder informatie openbaar te maken dan een bv met een hoge omzet en veel personeelsleden. Het verstrekken van financiële informatie aan organisaties buiten de eigen onderneming, noemen we externe verslaggeving of financial accounting.

Externe verslaggeving Financial accounting

Bij het opstellen van de externe verslaggeving is de onderneming gebonden aan wettelijke voorschriften. Daarin zijn de frequentie, de vorm en de inhoud van de externe verslaggeving globaal vastgelegd. De wettelijke voorschriften waaraan de te publiceren gegevens moeten voldoen zijn vastgelegd in Boek 2, titel 9 van het Burgerlijk Wetboek (in het vervolg kortweg 'de wet' genoemd). De wet is onder meer van toepassing op bv's en nv's, maar niet op een eenmanszaak of een vennootschap onder firma (vof).

Boek 2, titel 9, BW

Op grond van wettelijke voorschriften moeten bepaalde financiële overzichten die bestemd zijn voor externe gebruikers worden gecontroleerd door een externe accountant. Een externe accountant is *niet* in dienst van de organisatie waarvan hij de jaarrekening controleert. Externe accountants kunnen onderlinge samenwerkingsverbanden aangaan (accountantskantoren) of als zelfstandig gevestigd accountant hun functie uitoefenen.

Externe accountant

De wettelijke voorschriften hebben betrekking op de financiële gegevens van de onderneming die voor iedere belanghebbende beschikbaar moeten zijn. Externe partijen, zoals de verschaffers van vreemd vermogen (waaronder banken), zullen inzicht willen hebben in de balans, de winst- en verliesrekening en het kasstroomoverzicht. Mede op basis daarvan zullen zij zich een oordeel vormen over de financiële positie van de onderneming en hun leningsvoorwaarden daarop afstemmen. Daarom is het belangrijk dat de gepubliceerde gegevens een getrouw beeld geven van de feitelijke financiële positie van de onderneming. Dit is ook de reden dat de wet eisen stelt ten aanzien van de inhoud, de vorm, de frequentie en de wijze van publicatie van deze financiële informatie.

2.4 Financieel verslag

Financieel verslag

De financiële informatie van een onderneming wordt weergegeven in een financieel verslag.
Het financieel verslag bestaat uit de volgende drie onderdelen:
1 het bestuursverslag
2 de jaarrekening
3 de overige gegevens

Bij het besturen van ondernemingen is het van groot belang vast te stellen wat de gevolgen van bepaalde beslissingen zijn voor de winst- en verliesrekening en de balans van de onderneming. De winst- en verliesrekening en de balans zijn belangrijke informatiebronnen bij het besturen van ondernemingen. Er zal een zodanig beleid moeten worden gevoerd dat de cijfers uit de begrote winst- en verliesrekening en de begrote balans zo veel mogelijk worden gerealiseerd of (in positieve zin) worden overtroffen. Externe belanghebbenden krijgen in principe geen inzage in begrote cijfers. Een uitzondering wordt gemaakt voor de verstrekkers van eigen en vreemd vermogen. Zo zullen banken inzicht willen hebben in de verwachte financiële ontwikkelingen van een onderneming voordat ze een besluit nemen over het verlenen van een nieuw krediet.

Bestuursverslag

In het bestuursverslag geeft het bestuur van de onderneming onder meer zijn visie op het afgelopen verslagjaar weer. Hierin moet bijzondere aandacht worden besteed aan onderwerpen als de omvang van de investeringen, de financiering van de onderneming, de personele bezetting en omstandigheden die de ontwikkeling van de omzet en winst (of verlies) beïnvloeden. Ook moet in het bestuursverslag aandacht worden besteed aan de toekomstverwachtingen van de onderneming.

We behandelen in paragraaf 2.4.1 de jaarrekening en in paragraaf 2.4.2 de overige gegevens van het financieel verslag. In paragraaf 2.4.3 gaan we in op het financieel verslag als verantwoording en in paragraaf 2.4.4 op het financieel verslag als stuurinstrument.

2.4.1   Jaarrekening

Jaarrekening

De jaarrekening bestaat uit:
- balans (zie par. 2.5)
- winst- en verliesrekening (zie par. 2.6)
- kasstroomoverzicht (zie par. 2.7)
- toelichtingen op de balans, de winst- en verliesrekening en het kasstroomoverzicht

In de wet is een aantal bepalingen voor de jaarrekening opgenomen:
- De jaarrekening dient volgens normen die in het maatschappelijk verkeer als aanvaardbaar worden beschouwd, een zodanig inzicht te geven dat

een verantwoord oordeel kan worden gevormd omtrent het vermogen per balansdatum en het resultaat over het afgelopen boekjaar, alsmede, voor zover de aard van de jaarrekening dat toelaat, omtrent de solvabiliteit en de liquiditeit van de rechtspersoon.

- De balans met de toelichting geeft getrouw, duidelijk en stelselmatig de grootte van het vermogen en zijn samenstelling in actief- en passiefposten op het einde van het boekjaar weer.
- De winst- en verliesrekening met de toelichting geeft getrouw, duidelijk en stelselmatig de grootte van het resultaat van het afgelopen jaar en zijn afleiding uit de posten van baten en lasten (= opbrengsten en kosten) weer.

De financiële overzichten moeten begrijpelijk, betrouwbaar en vergelijkbaar zijn en moeten *relevante* informatie bevatten. Deze eisen zijn belangrijk omdat de (in- en externe) gebruikers van financiële overzichten hun beslissingen op deze informatie baseren. Informatie is relevant als door weglating of onjuiste weergave ervan de economische beslissingen van de gebruiker worden beïnvloed.

Waardering van bezittingen

Voor de waardering van bezittingen van een onderneming (deze noemen we ook wel activa) wordt een van de volgende grondslagen gehanteerd:

- *Historische kostprijs.* Het bedrag dat in het verleden is betaald (eventueel verminderd met het bedrag dat erop is afgeschreven) of de reële waarde van de tegenprestatie die in het verleden is geleverd om de bezitting te verkrijgen.
- *Actuele kostprijs.* Het bedrag dat nu (op het moment van waarderen) zou moeten worden betaald als eenzelfde of gelijkwaardige bezitting nu zou worden gekocht.
- *Directe opbrengstwaarde.* De waarde van de bezitting die nu zou kunnen worden verkregen door de bezitting op een normale wijze te verkopen (af te stoten).
- *Indirecte opbrengstwaarde.* De waarde die de bezitting oplevert door haar in te zetten in het primaire proces van de onderneming. Deze waarde is gelijk aan de contante waarde van de toekomstige nettokasstromen die door de bezitting worden voortgebracht.

De going-concernwaarde is de waarde die de activa hebben voor de onderneming, ervan uitgaande dat de onderneming haar huidige activiteiten voortzet. Als liquidatie waarschijnlijk is, moeten de activa tegen de liquidatiewaarde worden gewaardeerd. Deze waarde is in het algemeen aanmerkelijk lager dan de going-concernwaarde. De invloed van deze lagere waardering op het vermogen en het resultaat dienen in de toelichting op de jaarrekening vermeld te worden.

Uit het voorgaande blijkt dat er verschillende mogelijkheden zijn om activa te waarderen. Maar wat is nu de juiste waardering? Die vraag is niet eenvoudig te beantwoorden. In ieder geval kunnen we stellen dat de waarde van bedrijfsmiddelen mede afhankelijk is van de situatie waarin de waarde wordt vastgesteld en het doel van de waardering. In de praktijk is het gebruikelijk (voor ondernemingen waarvan het voortbestaan niet ter discussie staat) de activa te waarderen tegen de historische kostprijs. Deze kostprijs is uit de boekhouding af te leiden en wordt ook door de fiscus geaccepteerd. De actuele kostprijs heeft als nadeel dat steeds weer (op het moment van waarderen) moet worden vastgesteld wat de kostprijs op dat moment is. Dit is vooral lastig bij bedrijfsmiddelen die niet meer te koop zijn.

Marginalia:
- Waardering
- Historische kostprijs
- Actuele kostprijs
- Directe opbrengstwaarde
- Indirecte opbrengstwaarde
- Going-concernwaarde
- Liquidatiewaarde

De directe opbrengstwaarde komt in beeld bij vrijwillige of gedwongen verkoop van de activa. Bij een gedwongen verkoop (bijvoorbeeld in het geval van een faillissement) zal de waarde in het algemeen lager liggen dan bij een vrijwillige verkoop. Bij een faillissement moeten de activa in het algemeen op korte termijn worden verkocht, hetgeen een negatieve invloed heeft op de waarde.

Contante waarde

Bij de overname van een andere onderneming kijken we meestal naar de extra-opbrengsten die het gevolg zijn van een eventuele overname. Om de waarde van de over te nemen onderneming te bepalen, worden deze in de toekomst verwachte extra-opbrengsten contant gemaakt en bij elkaar opgeteld. Door de contante waarde te berekenen houden we rekening met tijdvoorkeur. Tijdvoorkeur wil zeggen dat we aan een bedrag van bijvoorbeeld € 10.000 op dit moment te ontvangen een hogere waarde toekennen dan aan een bedrag van € 10.000 te ontvangen over bijvoorbeeld een jaar. We geven twee eenvoudige voorbeelden om het begrip contante waarde toe te lichten.

Contante waarde

VOORBEELD 2.1

Stel dat de vergoeding op een spaarrekening 4% per jaar bedraagt. Op dit moment hebben we € 10.000 op de spaarrekening staan.
a Welk bedrag staat er over drie jaar op de spaarrekening, als er alleen maar rente wordt bijgeschreven?
b Wat is uitgaande van 4% per jaar de contante waarde van € 11.248,64 te ontvangen over drie jaar?

Ad a De berekening van deze eindwaarde verloopt als volgt:
Waarde aan het einde van het 1e jaar: $€ 10.000 \times (1 + 0,04) = € 10.400$.
Waarde aan het einde van het 2e jaar: $€ 10.000 \times (1 + 0,04) \times (1 + 0,04) =$
$€ 10.000 \times (1 + 0,04)^2 = € 10.816$.
Waarde aan het einde van het 3e jaar: $€ 10.000 \times (1 + 0,04) \times (1 + 0,04) \times (1 + 0,04) =$
$€ 10.000 \times (1 + 0,04)^3 = € 11.248,64$.
Ad b Contante waarde van € 11.248,64 bedraagt $€ 11.248,64 : (1 + 0,04)^3 = € 10.000$.

VOORBEELD 2.2

Iemand heeft de komende drie jaren, aan het einde van ieder jaar € 10.000 te vorderen. Stel dat de vereiste vergoeding voor vermogen 4% per jaar bedraagt. Wat is de contante waarde van deze drie bedragen samen?

Contante waarde van:
$€ 10.000$ te ontvangen over 1 jaar $= € 10.000 : (1 + 0,04) =$ € 9.615,38
$€ 10.000$ te ontvangen over 2 jaar $= € 10.000 : (1 + 0,04)^2 =$ € 9.245,56
$€ 10.000$ te ontvangen over 3 jaar $= € 10.000 : (1 + 0,04)^3 =$ € 8.889,96 +
_____
Contante waarde van alle drie bedragen samen =   € 27.750,90

Een juiste waardering van de activa is belangrijk omdat het van invloed is op de hoogte van het eigen vermogen van de onderneming. Het eigen vermogen is immers gelijk aan de waarde van de activa verminderd met de omvang van het vreemd vermogen.

Bij de waardering in het kader van de belastingaangifte (fiscale waardering) gelden weer andere maatstaven dan bij de waardering op basis van bedrijfs-economische maatstaven (bedrijfseconomische waardering).

Publicatie jaarrekening

Alleen rechtspersonen zijn verplicht bepaalde financiële en niet-financiële informatie openbaar te maken (te publiceren). Onder rechtspersonen val-len onder meer bv's en nv 's. Eenmanszaken en vof's vallen daar *niet* onder. In het midden- en kleinbedrijf is de bv een veelvoorkomende rechtsper-soon. De mate waarin informatie moet worden verstrekt, hangt af van de omvang van de rechtspersoon. Rechtspersonen worden op basis van drie criteria (balanstotaal, netto-omzet en gemiddeld aantal werknemers) met ingang van het boekjaar 2016 onderverdeeld in vier categorieën: micro, klein, middelgroot en groot. In tabel 2.1 zijn de criteria weergegeven.

TABEL 2.1 Criteria voor de omvang van rechtspersonen

Criteria		Omvang		
	Micro	Klein	Middelgroot	Groot
Balanstotaal	≤ € 350.000	> € 350.000 – ≤ € 6.000.000	> € 6.000.000 – ≤ € 20.000.000	> € 20.000.000
Netto-omzet	≤ € 700.000	> € 700.000 – ≤ € 12.000.000	> € 12.000.000 – ≤ € 40.000.000	> € 40.000.000
Gemiddeld aantal werknemers	< 10	10 – < 50	50 – < 250	≥ 250

Let op:
1 De directeur-grootaandeelhouder (DGA) bij een bv is een werknemer van de bv.
2 Het aantal werknemers wordt gemeten in fulltime equivalents (fte's).

Om de grootte van de rechtspersoon te bepalen, moet de rechtspersoon gedurende minimaal twee jaar aan twee van de drie genoemde criteria voldoen.
Naarmate een onderneming groter is, worden er hogere eisen gesteld aan de inrichting en deponering van de winst- en verliesrekening en de balans. Voor bv's die in de categorie micro of klein vallen, zijn er vrijstellingen.

Ondernemingen met de rechtsvorm van bv of nv zijn verplicht bepaalde – wettelijk voorgeschreven – financiële informatie te publiceren. Vanaf boek-jaar 2016 kunnen rechtspersonen in de categorie micro en klein de jaarreke-ning alleen nog elektronisch deponeren bij de Kamer van Koophandel. De Eerste Kamer heeft daartoe op 8 december 2015 de wettelijke grondslag gecreëerd door het wetsvoorstel 'Elektronisch deponeren van bescheiden in het Handelsregister' te aanvaarden. Rechtspersonen in de bedrijfsklasse micro en klein kunnen de jaarrekening vanaf boekjaar 2016 niet meer op papier aanleveren. Voor rechtspersonen in de bedrijfsklasse middelgroot geldt de verplichting om de jaarrekening elektronisch te deponeren vanaf boekjaar 2017 en voor grote rechtspersonen vanaf boekjaar 2019. De algemene maatregel van bestuur, waar de verplichting voor het elektronisch deponeren voor het bedrijfsleven uit volgt, is op 1 juli 2016 in werking getreden.

elektronisch deponeren

Elektronisch deponeren

Elektronisch deponeren kan op twee manieren. Bedrijven die over SBR-software beschikken, kunnen gegevens gemakkelijk uit hun administratie halen en als jaarrekening aanleveren bij de Kamer van Koophandel. De gegevens kunnen worden hergebruikt door verschillende financiële instanties, zoals de belastingdienst, het CBS en verschillende banken. Voor ondernemers in de bedrijfsklasse micro en klein die geen SBR-software hebben, bestaat er het alternatief: de onlineservice 'Zelf Deponeren Jaarrekening' (ZDJ). Ondernemers voeren de gegevens van de jaarrekening dan handmatig in ZDJ in en versturen deze vervolgens op een snelle en veilige manier.

Het tijdstip van deponering (publiceren) is ook in de wet geregeld. Ten aanzien van de jaarrekening maken we onderscheid in:
- het opstellen (het maken) van de jaarrekening;
- het vaststellen (het goedkeuren door de algemene vergadering van aandeelhouders) van de jaarrekening;
- het deponeren van de jaarrekening.

Het bestuur (de directie) van een bv maakt de jaarrekening op. Meestal laat de directie dat werk uitvoeren door de financiële administratie, die daarbij gebruik (kan) maken van een interne accountant. Het bestuur legt de – door hem opgestelde – jaarrekening voor aan de eigenaren (aandeelhouders) in een Algemene Vergadering van Aandeelhouders (AvA). Als de aandeelhouders de jaarrekening goedkeuren, dan is de jaarrekening vastgesteld. Daarna kan de jaarrekening openbaar worden gemaakt (publiceren). Dat gebeurt door de jaarrekening te deponeren bij de Kamer van Koophandel. Voor het opstellen, het vaststellen en het publiceren van de jaarrekening (van rechtspersonen) bestaan wettelijke termijnen. De termijnen die we hierna noemen, zijn van toepassing op de boekjaren 2016 en later. Omdat deze termijnen van tijd tot tijd kunnen veranderen, is het raadzaam de wetgeving op dit terrein goed te volgen.

We veronderstellen dat de jaarrekening betrekking heeft op van het boekjaar 2016 en dat dit boekjaar samenvalt met een kalenderjaar. De jaarrekening over 2016 moet binnen 5 maanden na afloop van het boekjaar worden opgesteld ($\leq$ 31-5-2017). Daarna is er nog 2 maanden beschikbaar om de jaarrekening te laten vaststellen door de AvA ($\leq$ 31-7-2017). Daarna zijn er nog 8 kalenderdagen beschikbaar om de jaarrekening bij de Kamer van Koophandel (KvK) te deponeren (uiterlijk 8 augustus 2017).

In bijzondere omstandigheden kan de AvA het bestuur echter toestemming geven de termijn om de jaarrekening op te stellen met maximaal 5 maanden te verlengen. In de praktijk komt deze verlenging vaak voor (het is meer regel dan uitzondering). Dan geldt: jaarrekening over boekjaar 2016 opstellen uiterlijk 31-10-2017. Daarna is er nog 2 maanden beschikbaar om de jaarrekening te laten vaststellen door de AvA én te deponeren bij de KvK. De jaarrekening moet dus uiterlijk op 31 december 2017 worden gedeponeerd. Als de AvA de jaarrekening niet op tijd heeft vastgesteld, dan moet uiterlijk op 31 december 2017 de niet-vastgestelde jaarrekening worden gedeponeerd. Voor een bv met een DGA ligt de situatie iets anders. Ook dan kan de AvA (dat is de DGA) aan het bestuur (dat is dezelfde DGA) een uitstel van 5 maanden verlenen om de jaarrekening op te stellen. Maar omdat bij een DGA, het bestuur en AvA in één persoon zijn vertegenwoordigd (DGA = AvA

= bestuur), geldt dat in dat geval het opstellen tevens de vaststelling van de jaarrekening inhoudt. Dan moet de jaarrekening dus uiterlijk op 31 oktober 2017 zijn vastgesteld zijn. Daarna zijn er nog 8 (kalender)dagen, om de jaarrekening te deponeren bij de KvK (uiterlijk 8 november 2017).
Voor een bv met meerdere aandeelhouders is 31 december 2017 dus de deadline, voor een bv met één DGA 8 november 2017.

We geven een overzicht van de financiële informatie die rechtspersonen die in de categorie micro of klein vallen, moeten publiceren (door deze informatie te deponeren bij de KvK).

De belangrijkste inrichtings- en deponeringsbepalingen voor micro-rechtspersonen zijn:
- De balans mag beperkt blijven tot de volgende posten: vaste activa (met afzonderlijke vermelding van de kosten in verband met oprichting en uitgifte van aandelen), vlottende activa (met afzonderlijke vermelding van opgevraagde stortingen van geplaatst kapitaal), eigen vermogen, voorzieningen en schulden.
- De winst- en verliesrekening mag beperkt blijven tot de volgende posten: netto-omzet, overige bedrijfsopbrengsten, lonen, kosten van grond- en hulpstoffen, afschrijvingen en waardeverminderingen activa, overige bedrijfskosten, belastingen en resultaat uit gewone bedrijfsuitoefening na belastingen.
- Er hoeft geen toelichting te worden opgesteld. Dit betekent ook dat geen gegevens over het aandelenkapitaal en geen mutatieoverzicht eigen vermogen hoeven te worden opgenomen.

Rechtspersonen die in de categorie klein vallen, moeten over hun financiële situatie meer details en meer toelichtingen verschaffen dan micro-rechtspersonen.

Ondernemers hangen in het algemeen niet graag hun financiële cijfers aan de grote klok. De verplichting om een gedeelte van de financiële gegevens te publiceren, is voor een aantal ondernemers een belangrijke reden om niet voor de rechtsvorm van bv te kiezen.

2.4.2   Overige gegevens
Onder de overige gegevens worden onder andere opgenomen: **Overige gegevens**
- de accountantsverklaring;
- een beschrijving van de statutaire regeling over de bestemming van de winst;
- een opgave van de bestemming van de winst of van de verwerking van het verlies;
- een opgave van de gebeurtenissen na de balansdatum met belangrijke financiële gevolgen voor de onderneming. Daarbij moet de omvang van die gevolgen worden vermeld.

Accountantsverklaring

Grote en middelgrote rechtspersonen (waartoe ook bv's kunnen behoren) moeten de jaarrekening laten controleren door een externe accountant.
Op 11 december 2012 is de Wet op het accountantsberoep (Wba) vastgesteld. Deze wet is van kracht vanaf 1 januari 2013 en regelt de formele

oprichting van de Nederlandse Beroepsorganisatie van Accountants (NBA): een fusie tussen het Koninklijk Nederlands Instituut van Registeraccountants (NIVRA) en de Nederlandse Orde van Accountants-Administratieconsulenten (NOvAA). Op grond van de Wba moet een onderneming (die onder de wet valt) iedere acht jaar van accountantskantoor wisselen en mag een accountantskantoor dat de controlewerkzaamheden verricht geen andere (advies)werkzaamheden voor dezelfde klant verrichten.

Externe accountant

Op grond van wettelijke voorschriften moeten bepaalde financiële overzichten die bestemd zijn voor externe gebruikers worden gecontroleerd door een *externe* accountant. Om als externe accountant te kunnen werken, moet de accountant een vergunning aanvragen bij de Autoriteit Financiële Markten (AFM). Zonder een toestemming van de AFM mag een accountant geen wettelijke controles uitvoeren. Een externe accountant is niet in dienst van de organisatie waarvan hij of zij de jaarrekening controleert. De externe accountant heeft tot taak de getrouwheid van de jaarrekening te onderzoeken. Getrouw betekent niet dat alle informatie in de jaarrekening voor 100% juist zal zijn, maar wel dat de informatie in de jaarrekening een getrouw (goed) beeld geeft van onder meer de waarde en de behaalde resultaten van de organisatie. Wil daaraan voldaan worden, dan moet de informatie onder andere volledig, tijdig en onpartijdig zijn. Een interne accountant werkt

Interne accountant

meestal bij een middelgrote tot grote organisatie. De *interne* accountant controleert de interne financiële verantwoording en is vaak betrokken bij de totstandkoming (het opstellen) van de jaarrekening. Interne accountants voeren geen wettelijk verplichte controles uit voor de organisatie waarin ze werkzaam zijn.
Controle van de jaarrekening door een externe accountant is alleen verplicht voor ondernemingen die in de categorie middelgroot of groot vallen. Uit de wet blijkt dat de accountant de resultaten van zijn onderzoek moet weergeven door:
- een verslag uit te brengen aan de Raad van Commissarissen en aan het bestuur;
- een verklaring af te geven (een controleverklaring).

Bij hun controlewerkzaamheden gaan de accountants uit van de Nadere Voorschriften Controle- en Overige Standaarden (NVCOS). De externe accountant onderzoekt of de jaarrekening het vereiste inzicht geeft en in overeenstemming is met de wettelijke voorschriften. De controleverklaring wordt opgenomen onder de overige gegevens. Ontbreekt de controleverklaring, dan dient dit te worden vermeld met opgaaf van reden.
Een controleverklaring is een verklaring van een externe accountant bij een overzicht met historische financiële informatie (waarvan de jaarrekening een voorbeeld is).
De Nederlandse Beroepsorganisatie van Accountants (NBA) onderscheidt drie categorieën accountantswerkzaamheden met de daarbij aansluitende verklaringen. Naast de controleverklaring zijn dat de beoordelingsverklaring en de samenstellingsverklaring.

Enkele bekende landelijk opererende accountantskantoren zijn ABAB, BDO, Deloitte, Ernst & Young, Flynth, KPMG, Mazars en PriceWaterhouseCoopers, maar er is ook een groot aantal accountantskantoren dat regionaal of lokaal opereert.

Een *controle* van een overzicht met historische financiële informatie door de (externe) accountant kan uitmonden in een van de volgende vier soorten controleverklaringen:

- een verklaring met een goedkeurend oordeel;
- een verklaring met beperking(en), waarbij de beperking(en) vermeld wordt (worden);
- een verklaring met een afkeurend oordeel;
- een verklaring met een oordeelsonthouding.

Controle-verklaring

In de controleverklaring bij een jaarrekening wordt vermeld of de jaarrekening naar het oordeel van de accountant een getrouw beeld geeft van de grootte en samenstelling van vermogen en resultaat en – indien van toepassing – aan welke wettelijke voorschriften de jaarrekening, het jaarverslag of de overige gegevens *niet* voldoen. De controleverklaring is ook belangrijk voor de externe gebruikers van de jaarrekening. Zij kunnen daaruit in grote lijnen afleiden welke waarde aan de gepubliceerde cijfers kan worden gehecht.

Een beoordelingsopdracht heeft tot doel de gebruiker van een financiële verantwoording (zoals een jaarrekening) een *beperkte zekerheid* te bieden over de getrouwheid van de gegevens die in de financiële verantwoording worden gepresenteerd. Voor de beoordelingsverklaring hanteert de accountant de volgende formulering: 'Op grond van onze beoordeling is ons niets gebleken op basis waarvan wij zouden moeten concluderen dat de jaarrekening geen getrouw beeld geeft van de grootte en samenstelling van het vermogen op ... (datum invullen) 20xx (jaartal invullen) en van het resultaat over 20xx (jaartal) en niet in overeenstemming is met Titel 9 Boek 2 BW'. De beoordelingsverklaring biedt een lagere vorm van zekerheid dan de controleverklaring.

Beoordelings-verklaring

Bij een samenstellingsopdracht heeft de accountant tot taak financiële gegevens te verzamelen, te ordenen en samen te vatten in een voor de opdrachtgever begrijpelijke vorm. Een veelvoorkomende door een accountant opgestelde financiële verantwoording is de jaarrekening. In de samenstellingsverklaring vermeldt de accountant onder andere dat de juistheid en volledigheid van de gegevens en de hierop gebaseerde jaarrekening berusten bij de opdrachtgever. De toegevoegde waarde van de samenstellingsverklaring is dat de accountant bij de uitvoering van zijn opdracht is gehouden aan een gedragscode en de samenstelwerkzaamheden moet uitvoeren in overeenstemming met de uitvoeringsstandaarden.

Samen-stellings-verklaring

De eisen die aan de accountantswerkzaamheden worden gesteld, veranderen regelmatig. Voor actuele informatie verwijzen we naar de website van de Nederlandse Beroepsorganisatie van Accountants (www.nba.nl).

2.4.3   Financieel verslag als verantwoording

Het bestuur van een onderneming legt door het financieel verslag aan de (direct-) belanghebbenden verantwoording af over het gevoerde beleid. Voor de nv of bv zijn de aandeelhouders een zeer belangrijke groep van belanghebbenden. Tijdens de Algemene Vergadering van Aandeelhouders (AVA) doet de Raad van Bestuur verslag van de wijze waarop zij haar taken heeft vervuld en legt ze hierover verantwoording af. Daarbij moet zij onder andere de ondernemingsstrategie, het gevoerde beleid en de ondernemings-resultaten bespreken. Ook is het gebruikelijk dat de Raad van Bestuur tijdens de AVA haar visie geeft op de toekomst van de onderneming. Het zijn de

Verantwoording

toekomstverwachtingen die in belangrijke mate de waarde van de onderneming voor de aandeelhouders bepalen. Het voorgaande is met name van
belang voor rechtspersonen die in de categorie middelgroot of groot vallen.

2.4.4   Financieel verslag als stuurinstrument

**Stuur-
instrument**

Het opstellen van een jaarrekening moet niet alleen worden gezien als het voldoen aan een wettelijke verplichting. De informatie die aan een jaarrekening
kan worden ontleend is ook belangrijk voor de financiële besturing van de
onderneming. Bij de eenmanszaak en vof moet het behaalde resultaat in principe voldoende zijn om in het levensonderhoud van de eigenaren te voorzien.
Bovendien moet over het eigen vermogen een vergoeding kunnen worden
gegeven die in overeenstemming is met hetgeen op de vermogensmarkt als normaal wordt beschouwd (een marktconforme vergoeding). Als het resultaat van
de onderneming daarvoor niet toereikend is, moet worden onderzocht welke
wijzigingen in het beleid noodzakelijk zijn om het gewenste doel te bereiken.

Voor ondernemers is het belangrijk dat ze inzicht hebben in de gevolgen van
hun beslissingen voor de winst- en verliesrekening en voor de balans. Dit
zijn namelijk de financiële overzichten die externe betrokkenen onder ogen
krijgen en waarop zij hun oordeel over de financiële positie van de onderneming baseren.

Bart Romijnders vertelt welke informatie hij gebruikt om de financiële ontwikkeling van zijn onderneming op korte termijn in de gaten te houden:
'Als ondernemer heb je de neiging alle tijd te besteden aan het werk en
dreigt de administratie erbij in te schieten. Voor de financiële besturing van
mijn onderneming wacht ik de jaarrekening niet af. Deze wordt pas na
afloop van het boekjaar opgesteld en dat is te laat om tijdig bij te kunnen
sturen. Tijdens het boekjaar krijg ik op basis van de btw-aangiften (die ik
ieder kwartaal moet doen) al een aardig beeld van de omzet en de kosten.
Ook het verloop van het rekening-courantkrediet houd ik nauwlettend in de
gaten. Bij beslissingen met belangrijke financiële gevolgen schakel ik mijn
accountant in. Met hem bespreek ik overigens ook de jaarrekening en mede
op basis van deze bespreking zet ik de grote lijnen voor de toekomst uit.'

2.5 Hoofdindeling van de balans

**Hoofdindeling
balans**

In de wet zijn eisen opgesteld met betrekking tot de indeling van de
balans en de toelichting daarop. Eén van de toegestane voorgeschreven
hoofdindelingen van de balans is:

Actiefzijde	Passiefzijde
Vaste activa:	Eigen vermogen
Immateriële vaste activa	
Materiële vaste activa	
Financiële vaste activa	
Vlottende activa:	Voorzieningen
Voorraden	
Vorderingen	Langlopende schulden
Effecten	
Liquide middelen	Kortlopende schulden

Deze hoofdindeling geldt voor alle rechtspersonen die onder de wet vallen, met uitzondering van banken, verzekeringsmaatschappijen en beleggings-instellingen. De schulden mogen worden gesplitst in schulden met een looptijd van meer dan één jaar (langlopende schulden) en de overige schul-den (kortlopende schulden).

Op de balans worden de activa onderscheiden in vaste en vlottende activa. Voor vaste activa geldt dat het langer dan een jaar duurt om ze in geld om te zetten (ze gaan meer dan een jaar mee). Voorbeelden daarvan zijn gebou-wen en machines. Vlottende activa, zoals voorraden en debiteuren, kunnen binnen het jaar in geld worden omgezet.

De vaste activa moeten op grond van de wet worden onderverdeeld in:
- immateriële vaste activa (bijvoorbeeld goodwill);
- materiële vaste activa (bijvoorbeeld gebouwen en machines);
- financiële vaste activa (bijvoorbeeld financial lease en deelnemingen).

We beschrijven de immateriële vaste activa in paragraaf 2.5.1, de materiële vaste activa in paragraaf 2.5.2 en de financiële vaste activa in paragraaf 2.5.3.

2.5.1   Immateriële vaste activa   octrooirechten

Bij de overname van een onderneming kan het voorkomen dat de overne-mende onderneming meer betaalt dan de *fair value*. De fair value is het ver-schil tussen de door de overnemende onderneming in haar jaarrekening te verantwoorden waarde van de activa van de overgenomen onderneming min de schulden van de overgenomen onderneming. Het verschil tussen de aankoopprijs (van de overgenomen onderneming) en haar fair value noe-men we goodwill. Goodwill is een voorbeeld van immateriële vaste activa. Om deze laatste (lastige) zinnen toe te lichten, geven we een voorbeeld.

*Immateriële
vaste activa*
Fair value

Goodwill

VOORBEELD 2.3

Onderneming Hannis heeft onderneming Maurice overgenomen en daarvoor €10 mln betaald.

Onderneming Hannis neemt zowel de activa als de passiva van Maurice over en moet deze in haar balans verwerken. De activa vertegenwoordigen een waarde van €15 mln en de schulden bedragen €7 mln. We krijgen nu het volgende overzicht:

Door Hannis betaalde aankoopprijs			€ 10.000.000
Op de balans van Hannis:	Waarde van de activa van Maurice	€ 15.000.000	
	Waarde van de schulden van Maurice	€ 7.000.000 –	
	Fair value (reële waarde)		€ 8.000.000 –
	Goodwill (door Hannis betaald)		€ 2.000.000

2.5.2   Materiële vaste activa

Gebouwen, machines en kantoorinventaris zijn voorbeelden van materiële vaste activa. Als deze activa (in economische zin) eigendom zijn van de onderneming, worden ze op de balans opgenomen. In economische zin loopt de onderneming (en niet een derde) het risico van waardeverandering van de activa.

*Materiële
vaste activa*

Boekwaarde

De boekwaarde van de vaste activa wordt als volgt vastgesteld:
Boekwaarde aan het begin van het verslagjaar
+ Bedrag van de nieuwe investeringen
– Boekwaarde van de buitengebruikstelling
+ Herwaarderingen
– Afschrijvingen

Boekwaarde aan het einde van het verslagjaar

Als de werkelijke (actuele) waarde van een vast actief afwijkt van de waarde waarvoor het op de balans staat (boekwaarde), kan een onderneming besluiten de boekwaarde in overeenstemming te brengen met de actuele waarde. We spreken dan van herwaardering. In de voorgaande opstelling is ervan uitgegaan dat er sprake is van een positieve herwaardering (waarde-toename). Er kunnen echter ook afwaarderingen plaatsvinden.

Herwaardering

2.5.3   Financiële vaste activa

Financiële vaste activa

Financial lease en deelnemingen zijn voorbeelden van financiële vaste activa.
We staan allereerst stil bij de verwerking van leasing in de jaarrekening en gaan daarna in op deelnemingen en consolidatie.

Leasing

We onderscheiden twee vormen van leasing:

Operational lease

1 *Operational lease.* Een opzegbaar huurcontract waarbij de kosten van onderhoud, verzekering en dergelijke ten laste van de verhuurder kunnen komen. Omdat het contract opzegbaar is, ligt het risico van economische veroudering bij de leasemaatschappij. Voor de verwerking in de jaarrekening is operational lease te vergelijken met huur. De toekomstige leaseverplichtingen worden niet op de balans vermeld, omdat de onderneming niet het risico van economische veroudering loopt. De betaalde leasetermijnen worden ten laste van het resultaat gebracht.

Financial lease

2 *Financial lease.* Een onopzegbaar huurcontract waarbij de kosten van onderhoud, verzekering en dergelijke ten laste van de huurder komen. Omdat het contract onopzegbaar is, ligt het risico van economische veroudering bij de huurder. Voor de verwerking in de jaarrekening is financial lease te vergelijken met het kopen van duurzame activa die worden gefinancierd met vreemd vermogen. De contante waarde van de toekomstige leaseverplichtingen wordt als schuld op de balans opgenomen. Omdat de huurder economisch eigenaar is, wordt de waarde van het geleaste duurzaam actief op de balans aan de debetzijde opgenomen. De afschrijvingen op het geleaste duurzaam actief worden ten laste van het resultaat gebracht, evenals het interestbestanddeel dat in de leasetermijnen is begrepen.

Deelneming

Deelneming

Als de zeggenschap wordt verkregen door middel van het bezit van aandelen in een groepsmaatschappij, is er sprake van een deelneming. Wettelijk is er sprake van een deelneming als het aanhouden van aandelen in een andere onderneming:

- duurzaam is, én
- voor eigen rekening geschiedt, én
- ten dienste staat van de werkzaamheden van de eigen onderneming.

Een onderneming kan bijvoorbeeld aandelen kopen van een toeleverancier om zodoende langdurig (duurzaam) verzekerd te zijn van de aanvoer van de benodigde goederen (ten dienste van de werkzaamheden van de eigen onderneming). De voor- of nadelen van het aandelenbezit komen ten gunste of ten laste van de onderneming die de aandelen heeft gekocht (voor eigen rekening).

Als een onderneming meer dan de helft van de aandelen van een andere onderneming bezit, is er sprake van een meerderheidsdeelneming. Een onderneming waarin een moedermaatschappij een meerderheidsdeelneming heeft, noemen we ook wel een dochtermaatschappij. De moedermaatschappij kan dan invloed uitoefenen op het beleid van de andere onderneming. Als de moedermaatschappij alle aandelen van de groepsmaatschappij bezit, spreken we van een 100%-deelneming. Bij een bezit van minder dan 50% van het geplaatste aantal aandelen, spreken we van een minderheidsdeelneming.

Meerderheids-deelneming

Minderheids-deelneming

Consolidatie

het samenvoegen v/d balansen /winst/verliesreh. van verschillende ondernemingen

De maatschappij die de zeggenschap over een andere maatschappij uitoefent (meerderheidsdeelneming), is een houdstermaatschappij (holding). De onderneming waarvan de aandelen in het bezit zijn van een houdstermaatschappij noemen we dochtermaatschappij. Een dochtermaatschappij kan op haar beurt weer aandelen bezitten in andere, onder haar vallende maatschappijen. Er is dan sprake van een groep of concern.
Elke onderneming heeft de wettelijke verplichting jaarlijks een balans en een winst- en verliesrekening (de enkelvoudige jaarrekening) op te maken. De enkelvoudige jaarrekening heeft betrekking op een individuele onderneming. De moedermaatschappij van een groep heeft bovendien de wettelijke verplichting een geconsolideerde jaarrekening op te stellen. Deze geconsolideerde jaarrekening geeft een samenvattend overzicht van de activa en passiva (geconsolideerde balans) en van de opbrengsten en kosten (geconsolideerde winst- en verliesrekening) van alle tot de groep behorende groepsmaatschappijen.   *voorbeeld: Unilever*

Houdstermaat-schappij

Dochtermaat-schappij

Geconsoli-deerde jaarrekening

2.6 Hoofdindeling van de winst- en verliesrekening

Er zijn ook voorschriften (modellen) voor de indeling van de winst- en verliesrekening.
De kosten kunnen in de winst- en verliesrekening worden weergegeven volgens de categoriale kostensplitsing of volgens de functionele kostensplitsing.
Bij de categoriale kostensplitsing worden de kosten die bij een bepaalde productiefactor horen samengevoegd, zoals kosten van grond- en hulpstoffen, loonkosten, telefoonkosten, kosten van energie, afschrijvingskosten, rentekosten en sociale lasten.

Hoofdindeling winst- en verliesrekening
Categoriale kostensplitsing

Bij de functionele kostensplitsing worden de kosten gegroepeerd rond bepaalde functies die binnen de onderneming te onderscheiden zijn, zoals fabricagekosten, verkoopkosten en kosten voor research en ontwikkeling.

Functionele kostensplitsing

Ondernemingen houden in het algemeen de categoriale kostenindeling aan. Iedere belangstellende kan (tegen betaling van €10 tot €20) bij de Kamer van Koophandel (zie www.kvk.nl) een kopie opvragen van de balans en/of winst- en verliesrekening van ondernemingen die publicatieplichtig zijn. We geven hierna een voorbeeld dat voldoet aan de wettelijke publicatievoorschriften (de cijfers en de naam van de onderneming zijn gefingeerd).

VOORBEELD 2.4

Winst-en verliesrekening over 2017

I.P.H. Tada B.V. te Naarden

	2017 *Bedragen in €*		*2016* *Bedragen in €*	
Brutomarge		5.464.629		4.987.562
Lonen en salarissen	2.456.912		2.274.182	
Sociale lasten	687.935		636.771	
Afschrijvingen op materiële vaste activa	280.560		260.740	
Overige bedrijfskosten	1.567.003 +		1.467.325 +	
Som van de bedrijfslasten		4.992.410 –		4.639.018 –
EBIT = Bedrijfsresultaat		472.219		348.544
Rentebaten en soortgelijke opbrengsten		22.745 +		16.286 +
Resultaat voor belastingen		494.964		364.830
Belastingen over het resultaat		148.489 –		109.449 –
Resultaat na belastingen		346.475		255.381

De cijfers in het voorbeeld van het voorafgaande jaar worden vermeld om de ontwikkeling in het resultaat te kunnen vaststellen.

Brutomarge Met brutomarge bedoelen we de netto-omzet verminderd met de inkoopwaarde van de netto-omzet. Onder netto-omzet verstaan we de opbrengst uit de levering van goederen en diensten onder aftrek van kortingen en omzetbelasting (btw).

2.7 Hoofdindelingen van het kasstroomoverzicht

Hoofdindeling kasstroomoverzicht
Liquide middelen
Directe methode

Een kasstroomoverzicht geeft weer door welke factoren (met vermelding van de bijbehorende bedragen) de hoeveelheid liquide middelen van een onderneming gedurende een bepaalde periode is veranderd. Met liquide middelen bedoelen we zowel de voorraad kasgeld als de positieve saldi op de rekening-courant bij banken. Een kasstroomoverzicht kunnen we opstellen volgens de directe methode en de indirecte methode. Bij de directe methode worden de geldontvangsten en gelduitgaven rechtstreeks afgeleid uit de mutaties in de kas en de bij- en afschrijvingen van de bank.

Bij de indirecte methode nemen we de financiële resultaten als vertrekpunt **Indirecte**
voor de berekening van de mutatie in de voorraad liquide middelen. Op   **methode**
basis van de beginbalans, eindbalans en winst- en verliesrekening kan een
kasstroomoverzicht volgens de indirecte methode worden opgesteld. We
geven daarvan in hoofdstuk 3 een voorbeeld.
Voor grote ondernemingen zijn de modellen voor de balans, winst- en verliesrekening en het kasstroomoverzicht gedetailleerder dan voor kleinere
ondernemingen. We merken op dat de wettelijke voorschriften niet gelden
voor de eenmanszaak en de vof.

In het volgende hoofdstuk en in deel 3 van dit boek gaan we nader in op het
gebruik van informatie uit de balans, winst- en verliesrekening en het kasstroomoverzicht voor de financiële besturing van een onderneming.

Samenvatting

Externe verslaggeving is het verschaffen van financiële informatie aan
belanghebbenden buiten de onderneming. In de wet is globaal vastgelegd
aan welke eisen de rechtspersonen op wie de wet van toepassing is, moeten
voldoen. De wet (Titel 9, Boek 2 van het Burgelijk Wetboek) is onder andere
van toepassing op de besloten vennootschap (bv), maar niet op de verslaggeving van een eenmanszaak en een vennootschap onder firma.
De wettelijk verplichte financiële informatie van een onderneming wordt
weergegeven in een financieel verslag. Dit verslag bestaat uit het bestuursverslag, de jaarrekening en de overige gegevens.
De financiële informatie die moet worden gepubliceerd hangt af van de
grootte van de rechtspersoon. De rechtspersonen worden onderverdeeld in
micro, kleine, middelgrote en grote rechtspersonen. Publicatie houdt in dat
het financieel verslag wordt gedeponeerd bij de Kamer van Koophandel
waar de rechtspersoon ingeschreven staat. Daar kunnen externe belanghebbenden het financieel verslag inzien.
Voor middelgrote en grote rechtspersonen is een controle van het financieel
verslag door een externe accountant verplicht. Deze legt zijn bevindingen
vast in een controleverklaring, die opgenomen wordt onder de overige
gegevens in het financieel verslag.
Elke onderneming heeft de wettelijke verplichting jaarlijks een balans en
winst- en verliesrekening (de enkelvoudige jaarrekening) op te maken. De
moedermaatschappij van een groep heeft bovendien de wettelijk verplichting een geconsolideerde jaarrekening op te stellen. Deze geconsolideerde
jaarrekening geeft een samenvattend overzicht van de activa en passiva
(geconsolideerde balans) en van de opbrengsten en kosten (geconsolideerde winst- en verliesrekening) van alle tot de groep behorende
groepsmaatschappijen.
Het kasstroomoverzicht geeft op overzichtelijke wijze weer door welke oorzaken er een wijziging is opgetreden in de omvang van de liquide middelen.
Het financieel verslag is een verantwoording door de Raad van Bestuur van
het door haar gevoerde beleid.
Het beleid van een onderneming is erop gericht de doelstellingen te realiseren of te overtreffen. De winst- en verliesrekening, de balans en het kasstroomoverzicht zijn belangrijke informatiebronnen bij het uitstippelen van
dit beleid.

Begrippenlijst

Accountant	Iemand die voldoet aan bepaalde wettelijke eisen en die tot taak heeft de juistheid, tijdigheid en volledigheid van de financiële informatie van een onderneming of andere organisatie te controleren.
Activa	Het geheel van de bezittingen van een onderneming (deze staan aan de debetzijde van de balans).
Actuele prijs	Het bedrag dat nu (op het moment van waarderen) zou moeten worden betaald als eenzelfde of gelijkwaardige bezitting nu zou worden gekocht.
AFM	Autoriteit Financiële Markten: de Nederlandse overheidsinstelling die belast is met het toezicht op de werking van de financiële markten (in Nederland).
Balans	Een financieel overzicht waarop de bezittingen, de schulden en het eigen vermogen van een onderneming (organisatie) op een bepaald moment worden weergegeven.
Bestuursverslag	Verslag van het bestuur (de directie) over het afgelopen verslagjaar en zijn verwachtingen ten aanzien van het komende verslagjaar.
Boekhouden	Het systematisch vastleggen van financiële informatie.
Boekwaarde	De waarde waarvoor de activa, de schulden en het eigen vermogen op de balans staan.
Brutomarge	Netto-omzet verminderd met de inkoopwaarde van de netto-omzet.
Categoriale kostensplitsing	Kostenindeling waarbij de kosten die bij een bepaalde productiefactor behoren, worden samengevoegd.
Contante waarde	De waarde op dit moment van een in de toekomst te ontvangen bedrag of reeks van bedragen.
Controleverklaring	Verklaring waarin de accountant zijn oordeel geeft over de door hem gecontroleerde jaarrekening.

Deelneming	Het duurzaam aanhouden van aandelen in een andere onderneming, dat voor eigen rekening geschiedt en ten dienste staat van de werkzaamheden van de eigen onderneming.
Directe opbrengstwaarde	De opbrengst van de activa als de activa zelf worden verkocht.
Dochtermaatschappij	Maatschappij waarvan aandelen in het bezit zijn van een andere maatschappij (moedermaatschappij), waarbij de moedermaatschappij de zeggenschap kan uitoefenen in de dochtermaatschappij.
Enkelvoudige jaarrekening	Jaarrekening van een individuele onderneming.
Externe accountant	Accountant die belast is met de controle van de jaarrekening van een onderneming, maar die niet in dienst is van de onderneming waarvan hij de jaarrekening controleert.
Externe verslaggeving	Het proces van verzamelen, groeperen en verstrekken van (financiële) gegevens ten behoeve van belanghebbenden buiten de onderneming.
Fair value	Het verschil tussen de door de overnemende onderneming in haar jaarverslag te verantwoorden waarde van de activa van de overgenomen onderneming minus de schulden van de overgenomen onderneming.
Financial lease	Onopzegbaar huurcontract waarbij de kosten van onderhoud en verzekering meestal ten laste van de huurder komen en met een looptijd ongeveer gelijk aan de economische levensduur van het productiemiddel.
Financieel verslag	Financiële informatie van een onderneming bestaande uit bestuursverslag, jaarrekening met toelichtingen en overige gegevens.
Financiële vaste activa	Bijvoorbeeld: deelnemingen, vorderingen en effecten.
Functionele kostensplitsing	Kostenindeling waarbij de kosten zijn gegroepeerd naar een bepaalde functie binnen de onderneming (zoals inkoopkosten, transportkosten en verkoopkosten).
Geconsolideerde jaarrekening	Het samenvoegen van de enkelvoudige jaarrekeningen van twee of meer ondernemingen die tot één groep behoren, in één gezamenlijke (geconsolideerde) jaarrekening.
Going-concernwaarde	De waarde die de activa hebben voor de onderneming als de onderneming haar huidige activiteiten voortzet.
Goodwill	Het positieve verschil tussen de aankoopprijs van een overgenomen onderneming en de fair value van deze onderneming.

2

Groep	Groep van juridisch zelfstandige ondernemingen die een economische eenheid vormen en organisatorisch verbonden zijn.
Groepsmaatschappij	Maatschappij die tot een bepaalde groep hoort.
Herwaardering	Het aanpassen van de boekwaarde van vaste activa aan de actuele waarde.
Historische kostprijs	Het bedrag dat in het verleden is betaald of de reële waarde van de tegenprestatie die in het verleden is geleverd om de bezitting te verkrijgen.
Houdstermaatschappij	Maatschappij die aandelen bezit in andere maatschappijen.
Indirecte opbrengstwaarde	De waarde die aan een actiefpost wordt toegekend op basis van de producten en/of diensten die nog met het betreffende actief kunnen worden voortgebracht.
Immateriële vaste activa	Niet tastbare vaste activa, zoals onderzoeks- en ontwikkelingskosten, concessies, vergunningen, auteursrechten, goodwill en vooruitbetalingen.
Interne accountant	Accountant die in dienst is van de onderneming (organisatie) waarvan hij of zij de financiële verantwoording controleert en vaak ook betrokken is bij het opstellen daarvan.
Interne verslaggeving	Het proces van verzamelen, groeperen en verstrekken van (financiële) gegevens ten behoeve van de leidinggevenden binnen de onderneming.
Jaarrekening	Balans, winst- en verliesrekening en kasstroomoverzicht met toelichtingen.
Jaarverslag	Informatie die een onderneming onder andere aan haar aandeelhouders beschikbaar stelt, bestaande uit het financieel verslag en eventueel aangevuld met andere niet door de wet voorgeschreven informatie.
Kasstroomoverzicht	Een financieel overzicht waaruit blijkt door welke oorzaken (met vermelding van de bedragen) de hoeveelheid liquide middelen van een organisatie gedurende een bepaalde periode is veranderd.
Liquidatiewaarde	Waarde van een onderneming indien de onderneming zou worden opgeheven.
Materiële vaste activa	Tastbare vaste activa, zoals gebouwen en machines.
Moedermaatschappij	Houdstermaatschappij die de leiding heeft over alle tot de groep behorende maatschappijen.

2

Netto-omzet	Opbrengst uit de levering van goederen en diensten onder aftrek van kortingen en omzetbelasting (btw).
Operational lease	Opzegbaar huurcontract waarbij de kosten van onderhoud en verzekering meestal ten laste van de verhuurder komen.
Overige gegevens	Onderdeel van het financieel verslag waarin zijn opgenomen de accountantsverklaring, de statutaire regeling over de winstbestemming, de winstverdeling en een opgave van gebeurtenissen na de balansdatum met belangrijke financiële gevolgen voor de onderneming.
Publiceren	Het deponeren van het financieel verslag bij het kantoor van het handelsregister waar de rechtspersoon volgens zijn statuten zijn zetel heeft.
Vaste activa	Bezittingen die niet binnen één jaar in liquide middelen kunnen worden omgezet. Voor de externe verslaggeving worden ze onderverdeeld in immateriële, materiële en financiële vaste activa.
Vlottende activa	Bezittingen die binnen één jaar in liquide middelen kunnen worden omgezet. Voor de externe verslaggeving worden ze onderverdeeld in voorraden, vorderingen, effecten, liquide middelen en overlopende activa.
Winst- en verliesrekening	Een financieel overzicht waarop de opbrengsten en kosten van een onderneming (organisatie) over een bepaalde periode worden weergegeven.

2

Opgaven

2.1 Stel dat je aan een zakenrelatie gedurende de komende 5 jaar jaarlijks een bedrag van €10.000 schuldig bent, te betalen aan het einde van ieder jaar. De eerste betaling moet over precies 1 jaar vanaf nu plaatsvinden. We geven deze verplichting op een tijdlijn weer.

	€ 10.000	€ 10.000	€ 10.000	€ 10.000	€ 10.000
Nu	1	2	3	4	5 jaar

a Bereken de contante waarde van deze verplichtingen als we rekening houden met een vermogenskostenvoet van 6% per jaar. Dit is het bedrag dat je op het moment 'nu' aan je zakenrelatie zou moeten betalen om van je verplichtingen af te zijn.

b Stel dat de vermogenskostenvoet 4% per jaar is. Welk bedrag zou je op het moment 'nu' aan je zakenrelatie moeten betalen om van je verplichtingen af te zijn?

c Geef een toelichting bij de uitkomsten van vraag **a** ten opzichte van vraag **b**.

d Bereken de boekhoudkundige waarde van alle schulden samen op het moment nu.

2.2 Stel dat je van een zakenrelatie gedurende de komende 4 jaar jaarlijks een bedrag van €20.000 te vorderen hebt, door de zakenrelatie aan jou te betalen aan het einde van ieder jaar. De eerste betaling moet over precies 1 jaar vanaf nu plaatsvinden. We geven jouw vorderingen op je zakenrelatie op een tijdlijn weer.

	€ 20.000	€ 20.000	€ 20.000	€ 20.000
Nu	1	2	3	4 jaar

Je zakenrelatie verwacht de komende drie jaren niet aan zijn verplichtingen te kunnen voldoen. Daarna doemen er in financiële zin betere tijden op (naar verwachting). Hij benadert jou en vraagt om de jaarlijkse verplichtingen te laten vervallen en zijn verplichting ineens af te kopen aan het einde van het vierde jaar. Je stemt daarin toe en houdt daarbij rekening met een vermogenskostenvoet van 5% per jaar.

a Bereken het bedrag dat je zakenrelatie aan het einde van het vierde jaar aan jou moet betalen.

b Bij nader inzien besef je dat je nu meer risico loopt dan aanvankelijk het geval was. Je weet nooit zeker hoe je zakenrelatie er over vier jaar financieel voorstaat. Je treedt in overleg met je zakenrelatie en je weet hem

ervan te overtuigen met een vermogenskostenvoet van 8% per jaar rekening te houden. Bereken het bedrag dat je zakenrelatie aan het einde van
het vierde jaar aan jou moet betalen.
c Bereken de boekhoudkundige waarde van alle vorderingen samen aan
het einde van het vierde jaar.

2.3   Stel dat je aan een zakenrelatie gedurende de komende 3 jaar ieder halfjaar
een bedrag van €4.000 schuldig bent, te betalen aan het einde van ieder
halfjaar. De eerste betaling moet over precies 1 jaar vanaf nu plaatsvinden.
We geven deze verplichting op een tijdlijn weer.

	€ 4.000	€ 4.000	€ 4.000	€ 4.000	€ 4.000	
Nu	0,5	1	1,5	2	2,5	3 jaar
	1	2	3	4	5	6 halve jaren

a Bereken de contante waarde van deze verplichtingen als we rekening
houden met een vermogenskostenvoet van 3% per halfjaar. Dit is het
bedrag dat je op het moment 'nu' aan je zakenrelatie zou moeten betalen
om van je verplichtingen af te zijn.
b Stel dat de vermogenskostenvoet 6% per jaar is. Welk bedrag zou je op
het moment 'nu' aan je zakenrelatie moeten betalen om van je verplichtingen af te zijn?
c Geef een toelichting bij de uitkomsten van vraag **a** ten opzichte van vraag **b**.
d Bereken de boekhoudkundige waarde van alle schulden samen op het
moment nu.

2.4   Stel dat je van een zakenrelatie gedurende de komende 3 jaar ieder halfjaar
een bedrag van €5.000 te vorderen hebt, door de zakenrelatie aan jou te
betalen aan het einde van ieder halfjaar. De eerste betaling moet over precies een halfjaar vanaf nu plaatsvinden. We geven jouw vorderingen op je
zakenrelatie op een tijdlijn weer.

	€ 5.000	€ 5.000	€ 5.000	€ 5.000	€ 5.000	€ 5.000
Nu		1		2		3 jaar
	1	2	3	4	5	6 halve jaren

Je zakenrelatie verwacht de komende drie jaren niet aan zijn verplichtingen
te kunnen voldoen. Daarna doemen er in financiële zin betere tijden op
(naar verwachting). Hij benadert jou en vraagt om de jaarlijkse verplichtingen te laten vervallen en zijn verplichting ineens af te kopen aan het einde
van het derde jaar. Je stemt daarin toe en houdt daarbij rekening met een
vermogenskostenvoet van 6% per jaar.

a Bereken het bedrag dat je zakenrelatie aan het einde van het derde jaar
aan jou moet betalen.
b Bij nader inzien besef je dat je nu meer risico loopt dan aanvankelijk het
geval was. Je weet nooit zeker hoe je zakenrelatie er over vier jaar financieel voorstaat. Je treedt in overleg met je zakenrelatie en je weet hem
ervan te overtuigen met een vermogenskostenvoet van 3% per halfjaar
rekening te houden. Bereken het bedrag dat je zakenrelatie aan het einde
van het derde jaar aan jou moet betalen.

  c Leg uit wat het verschil is tussen de economische waardering en de boekhoudkundige waardering.

  d Bereken de boekhoudkundige waarde van alle te vorderen bedragen op het moment nu.

2.5 We veronderstellen dat je een eigen onderneming hebt met de rechtsvorm van bv, die handelt onder de naam Publicon bv. Jij bent de enige aandeelhouder en ook als enige belast met het bestuur van de bv. Jij bent als directeur-grootaandeelhouder (DGA) fulltime in je eigen onderneming werkzaam. Publicom bv is verplicht bepaalde financiële informatie (stel dat die betrekking heeft op het boekjaar 2017) te deponeren bij de Kamer van Koophandel. We nemen aan dat een boekjaar samenvalt met een kalenderjaar. De waarde van de activa van de bv is in 2016 €300.000 en in 2017 €380.000 en de netto-omzet over 2016 bedraagt €600.000 en over 2017 €800.000. Het gemiddeld aantal werknemers dat *naast jezelf* in 2016 gemiddeld in de bv werkzaam is geweest, bedraagt 9 en over 2017 zijn dat er 10. De jaren voor 2016 laten we buiten beschouwing.

  a Waarom is Publicom verplicht bepaalde financiële informatie te deponeren bij de Kamer van Koophandel? Motiveer je antwoord.

  b Wat is voor het boekjaar 2017 de grootte van Publicom bv: micro of klein? Motiveer je keuze.

  c Stel dat er over het boekjaar 2017 sprake is van bijzondere omstandigheden en dat de Algemene Vergadering van Aandeelhouders (AvA) toestemming heeft verleend om de termijn voor het opstellen van de jaarrekening met 5 maanden te verlengen. Wanneer moet de jaarrekening dan uiterlijk worden gedeponeerd? Motiveer je antwoord.

  d Op welke manieren kan Publicom bv de verplichte financiële informatie bij de Kamer van Koophandel deponeren? Licht je antwoord toe.

2.6 We veronderstellen dat je een eigen onderneming (Kloosterberg) hebt met de rechtsvorm van bv. Jij bent de enige aandeelhouder en je bent ook als enige belast met het bestuur van de bv. Jij bent als directeur-grootaandeelhouder (DGA) fulltime in je eigen onderneming werkzaam. Kloosterberg bv is verplicht bepaalde financiële informatie (stel dat die betrekking heeft op het boekjaar 2017) te deponeren bij de Kamer van Koophandel. We nemen aan dat een boekjaar samenvalt met een kalenderjaar. De waarde van de activa van de bv is in 2016 €300.000 en in 2017 €380.000 en de netto-omzet over 2016 bedraagt €720.000 en over 2017 €800.000. Het gemiddeld aantal werknemers dat *naast jezelf* in 2016 gemiddeld in de bv werkzaam is, bedraagt 9 en over 2017 zijn dat er 10. De jaren voor 2016 laten we buiten beschouwing.

  a Waarom is Kloosterberg bv verplicht bepaalde financiële informatie te deponeren bij de Kamer van Koophandel? Motiveer je antwoord.

  b Wat is voor het boekjaar 2017 de grootte van Kloosterberg bv: micro of klein? Motiveer je keuze.

  c Stel dat er over het boekjaar 2017 *geen* sprake is van bijzondere omstandigheden. Wanneer moet de jaarrekening dan uiterlijk worden gedeponeerd? Motiveer je antwoord.

2.7   We veronderstellen dat je een eigen onderneming hebt met de rechtsvorm van bv, die handelt onder de naam Salerno bv. Jij bent de enige aandeelhouder en je bent ook als enige belast met het bestuur van de bv. Jij bent als directeur-grootaandeelhouder (DGA) fulltime in je eigen onderneming werkzaam. Salerno bv is verplicht bepaalde financiële informatie (stel dat die betrekking heeft op het boekjaar 2017) te deponeren bij de Kamer van Koophandel. We nemen aan dat een boekjaar samenvalt met een kalenderjaar. De waarde van de activa van de bv is in 2016 €360.000 en in 2017 €400.000 en de netto-omzet over 2016 bedraagt €680.000 en over 2017 €720.000. Het gemiddeld aantal werknemers dat *naast jezelf* in 2016 gemiddeld in de bv werkzaam is bedraagt 9 en over 2017 zijn dat er 10. De jaren voor 2016 laten we buiten beschouwing.

     a Waarom is Salerno bv verplicht bepaalde financiële informatie te deponeren bij de Kamer van Koophandel? Motiveer je antwoord.
     b Wat is voor het boekjaar 2017 de grootte van Salerno bv: micro of klein? Motiveer je keuze.
     c Stel dat er over het boekjaar 2017 sprake is van bijzondere omstandigheden en dat de Algemene Vergadering van Aandeelhouders (AvA) toestemming heeft verleend om de termijn voor het opstellen van de jaarrekening met 5 maanden te verlengen. Wanneer moet de jaarrekening dan uiterlijk worden gedeponeerd? Motiveer je antwoord.
     d Op welke manieren kan Salerno bv de verplichte financiële informatie bij de Kamer van Koophandel deponeren? Licht je antwoord toe.

2.8   Stel je bent samen met twee zakenpartners eigenaar van een eigen onderneming met de rechtsvorm van bv. Er zijn dus drie eigenaren (aandeelhouders) die alle drie fulltime in de bv werkzaam zijn. Jullie zaak heeft de naam Eurotrade bv. Eurotrade bv is verplicht bepaalde financiële informatie (stel dat die betrekking heeft op het boekjaar 2017) te deponeren bij de Kamer van Koophandel. We nemen aan dat een boekjaar samenvalt met een kalenderjaar. De waarde van de activa van de bv is in 2016 €5.000.000 en in 2017 €6.500.000 en de netto-omzet over 2016 bedraagt €14.000.000 en over 2017 is dat €16.000.000. Het gemiddeld aantal werknemers dat in 2016 *naast de drie aandeelhouders* gemiddeld in de bv werkzaam is geweest, bedraagt 46 en in 2017 zijn dat er 49. De jaren voor 2016 laten we buiten beschouwing.

     a Waarom is Eurotrade verplicht bepaalde financiële informatie te deponeren bij de Kamer van Koophandel? Motiveer je antwoord.
     b Wat is voor het boekjaar 2017 de grootte van Eurotrade bv: micro of klein? Motiveer je keuze.
     c Stel dat er over het boekjaar 2017 sprake is van bijzondere omstandigheden en dat de Algemene Vergadering van Aandeelhouders (AvA) toestemming heeft verleend om de termijn voor het opstellen van de jaarrekening met 5 maanden te verlengen. Wanneer moet de jaarrekening dan uiterlijk worden gedeponeerd? Motiveer je antwoord.
     d Op welke manieren kan Eurotrade bv de verplichte financiële informatie bij de Kamer van Koophandel deponeren? Licht je antwoord toe.

2.9   Van een onderneming zijn (in willekeurige volgorde) de volgende gegevens over de opbrengsten, kosten en tarieven voor de vennootschapsbelasting bekend:

- Omzet: €10.000.000
- Inkoopwaarde van de omzet: gemiddeld 80% van de omzet
- Vreemd vermogen: €4.000.000
- Gemiddelde interestvoet over het vreemd vermogen: 5%
- Brutoloonkosten (exclusief sociale lasten): €1.000.000
- Sociale lasten: 30% van de brutoloonkosten
- Afschrijvingskosten: €120.000
- Energiekosten: €80.000
- De tarieven voor vennootschapsbelasting: 20% van het resultaat tot en met €200.000, 25% over het meerdere

Stel de winst- en verliesrekening op, waarin de volgende posten moeten worden opgenomen:

- brutomarge
- EBIT (het bedrijfsresultaat)
- interestkosten
- resultaat (winst of verlies) voor vennootschapsbelasting
- te betalen vennootschapsbelasting
- resultaat (winst of verlies) na vennootschapsbelasting

3
Samenhang tussen verschillende vormen van financiële informatie

3.1   Balans, winst- en verliesrekening en kasstroomoverzicht
3.2   Kapitaalsvergelijking
3.3   Bedrijfseconomisch resultaat
3.4   Cashflow
3.5   Overige financiële informatie
        Samenvatting
        Begrippenlijst
        Opgaven

In dit hoofdstuk gaan we nader in op de samenhang tussen de verschillende vormen van financiële informatie. De balans, de winst- en verliesrekening en het kasstroomoverzicht zijn belangrijke overzichten die informatie over de financiële positie van een onderneming verschaffen. We besteden met name aandacht aan het kasstroomoverzicht en het verschil tussen het fiscale en bedrijfseconomische resultaat van een eenmanszaak.
Het kasstroomoverzicht geeft een verklaring voor de mutatie in de liquide middelen. Voor het opstellen van het kasstroomoverzicht gebruiken we zowel gegevens van de winst- en verliesrekening als van de balans.
Het resultaat van een eenmanszaak laat zich niet zo eenvoudig vergelijken met het resultaat van bijvoorbeeld een bv. De directeur van een bv is in loondienst van de bv en zijn salaris is opgenomen onder de post Loonkosten op de winst- en verliesrekening. Bij de eenmanszaak krijgt de eigenaar geen salaris. Om de resultaten van een eenmanszaak enigszins te kunnen vergelijken met die van een vergelijkbare onderneming met de rechtsvorm van bv, rekenen we aan de eigenaar van de eenmanszaak een gewaardeerd ondernemersloon (GOL) toe.
Er is ook een verschil met betrekking tot de te betalen belastingen.
De bv moet *vennootschapsbelasting* betalen over het belastbare (fiscale) resultaat van de bv, terwijl de DGA over het aan hem uitgekeerde dividend ook nog eens *inkomstenbelasting* moet betalen (dubbele belastingheffing). De fiscale winst van de eenmanszaak wordt bij de eigenaar als inkomen aangemerkt, waarover hij *inkomstenbelasting* moet betalen.

We sluiten het hoofdstuk af met een bespreking van het begrip cashflow, en enkele vormen van relevante financiële informatie die niet in de gebruikelijke overzichten kunnen worden aangetroffen.

3.1 Balans, winst- en verliesrekening en kasstroomoverzicht

De balans, winst- en verliesrekening en het kasstroomoverzicht geven een indruk van de financiële positie van een onderneming.

Balans

De balans is een overzicht van de bezittingen van een onderneming en van de wijze waarop deze bezittingen zijn gefinancierd met eigen en vreemd vermogen. Dit overzicht heeft betrekking *op een bepaald moment* en is dus een *momentopname.*

De winst- en verliesrekening geeft inzicht in de opbrengsten en kosten van een onderneming *gedurende een bepaalde periode* (uit het verleden). Het in een periode behaalde resultaat kan zowel positief (winst) of negatief zijn (verlies).

Kasstroom-overzicht

Het kasstroomoverzicht geeft inzicht in de oorzaken waardoor er een mutatie is opgetreden in de hoeveelheid liquide middelen van een onderneming. Het beheer van de geldstromen (en daarmee van de voorraad liquide middelen) binnen een organisatie komt steeds meer op de voorgrond te staan. Goed ondernemerschap houdt onder meer in dat de leiding inzicht heeft in de goederenstromen en de daarmee samenhangende geldstromen. Een efficiënt beheer van goederen- en geldstromen is een voorwaarde voor het behalen van een gunstig resultaat voor de onderneming. In een kasstroomoverzicht komen de verbanden tot uitdrukking tussen de balans, de winst- en verliesrekening en de *mutatie* in de liquide middelen.

Liquide middelen

Onder de voorraad liquide middelen verstaan we naast kasgeld ook de positieve saldi op de rekening-courant bij banken.

Sommige vormen van financiële informatie (zoals de winst- en verliesrekening) gaan over een bepaalde periode, andere financiële informatie (zoals de balans) heeft betrekking op een bepaald moment. In het eerste geval spreken we van een periodegrootheid, in het tweede geval van een tijdstipgrootheid.

We geven de verschillen tussen een tijdstipgrootheid (momentopname) en periodegrootheid (stroomgrootheid) in figuur 3.1 schematisch weer.

FIGUUR 3.1 De verschillen tussen een tijdstipgrootheid en periodegrootheid

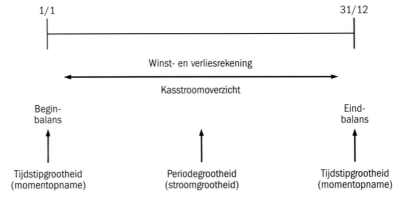

In dit hoofdstuk gaan we met name in op de financiële informatie vanuit het gezichtspunt van de eenmanszaak; de besloten vennootschap komt in beperkte mate aan de orde.

3.1.1   Balans en winst- en verliesrekening

We bespreken de financiële resultaten aan de hand van de balans en winst- en verliesrekening van een fictieve onderneming (eenmanszaak Demo), een speciaalzaak in huishoudelijke artikelen die alleen aan consumenten levert. Demo richt zich op het hogere marktsegment, waarbij een overzichtelijke presentatie, goede voorlichting en goede service belangrijke aspecten zijn bij de aankoopbeslissing van de consument. Demo is gevestigd in een modern bedrijfspand met een nettowinkelvloeroppervlakte van 280 m².

Eenmanszaak Demo

Demo heeft zes personeelsleden in dienst. Van deze zes personeelsleden heeft één persoon een volledige baan en vijf personen hebben een dienstverband dat 40% bedraagt van een volledige baan. Het is gebruikelijk de omvang van het personeelsbestand uit te drukken in het aantal volledige banen (fulltime equivalents = fte's). Dat doen we ook bij onderneming Demo.

Fte

De werktijd van vijf personen met een dienstverband van 40% komt overeen met (is equivalent aan) de werktijd van twee personen die een volledige (fulltime)-baan hebben. Vijf personen met een dienstverband van 40% = 5 × 0,4 fte = 2 fte's. Het personeelsbestand van Demo bedraagt dus in totaal 3 fte's. Daarnaast is de eigenaar voor 100% werkzaam in zijn eigen onderneming en zijn partner voor 40%.

Hierna geven we de balans en winst- en verliesrekening van Demo weer.

Demo heeft het bedrijfspand en de inventaris in eigendom. De auto's van de zaak zijn geleast (operational lease) en komen daarom niet op de debetzijde van de balans voor. Op 1 januari 2017 heeft Demo een tegoed op haar rekening-courant (wat bij de meeste ondernemingen niet vaak voorkomt), waardoor de post 'Bank (rekening-courant)' op 1 januari 2017 aan de debetzijde van de balans staat.

Aan de jaarrekening van Demo ontlenen we de volgende gegevens.

Debet	**Balans Demo per 1 januari 2017**		*Credit*
Vaste activa:		Eigen vermogen:	€ 515.000
Grond	€ 240.000		
Gebouwen	€ 620.000		
Inventaris	€ 200.000		
	————		
	€ 1.060.000	Vreemd vermogen lang:	
Vlottende activa:		Achtergestelde	
Vooruitbetaalde		lening	€ 200.000
bedragen	€ 6.000	Hypothecaire	
Voorraad		lening	€ 610.000
handelsgoederen	€ 370.000	Banklening (o/g)	€ 100.000
Debiteuren	€ 20.000		————
Rekening-courant			€ 910.000
(tegoed)	€ 30.000		
Bank		Vreemd vermogen kort:	
(spaarrekening)	€ 4.000	Nog te betalen kosten	
Kas	€ 60.000	Crediteuren	€ 65.000
	————		€ 60.000
			————
	€ 490.000		€ 125.000
			————
Totaal bezittingen	€ 1.550.000	Totaal vermogen	€ 1.550.000

De hoeveelheid liquide middelen van Demo per 1 januari 2017 bestaat uit:

Rekening-courant (tegoed)	€ 30.000	
Bank (spaarrekening)	€ 4.000	(direct opeisbaar)
Kas	€ 60.000 +	
Liquide middelen	€ 94.000	

Demo is met de bank voor het rekening-courantkrediet een limiet overeen-gekomen van €250.000.
De financiële resultaten die Demo over het afgelopen jaar (2017) heeft behaald, blijken uit het volgende overzicht.

Winst- en verliesrekening
Demo

Winst- en verliesrekening Demo over 2017 (fiscaal)

Netto-omzet (Opbrengst verkopen)	€ 760.000	
Inkoopwaarde van de omzet	€ 429.400 –	
Brutowinstmarge		€ 330.600
Overige kosten (met uitzondering van interestkosten en afschrijvingen)		
Lonen en salarissen	€ 81.000	
Sociale lasten	€ 24.000	
Huisvestingskosten	€ 20.400	
Autokosten (met name leasekosten)	€ 11.200	
Verkoopkosten	€ 8.000	
Algemene kosten	€ 6.000 +	
		€ 150.600 –
EBITDA (Transporteren)		€ 180.000

Transport		€ 180.000
Afschrijvingskosten:		
Gebouwen	€ 24.000	
Inventaris	€ 30.000 +	
		€ 54.000 –
Fiscale EBIT = Bedrijfsresultaat		€ 126.000
Interestkosten		€ 46.000 –
Fiscaal resultaat		€ 80.000

Aanvullende gegevens:
1. De interestkosten over 2017 worden volledig in 2017 betaald.
2. EBITDA is de afkorting van het begrip 'Earnings Before Interest, Taxes, Depreciation and Amortization'. In het Nederlands betekent dat: resultaat voor aftrek van interest, belastingen, afschrijvingen en amortisatie. Onder amortisatie verstaan we de afschrijvingen op gekochte goodwill. Omdat in dit voorbeeld geen sprake is van goodwill, wordt de amortisatie in de berekeningen buiten beschouwing gelaten.
EBIT is de afkorting van het begrip 'Earnings Before Interest and Taxes'. Dit is het bedrijfsresultaat (= omzet min alle kosten met uitzondering van interestkosten).
3. Een stijging van de fiscale winst leidt ertoe dat de eigenaar van Demo meer inkomstenbelasting moet betalen. We veronderstellen dat de eigenaar van Demo jaarlijks 45% van de fiscale winst aan de onderneming onttrekt. Daarnaast neemt hij €36.000 uit de zaak om te voorzien in zijn levensonderhoud.
De privéonttrekkingen in 2017 bestaan uit:

0,45 × € 80.000 =	€ 36.000
levensonderhoud	€ 36.000 +
Totaal privéonttrekkingen in 2017	€ 72.000

Dit betekent dat de winstinhouding €80.000 – €72.000 = €8.000 bedraagt. Winstinhouding leidt tot een toename van het eigen vermogen.
4. Alle waarderingen en de berekening van kosten en opbrengsten zijn overeenkomstig de *fiscale* richtlijnen. Voor Demo veronderstellen we dat de bedrijfseconomische balans gelijk is aan de fiscale balans.
5. Netto-omzet is de omzet na aftrek van verleende kortingen.

EBITDA

EBIT

Het beoordelen en het onderling vergelijken van de prestaties van verschillende ondernemingen op basis van EBIT heeft als voordeel dat de verschillen in de financieringswijze (veel of weinig rentedragend vreemd vermogen) geen invloed heeft op EBIT. EBIT berekenen we immers vóór aftrek van interestkosten. Als we bedrijven vergelijken op basis van EBITDA houden we bovendien geen rekening met verschillen in afschrijvingssystemen die wel van invloed zijn op EBIT maar niet op EBITDA. Daarom heeft het vergelijken van de resultaten van ondernemingen op basis van de EBITDA de voorkeur.

De beslissingen die een ondernemer neemt in verband met zijn bedrijfsactiviteiten hebben niet alleen gevolgen voor het financiële resultaat, maar ook voor de bezittingen, de schulden en het eigen vermogen van de onderneming. De omvang en samenstelling van de activa, het eigen vermogen en het vreemd vermogen van eenmanszaak Demo per 31 december 2017 blijkt uit de volgende balans.

Debet	**Balans Demo per 31 december 2017**		*Credit*

Vaste activa:			Eigen vermogen:		€ 523.000
Grond	€ 240.000		Vreemd vermogen		
Gebouwen	€ 680.000		lang:		
Inventaris	€ 180.000 +		Achtergestelde lening	€ 180.000	
	————	€ 1.100.000	Hypothecaire lening	€ 540.000	
			Banklening (o/g)	€ 87.000 +	
				————	
Vlottende activa:					€ 807.000
Vooruitbetaalde			Vreemd vermogen		
bedragen	€ 8.000		kort:		
Voorraad			Nog te betalen kosten	€ 25.000	
handelsgoederen	€ 290.000		Crediteuren	€ 51.000	
Debiteuren	€ 39.000		Rekening-courant	€ 44.000 +	
Bank				————	
(spaarrekening)	€ 3.000				€ 120.000
Kas	€ 10.000				
	————				
		€ 350.000			————
Totaal bezittingen		€ 1.450.000	Totaal vermogen		€ 1.450.000

De hoeveelheid liquide middelen van Demo per 31 december 2017 bestaat uit:

Bank (spaarrekening)	€ 3.000 (direct opeisbaar)
Kas	€ 10.000 +
Liquide middelen	€ 13.000

De balans geeft de omvang en samenstelling weer van de activa, het eigen vermogen en het vreemd vermogen op een bepaald moment (in het voorbeeld per 1 januari en 31 december 2017), terwijl de winst- en verliesrekening de winst of het verlies weergeeft dat in het afgelopen boekjaar met het geïnvesteerde vermogen is gerealiseerd. Naast de balans en winst- en verliesrekening is het kasstroomoverzicht voor de ondernemer een belangrijke informatiebron. Uit het kasstroomoverzicht, dat we hierna behandelen, blijkt door welke oorzaken (met vermelding van de bedragen) er een verandering is opgetreden in de voorraad liquide middelen van de onderneming.

3.1.2   Kasstroomoverzicht

Kasstroom-
overzicht
Directe
methode

Indirecte
methode

Een kasstroomoverzicht kunnen we opstellen volgens de directe methode en de indirecte methode. Bij de directe methode worden de geldontvangsten en gelduitgaven rechtstreeks afgeleid uit de mutaties in de Kas en de bij- en afschrijvingen van de Bank.

Het kasstroomoverzicht volgens de indirecte methode geeft inzicht in de oorzaken waardoor er een verandering is opgetreden in de voorraad liquide middelen. Bij de indirecte methode nemen we het bedrijfsresultaat (EBIT) als uitgangspunt voor de berekening van de mutatie in de voorraad liquide middelen. Op basis van de beginbalans, eindbalans en winst- en verliesrekening van Demo hebben we het kasstroomoverzicht over 2017 opgesteld volgens de indirecte methode. We geven eerst het kasstroomoverzicht (KSO) van Demo en lichten daarna diverse posten van het KSO toe. Op de website bij dit boek zijn deze overzichten en de verschillende berekeningen met behulp van Excel weergegeven (zie www.financieelmanagementmkb. noordhoff.nl). Wijzigingen in de basisgegevens worden met behulp van het Exelmodel direct verwerkt, waardoor op een snelle wijze de financiële gevolgen van bepaalde veranderingen kunnen worden vastgesteld.

Kasstroomoverzicht eenmanszaak Demo over 2017

EBIT (Bedrijfsresultaat)			€ 126.000
Afschrijvingen:	Gebouwen	€ 24.000	
	Inventaris	€ 30.000 +	
			€ 54.000 (+)
Kasstroom op winstbasis			**€ 180.000 (+)**
Mutatie in het nettowerkkapitaal (exclusief liquide middelen) (1)			
Nettowerkkapitaal (exclusief liquide middelen) aan het begin van het jaar:		€ 271.000	
Nettowerkkapitaal (exclusief liquide middelen) aan het einde van het jaar:		€ 261.000 –	
Mutatie nettowerkkapitaal (afname = toename geldmiddelen)			€ 10.000 +
Operationele kasstroom			**€ 190.000 (+)**
Bruto-investeringen:	Gebouwen	€ 84.000 (2)	
	Inventaris	€ 10.000 (3) +	
			€ 94.000 –
Vrije kasstroom			**€ 96.000 +**
Privéopnames			€ 72.000 –
Beschikbaar voor de vermogensmarkt			€ 24.000 +
Geldstromen van en naar de vermogensmarkt (exclusief mutatie rekening-courant)			
Aflossing achtergestelde lening		€ 20.000 –	
Aflossing hypothecaire lening		€ 70.000 –	
Aflossing banklening (o/g)		€ 13.000 –	
Betaalde interest		€ 46.000 –	
Toename rekening-courantkrediet		€ 44.000 +	
Gelduitgaven naar de vermogensmarkt			€ 105.000 –
Mutatie in de liquide middelen (4)			**€ 81.000 –**

3

Toelichtingen bij het kasstroomoverzicht

1 Berekening mutatie nettowerkkapitaal exclusief liquide middelen én exclusief rekening-courantkrediet

Nettowerkkapitaal
aan het *begin* van het jaar:

Vooruitbetaalde bedragen	€ 6.000	
Voorraad handelsgoederen	€ 370.000	
Debiteuren	€ 20.000 +	
		€ 396.000
Nog te betalen kosten	€ 65.000	
Crediteuren	€ 60.000 +	
		€ 125.000 −
		€ 271.000

Nettowerkkapitaal
aan het *einde* van het jaar:

Vooruitbetaalde bedragen	€ 8.000	
Voorraad handelsgoederen	€ 290.000	
Debiteuren	€ 39.000 +	
		€ 337.000
Nog te betalen kosten	€ 25.000	
Crediteuren	€ 51.000 +	
		€ 76.000 −
		€ 261.000 −

Mutatie nettowerkkapitaal (hier een afname = toename geldmiddelen)   € 10.000 +

2 Berekening bruto-investeringen in Gebouwen:

Boekwaarde einde van het jaar		€ 680.000
Boekwaarde *begin* van het jaar	€ 620.000	
Afschrijvingen in 2017	€ 24.000 −	
		€ 596.000 −
Bruto-investering		€ 84.000 +

3 Berekening bruto-investeringen in Inventaris:

Boekwaarde *einde* van het jaar		€ 180.000
Boekwaarde *begin* van het jaar	€ 200.000	
Afschrijvingen in 2017	€ 30.000 −	
		€ 170.000 −
Bruto-investering		€ 10.000

4   Berekening van de mutatie in de voorraad liquide middelen op basis van
    balansgegevens:
    Liquide middelen per 1 januari 2017:   € 94.000 (+)
    Liquide middelen per 31 december 2017:   € 13.000 (–)

    Afname liquide middelen in 2017   € 81.000 (–)

Dit bedrag komt overeen met het bedrag op de laatste regel van het
kasstroomoverzicht.

Naast deze cijfermatige toelichtingen plaatsen we enkele inhoudelijke
opmerkingen bij het KSO. Bij de indirecte methode beginnen we met het
bedrijfsresultaat (dat wordt bepaald door opbrengsten en kosten) en werken van daaruit stap voor stap toe naar de mutatie in de liquide middelen
(dat wordt bepaald door geldontvangsten en gelduitgaven). Bij de indirecte
methode berekenen we achtereenvolgens de kasstroom op winstbasis, de
operationele kasstroom en de vrije kasstroom en sluiten we de berekening
af met het bepalen van de mutatie in de liquide middelen.
Het bedrijfsresultaat na belasting geeft de liquiditeiten weer die de onderneming overhoudt aan haar primaire activiteiten, als alle opbrengsten direct tot
geldontvangsten en alle kosten (waarbij we de interestkosten buiten beschouwing laten) direct tot uitgaven zouden leiden. De *kasstroom op winstbasis*   **Kasstroom op**
berekenen we door het bedrijfsresultaat (EBIT) te corrigeren voor kosten die   **winstbasis**
geen gelduitgaven zijn, zoals afschrijvingskosten. Afschrijvingen verlagen het
bedrijfsresultaat, maar leiden niet tot een gelduitgave. Vandaar dat we de
afschrijvingskosten bij het bedrijfsresultaat optellen (we willen immers de
mutatie in de liquide middelen verklaren). Door uit te gaan van het bedrijfsresultaat (EBIT) laten we de interestkosten in eerste instantie buiten beschouwing. De interestkosten worden later in het KSO opgenomen bij het onderdeel
waarbij de geldstromen van en naar de vermogensmarkt worden verwerkt.
De wijze waarop de onderneming is gefinancierd, heeft geen invloed op de
kasstroom op winstbasis.

Om de *operationele kasstroom* te berekenen, stellen we vast of er liquide   **Operationele**
middelen zijn aangewend voor de uitbreiding van het nettowerkkapitaal   **kasstroom**
(exclusief liquide middelen). Het nettowerkkapitaal is gelijk aan de vlottende activa verminderd met het vreemd vermogen op korte termijn. Het   **Nettowerk-**
nettowerkkapitaal neemt bijvoorbeeld toe door een toename van de voorra-   **kapitaal**
den (als we veronderstellen dat alle andere posten die onderdeel uitmaken
van het nettowerkkapitaal niet veranderen). Een toename van de voorraden
betekent dat er liquide middelen zijn aangewend om de voorraden te vergroten, waardoor de voorraad liquide middelen kleiner wordt. Daarentegen
komen door een afname van het nettowerkkapitaal weer liquide middelen
vrij, waardoor de voorraad liquide middelen toeneemt. Dit betekent onder
meer dat een efficiënt voorraadbeheer en een stringent debiteurenbeleid
een gunstige invloed hebben op de liquiditeit van een onderneming. Tot
zover hebben we alleen rekening gehouden met geldstromen die verband
houden met de dagelijkse gang van zaken (de *operationele geldstromen*). Dit
noemen we de *operationele kasstroom*. We merken op dat de operationele
kasstroom wordt bepaald door gegevens uit de winst- en verliesrekening en
door de vlottende activa (exclusief liquide middelen) en de verplichtingen
op korte termijn (exclusief het rekening-courantkrediet).
Vervolgens houden we rekening met geldstromen die verband houden met
langetermijnbeslissingen, zoals investeringen in vaste activa. Door de

Bruto-
investeringen
Geldstromen
van en naar de
vermogens-
markt
Vrije kasstroom

operationele kasstroom te verminderen met de bruto-investeringen in vaste activa krijgen we de *vrije kasstroom*.
Ten slotte verwerken we alle geldstromen van en naar de vermogensmarkt, waaronder de mutatie in het rekening-courantkrediet.

De omvang van de vrije kasstroom geeft in feite het bedrag weer dat in principe beschikbaar is om betalingen aan (geldstromen naar) de vermogensmarkt te verrichten. Hoe hoger de vrije kasstroom, des beter is de ondernemer in staat zijn verplichtingen aan de vermogensmarkt na te komen. Een tijdelijke, negatieve vrije kasstroom hoeft op zich geen probleem te zijn als een onderneming in staat is extra vermogen (geld) van de vermogensmarkt aan te trekken. Deze situatie kan zich bijvoorbeeld voordoen in een jaar waarin de onderneming grote investeringen heeft gedaan en deze investeringen heeft gefinancierd met een bankkrediet. De toekomstige vrije kasstromen moeten echter wel voldoende positief zijn om te kunnen voldoen aan de extra rente- en aflossingsverplichtingen.

Voor de berekening van de kasstromen volgens de indirecte methode moet het bedrijfsresultaat (EBIT) worden gecorrigeerd, omdat:
- er kosten zijn meegenomen die *in dezelfde periode* niet tot gelduitgaven hebben geleid en/of
- er gelduitgaven zijn gedaan die *in dezelfde periode* niet als kosten worden aangemerkt.

We geven daarvan nog enkele voorbeelden.

Kosten, geen uitgaven

Voorbeelden van kosten die in dezelfde periode niet tot gelduitgaven leiden, zijn afschrijvingskosten en de toename van voorzieningen. Voor de berekening van de kasstromen moeten bij het bedrijfsresultaat de afschrijvingen opgeteld worden, omdat ze bij de berekening van de EBIT in mindering zijn gebracht op het resultaat maar geen gelduitgaven zijn.

Voorziening

Een vergelijkbare redenering geldt voor een toename van de post Voorzieningen op de balans. Een voorziening is een verplichting waarvan het moment van ontstaan en de omvang niet vooraf bekend zijn, maar wel redelijkerwijs in te schatten zijn. Een voorbeeld daarvan zijn de (verwachte) kosten in verband met in de toekomst te verrichten groot onderhoud van gebouwen. De kosten voor groot onderhoud kunnen over de jaren verdeeld worden door het creëren van een voorziening. De wijze waarop met voorzieningen rekening moet worden gehouden, lichten we aan de hand van voorbeeld 3.1 toe.

VOORBEELD 3.1

Een onderneming heeft in het afgelopen boekjaar €20.000 aan onderhoudskosten geboekt ten laste van de winst-en-verliesrekening. In dat jaar is €15.000 per kas betaald voor het verrichten van groot onderhoud.

De dotatie aan de voorziening (€20.000) zijn kosten, maar geen uitgaven.
De feitelijke uitgaven voor groot onderhoud zijn slechts €15.000. Er is €5.000 aan kosten geboekt die niet tot een gelduitgave in deze periode hebben geleid (kosten, geen uitgaven). Voor de berekening van de kasstroom op winstbasis verhogen we het bedrijfsresultaat na belasting daarom met €5.000.

Opbrengsten, geen geldontvangsten

Verkopen op rekening zijn een voorbeeld van opbrengsten die geen ontvangsten zijn. Als er van afnemers minder geld wordt ontvangen dan er op rekening is verkocht, zal de post Debiteuren toenemen. Bij de berekening van de kasstromen moet deze toename op het bedrijfsresultaat in mindering worden gebracht. Er zijn immers opbrengsten geboekt die in deze periode niet tot geldontvangsten hebben geleid. Een afname van de post Debiteuren leidt tot een bijtelling, omdat van debiteuren meer geld is ontvangen dan er op rekening is verkocht. Een afname van de balanspost Debiteuren leidt tot een afname van het nettowerkkapitaal. En een *afname* van het nettowerkkapitaal leidt in het kasstroomoverzicht tot een *bijtelling*. Een soortgelijke redenering geldt voor de andere posten die tot het nettowerkkapitaal behoren. Door de schulden aan Crediteuren te betalen, neemt de balanspost Crediteuren af. Door deze betalingen blijven er minder liquide middelen in de onderneming beschikbaar. Een afname van de balanspost Crediteuren leidt tot een toename van het nettowerkkapitaal. Een *toename* van het nettowerkkapitaal brengen we daarom *in mindering* op de kasstroom op winstbasis.

Kasstroom bij een besloten vennootschap

In het kasstroomoverzicht van een bv houden we ook rekening met het feit dat de onderneming vennootschapsbelasting moet betalen. Dit leidt op minimaal twee plaatsen in het kasstroomoverzicht tot andere bedragen:
1 Bij de berekening van de kasstroom op winstbasis gaan we niet uit van het bedrijfsresultaat (EBIT), maar van het bedrijfsresultaat (EBIT) na aftrek van vennootschapsbelasting.
2 Bij de geldstromen naar de vermogensmarkt nemen we de interestkosten na aftrek van vennootschapsbelasting op in plaats van de interestkosten vóór aftrek van belastingen.

Een kasstroomoverzicht geeft inzicht in de mutatie in de voorraad liquide middelen gedurende een bepaalde periode (wij houden een jaar aan). Als alle opbrengsten direct tot geldontvangsten en alle kosten direct tot gelduitgaven zouden leiden, dan zou de winst (positief verschil tussen opbrengsten en kosten) moeten leiden tot een toename van de liquide middelen. Maar ondernemers hebben ook te maken met afnemers die op rekening kopen (wel opbrengsten, maar geen geldontvangsten), waardoor de post Debiteuren toeneemt. Ook kunnen er investeringen in vaste activa nodig zijn (wel een gelduitgave, maar niet voor het volle bedrag kosten in het jaar van investeren).

In het kasstroomoverzicht volgens de indirecte methode volgen we in feite de bedrijfsactiviteiten op de voet. We zijn in eerste instantie uitgegaan van gegevens van de winst- en verliesrekening (dat levert de *kasstroom op winstbasis* op) en we hebben daarna zaken verwerkt die uit de balans zijn af te leiden (mutatie nettowerkkapitaal en bruto-investeringen). De *vrije kasstroom* die op basis daarvan is berekend, hangt uitsluitend samen met het primaire proces (en dus met de primaire geldstromen) van de organisatie. Na de vrije kasstroom worden de geldstromen van en naar de vermogensmarkt (secundaire geldstromen) én bij een eenmanszaak ook de privéopnames in het kasstroomoverzicht opgenomen, om de mutatie in de liquide middelen te verklaren.
In het kasstroomoverzicht komen allerlei beslissingen van de ondernemingsleiding tot uitdrukking en het geeft een goed beeld van de financiële veranderingen gedurende het afgelopen boekjaar.

Voor de eigenaar van een eenmanszaak is het kasstroomoverzicht een belangrijke informatiebron. Uit het kasstroomoverzicht van Demo over 2017 blijkt dat de voorraad liquide middelen gedurende 2017 is gedaald met €81.000. Dit kan zo niet al te lang doorgaan. De ondernemer heeft een aantal mogelijkheden om deze tendens te doorbreken. We noemen er een paar:
- de omzet verhogen en/of de kosten verlagen, waardoor de EBIT toeneemt;
- een efficiënter beheer van het nettowerkkapitaal, waardoor het nettowerkkapitaal afneemt en er geld vrijkomt;
- investeringen beperken (maar hij moet wel zorgen dat zijn bedrijf concurrerend blijft);
- zijn privéopnames terugdringen;
- een andere financieringswijze, waardoor de aflossingen- en renteverplichtingen afnemen.

Het is aan de ondernemer – eventueel in overleg met zijn financieel adviseur – de juiste beslissingen te nemen.

Om de verwachte effecten van zijn beslissingen in kaart te brengen, kan de ondernemer een *begroot* kasstroomoverzicht (laten) opstellen. Daarin wordt zichtbaar gemaakt of de te nemen beslissingen het gewenste resultaat (het stoppen van de afname van de voorraad liquide middelen) oplevert.

Het begroot kasstroomoverzicht, dat we in hoofdstuk 9 bespreken, is daarmee een belangrijk stuurinstrument voor de ondernemer.

⬛3.2 Kapitaalsvergelijking

Het eigen vermogen geeft de omvang van het vermogen weer, dat de eigenaar in zijn onderneming heeft vastliggen. Naast een verklaring voor de *mutatie in de liquide middelen* is een ondernemer geïnteresseerd in de oorzaken van de *mutatie in het eigen vermogen* van zijn onderneming. De mutatie in het eigen vermogen blijkt onder meer uit de kapitaalsvergelijking.

Kapitaals-
vergelijking

In een kapitaalsvergelijking geven we een verklaring voor de verandering in het eigen vermogen van een onderneming, dat gedurende het boekjaar is opgetreden. Het eigen vermogen (het kapitaal) neemt toe door een positief fiscaal resultaat (winst) en/of door privéstortingen en neemt af door privéopnames en/of een negatief fiscaal resultaat (verlies). Voor Demo geldt:

Eigen vermogen per 1 januari 2017	€ 515.000
Fiscaal resultaat	€ 80.000 +
Privéopnames	€ 72.000 –
Eigen vermogen per 31 december 2017	€ 523.000

Naast het fiscale resultaat, dat volgens de fiscale richtlijnen (dat wil zeggen: op basis van de belastingwetgeving) moet worden vastgesteld, kennen we het bedrijfseconomisch resultaat. Bij het laatste gaan we uit van bedrijfseconomische inzichten en methoden. Dit bespreken we in de volgende paragraaf.

3.3 Bedrijfseconomisch resultaat

Om het bedrijfseconomisch resultaat te bepalen, gaan we het fiscaal resultaat op twee punten aanpassen:

- gewaardeerd ondernemersloon (GOL);
- marktconforme vergoeding over het geïnvesteerde eigen vermogen.

Bedrijfs-economisch resultaat

In paragraaf 3.3.1 bespreken we het gewaardeerd ondernemersloon en in paragraaf 3.3.2 de vergoeding over het geïnvesteerd eigen vermogen.

3.3.1 Gewaardeerd ondernemersloon (GOL)

Het bijzondere van een eenmanszaak is, dat de eigenaar geen werknemer is. Dat geldt overigens ook voor de maten van een maatschap en de firmanten van vennootschap onder firma. Bij deze rechtsvormen is de financiële beloning voor de werkzaamheden van de eigenaren afhankelijk van de winst van de onderneming. De eigenaar van een eenmanszaak krijgt, in tegenstelling tot bijvoorbeeld de directeur van een besloten vennootschap, geen loon. Bedrijfseconomisch gezien is het noodzakelijk aan de eigenaar van een eenmanszaak (in plaats van eenmanszaak mag ook maatschap of firma worden gelezen) een *gewaardeerd ondernemersloon* (GOL) toe te rekenen. De eigenaar (en eventueel familieleden of partner) stelt zijn arbeid aan de onderneming beschikbaar en dat heeft een prijs (GOL).

GOL

Bij de vaststelling van de hoogte van het GOL kunnen we rekening houden met de volgende factoren:

- salaris (bruto, inclusief werkgeverslasten) dat de ondernemer elders in een vergelijkbare functie zou kunnen verdienen. Deze gemiste opbrengsten noemen we *opportunity costs*;
- de kosten als een werknemer in loondienst genomen zou zijn om de werkzaamheden te verrichten die nu door de eigenaar worden verricht;
- opleiding en ervaring;
- grootte van het bedrijf (vaak in omzet en/of personeelsleden gemeten);
- omvang van de arbeidsinbreng en risico's verbonden aan de ondernemingsactiviteiten;
- fiscale aspecten (inkomstenbelasting en premies volksverzekeringen).

Opportunity costs

In veel branches is een aparte systematiek ontwikkeld om de hoogte van het GOL vast te stellen. De omvang van de privéopnames is geen criterium voor het vaststellen van de hoogte van het GOL.

Een veelvoorkomende situatie bij familiebedrijven is dat andere gezinsleden meewerken in het bedrijf, maar niet in loondienst zijn. Vaak zijn dit de partner, ouders of kinderen. Door de inbreng van deze meewerkende gezinsleden is er minder personeel in loondienst nodig. Om de vergelijkbaarheid (in bedrijfseconomische zin) te vergroten moeten we aan deze meewerkende gezinsleden ook een fictieve arbeidsbeloning toerekenen.

Voor de bepaling van de hoogte van het GOL gaan we uit van een marktconforme beloning. In dit boek veronderstellen we dat voor de ondernemer een GOL van €40.000 geldt. Als de ondernemer parttime werkt (bijvoorbeeld naast zijn eigen zaak een parttimebaan in loondienst heeft of zijn werk combineert met zorgtaken), wordt het GOL naar verhouding aangepast. Er wordt geen correctie toegepast als de ondernemer meer dan fulltime werkt. Voor een meewerkend gezinslid gaan we uit van een GOL van €20.000 bij een fulltime-inzet. In de praktijk kan van deze bedragen worden afgeweken.

Voor de eigenaar van Demo geldt over 2017 een GOL van €40.000. De partner van de eigenaar is voor 0,4 fte werkzaam voor de onderneming en daarvoor wordt een GOL van 0,4 × €20.000 = €8.000 toegerekend.

3.3.2 Marktconforme vergoeding over geïnvesteerd eigen vermogen

Vergoeding ingebracht eigen vermogen

Naast een vergoeding voor de werkzaamheden van de eigenaar van de eenmanszaak en de meewerkende partner, moeten we (bedrijfsecono-misch gezien) ook rekening houden met een vergoeding over het door de eigenaar ingebrachte vermogen. De eigenaar van Demo heeft vermogen aan zijn onderneming beschikbaar gesteld, dat onder de post Eigen vermogen op de balans staat (per 1 januari 2017 = €515.000). Hierbij veronderstellen we dat de waarderingen op de fiscale balans overeenko-men met de bedrijfseconomische waardering. De ondernemer/eigenaar had het bedrag van €515.000 ook in iets anders kunnen beleggen (met eenzelfde risico als de investering in zijn eigen onderneming). Over deze belegging zou hij dan een bepaalde vergoeding hebben gekregen. De hoogte van deze vergoeding kunnen we benaderen door uit te gaan van de vergoeding op risicovrije beleggingen (bijvoorbeeld de rentevergoeding op staatsobligaties) en deze te verhogen met een vergoeding voor risico (risico-opslag). Naarmate het risico van een belegging hoger is, zal de vereiste risico-opslag ook hoger zijn. Voor Demo veronderstellen we dat de kosten van het eigen vermogen 10% bedragen.

Bedrijfs-economisch resultaat

Door rekening te houden met voorgaande twee aanpassingen kunnen we uitgaande van het fiscale bedrijfsresultaat, het bedrijfseconomisch resultaat berekenen.

We krijgen voor Demo de volgende berekening van het bedrijfseconomisch resultaat over 2017:

Fiscale EBIT = Fiscaal bedrijfsresultaat		€ 126.000
GOL: eigenaar	€ 40.000	
meewerkende partner: 0,4 fte × €20.000 =	€ 8.000 +	
		€ 48.000 –
Bedrijfseconomische EBIT		€ 78.000
Interestkosten	€ 46.000	
Kosten eigen vermogen 0,1 × €515.000 =	€ 51.500 +	
Totaal vermogenskosten		€ 97.500 –
Bedrijfseconomisch resultaat (hier een verlies)		€ 19.500 –

Het bedrijfseconomisch resultaat is negatief. Dat betekent dat het fiscale bedrijfsresultaat (€126.000) onvoldoende is om de volgende (bedrijfsecono-mische) kosten te dekken:

- GOL   € 48.000
- interestkosten   € 46.000
- vergoeding voor eigen vermogen   € 51.500 +

  € 145.500

We merken hierbij op dat:
- het gewaardeerd ondernemersloon (GOL) en de vergoeding voor het eigen vermogen door de fiscus niet als kosten worden aangemerkt;
- de omvang van het GOL mede afhankelijk is van de branche;
- de vergoeding over het eigen vermogen mede afhankelijk is van het risico dat de eigenaren lopen. Ook het risico zal van branche tot branche verschillen.

Er kunnen ook verschillen ontstaan tussen het fiscaal resultaat en het bedrijfseconomische resultaat als:
- de bedrijfseconomische waarderingen afwijken van de fiscale waarderingen;
- de bedrijfseconomische afschrijvingen afwijken van de fiscaal toegestane afschrijvingen.

In dit voorbeeld veronderstellen we echter dat er ten aanzien van deze laatste twee aspecten geen verschillen zijn tussen de bedrijfseconomische en fiscale benadering.
Als de eigenaar van een eenmanszaak een partner heeft die in zijn onderneming meewerkt, dan kan de ondernemer in aanmerking komen voor de meewerkaftrek. Door de meewerkaftrek wordt het belastbaar inkomen van de ondernemer lager en hoeft er minder inkomstenbelasting betaald te worden.

HET FINANCIEELE DAGBLAD, 15 MAART 2017

Weiger kosten eigen vermogen niet langer als fiscale aftrekpost

In zijn uitgave van 9 maart 2017 schrijft Het Financieele Dagblad op de voorpagina over een voornemen van een aantal politieke partijen om de kosten van Coco's niet langer aftrekbaar te doen zijn voor de belastingheffing van ondernemingen die deze vermogenstitels uitgeven ('Politiek maakt draai met fiscale aftrek bankencoco's'). Coco's zijn obligaties van financiële instellingen die in geval van financiële nood kunnen worden omgezet in aandelen of deels of geheel worden afgestempeld. Vanwege deze karakteristieken mogen banken ze optellen bij het buffervermogen, waar steeds hogere eisen voor gelden. Het voornemen van de politieke partijen berust op een ernstig misverstand en moet scherp worden ontraden. De kosten van vreemd en van eigen vermogen zijn namelijk echte kosten voor een onderneming die vergelijkbaar zijn met de kosten van bij voorbeeld grondstoffen en arbeid. Deze laatste zijn zonder enige twijfel in brede kring geaccepteerd als kosten, maar over de kosten van het vermogensbeslag, dat voortkomt uit het doen van investeringen in vaste activa en werkkapitaal, ontstaan bij de bedoelde partijen grove misvattingen. Elementaire kennis van de financieringstheorie kan behulpzaam zijn bij het streven naar een betere oordeelsvorming. De bedoelde kosten zijn even noodzakelijk als de andere genoemde kostensoorten. Er is geen enkele reden om die kosten te weigeren als fiscale aftrekpost, ongeacht wat er verder mee zou zijn. Het probleem is niet dat de kosten van vreemd vermogen fiscaal aftrekbaar zijn maar dat de kosten van eigen vermogen dat niet zijn, althans in Nederland. In een land als België heeft men die fout hersteld en zijn de kosten van eigen vermogen fiscaal wel erkend. Het advies moet dus zijn het Belgische voorbeeld te volgen.

Toelichting

Coco's zijn een vorm van achtergesteld vreemd vermogen dat heel dicht tegen eigen vermogen aanligt en die zelfs in eigen vermogen omgezet kunnen worden. De interestkosten van Coco's zijn nu nog fiscaal aftrekbaar. In plaats van deze aftrekbaarheid af te schaffen, stelt de schrijver van het artikel voor de fiscale aftrekbaarheid uit te breiden en ook te laten gelden voor het eigen vermogen. Deze zienswijze sluit aan bij de berekening van het bedrijfseconomische resultaat waar we de kosten van het eigen vermogen ook als kostenpost hebben opgenomen.

3.4 Cashflow

Cashflow

Het begrip cashflow wordt in de praktijk vaak en onzorgvuldig gebruikt. Letterlijk vertaald betekent het *kasstroom*, maar het begrip cashflow komt niet overeen met de *mutatie in de liquide middelen* zoals we in het hiervoor besproken kasstroomoverzicht hebben berekend. Ook is er een verschil tussen de berekening van de cashflow voor een organisatie die onderhevig is aan de vennootschapsbelasting (bijvoorbeeld een bv) of organisaties waarvoor dat niet geldt (bijvoorbeeld vof en eenmanszaak).

Bij een bv berekenen we de cashflow door de fiscale winst *na vennootschapsbelasting* te verhogen met de afschrijvingen. Afschrijvingen zijn kosten, maar geen gelduitgaven en ze kunnen dus bij de winst na belastingen worden opgeteld om de hoeveelheid geld (cashflow) vast te stellen die voortvloeit uit het productie- en verkoopproces van de organisatie.

Om het verschil in cash-flowberekening tussen een eenmanszaak en een bv toe te lichten, veronderstellen we nu dat Demo een bv is en dat het tarief voor de vennootschapsbelasting (Vpb) 20% bedraagt. Daarnaast veronderstellen we dat in geval Demo een bv zou zijn geweest, de loonkosten van de DGA van Demo bv €52.000 per jaar bedragen. Op basis van de gegevens van Demo geven we in tabel 3.1 de berekening van de cashflow weer, zowel voor de eenmanszaak als voor de bv.

TABEL 3.1 Berekening van de cashflow

Demo als eenmanszaak		Demo als bv	
Fiscaal resultaat	€ 80.000	Resultaat voor aftrek kosten DGA	€ 80.000
Afschrijvingen	€ 54.000 +	Loonkosten DGA	€ 52.000 –
Cashflow	€ 134.000	Fiscaal resultaat	€ 28.000
		Vennootschapsbelasting (20%)	€ 5.600 –
		Winst na belasting	€ 22.400
		Afschrijvingen	€ 54.000 +
		Cashflow	€ 76.400

De cashflow bij een eenmanszaak *lijkt* gunstiger te zijn dan bij een bv. We moeten echter niet vergeten dat:

- de eigenaar van de eenmanszaak nog inkomstenbelasting moet betalen over de winst uit zijn onderneming;
- bij de bv de loonkosten van de DGA al in mindering zijn gebracht;
- aan de eigenaar van de eenmanszaak nog geen GOL is toegekend.

De cashflow is het bedrag dat *in principe* beschikbaar is voor bijvoorbeeld:
- investeringen in nettowerkkapitaal (exclusief liquide middelen);
- investeringen in vaste activa;
- aflossing vreemd vermogen;
- privéopnames (bij een eenmanszaak);
- toename van de liquide middelen.

Voor Demo (als eenmanszaak) geven we de relatie weer tussen de omvang van de cashflow en de mutatie in de liquide middelen zoals die uit het kasstroomoverzicht blijkt.
Om dit verband aan te tonen, maken we voor Demo de volgende opstelling:

Cashflow	€ 134.000	
Toename liquide middelen door afname in nettowerkkapitaal	€ 10.000	
Toename rekening-courantkrediet	€ 44.000 +	
Beschikbare geldmiddelen		€ 188.000
Aanwending van de beschikbare geldmiddelen:		
• investeringen in vaste activa (€84.000 + €10.000)	€ 94.000 –	
• aflossing vreemd vermogen (€20.000 + €70.000 + €13.000) =	€ 103.000 –	
• privéopnames	€ 72.000 –	
		€ 269.000 –
Mutatie liquide middelen		€ 81.000 –

We merken op dat het bedrag van de cashflow zoals dat in deze paragraaf is berekend, afwijkt van de bedragen voor de vrije kasstroom, de operationele kasstroom en de kasstroom op winstbasis, die in het kasstroomoverzicht zijn opgenomen. Het begrip cashflow heeft blijkbaar een andere betekenis dan het begrip kasstroom.

Ook de verstrekkers van vreemd vermogen (waaronder de bank) zullen zich afvragen of de cashflow van de onderneming voldoende is om aan de rente- en aflossingsverplichtingen te kunnen voldoen. Daarbij moet onder meer rekening worden gehouden met het feit dat de ondernemer bij een een-manszaak of vof over zijn winst uit de onderneming nog inkomstenbelas-ting moet betalen en dat de ondernemer ook nog privéopnames zal verrich-ten om in zijn levensonderhoud te kunnen voorzien. Als de cashflow van de onderneming ontoereikend is, kan de verstrekker van vreemd vermogen bij een eenmanszaak of vof ook aanspraak maken op het privévermogen van de ondernemer.

Het voorgaande maakt duidelijk dat met name bij de eenmanszaak en vof voorzichtigheid is geboden wanneer we een oordeel willen uitspreken over de hoogte van de cashflow. Privéaspecten spelen daarbij ook een rol. De hiervoor beschreven aspecten spelen niet of in mindere mate bij een bv, omdat:
- bij de bv al vennootschapsbelasting in mindering is gebracht;
- er sprake is van een afgescheiden ondernemingsvermogen (zakelijk vermogen en privévermogen zijn in principe gescheiden).

We laten Bart Romijnders weer aan het woord:
'Ieder jaar is het weer spannend als de accountant met de jaarrekening op de proppen komt. Natuurlijk heb ik als ondernemer een globale indruk hoe de onderneming het afgelopen boekjaar heeft gedraaid, maar de balans en de winst- en verliesrekening zetten alles nog eens keurig op een rijtje. Je vraagt je toch steeds weer af waar het geld dat je met de onderneming hebt verdiend, is gebleven. Ik vind daarvoor het kasstroomoverzicht een goed hulpmiddel. Daarin staat kort en bondig weergegeven door welke oorzaken er financiële middelen beschikbaar zijn gekomen en waarvoor ze zijn aangewend. Samen met mijn accountant lopen we post voor post na en al pratende krijg ik een beter beeld van de financiële situatie van de onderneming. Dat leidt er meestal toe dat we voor het nieuwe boekjaar een aantal aanpassingen doorvoeren en/of nieuwe ideeën ontwikkelen, waarvan we een gunstige invloed op het financiële resultaat verwachten. Maar ook tijdens het lopende boekjaar heb ik contact met mijn accountant. Dan bespreken we de actuele omzetcijfers, de hoogte van het rekening-courantkrediet en de voorraad onderhanden werk.'

3.5 Overige financiële informatie

De balans, de winst- en verliesrekening en het kasstroomoverzicht geven inzicht in de financiële positie van een onderneming. Maar niet alle relevante financiële informatie is daarin opgenomen. We bespreken slechts twee aanvullende aspecten: het kredietplafond van het rekening-courantkrediet (par. 3.5.1) en de overwaarde van het onroerend goed (par. 3.5.2).

3.5.1   Kredietplafond rekening-courant

Uit de balans van een onderneming blijkt de stand van het rekening-courantkrediet op één bepaald moment. Maar naast dit gegeven is ook de hoogte van het kredietplafond van de rekening-courant van belang. Stel dat onderneming A en B ieder een schuld in rekening-courant hebben van €20.000, maar dat onderneming A een kredietplafond heeft van €50.000 en onderneming B een plafond van €200.000. Als we alleen met deze gegevens rekening houden, heeft onderneming B duidelijk een grotere leencapaciteit dan onderneming A.

Kredietplafond

Leencapaciteit

3.5.2   Overwaarde onroerend goed

Overwaarde

Een ander financieel gegeven dat niet uit de overzichten blijkt, is de overwaarde van het onroerend goed. Bedrijfspanden worden vaak op de balans opgenomen tegen de aanschafwaarde verminderd met de reeds verrichte afschrijvingen. De werkelijke marktwaarde of vrije verkoopwaarde van de bedrijfsgebouwen kan veel hoger liggen (maar het tegenovergestelde kan ook het geval zijn). Overwaarde van bedrijfsgebouwen geeft mogelijkheden om een hypothecaire lening op te nemen of te verhogen. De overwaarde van bedrijfsgebouwen bepaalt mede de leencapaciteit van de onderneming.

Alle aspecten die in dit hoofdstuk zijn behandeld, zijn van invloed op de leencapaciteit van de onderneming. En dan zijn we niet eens volledig geweest. Er zijn nog allerlei andere factoren, zoals de winstverwachtingen, de kwaliteit van het management en de vooruitzichten voor de branche, die mede bepalen hoeveel een onderneming kan lenen. Op deze aspecten gaan we in hoofdstuk 9, waar we het begroot kasstroomoverzicht bespreken, nader in.

Samenvatting

De balans, de winst- en verliesrekening en het kasstroomoverzicht zijn belangrijke bronnen van financiële informatie. Bij de eenmanszaak en vof wordt het gewaardeerd ondernemersloon fiscaal niet als een kostenpost aangemerkt. Hierdoor zal het fiscale resultaat bij een eenmanszaak en vof in vergelijking met het fiscale resultaat bij een bv hoog uitvallen. Het salaris van de DGA wordt bij een bv fiscaal wel als kosten aangemerkt. Een ander belangrijk verschil tussen eenmanszaak en vof enerzijds en een bv ander-zijds is de wijze waarop de belasting wordt geheven. Het fiscale resultaat bij een eenmanszaak en vof is inkomen van de eigenaren waarover zij inkom-stenbelasting moeten betalen. Over de winst bij een bv moet de bv vennoot-schapsbelasting betalen.

Het kasstroomoverzicht geeft inzicht in de factoren die van invloed zijn op de mutatie liquide middelen in een bepaalde periode. Deze mutatie is behalve van de financiële resultaten van de onderneming afhankelijk van de (des)investeringen in het nettowerkkapitaal, (des)investeringen in vaste activa, de geldstromen van en naar de vermogensmarkt en bij de eenmans-zaak en vof ook van de privéopnames.

Voor de berekening van het bedrijfseconomische resultaat nemen we het fiscale resultaat als uitgangspunt. Door op het fiscale resultaat het gewaar-deerd ondernemersloon (GOL) en een marktconforme vergoeding over het geïnvesteerde eigen vermogen in mindering te brengen, krijgen we het bedrijfseconomische resultaat.

Verstrekkers van vreemd vermogen zijn vooral geïnteresseerd in de *toekom-stige* financiële positie van de onderneming. Om daar inzicht in te krijgen, is het opstellen van een *begroot* kasstroomoverzicht van belang. Daaraan besteden we in hoofdstuk 9 aandacht.

3

Begrippenlijst

Cashflow	Winst na belastingen + afschrijvingen.
EBIT (Bedrijfsresultaat)	Earnings before interest and taxes = resultaat voor aftrek van interest en belastingen.
EBITDA	Earnings before interest, taxes, depreciation and amortization = resultaat voor aftrek van interest, belastingen, afschrijvingen op materiële vaste activa en afschrijving op goodwill.
Fte	Fulltime equivalent: de werktijd die overeenkomt met een volledige betrekking.
Gewaardeerd ondernemersloon (GOL)	De beloning die bij de berekening van het economisch resultaat wordt toegerekend aan de eigenaar (eigenaren) en meewerkende partner(s) van een onderneming.
Kapitaalsvergelijking	Een opstelling waaruit blijkt door welke oorzaken er een verandering is opgetreden in het eigen vermogen van een onderneming.
Kasstroomoverzicht	Overzicht waaruit blijkt door welke oorzaken er een mutatie is opgetreden in de voorraad liquide middelen.
Leencapaciteit	De mogelijkheden die de onderneming heeft om extra vreemd vermogen op te nemen.
Liquide middelen	Kas + positieve saldi op de rekening-courant.
Periodegrootheid Stroomgrootheid	Een grootheid (een getal of bedrag) dat betrekking heeft op een periode (bijvoorbeeld de winst over een jaar).
Tijdstipgrootheid Momentopname	Een grootheid (een getal of bedrag) dat betrekking heeft op een moment (bijvoorbeeld de voorraad per 31 december van een bepaald jaar).
Voorziening	Een verplichting (en dus vreemd vermogen) waarvan de omvang en het moment van ontstaan op dit moment niet exact bekend zijn, maar wel nauwkeurig zijn in te schatten.
Winst- en verliesrekening	Overzicht van de opbrengsten en kosten gedurende een bepaalde periode.

Opgaven

3.1 Van eenmanszaak De Beemster geven we de balans per 1 januari en 31 december 2017 en de winst- en verliesrekening over 2017.

Debet	Balans De Beemster per 1 januari 2017		Credit
Vaste activa:		**Eigen vermogen:**	
Grond	€ 160.000	Gestort eigen vermogen € 500.000	
Gebouwen	€ 440.000	Winstreserve € 0	
Inventaris	€ 300.000		€ 500.000
	€ 900.000	**Vreemd vermogen lang:**	
Vlottende activa:		Achtergestelde lening € 360.000	
Vooruitbetaalde		Hypothecaire lening € 410.000	
bedragen	€ 16.000	Banklening (o/g) € 100.000	
Voorraad			€ 870.000
handelsgoederen	€ 400.000		
Debiteuren	€ 60.000		
Rekening-			
courant (tegoed)	€ 30.000		
Bank		**Vreemd vermogen kort:**	
(spaarrekening)	€ 10.000	Nog te betalen kosten € 40.000	
Kas	€ 24.000	Crediteuren € 30.000	
	€ 540.000		€ 70.000
Totaal bezittingen	€ 1.440.000	**Totaal vermogen**	€ 1.440.000

De financiële resultaten die De Beemster over het afgelopen jaar (2017) heeft behaald, blijken uit het volgende overzicht.

Winst- en verliesrekening De Beemster over 2017

Netto-omzet (Opbrengst verkopen)	€ 840.000
Inkoopwaarde van de omzet	€ 504.000 –
Brutowinstmarge	€ 336.000

Overige kosten (met uitzondering van interestkosten en afschrijvingen):

Lonen en salarissen	€ 60.000	
Sociale lasten	€ 18.000	
Huisvestingskosten	€ 18.200	
Autokosten (met name leasekosten)	€ 9.800	
Verkoopkosten	€ 12.000	
Algemene kosten	€ 4.000	
		€ 122.000 –
EBITDA		€ 214.000
Afschrijvingskosten:		
Gebouwen	€ 16.000	
Inventaris	€ 22.000	
		€ 38.000 –
EBIT = Bedrijfsresultaat		€ 176.000
Interestkosten		€ 50.000
Fiscaal resultaat		€ 126.000

Aanvullende gegevens:
1 De interestkosten over 2017 worden volledig in 2017 betaald.
2 Een stijging van de fiscale winst leidt ertoe dat de eigenaar van De Beemster meer inkomstenbelasting moet betalen. We veronderstellen dat de eigenaar van De Beemster jaarlijks 40% van de fiscale winst aan de onderneming onttrekt. Daarnaast neemt hij €40.000 uit de zaak om te voorzien in zijn levensonderhoud.

De privéonttrekkingen in 2017 bestaan uit:

$0,40 \times$ € 126.000 =	€ 50.400
Levensonderhoud	€ 40.000 +
Totaal privéonttrekkingen in 2017	€ 90.400

De winstinhouding is: € 126.000 – € 90.400 = €35.600. Winstinhouding leidt tot een toename van het eigen vermogen. Dit wordt: €570.000 + €35.600 = € 605.600.

3 Alle waarderingen en de berekening van kosten en opbrengsten zijn overeenkomstig de *fiscale* richtlijnen. Voor De Beemster veronderstellen we dat de bedrijfseconomische balans gelijk is aan de fiscale balans.

De omvang en samenstelling van de activa, het eigen vermogen en het vreemd vermogen van eenmanszaak De Beemster per 31 december 2017 blijkt uit de volgende balans.

Debet	Balans De Beemster per 31 december 2017		Credit

Vaste activa:

Grond	€ 160.000
Gebouwen	€ 464.000
Inventaris	€ 260.000

€ 884.000

Vlottende activa:

Vooruitbetaalde bedragen	€ 12.000
Voorraad handelsgoederen	€ 420.000
Debiteuren	€ 70.000
Bank (spaarrekening)	€ 25.000
Kas	€ 16.000

€ 543.000

Totaal bezittingen   € 1.427.000

Eigen vermogen:

| Gestort eigen vermogen | € 500.000 |
| Winstreserve | € 35.600 |

€ 535.600

Vreemd vermogen lang:

Achtergestelde lening	€ 320.000
Hypothecaire lening	€ 350.000
Banklening (o/g)	€ 100.000

€ 770.000

Vreemd vermogen kort:

Nog te betalen kosten	€ 50.000
Crediteuren	€ 41.400
Bank rekening-courant	€ 30.000

€ 121.400

Totaal vermogen   € 1.427.000

a Bereken de omvang van de liquide middelen op 31 december 2017.
b Bereken de omvang van de liquide middelen op 1 januari 2017.
c Bereken de mutatie in de liquide middelen gedurende 2017.

Stel voor De Beemster het kasstroomoverzicht over 2017 op, waarbij de volgende onderdelen afzonderlijk moeten worden berekend:
d Kasstroom op winstbasis
e Operationele kasstroom
f Vrije kasstroom
g Geldstromen van en naar de vermogensmarkt
h Mutatie in de liquide middelen
i Controleer of je antwoord op vraag **h** overeenkomt met je antwoord op vraag **c**.

3.2 Van eenmanszaak De Polder geven we de balans per 1 januari en 31 december 2017 en de winst- en verliesrekening over 2017.

Debet			Balans De Polder per 1 januari 2017		Credit
Vaste activa:			Eigen vermogen:		
Grond	€ 110.000		Gestort eigen vermogen	€ 600.000	
Gebouwen	€ 500.000		Winstreserve	€ 100.000	
Inventaris	€ 200.000				
					€ 700.000
		€ 810.000	Vreemd vermogen lang:		
Vlottende activa:			Achtergestelde		
Vooruitbetaalde			lening	€ 100.000	
bedragen	€ 6.000		Hypothecaire		
Voorraad			lening	€ 310.000	
handelsgoederen	€ 300.000		Banklening (o/g)	€ 120.000	
Debiteuren	€ 132.000				
Rekening-courant					
(tegoed)	€ 40.000				€ 530.000
Bank			Vreemd vermogen kort:		
(spaarrekening)	€ 12.000		Nog te betalen kosten	€ 32.000	
Kas	€ 6.000		Crediteuren	€ 44.000	
		€ 496.000			€ 76.000
Totaal bezittingen		€ 1.306.000	Totaal vermogen		€ 1.306.000

De financiële resultaten die De Polder over het afgelopen jaar (2017) heeft behaald, blijken uit het volgende overzicht.

Winst- en verliesrekening De Polder over 2017

Netto-omzet (Opbrengst verkopen)	€ 1000.000	
Inkoopwaarde van de omzet	€ 600.000 –	
Brutowinstmarge		€ 400.000

Overige kosten (met uitzondering van interestkosten
en afschrijvingen):

Lonen en salarissen	€ 160.000	
Sociale lasten	€ 48.000	
Huisvestingskosten	€ 22.600	
Autokosten (met name leasekosten)	€ 16.000	
Verkoopkosten	€ 20.000	
Algemene kosten	€ 6.000 +	
		€ 272.600 –
EBITDA		€ 127.400

Afschrijvingskosten:

Gebouwen	€ 20.000	
Inventaris	€ 12.000 +	
		€ 32.000 –
EBIT = Bedrijfsresultaat		€ 95.400
Interestkosten		€ 42.000
Fiscaal resultaat		€ 53.400

Aanvullende gegevens:
1 De interestkosten over 2017 worden volledig in 2017 betaald.
2 Een stijging van de fiscale winst leidt ertoe dat de eigenaar van De Polder meer inkomstenbelasting moet betalen. We veronderstellen dat de eigenaar van De Polder jaarlijks 40% van de fiscale winst aan de onderneming onttrekt. Daarnaast neemt hij €36.000 uit de zaak om te voorzien in zijn levensonderhoud.

De privéonttrekkingen in 2017 bestaan uit:

0,40 × € 53.400 =	€ 21.360
Levensonderhoud	€ 36.000
Totaal privéonttrekkingen in 2017	€ 57.360

De mutatie in de winstreserve is: € 53.400 – € 57.360 = – € 3.960. De afname van de winstreserve leidt tot een afname van het eigen vermogen. Dit wordt: € 700.000 – € 3.960 = € 696.040.
3 Alle waarderingen en de berekening van kosten en opbrengsten zijn overeenkomstig de *fiscale* richtlijnen. Voor De Polder veronderstellen we dat de bedrijfseconomische balans gelijk is aan de fiscale balans.

De omvang en samenstelling van de activa, het eigen vermogen en het vreemd vermogen van eenmanszaak De Polder per 31 december 2017 blijkt uit de volgende balans.

Debet	Balans De Polder per 31 december 2017		Credit

Vaste activa:			Eigen vermogen:		
Grond	€ 110.000		Gestort eigen vermogen	€ 600.000	
Gebouwen	€ 400.000		Winstreserve	€ 96.040	
Inventaris	€ 160.000				€ 696.040
		€ 670.000	Vreemd vermogen lang:		
Vlottende activa:			Achtergestelde		
Vooruitbetaalde			lening	€ 80.000	
bedragen	€ 12.000		Hypothecaire		
Voorraad			lening	€ 300.000	
handelsgoederen	€ 420.000		Banklening (o/g)	€ 70.000	
Debiteuren	€ 120.000				€ 450.000
Bank			Vreemd vermogen kort:		
(spaarrekening)	€ 10.000		Nog te betalen kosten	€ 42.000	
Kas	€ 12.000		Crediteuren	€ 47.000	
			Bank rekening-courant	€ 8.960	
		€ 574.000			€ 97.960
Totaal bezittingen		€ 1.244.000	Totaal vermogen		€ 1.244.000

a Bereken de omvang van de liquide middelen op 31 december 2017.
b Bereken de omvang van de liquide middelen op 1 januari 2017.
c Bereken de mutatie in de liquide middelen gedurende 2017.

Stel voor De Polder het kasstroomoverzicht over 2017 op, waarbij de volgende onderdelen afzonderlijk moeten worden berekend:
d Kasstroom op winstbasis
e Operationele kasstroom
f Vrije kasstroom
g Geldstromen van en naar de vermogensmarkt
h Mutatie in de liquide middelen
i Controleer of je antwoord op vraag **h** overeenkomt met je antwoord op vraag **c**.

3.3   Van eenmanszaak Jaarsma Keukens is over 2017 de volgende financiële informatie beschikbaar (met btw houden we geen rekening):

- omzet   € 1.480.000
- inkoopwaarde van de omzet   € 960.000
- personeelskosten medewerkers (incl. sociale lasten)   € 220.000
- verkoopkosten   € 60.000
- interestkosten over het vreemd vermogen   € 40.000
- kosten van energie   € 50.000
- afschrijvingskosten   € 30.000
- administratiekosten   € 20.000

Naast de eigenaar is ook zijn vrouw in de onderneming werkzaam. Aan de eigenaar wordt een gewaardeerd ondernemersloon (GOL) toegekend van €45.000, aan zijn meewerkende echtgenote € 15.000. Het gemiddeld over 2017 in deze onderneming geïnvesteerde eigen vermogen bedraagt € 700.000. Als dit bedrag buiten de eigen onderneming aangewend zou worden voor een belegging met hetzelfde risico zou een vergoeding van 10% gerealiseerd kunnen worden.
Met (inkomsten)belastingen houden we geen rekening.

a Bereken het resultaat voort aftrek van interest, belastingen en afschrijvingen (EBITDA).
b Bereken de EBIT (= bedrijfsresultaat).
c Bereken het fiscale resultaat.
d Bereken de cashflow.
e Komt de bij vraag **d** cashflow van deze onderneming altijd (per definitie) overeen met de mutatie in de voorraad liquide middelen? Licht je antwoord toe.
f Bereken het bedrijfseconomische resultaat.
g Over het gehele jaar 2017 heeft Jaarsma een bedrag van €80.000 aan zijn bedrijf onttrokken voor privédoeleinden. Laten de bedrijfsresultaten dit bestedingspatroon van de Jaarsma's toe? Licht je antwoord toe.
h Geef je commentaar op de hoogte van het economisch resultaat dat over 2017 is behaald. Zullen de heer en mevrouw Jaarsma daar tevreden over zijn? Motiveer je antwoord.

3.4 Duursema Keukens bv is, zoals de ondernemingsnaam al doet vermoeden, in dezelfde branche werkzaam als eenmanszaak Jaarsma uit de vorige opgave. Duursema Keukens is echter een besloten vennootschap met een eigen vermogen van €900.000. Van Duursema Keukens bv is over 2017 de volgende financiële informatie beschikbaar (met btw houden we geen rekening):

• omzet	€ 1.780.000
• inkoopwaarde van de omzet	€ 1.120.000
• personeelskosten medewerkers (incl. salaris DGA)	€ 300.000
• verkoopkosten	€ 70.000
• interestkosten over het vreemd vermogen	€ 55.000
• kosten van energie	€ 65.000
• afschrijvingskosten	€ 40.000
• administratiekosten	€ 30.000

Het percentage voor de vennootschapsbelasting bedraagt 20% over de fiscale winst tot en met € 200.000, daarboven geldt een percentage van 25%. Een eventuele winst wordt volledig uitgekeerd aan de enige eigenaar (Duursema is de enige aandeelhouder en belast met de dagelijkse leiding van onderneming). De directeur-aandeelhouder (DGA) krijgt een salaris van € 55.000 per jaar. Zijn salaris is al opgenomen in de personeelskosten medewerkers.
Een eventuele winst wordt volledig uitgekeerd aan de DGA.

a Bereken het resultaat voort aftrek van interest, belastingen en afschrijvingen (EBITDA).
b Bereken de EBIT (= bedrijfsresultaat).
c Bereken het fiscale resultaat voor belasting.
d Bereken het fiscale resultaat na belasting.

    e Bereken de cashflow.
    f Geef je oordeel over het financieel resultaat van Duursema Keukens bv in vergelijking met het behaalde resultaat van Jaarsma Keukens uit de vorige opgave.
        1 Welke onderneming heeft het in financieel opzicht in 2017 beter gedaan?
        2 Tegen welke problemen loop je op bij de vergelijking van de resultaten van beide bedrijven?

3.5   Van onderneming Tampi bv zijn over 2017 de volgende gegevens beschikbaar:

- omzet (inclusief 21% btw)   € 2.178.000
- inkoopwaarde van de omzet: 60% van de omzet
- personeelskosten (inclusief sociale lasten)   € 280.000
- verkoopkosten   € 60.000
- interestkosten   € 40.000
- kosten van energie   € 25.000
- afschrijvingskosten   € 30.000
- administratiekosten   € 10.000

De vennootschapsbelasting is 20% over de eerste €200.000, over het meerdere is 25% belasting verschuldigd. Met andere dan in deze opgave vermelde gegevens hoeft geen rekening te worden gehouden.

    a Bereken de brutomarge (in euro's).
    b Bereken het resultaat voor aftrek van interest, belastingen, afschrijvingen en amortisatie goodwill (EBITDA).
    c Bereken het bedrijfsresultaat (EBIT).
    d Bereken het resultaat na aftrek van vennootschapsbelasting.
    e Bereken de cashflow.
    f Wat is het voordeel van het gebruik van EBITDA ten opzichte van EBIT (bedrijfsresultaat) om de financiële prestaties van een onderneming te beoordelen?
    g Geef twee voorbeelden van kosten die afhankelijk zijn van de omzet.
    h Geef twee voorbeelden van kosten die niet afhankelijk zijn van de omzet

DEEL 2

Analyse huidige situatie

4   **Analyse van de financiële structuur** 119

5   **Brancheanalyse en benchmarking** 183

In dit deel besteden we aandacht aan de factoren die inzicht geven in de financiële positie van een onderneming. Daarbij nemen we onderneming Demo als uitgangspunt en vergelijken de gegevens van Demo met branchegegevens.

Bij de beoordeling van de financiële positie besteden we onder meer aandacht aan interne en externe bronnen van vermogen, de verhouding eigen en vreemd vermogen en de zeggenschapsverhoudingen binnen een onderneming. Ook komen onderwerpen zoals rentabiliteit, solvabiliteit en liquiditeit aan de orde. Om hierover uitspraken te kunnen doen, berekenen we kengetallen. Deze kengetallen vergelijken we met branchegegevens. We staan bovendien stil bij de factoren die de mate van concurrentie binnen een branche bepalen.

4
Analyse van de financiële structuur

4.1   Financiële structuur van een onderneming
4.2   Partiële en totale financiering
4.3   Interne en externe financiering
4.4   Vermindering van de vermogensbehoefte
4.5   Vermogensstructuur, zekerheden en zeggenschap
4.6   Rentabiliteit
4.7   Liquiditeit
4.8   Solvabiliteit
4.9   Brancheanalyse en historische ratioanalyse
       Samenvatting
       Begrippenlijst
       Opgaven

In dit hoofdstuk besteden we aandacht aan de factoren die een rol spelen bij het uitstippelen van het financieel beleid en het beoordelen van de financiële situatie van een onderneming. Het doel van de analyse van de financiële structuur is inzicht te krijgen in de factoren die de financiële resultaten van een onderneming bepalen. Op basis van de analyse kunnen beslissingen worden genomen om de resultaten te verbeteren.
Bij de beoordeling van de financiële structuur van een onderneming leggen we in paragraaf 4.1 een verband tussen de financiële middelen (eigen en vreemd vermogen) die aan de onderneming beschikbaar zijn gesteld, de wijze waarop deze middelen in de onderneming zijn aangewend (samenstelling van de activa) en de resultaten die met deze activa behaald zijn. Deze resultaten blijken uit de winst- en verliesrekening. In paragraaf 4.2 bespreken we achtereenvolgens partiële en totale financiering en de goudenbalansregel. In paragraaf 4.3 gaan we in op de verschillen tussen interne en externe financiering. In paragraaf 4.4 komen de mogelijkheden aan de orde om de vermogensbehoefte te verminderen. Dat zijn onder meer intensieve financiering, factoring en leasing. De financiële analyse laat ook de

verhouding zien tussen eigen vermogen en vreemd vermogen. Deze verhouding is van belang in verband met de zekerheden en zeggenschap van de geldverschaffer. Dit wordt besproken in paragraaf 4.5.

De financiële positie van een onderneming hangt van veel factoren af. Zo kunnen we kijken naar de winstgevendheid, naar de mogelijkheden van de onderneming om haar financiële verplichtingen na te komen, naar het risico dat de verstrekkers van het vreemd vermogen lopen enzovoort. In paragraaf 4.6 tot en met 4.8 bespreken we een aantal factoren die van invloed zijn op de beoordeling van de financiële situatie van een onderneming zoals de rentabiliteit, liquiditeit en solvabiliteit. We doen dit aan de hand van het voorbeeld van onderneming Demo. In paragraaf 4.9 gaan we kort in op de financieringskengetallen van het MKB.

De analyse van de financiële structuur is vooral van belang voor:
- de leiding van de onderneming
- de verschaffers van eigen vermogen
- de verschaffers van vreemd vermogen (waaronder banken)
- de werknemers van de onderneming

4.1 Financiële structuur van een onderneming

Financiële structuur

De financiële structuur omvat alle factoren die van invloed zijn op de financiële resultaten van een onderneming. Hierbij kunnen we denken aan de samenstelling van de activa of de wijze waarop de activa zijn gefinancierd. Ook de samenstelling van de omzet en kosten en de veranderingen daarin zijn van invloed op de financiële structuur. Inzicht in de financiële positie van de onderneming is niet alleen belangrijk voor de eigenaar van de onderneming, maar ook voor de verstrekkers van vreemd vermogen. Waar moeten we op letten bij het beoordelen van de financiële positie van een onderneming? De volgende factoren die een rol spelen bij de financiële analyse stellen we aan de orde:
- samenstelling van de activa
- samenstelling van het eigen en vreemd vermogen
- rentabiliteit
- liquiditeit
- solvabiliteit

In paragraaf 4.1.1 gaan we in op de samenstelling van de activa en in paragraaf 4.1.2 op de samenstelling van het eigen en vreemd vermogen. De begrippen rentabiliteit, liquiditeit en solvabiliteit worden besproken in paragraaf 4.6 tot en met 4.8 aan de hand van het voorbeeld van eenmanszaak Demo.

Afhankelijk van de positie van degene voor wie de financiële analyse wordt verricht en de situatie waarin de onderneming zich bevindt, kan de invloed van de verschillende factoren op het totaaloordeel over de financiële situatie van de onderneming verschillen. Eigenaren kijken immers anders tegen hun eigen onderneming aan dan de verstrekkers van het vreemd vermogen, zoals banken. Maar er is ook verschil tussen een onderneming die goede resultaten behaalt en een onderneming die op het randje van faillissement verkeert. De situatie bepaalt mede het belang dat aan bepaalde kengetallen en berekeningen wordt toegekend.

4.1.1 Samenstelling van de activa (activastructuur)

De activa, die vermeld worden aan de debetzijde van de balans, kunnen we **Activastructuur**
verdelen in vaste en vlottende activa. Vlottende activa zijn bezittingen die
binnen een jaar in liquide middelen kunnen worden omgezet. In het **Vlottende**
algemeen rekenen we de voorraden en debiteuren tot de vlottende activa. **activa**
Van de debiteuren mag zeker verwacht worden dat ze binnen een jaar
betalen. Er zijn echter situaties denkbaar waarin het langer dan een jaar
duurt om de voorraden (door verkoop van het eindproduct) in liquide
middelen om te zetten.

Vaste activa (zoals machines) zijn bezittingen die meer dan één jaar mee- **Vaste activa**
gaan. Het bedrag dat in de vaste activa vastligt, zal niet binnen een jaar
terugontvangen worden via de verkoop van de producten waarvoor bijvoorbeeld de machines worden gebruikt. Het geld dat nodig is om vaste activa
aan te schaffen, ligt langdurig in deze activa vast. Vaste activa leiden dan ook
tot een langdurige vermogensbehoefte (constante vermogensbehoefte).
We gaan ervan uit dat de vlottende activa binnen een jaar in geld (liquide
middelen) kunnen worden omgezet. Dat betekent echter niet dat vlottende
activa niet tot een vermogensbehoefte op lange termijn zouden kunnen
leiden. We moeten beseffen dat er altijd een minimumbedrag zal vastliggen
in bijvoorbeeld de balansposten Voorraden en Debiteuren. Dit minimum
noemen we de vaste kern van de vlottende activa. Deze vaste kern leidt tot
een vermogensbehoefte op lange termijn. In figuur 4.1 brengen we het ver- **Vermogens-**
loop van de vermogensbehoefte in verband met vaste en vlottende activa **behoefte**
tot uitdrukking.

FIGUUR 4.1 Verloop van de vermogensbehoefte

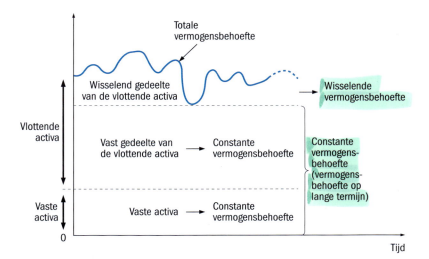

In figuur 4.1 is een situatie geschetst van een onderneming met een min of
meer stabiele omzet. De vermogensbehoefte fluctueert weliswaar, maar
blijft ongeveer op hetzelfde niveau. Bij een onderneming die een sterke
groei doormaakt, zal de totale vermogensbehoefte in de loop der tijd sterk
stijgen.

4.1.2   Samenstelling van het vermogen (vermogensstructuur)

Vermogens-structuur

Eigen vermogen

Vreemd vermogen

De vermogensstructuur van een onderneming blijkt uit de creditzijde van de balans. Daar staat vermeld welke vormen van vermogen zijn aangetrokken (eigen of vreemd vermogen) en daaruit blijkt ook (in grote lijnen) hoe lang het vermogen aan de onderneming ter beschikking staat. Eigen vermogen is door de eigenaren beschikbaar gesteld en staat in principe eeuwigdurend (of beter gezegd: gedurende de gehele levensduur van de onderneming) aan de onderneming ter beschikking. Het vreemd vermogen is tijdelijk vermogen. Dat wil zeggen dat het terugbetaald (afgelost) moet worden. Vreemd vermogen op korte termijn kan door de verstrekkers ervan binnen het jaar worden opgeëist. Voorbeelden van vreemd vermogen op korte termijn zijn het rekening-courantkrediet en crediteuren. Vreemd vermogen op lange termijn is door de verstrekkers ervan voor langer dan een jaar beschikbaar gesteld. Voorbeelden van vreemd vermogen op lange termijn zijn een hypothecaire lening en een banklening met een looptijd van bijvoorbeeld vijf jaar.

◗ 4.2 Partiële en totale financiering

Binnen een onderneming worden allerlei beslissingen genomen die gevolgen kunnen hebben voor de omvang en de samenstelling van de activa. De keuzes die worden gemaakt voor de aanschaf van activa en de wijze waarop deze worden gefinancierd, komen onder andere tot uitdrukking in de balans. Aan de hand van voorbeeld 4.1 lichten we toe hoe de afstemming tussen de vermogens-behoefte en de financieringswijze tot stand komt bij onderneming Rascom bv.

VOORBEELD 4.1 RASCOM BV

Rascom bv is fabrikant van voorgebakken patates frites. Van deze onderneming is de volgende balans gegeven.

Debet	**Balans Rascom per 1 januari 2017** (bedragen × €1.000)		*Credit*	
Vaste activa:			Eigen vermogen		
Grond	100		Aandelenvermogen	400	
Gebouwen	400		Reserves	200	
Machines	300				600
		800	Vreemd vermogen lang:		
Vlottende activa:			Obligatielening	100	
Voorraden	150		Hypothecaire lening	300	
Debiteuren	100				400
Kas	50		Vreemd vermogen kort:		
		300	Rekening-courant	40	
			Crediteuren	60	
					100
Totaal bezittingen		1.100	Totaal vermogen		1.100

Rascom bv heeft in totaal €1 mln lang vermogen aangetrokken. Dit bedrag is opgesplitst in €600.000 eigen vermogen en €400.000 vreemd vermogen op lange termijn. De totale waarde van de vaste activa bedraagt €800.000. In deze situatie is €200.000 lang vermogen beschikbaar voor de financiering van de vlottende activa. Daarnaast is nog €100.000 vreemd vermogen op korte termijn beschikbaar voor de financiering van de vlottende activa.

We gaan hierna nader in op de begrippen partiële financiering, totale financiering en de goudenbalansregel.

4.2.1   Partiële financiering

Als aan een bepaald soort activa rechtstreeks een bijpassende financieringswijze wordt gekoppeld, spreken we van partiële financiering. Voorbeelden hiervan vinden we bij de volgende activa:

- Grond en gebouwen die worden gefinancierd met een hypothecaire lening: de omvang van de lening en het aflossingsschema worden afgestemd op de aanschafwaarde van de activa en de omvang van de vrijkomende afschrijvingen.
- Voorraden die worden gefinancierd met leverancierskrediet: door het kopen van goederen op rekening wordt de financieringswijze (in de vorm van leverancierskrediet) in feite bijgeleverd. De duur van het leverancierskrediet kan korter zijn dan de voorraadduur van de goederen. Dan zal op een later tijdstip op een andere wijze in de vermogensbehoefte moeten worden voorzien.
- Machines waarover men door middel van een financial-leasecontract de beschikking heeft gekregen: de duur van het leasecontract stemt ongeveer overeen met de economische levensduur van het geleaste object, zodat geen aanvullende financiering nodig is (zie ook subparagraaf 4.4.3).

Partiële financiering Hypothecaire lening

Bij partiële financiering is er een direct verband tussen een bepaalde balanspost aan de debetzijde en een bepaalde financieringswijze, die aan de creditzijde van de balans staat vermeld.

4.2.2   Totale financiering

Bij totale financiering zoeken we niet bij ieder soort actief afzonderlijk een bijpassende financiering, maar gaan we uit van de totale vermogensbehoefte. Op basis van de totale vermogensbehoefte gaan we na op welke wijze dit totaal het best kan worden gefinancierd. Hierbij letten we in het bijzonder op de afstemming tussen de tijd dat het vermogen vastligt in de activa en de tijd dat het aan te trekken vermogen aan de onderneming ter beschikking wordt gesteld. In dit verband is de goudenbalansregel van belang.

Totale financiering

4.2.3   Goudenbalansregel

Bij het aantrekken van vermogen zal de onderneming rekening moeten houden met de omvang en de duur van de vermogensbehoefte, zoals die voortvloeit uit de activa van de onderneming. De vermogensstructuur en de activastructuur moeten op elkaar worden afgestemd. Een winkelpand (waarin het geld per definitie lang vastligt) gaan we bijvoorbeeld niet financieren met een rekening-courantkrediet.

De samenhang tussen de activastructuur en de vermogensstructuur geven we in figuur 4.2 globaal weer.

Bij de afstemming tussen het aan te trekken vermogen en de vermogensbehoefte maken we onder andere gebruik van vuistregels. Een van deze vuistregels is de goudenbalansregel. Deze regel houdt in dat de vaste activa en het vaste gedeelte van de vlottende activa moeten worden gefinancierd met eigen en/of vreemd vermogen op lange termijn. Het fluctuerende deel van de vlottende activa kan worden gefinancierd met vreemd vermogen op korte termijn. Figuur 4.3 laat dit zien (deze figuur heeft overigens geen betrekking op Rascom bv).

Goudenbalansregel

FIGUUR 4.2 Schema van de onderlinge relaties

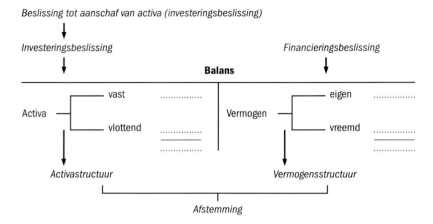

FIGUUR 4.3 Goudenbalansregel

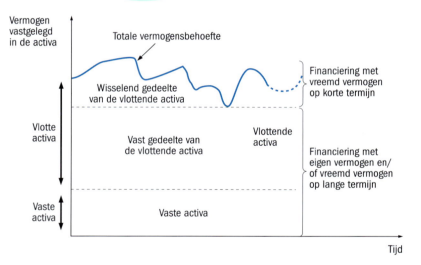

Als er minder vermogen op lange termijn aangetrokken is dan op basis van de vermogensbehoefte op lange termijn wenselijk is, kunnen er problemen ontstaan. In dat geval is een gedeelte van de vermogensbehoefte op lange termijn gefinancierd met vermogen op korte termijn. Dit kan tot gevolg hebben dat het vermogen nog in de activa vastligt, terwijl de daarvoor bestemde financiering afgelost moet worden. Dit probleem hoeft echter niet onoverkomelijk te zijn. Als er nieuwe financiering aangetrokken kan worden, die de af te lossen lening vervangt, is het probleem opgelost. De goudenbalansregel zal in de praktijk niet 'tot op de cent nauwkeurig' worden toegepast. De regel drukt wel dat er een zekere afstemming moet zijn tussen de duur dat het vermogen aan de onderneming beschikbaar is gesteld en de duur van de vermogensbehoefte.

De goudenbalansregel luidt:
De som van het eigen en vreemd vermogen op lange termijn moet gelijk zijn aan of groter zijn dan de totale vermogensbehoefte in verband met de vaste activa en de vaste kern van de vlottende activa.

4.3   Interne en externe financiering

Een onderneming kan in haar (extra) vermogensbehoefte voorzien door interne en externe financiering. We spreken van interne financiering als activa worden aangeschaft met financiële middelen die door de bedrijfsuit-oefening beschikbaar zijn gekomen. Hiervan is sprake als bijvoorbeeld een gedeelte van de winst wordt gebruikt om nieuwe investeringen te financie-ren of als de vrijgekomen afschrijvingsgelden weer in de onderneming worden geïnvesteerd. Externe financiering is het aantrekken van vermogen van de vermogensmarkt, bijvoorbeeld door het opnemen van een bank-lening of het aantrekken van eigen vermogen. Voor het midden- en klein-bedrijf zijn er specifieke regelingen die het beschikbaar komen van interne en externe financieringsbronnen bevorderen. In hoofdstuk 10 komen we daar op terug.

Interne financiering

Externe financiering

4.4   Vermindering van de vermogensbehoefte

Er zijn verschillende mogelijkheden om de omvang van de totale vermo-gensbehoefte, die voortvloeit uit de activa van de onderneming, te vermin-deren. In paragraaf 4.4.1 bespreken we intensieve financiering. Ook factoring (par. 4.4.2) en leasing (par. 4.4.3) zijn voorbeelden om de vermo-gensbehoefte te beperken. In paragraaf 4.4.4 bespreken we nog andere mogelijkheden om de vermogensbehoefte te verminderen.

4.4.1   Intensieve financiering
Door middel van de ontvangst van de verkoopprijs ontvangt de onderne-ming onder meer een vergoeding voor de afschrijvingskosten van haar productiemiddelen. De vrijgekomen afschrijvingsgelden kan de onderne-ming weer gebruiken om andere activa aan te schaffen. Het financieren van nieuwe aanschaffingen door middel van vrijgekomen afschrijvingen noe-men we intensieve financiering. Het aan de onderneming beschikbaar gestelde vermogen wordt immers direct weer (intensief) gebruikt en blijft niet 'werkeloos' in de onderneming liggen.
Deze vorm van intensieve financiering leidt tot een lagere totale vermogens-behoefte. Ook door de aanschaf van activa in de tijd te spreiden, kan de vermogensbehoefte worden beperkt. Zo kan een onderneming die vier auto's voor de zaak nodig heeft ieder jaar een nieuwe auto kopen (die dan vier jaar meegaat), in plaats van in één jaar vier nieuwe auto's tegelijk te kopen en deze over vier jaar ineens door vier nieuwe te vervangen. Gespreide aanschaf leidt tot een lagere totale vermogensbehoefte en tot geringere fluctuaties in de vermogensbehoefte.

Intensieve financiering

We lichten de gevolgen van een gelijktijdige aanschaf versus een gespreide aanschaf van productiemiddelen toe aan de hand van voorbeeld 4.2.

VOORBEELD 4.2

Een onderneming heeft vier identieke machines in gebruik. De machines hebben een levensduur van vier jaar. De aanschafwaarde van de machines is (ongeacht het moment van aanschaf) €20.000 per stuk. De machines hebben aan het einde van de levensduur geen restwaarde. De onderneming schrijft af met gelijke bedragen per jaar.

De jaarlijkse afschrijving is (€20.000 – €0) : 4 = €5.000 per jaar per machine. Door de afschrijvingen neemt de vermogensbehoefte per jaar af met €5.000 per machine.

Verloop van de vermogensbehoefte bij gelijktijdige aanschaf:
- Aan het begin van het eerste jaar zijn vier nieuwe machines in gebruik (maximale vermogensbehoefte 4 × €20.000 = €80.000).
- Daarna daalt de vermogensbehoefte ieder jaar met 4 × €5.000 = €20.000.

	Boekwaarde aan begin van het jaar	Afschrijvingen tijdens het jaar	Boekwaarde aan einde van het jaar
Jaar 1	€80.000	€ 20.000	€ 60.000
Jaar 2	€ 60.000	€ 20.000	€ 40.000
Jaar 3	€ 40.000	€ 20.000	€ 20.000
Jaar 4	€ 20.000	€ 20.000	0
Jaar 5	€ 80.000	€ 20.000	€ 60.000
Jaar 6	€ 60.000	€ 20.000	€ 40.000
Enzovoort			

Verloop van de vermogensbehoefte bij gespreide aanschaf:
- Aan het begin van ieder jaar is er één nieuwe machine in gebruik, één van één jaar oud, één van twee jaar oud en één van drie jaar oud. De vermogensbehoefte aan het begin van ieder jaar = €20.000 + €15.000 + €10.000 + €5.000 = €50.000.
- Tijdens het jaar daalt de vermogensbehoefte met 4 × €5.000 = €20.000.
- Aan het einde van ieder jaar is er één machine van één jaar oud, één van twee jaar oud, één van drie jaar oud en één van vier jaar die volledig is afgeschreven. De vermogensbehoefte aan het einde van ieder jaar = €15.000 + €10.000 + €5.000 + €0 = €30.000.
- Aan het begin van het nieuwe jaar wordt er weer een nieuwe machine aangeschaft waardoor de vermogensbehoefte ineens stijgt van €30.000 naar €50.000.

	Boekwaarde aan begin van het jaar	Afschrijvingen tijdens het jaar	Boekwaarde aan einde van het jaar
Jaar 1	€ 50.000	€ 20.000	€ 30.000
Jaar 2	€ 50.000	€ 20.000	€ 30.000
Jaar 3	€ 50.000	€ 20.000	€ 30.000
Enzovoort			

In figuur 4.4 geven we het verloop van de vermogensbehoefte weer bij gelijktijdige aanschaf van de vier machines, in figuur 4.5 bij gespreide aanschaf.

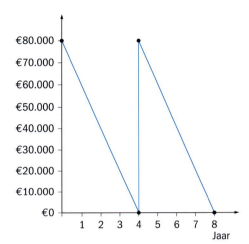

FIGUUR 4.4 Vermogensbehoefte bij gelijktijdige aanschaf

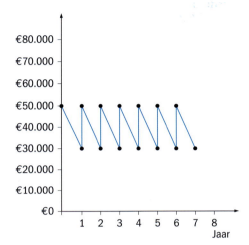

FIGUUR 4.5 Vermogensbehoefte bij gespreide aanschaf

Gespreide aanschaf (figuur 4.5) leidt tot een geringere vermogensbehoefte. Het beschikbare vermogen wordt bovendien intensiever gebruikt.

4.4.2   Factoring

Als een onderneming aan haar afnemers goederen en/of diensten levert op rekening, ontstaat een vordering op deze afnemers. In de leveringsvoorwaarden is vastgelegd binnen welke termijn deze afnemers worden geacht de vordering te voldoen. Het totaal van deze vorderingen vormt de balanspost Debiteuren. Een toename van de post Debiteuren betekent dat de onderneming een groter bedrag (in de vorm van geleverde goederen) aan haar afnemers beschikbaar heeft gesteld. Dit leidt tot een grotere vermogensbehoefte.

● www.nu.nl

Bedrijven betalen facturen iets sneller in 2016

Nederlandse bedrijven hebben in 2016 iets sneller hun facturen betaald. Gemiddeld werd een factuur na 41 dagen betaald, één dag sneller dan in 2015.

In de loop van het jaar verslechterde het betaalgedrag wel, zo merkt zakelijke informatieleverancier Graydon op.
In de eerste helft van vorig jaar werd nog een laagterecord bereikt van 40,7 dagen. Die trend kantelde in de tweede helft van het jaar. In het vierde

kwartaal verslechterde het betaalgedrag verder en werd een factuur gemiddeld na 41,8 dagen betaald.

Peter Schoenmaker van Graydon verwacht dat deze laatste trend zich zal doorzetten in het nieuwe jaar. 'We hebben afgelopen jaar de voorlopige bodem van het betaalgedrag van het Nederlands bedrijfsleven aangetikt', zegt hij.

Energiebedrijven

De verslechtering zal minimaal zijn, denkt de informatieleverancier. Maar het concern concludeert dat de huidige inspanningen die moeten zorgen voor beter betaalgedrag, 'niet of nauwelijks uitwerking' hebben gehad in de cijfers. Energiebedrijven betaalden facturen het traagst vorig jaar. Gemiddeld werd er 43,9 dagen gedaan over het betalen van een factuur, een toename van anderhalve dag. IT- en communicatiebedrijven lieten de grootste verslechtering zien. Er werd vorig jaar zo'n 43,4 dagen gedaan over het betalen van facturen, maar liefst vijf dagen langzamer.

In de vastgoedsector worden facturen het snelst betaald, gemiddeld na 38 dagen. Op plek twee en drie staan de (semi)overheid met 38,9 dagen en 'overige dienstverlening' met 40,1 dagen.

24 januari 2017

Toelichting

Bedrijven kunnen de werkzaamheden rond het innen van facturen uitbesteden aan een factormaatschappij. Deze bedrijven zijn gespecialiseerd in het innen van facturen en verlenen ook krediet.

Factoring

Factormaatschappijen zijn, uiteraard tegen vergoeding, bereid een dienstverlening toe te passen met betrekking tot de vorderingen op de afnemers van de onderneming. Er is sprake van factoring als een onderneming met een factormaatschappij een overeenkomst sluit, waarbij de factormaatschappij zich verplicht alle door haar goedgekeurde vorderingen (van de onderneming op haar afnemers) te bewaken/incasseren, te financieren en/of te verzekeren tegen non-betaling (insolventierisicodekking).

De administratie van de vorderingen blijft in principe bij de facturerende onderneming zelf en via geautomatiseerde samenwerking voorziet de onderneming de factormaatschappij van de benodigde debiteuren- en factuurgegevens. In geval van onvoldoende mate van automatisering bij de facturerende onderneming kan de factormaatschappij de debiteurenadministratie voor de onderneming verzorgen. Op basis van deze gegevens verricht de factormaatschappij vooraf overeengekomen dienstverlening, die kan bestaan uit (een combinatie van) eerdergenoemde diensten.

Primaire voorwaarden om te komen tot een factoringsamenwerking zijn het bestaan van een business-to-businessrelatie en van verkopen op rekening. Enkele facetten van factoring lichten we toe:
- *Bewaking /incasso van debiteurenvorderingen.* Bewaking en/of incasso van debiteurenvorderingen (creditmanagement) kan bij de factormaatschappij worden gelegd. Het non-betalingsrisico blijft echter bij de facturerende onderneming. Deze bewaking kan volledig (vanaf de vervaldatum van de vordering) of uitgesteld (vanaf x dagen na vervaldatum van de vordering) worden verzorgd.

Vanuit het hoofdkantoor van DLL (voorheen De Lage Landen) in Eindhoven worden de factoring-activiteiten in heel Nederland en de leasing-activiteiten wereldwijd gecoördineerd

- *Financiering.* Een factormaatschappij financiert tot maximaal 100% op de door haar goedgekeurde debiteurenvorderingen. De hoogte van het financieringspercentage is met name afhankelijk van de kwaliteit van de debiteuren en de debiteurenvorderingen.
- *Insolventierisicodekking.* Vorderingen kunnen via een factormaatschappij verzekerd worden tegen non-betaling voor zover zij vallen binnen een vooraf vastgesteld maximum (de kredietwaardigheid van de debiteur) en voor zover de vordering niet wordt betwist (veelal als gevolg van een ondeugdelijke levering van goederen en/of diensten).

Bij factoring komen in grote lijnen twee vormen voor: old-line factoring en maturity factoring. We bespreken eerst old-line factoring. Daarna gaan we kort in op maturity factoring.

Old-line factoring
De betaling vanuit de factormaatschappij wordt bij old-line factoring in principe als volgt geregeld: **Old-line factoring**
De factormaatschappij betaalt een groot gedeelte (75 tot maximaal 100%) van de vordering direct bij verpanding van de vordering als voorschot uit aan de onderneming. Het restant van de vordering wordt uitbetaald op het moment dat de debiteur de vordering betaalt aan de factormaatschappij, onder aftrek van:
- een vergoeding voor administratie- en incassokosten en voor het risico van wanbetaling;
- een interestvergoeding over het voorschot, te berekenen over de tijdsduur tussen de betaling van het voorschot en de betaling door de debiteur.

In geval van een non-betaling door de debiteur vindt de afrekening plaats op basis van de insolventierisico-uitkering.

Voor de onderneming heeft factoring een aantal voordelen:
- continuïteit in creditmanagement en verkorting van de gemiddelde betaaltermijn in de debiteurenportefeuille;
- geen risico van wanbetaling met betrekking tot door de factormaatschappij goedgekeurde vorderingen;
- verruiming van de liquiditeitspositie.

De ondernemer moet afwegen of deze voordelen opwegen tegen de kosten die de factormaatschappij bij old-line factoring in rekening brengt.

Maturity factoring

Maturity factoring

Bij maturity factoring wordt er *geen voorschot* ontvangen van de factormaatschappij, omdat de factormaatschappij pas uitbetaalt nadat zij het bedrag van de debiteur heeft ontvangen. Deze vorm van factoring leidt daardoor ook niet tot een vermindering van de vermogensbehoefte.

4.4.3 Leasing

Leasing

Ondernemingen hebben om hun productieproces uit te kunnen voeren duurzame productiemiddelen nodig, zoals gebouwen, machines en inventaris. Aanschaf van deze activa zal tot een toename van de vermogensbehoefte leiden.
In veel gevallen kan de onderneming duurzame activa huren. Het huren wordt dan door de onderneming gezien als een alternatief voor het kopen van deze activa, waarbij het aankoopbedrag geleend zou moeten worden. Duurzame activa, zoals machines, computers, kopieerapparatuur en dergelijke, kunnen gehuurd worden van ondernemingen die zich in de verhuur ervan hebben gespecialiseerd (leasemaatschappijen).

Bij leasing is er sprake van een huurovereenkomst tussen een onderneming of particulier en een leasemaatschappij (lessor). De huurovereenkomst kan zowel roerende als onroerende goederen betreffen. De huurder wordt ook wel lessee genoemd.

Leasecontracten kunnen we onderverdelen in twee soorten:
1 operational-leasecontracten
2 financial-leasecontracten

Ad 1 Operational-leasecontracten

Operational lease

Operational lease is een opzegbaar huurcontract, waarbij de kosten van onderhoud, verzekering en dergelijke meestal ten laste van de verhuurder komen. Omdat het contract afkoopbaar is, ligt het risico van economische veroudering van het productiemiddel bij de verhuurder. Bij operational lease wordt in het contract aan de contractant (lessee) de mogelijkheid geboden tijdens de looptijd of aan het einde van het contract het geleasete object te kopen (koopoptie). Operational lease komt vooral voor bij duurzame activa die sterk aan economische veroudering onderhevig zijn of waarvoor specialistisch onderhoud vereist is, zoals computers, kopieerapparatuur en auto's.

Balansverkorting

Door operational lease treedt balansverkorting op. Met balansverkorting bedoelen we het 'verdwijnen' van bepaalde posten op de balans, waardoor het balanstotaal en dus ook de vermogensbehoefte afneemt.

In het geval van *operational* lease krijgt de onderneming de beschikking over dezelfde activa, zonder dat daardoor veranderingen op de balans optreden. In vergelijking met het alternatief kopen en lenen zullen een lager balanstotaal (balansverkorting) en dus een geringere vermogensbehoefte het gevolg zijn. Bij operational lease kan over dezelfde activa worden beschikt als bij het alternatief kopen en lenen, zodat de omzet bij beide alternatieven gelijk zal zijn. Bij operational lease zal, ten opzichte van kopen en lenen, sprake zijn van een lager geïnvesteerd vermogen bij een gelijke omzet.

Ad 2 Financial-leasecontracten

Financial lease is een niet-opzegbaar huurcontract, waarbij de kosten van onderhoud, verzekering en dergelijke ten laste van de huurder komen. De looptijd van het contract komt ongeveer overeen met de economische levensduur van het desbetreffende duurzame productiemiddel. Omdat het contract onopzegbaar is, komt het risico van economische veroudering te liggen bij de huurder. De huurder is economisch eigenaar van het geleasete object. De leasemaatschappij is de juridische eigenaar. Financial lease komt bijvoorbeeld voor in situaties waarin voor een onderneming een speciale machine gebouwd is, die niet door andere ondernemingen te gebruiken is. Het totaal van de leasebetalingen gedurende de totale looptijd van het contract komt ongeveer overeen met het totaal van de afschrijvings- en interestkosten van het geleasete object. In de vorm van leasetermijnen betaalt de huurder in feite alle kosten die aan het gehuurde object zijn verbonden. Bij financial lease heeft de contractant (lessee) de verplichting aan het einde van het contract het geleasete object tegen een vooraf vastgestelde slottermijn te kopen (koopverplichting).

Financial lease

De beslissing om tot leasing over te gaan, kan gebaseerd zijn op fiscale motieven. De grotere flexibiliteit en het gemak dat leasing in het algemeen biedt ten opzichte van aanschaf van de activa, kunnen ook redenen zijn. Zo komt het leasen van (zaken)auto's door ondernemingen veel voor. Omdat de leasemaatschappij het beheer heeft over een grote hoeveelheid auto's, kunnen zij bij de aanschaf, voor het onderhoud en de autoverzekering hoge kortingen bedingen. Deze kortingen kunnen voor een deel in de leasetarieven worden verwerkt. Hierdoor kan leasing voor de onderneming uit kostenoogpunt aantrekkelijk zijn. Bovendien is de onderneming verlost van het kopen, het onderhouden en het verkopen van (de gebruikte) auto's. Voor producten van sommige fabrikanten (bijvoorbeeld bij kopieerapparatuur) is leasing de enige mogelijkheid. Deze fabrikanten zijn niet bereid hun producten te verkopen en bieden alleen de mogelijkheid van leasing aan.

Financial leasing wordt als een alternatief gezien voor de aanschaf van de activa waarbij het aankoopbedrag met vreemd vermogen wordt gefinancierd (= kopen én lenen). Als voor de aankoop van de activa gebruik wordt gemaakt van vreemd vermogen, neemt het balanstotaal aan de debet- én de creditzijde in dezelfde mate toe.

Bij *financial lease* moet de contante waarde van alle toekomstige leaseverplichtingen op de balans als schuld worden opgenomen. Dezelfde waarde komt ook op de balans aan de debetzijde te staan, omdat de huurder economisch eigenaar is. Bij financial lease treedt daarom geen balansverkorting op. Omdat bij financial lease de (contante) waarde van de leaseverplichtingen zowel op de balans aan de creditzijde als op de balans aan de debetzijde wordt opgenomen, wijkt het geïnvesteerde vermogen bij financial lease niet af van het alternatief koop én lenen.

4.4.4   Andere mogelijkheden om de vermogensbehoefte te beperken

Ondernemingen kunnen duurzame productiemiddelen die in hun bezit zijn, verkopen aan een leasemaatschappij om het gelijktijdig weer terug te huren van deze maatschappij. In dat geval is er sprake van *sale and lease back*. De onderneming kan de geldmiddelen die door de verkoop van het duurzaam productiemiddel beschikbaar komen, gebruiken om andere activa aan te schaffen of om vreemd vermogen af te lossen.

Sale and lease back

Ondernemingen kunnen – om de vermogensbehoefte te beperken – ook besluiten de bedrijfsmiddelen die ze nodig hebben op de tweedehandsmarkt te kopen in plaats van nieuwe bedrijfsmiddelen te kopen of om bepaalde werkzaamheden uit te besteden.

We laten Bart Romijnders aan het woord: 'Gedurende de eerste vijf jaar na de start van mijn onderneming (in 2012) heb ik de bedrijfsruimte en de spuitcabine gehuurd. In 2017 heb ik een nieuwe bedrijfshal met een eigen spuitcabine laten bouwen. Om het totale investeringsbedrag te beperken, heb ik voor het nieuwe pand uit een failliete boedel een gebruikte spuitcabine gekocht. Deze cabine was slechts vijf jaar oud en dat is voor een spuitcabine erg weinig. De demontage en montage van de cabine en kleine revisiewerkzaamheden heb ik grotendeels zelf gedaan. Dat scheelt ook weer in de kosten en leidt tot een lagere vermogensbehoefte.'

4.5 Vermogensstructuur, zekerheden en zeggenschap

Vermogensstructuur

Een ander belangrijk aspect bij de bepaling van de financiële structuur is de verhouding tussen eigen en vreemd vermogen.
Bij de bespreking van de ondernemingsvormen hebben we al opgemerkt dat de verschaffers van vreemd vermogen een zekere waarborg zoeken. Zij willen de zekerheid hebben dat de aflossingen en interest over de verstrekte leningen tijdig zullen worden voldaan. Een van de factoren die hierbij een belangrijke rol spelen, is de omvang van het eigen vermogen. Het eigen vermogen vervult een

Bufferfunctie

bufferfunctie. Als de resultaten van de onderneming negatief zijn, wordt allereerst het eigen vermogen van de onderneming aangesproken. Als het eigen vermogen geheel verdwenen is, kunnen de verschaffers van vreemd vermogen

Zekerheden

een deel van hun vorderingen verliezen. Zij zullen dan ook zekerheden vragen. Zo kan bij de financiering van onroerend goed aan de verstrekker van het

Hypotheek

vreemd vermogen het recht van hypotheek worden verleend. Dat houdt in dat wanneer de geldnemer zijn verplichtingen (het betalen van aflossing en interest) niet nakomt, de geldgever het recht heeft het onroerend goed te laten verkopen en uit de opbrengst ervan zijn vorderingen te verhalen.

Pandrecht

Een andere vorm van zekerheidsstelling is het pandrecht. Het pandrecht wordt verleend door de schuldenaar/geldnemer aan de schuldeiser/geldgever en biedt meer zekerheid over de terugbetaling van een schuld die voortvloeit uit een geldlening. Er zijn twee varianten voor het vestigen van het pandrecht. Er

Vuistpand

kan een vuistpand worden gevestigd, waarbij het pand in de macht ('in de vuist') wordt gebracht van de geldgever. Ook kan er een bezitloos pandrecht worden gevestigd (stil pandrecht) bij authentieke of geregistreerde onderhandse akte, waarbij het pand in de macht blijft van de geldnemer. Bij het

bezitloos pandrecht kan de schuldenaar het onderpand functioneel blijven **Bezitloos**
gebruiken. Dit is vooral van belang als de schuldenaar een onderneming drijft. **pandrecht**
In dat geval is het gebruik van het onderpand (denk bijvoorbeeld aan machines) in het kader van de bedrijfsuitoefening essentieel voor de ondernemer.
Stil pandrecht of bezitloos pandrecht wordt veel gebruikt bij voorraden en
inventarissen. De pandgever moet dan de administratie zodanig inrichten
dat daaruit kan worden afgeleid welke goederen onder het bezitloos pandrecht (stil pandrecht) vallen. Als de voorraad goederen toeneemt nadat het
bezitloos pandrecht is gevestigd, kan de toename weer een basis zijn om het
krediet bij de bank te verhogen.

De verhouding eigen vermogen/vreemd vermogen is ook van belang voor de
zeggenschapsverhoudingen in de onderneming. Onder normale omstandig- **Zeggenschaps-**
heden zullen de verschaffers van het eigen vermogen het in de onderneming **verhoudingen**
voor het zeggen hebben. Als het vreemd vermogen echter veel groter is
geworden dan het eigen vermogen, zullen de verschaffers van het vreemd
vermogen meer zeggenschap opeisen. Deze situatie doet zich vooral voor bij
ondernemingen die op het randje van faillissement balanceren.

4.6 Rentabiliteit

In deze en de volgende twee paragrafen lichten we de aspecten rentabiliteit,
liquiditeit en solvabiliteit toe aan de hand van eenmanszaak Demo uit
hoofdstuk 3.
We herhalen de relevante financiële gegevens. Voor de eenvoud veronderstellen we dat de bedrijfseconomische balans gelijk is aan de fiscale balans.

Debet			**Balans Demo per 1 januari 2017**			Credit
Vaste activa:			Eigen vermogen		€	515.000
Grond	€ 240.000					
Gebouwen	€ 620.000					
Inventaris	€ 200.000					
		€ 1.060.000	Vreemd vermogen			
Vlottende activa:			lang:			
Vooruitbetaalde			Achtergestelde			
bedragen	€ 6.000		lening	€ 200.000		
Voorraad handels-			Hypothecaire			
goederen	€ 370.000		lening	€ 610.000		
Debiteuren	€ 20.000		Banklening (o/g)	€ 100.000		
Rekening-courant						
(tegoed)	€ 30.000				€	910.000
Bank (spaarrekening)	€ 4.000		Vreemd vermogen			
Kas	€ 60.000		kort:			
			Nog te betalen			
		€ 490.000	kosten	€ 65.000		
			Crediteuren	€ 60.000		
					€	125.000
Totaal bezittingen		€ 1.550.000	Totaal vermogen			€ 1.550.000

Op basis van de resultaten over 2017 willen we beoordelen hoe de onderneming, in bedrijfseconomische zin, heeft gepresteerd. Onder meer willen we vaststellen of de onderneming over het eigen vermogen een rentabiliteit heeft behaald die voldoende is om de vereiste rentabiliteit van bijvoorbeeld 10% te dekken. Daarbij houden we bij het vaststellen van het resultaat rekening met het GOL, maar laten we de vereiste vergoeding over het eigen vermogen achterwege.

Winst- en verliesrekening Demo over 2017

Netto-omzet (Opbrengst verkopen)		€ 760.000
Inkoopwaarde van de omzet		€ 429.400 –
Brutowinstmarge		€ 330.600
Overige kosten (met uitzondering van interestkosten en afschrijvingen):		
Lonen en salarissen	€ 81.000	
GOL	€ 48.000	
Sociale lasten	€ 24.000	
Huisvestingskosten	€ 20.400	
Autokosten (o.a. leasekosten)	€ 11.200	
Verkoopkosten	€ 8.000	
Algemene kosten	€ 6.000 +	
		€ 198.600 –
EBITDA		€ 132.000
Afschrijvingskosten:		
• Gebouwen	€ 24.000	
• Inventaris	€ 30.000 +	
		€ 54.000 –
EBIT = Bedrijfsresultaat		€ 78.000
Interestkosten		€ 46.000 –
Bedrijfseconomisch resultaat (m.u.v. vergoeding eigen vermogen)		€ 32.000

De bedrijfseconomische balans per 31 december 2017 stellen we gelijk aan de fiscale balans per 31 december 2017, zoals die in hoofdstuk 3 is gegeven.

Debet		**Balans Demo per 31 december 2017**		Credit
Vaste activa:		Eigen vermogen:		€ 523.000
Grond	€ 240.000			
Gebouwen	€ 680.000	Vreemd vermogen lang:		
Inventaris	€ 180.000	Achtergestelde lening	€ 180.000	
	€ 1.100.000	Hypothecaire lening	€ 540.000	
Vlottende activa:		Banklening (o/g)	€ 87.000	
Vooruitbetaalde				€ 807.000
bedragen	€ 8.000	Vreemd vermogen kort:		
Voorraad handels-		Nog te betalen kosten	€ 25.000	
goederen	€ 290.000	Crediteuren	€ 51.000	
Debiteuren	€ 39.000	Rekening-courant	€ 44.000	
Bank (spaarrekening)	€ 3.000			
Kas	€ 10.000			
	€ 350.000			€ 120.000
Totaal bezittingen	€ 1.450.000	Totaal vermogen		€ 1.450.000

Bij het aantrekken van vermogen voor de financiering van de activa zal de onderneming met een groot aantal factoren rekening moeten houden. Een van deze factoren betreft de vermogenskosten die verbonden zijn aan het aan te trekken vermogen. De onderneming zal in staat moeten zijn de overeengekomen interestvergoedingen voor de verschaffers van vreemd vermogen te betalen. Ook zullen de eigenaren een marktconforme beloning wensen over het beschikbaar gestelde eigen vermogen. De inkomsten van de onderneming moeten met andere woorden voldoende zijn om alle vermogenverschaffers de door hen vereiste vergoedingen te kunnen bieden. Alleen dan is de onderneming in staat haar continuïteit te waarborgen.
De winstgevendheid van een onderneming hangt af van een groot aantal beslissingen. De keuze van de activa, de wijze waarop in de vermogensbehoefte wordt voorzien en de wijze waarop de activa worden gebruikt, hebben alle invloed op de winstgevendheid. Van ondernemingen met een hoog geïnvesteerd vermogen wordt een hogere winst verwacht dan van ondernemingen met een geringer geïnvesteerd vermogen. Daarom is het beter het financiële resultaat van een onderneming uit te drukken in een percentage van het geïnvesteerde vermogen. Het resultaat van een onderneming (gedurende een bepaalde periode) gedeeld door het gemiddeld (in die periode) geïnvesteerde vermogen noemen we rentabiliteit.

$$\text{Rentabiliteit} = \frac{\text{Resultaat}}{\text{Gemiddeld geïnvesteerd vermogen}} \times 100\% \qquad [4.1]$$

Rentabiliteit

4.6.1 Berekening rentabiliteit van onderneming Demo

We berekenen op basis van de gegevens van de fictieve onderneming Demo de rentabiliteit van het totale vermogen, van het vreemd vermogen en van het eigen vermogen.
Daarnaast berekenen we de rentabiliteit van onderneming Demo ingeval Demo de rechtsvorm van besloten vennootschap zou hebben. In aanvulling op de gegevens van eenmanszaak Demo veronderstellen we dat de loonkosten (salaris inclusief sociale lasten) van de DGA €58.000 per jaar bedragen als Demo als rechtsvorm voor de bv zou hebben gekozen. We veronderstellen dat het tarief voor vennootschapsbelasting 20% bedraagt.
Hoewel in geval van een bv de winst na belasting en de winstreserve andere bedragen opleveren dan bij een eenmanszaak, veronderstellen we voor de eenvoud dat de balans per 31 december 2017 (zoals die is gegeven voor de eenmanszaak Demo) ook geldt voor het geval Demo een bv geweest zou zijn. In tabel 4.1 geven we de berekening van het gemiddeld geïnvesteerd vermogen weer.

TABEL 4.1 Geïnvesteerd vermogen onderneming Demo (2017)

	1 januari	31 december	Gemiddeld		
Eigen vermogen	€ 515.000	€ 523.000	(€ 515.000 + € 523.000) : 2 = €	519.000
Vreemd vermogen	€ 1.035.000	€ 927.000	(€ 1.035.000 + € 927.000) : 2 = €	981.000
Totaal vermogen	€ 1.550.000	€ 1.450.000	(€ 1.550.000 + € 1.450.000) : 2 = € 1.500.000

Bij de berekening van het gemiddelde vermogen in tabel 4.1 veronderstellen we dat het vermogen tijdens het jaar gelijkmatig verandert. We lichten dat in figuur 4.6 toe aan de hand van het verloop van het totale vermogen.

FIGUUR 4.6 Verloop van het totaal vermogen van Demo (× €1.000)

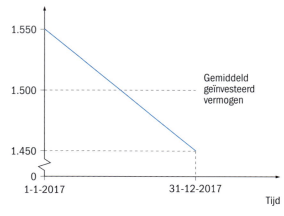

Omvang van het totaal vermogen

1.550

1.500 — Gemiddeld geïnvesteerd vermogen

1.450

0

1-1-2017   31-12-2017

Tijd

Gemiddeld geïnvesteerd vermogen

Het gemiddeld (gedurende de periode) geïnvesteerd totale vermogen bedraagt: (€1.550.000 + €1.450.000) : 2 = €1.500.000. Deze berekeningswijze is eigenlijk alleen juist als de omvang van het vermogen gedurende de desbetreffende periode gelijkmatig (lineair) verandert.

Winst- en verliesrekening Demo

Als Demo een bv zou zijn, krijgen we een andere berekening van het bedrijfseconomisch resultaat. In tabel 4.2 geven we de winst- en verliesrekening van Demo weer, en vergelijken we beide situaties (eenmanszaak en bv). We veronderstellen hierbij dat de beloning voor de DGA (inclusief sociale lasten) €58.000 bedraagt.

Aan de hand van gegevens van Demo lichten we de belangrijkste rentabiliteitskengetallen toe.

Voor het berekenen van de brutowinstmarge geldt de volgende formule:

Brutowinstmarge

Brutowinstmarge (BWM) =

$$\frac{\text{Netto-omzet} - \text{inkoopwaarde van de omzet}}{\text{Netto-omzet}} \times 100\% \qquad [4.2]$$

Voor Demo geldt: $\dfrac{€330.600}{€760.000} \times 100\% = 43{,}50\%$

De brutowinstmarge per product is het verschil tussen de verkoopprijs (exclusief btw) en de inkoopwaarde (exclusief btw) van het product. Dit verschil geeft de ruimte aan die beschikbaar is om de verkoopprijs te verlagen (indien de concurrentiepositie daartoe aanleiding geeft) of om kostenstijgingen op te vangen.

TABEL 4.2 Winst- en verliesrekening Demo over 2017

	Demo als eenmanszaak		Demo als bv	
Netto-omzet (opbrengst verkopen)	€ 760.000		€ 760.000	
Inkoopwaarde van de omzet	€ 429.400 –		€ 429.400 –	
Brutowinst		€ 330.600		€ 330.600
Overige kosten (met uitzondering van interestkosten en afschrijvingen):				
Beloning voor de leiding	€ 48.000 (GOL)		€ 58.000 (DGA)	
Lonen en salarissen	€ 81.000		€ 81.000	
Sociale lasten	€ 24.000		€ 24.000	
Huisvestingskosten	€ 20.400		€ 20.400	
Autokosten (o.a. leasekosten)	€ 11.200		€ 11.200	
Verkoopkosten	€ 8.000		€ 8.000	
Algemene kosten	€ 6.000 +		€ 6.000 +	
		€ 198.600 –		€ 208.600 –
		€ 132.000		€ 122.000
EBITDA				
Afschrijvingskosten:				
• Gebouwen	€ 24.000 +		€ 24.000	
• Inventaris	€ 30.000		€ 30.000 +	
		€ 54.000 –		€ 54.000 –
EBIT = Bedrijfsresultaat		€ 78.000		€ 68.000
Interestkosten		€ 46.000 –		€ 46.000 –
Bedrijfseconomisch resultaat (vóór aftrek van vermogenskosten eigen vermogen)		€ 32.000	Resultaat voor Vpb	€ 22.000 –
			Vpb (20%)	€ 4.400
			Resultaat na Vpb	€ 17.600

De winstgevendheid van de totale onderneming geven we weer door de rentabiliteit van het totaal vermogen. Daarvoor geldt de volgende formule:

$$\text{Rentabiliteit van het totaal vermogen (Rtv)} = \frac{\text{Bedrijfsresultaat (EBIT)}}{\text{Gemiddeld geïnvesteerd totaal vermogen}} \times 100\% \qquad [4.3]$$

Rentabiliteit totaal vermogen

We geven de berekening van de Rtv voor Demo weer in tabel 4.3.

TABEL 4.3 Berekening Rtv van Demo over 2017

	Demo als eenmanszaak	**Demo als bv**
Bedrijfsresultaat (EBIT)	€ 78.000	€ 68.000
Gemiddeld totaal vermogen	€ 1.500.000	€ 1.500.000
Rtv	(€78.000 : €1.500.000) × 100% = 5,200%	(€68.000 : €1.500.000) × 100% = 4,533%

Door gebruik te maken van intensieve financiering kan een onderneming dezelfde omzet realiseren met een lager geïnvesteerd totaal vermogen. Door intensieve financiering zal de rentabiliteit van het totaal geïnvesteerde vermogen (Rtv) toenemen. De mate waarin het geïnvesteerde vermogen tot omzet leidt, wordt weergegeven door de omloopsnelheid van het totale vermogen. Dit kengetal berekenen we als volgt:

Omloopsnelheid totaal vermogen

$$\text{Omloopsnelheid totaal vermogen} = \frac{\text{Netto-omzet (opbrengst verkopen)}}{\text{Gemiddeld totaal vermogen}}$$

Voor onderneming Demo berekenen we de omloopsnelheid van het totale vermogen over 2017 als volgt: €760.000 : 1.500.000 = 0,5 (afgerond). Dit betekent dat bij Demo een investering van €1 in 2017 tot een omzet heeft geleid van 0,5 × €1 = €0,50. Met andere woorden: voor de omzet die in 2017 door Demo is gerealiseerd, is relatief veel vermogen nodig geweest.

We kunnen de snelheid waarmee de voorraden worden verkocht ook apart berekenen. We doen dat door de omloopsnelheid van de voorraden vast te stellen.

Omloopsnelheid van de voorraden

$$\text{Omloopsnelheid van de voorraden} = \frac{\text{Inkoopwaarde van de omzet}}{\text{Gemiddelde balanswaarde voorraden}}$$

Voor onderneming Demo berekenen we de omloopsnelheid van de voorraden als volgt: €429.400 : €330.000 = 1,3 (afgerond). Een toename van de omloopsnelheid van de voorraden heeft een positieve invloed op de Rtv. Demo realiseert dan immers een hogere omzet met minder (in voorraden geïnvesteerd) vermogen.

De eigenaren van een onderneming zijn geïnteresseerd in het bedrag waarop zij aanspraak maken. Bij de eenmanszaak is dat het bedrijfseconomische resultaat (in tabel 4.2 is daarnaast al rekening gehouden met een Gol van € 48.000) en bij een bv het resultaat na vennootschapsbelasting. De winst die wordt behaald over het geïnvesteerde eigen vermogen geven we weer door de rentabiliteit van het eigen vermogen. Daarvoor geldt de volgende formule:

Rentabiliteit eigen vermogen

$$\text{Rentabiliteit van het eigen vermogen (Rev)} = \frac{\text{Resultaat dat toekomt aan de eigenaren}}{\text{Gemiddeld geïnvesteerd eigen vermogen}} \times 100\% \qquad [4.4]$$

Tabel 4.4 laat de berekening van de Rev voor Demo zien.

TABEL 4.4 Berekening Rev van Demo over 2017

	Demo als eenmanszaak	Demo als bv
Resultaat voor eigenaren	€ 32.000	€ 17.600
Gemiddeld eigen vermogen	€ 519.000	€ 519.000
Rev	(€ 32.000 : € 519.000) × 100% = 6,17%	(€ 17.600 : € 519.000) × 100% = 3,39%

De Rev en de Rtv bij de eenmanszaak zijn enigszins geflatteerd in vergelijking met de bv. Hierbij moeten we echter bedenken dat bij de eenmanszaak nog rekening moet worden gehouden met inkomstenbelasting over het fiscaal resultaat. Bij de bv is voor de berekening van het resultaat na belastingen de vennootschapsbelasting al in mindering gebracht (hierdoor valt de Rev bij de bv ten opzichte van de eenmanszaak lager uit). Met andere woorden: de Rev bij een eenmanszaak, maatschap en vof is vóór inkomstenbelastingen en de Rev bij een bv is na vennootschapsbelasting. Hierbij maken we de kanttekening dat de eigenaren (aandeelhouders) van een bv ook nog inkomstenbelasting moeten betalen over het uitgekeerde dividend én over het salaris van de DGA.

De eigenaar van Demo zal de gerealiseerde Rev (6,17%) vergelijken met de door hem vereiste rentabiliteit over het eigen vermogen (bijvoorbeeld 10%) en concluderen dat het in 2017 niet is gelukt de geëiste rentabiliteit over het eigen vermogen te behalen.

Verschaffers van vreemd vermogen ontvangen een vergoeding in de vorm van interest over het door hen beschikbaar gestelde vermogen. De rentabiliteit die de verschaffers van het vreemd vermogen ontvangen, komt overeen met de gemiddelde interestvergoeding over het vreemd vermogen. Deze berekenen we als volgt:

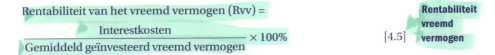

$$\text{Rentabiliteit van het vreemd vermogen (Rvv)} = \frac{\text{Interestkosten}}{\text{Gemiddeld geïnvesteerd vreemd vermogen}} \times 100\% \qquad [4.5]$$

Rentabiliteit vreemd vermogen

De Rvv van Demo wordt berekend in tabel 4.5.

TABEL 4.5 Berekening Rvv van Demo over 2017

	Demo als eenmanszaak = Demo als bv
Interestkosten	€ 46.000
Gemiddeld vreemd vermogen	€ 981.000
Rvv (= Kvv)	(€ 46.000 : € 981.000) × 100% = 4,69%

Rvv is de gemiddelde rentabiliteit die de verschaffers van vreemd vermogen behalen over het aan de onderneming beschikbaar gestelde vreemd

Gemiddelde kostenvoet vv

vermogen. Voor de onderneming geeft Rvv echter de gemiddelde interestkosten weer, in verband met het aangetrokken vreemd vermogen (gemiddelde kostenvoet vv).

Vanuit de onderneming gezien is het beter te spreken over de gemiddelde kosten van het vreemd vermogen (Kvv), waarbij overigens geldt dat Kvv gelijk is aan Rvv.

Als de rentabiliteit van het totaal vermogen (Rtv) groter is dan de kostenvoet van het vreemd vermogen (Kvv), dan wordt er in feite winst gemaakt op iedere euro vreemd vermogen die in de onderneming is geïnvesteerd. Deze winst op het vreemd vermogen komt ten goede aan de verschaffers van het eigen vermogen en heeft een gunstige invloed op de rentabiliteit van het

Hefboom-werking vermogens-structuur

eigen vermogen (Rev). We spreken dan van een positieve hefboomwerking van de vermogensstructuur.

Is de rentabiliteit van het totaal vermogen (Rtv) kleiner dan de kostenvoet van het vreemd vermogen (Kvv), dan wordt er verlies geleden op iedere euro vreemd vermogen die in de onderneming is geïnvesteerd. Dit verlies op het vreemd vermogen komt ten laste van de verschaffers van het eigen vermogen en heeft een ongunstige invloed op de rentabiliteit van het eigen vermogen. Dan spreken we van een negatieve hefboomwerking van de vermogensstructuur. De hefboomwerking van de vermogensstructuur treedt op als Rtv ≠ Kvv.

De eigenaren van ondernemingen waarvoor geldt dat Rtv groter is dan Kvv moeten echter niet te vroeg gaan juichen. We maken vier kanttekeningen bij voorgaande berekeningen:

Niet-rentedragend vreemd vermogen

1 Voor de berekening van Kvv hebben we bij de berekening van het gemiddeld vreemd vermogen ook het niet-rentedragende vreemd vermogen meegeteld, zoals de posten Crediteuren en Nog te betalen kosten. Omdat over deze onderdelen van het vreemd vermogen geen interestkosten in de winst- en verliesrekening worden opgenomen, zal dat tot een relatief lage waarde voor Kvv leiden. Naarmate het aandeel niet-rentedragend vreemd vermogen in het totaal vreemd vermogen groter is, zal Kvv lager worden. Dat geeft een vertekend beeld. In dat geval zouden we de interestkosten moeten delen door de omvang van alleen het rentedragend vreemd vermogen. De uitkomst daarvan zouden we moeten vergelijken met Rtv, om te beoordelen of er een positieve of negatieve werking van de vermogensstructuur optreedt.

2 Door veranderingen in de omstandigheden kan een positieve hefboomwerking snel omslaan in een negatieve. Stel dat door tegenvallende bedrijfsresultaten de Rtv van Demo (als bv) daalt van 4,533% naar bijvoorbeeld 2% en dat gelijktijdig door een stijging van de rente op de vermogensmarkt de Kvv van Demo stijgt van 4,69% naar bijvoorbeeld 6%. We krijgen dan te maken met een negatieve hefboomwerking van de vermogensstructuur. Dit betekent dat de eigenaren 'geld moeten meebrengen' om de rente over het vreemd vermogen te kunnen betalen.

3 De rentabiliteit van het eigen vermogen van een onderneming met relatief veel vreemd vermogen (ten opzichte van het eigen vermogen) zal sterk fluctueren. Deze fluctuaties zijn afhankelijk van het verschil tussen Rtv en Kvv en de verhouding VV/EV. Naarmate Rtv sterker fluctueert, zal dat bij hoge waarden voor de verhouding VV/EV sterk doorwerken in de fluctuaties van Rev.

4 In het MKB is de verhouding tussen eigen vermogen (EV) en vreemd vermogen (VV) vaak het resultaat van allerlei operationele beslissingen van het management. De mogelijkheden om de verhouding VV/EV in het MKB

te beïnvloeden zijn beperkt. De omvang van het eigen vermogen wordt begrensd door het vermogen dat de eigenaren kunnen inbrengen en de omvang van in het verleden behaalde winsten. In het MKB is in veel gevallen geen sprake van een bewuste keuze van de verhouding VV/EV.

Kosten van ontvangen leverancierskrediet

Veel ondernemingen verkopen hun producten op rekening, omdat dat de gewoonte is in hun branche en/of om hun omzet te stimuleren. In de leveringsvoorwaarden is opgenomen binnen welke termijn de afnemer moet betalen. De betalingsvoorwaarden zijn meestal zodanig geformuleerd dat de afnemer bij een betaling binnen een bepaalde korte periode een vast percentage op het factuurbedrag in mindering mag brengen. Er is sprake van leverancierskrediet als een leverancier aan zijn afnemer goederen op rekening verkoopt: de leverancier verleent leverancierskrediet, de afnemer ontvangt leverancierskrediet.

Leveranciers-krediet

Ontvangen leverancierskrediet komt aan de creditzijde van de balans tot uitdrukking in de post Crediteuren en behoort tot het niet-rentedragend vreemd vermogen. Men gaat er nog wel eens ten onrechte vanuit dat het leverancierskrediet kosteloos wordt verstrekt. De korting die de afnemer misloopt door uitgestelde betaling, moet echter als kosten van het leverancierskrediet worden beschouwd. De ontvanger van het leverancierskrediet zal de kosten daarvan vergelijken met de kosten van andere financieringsmogelijkheden, zoals het rekening-courantkrediet. In voorbeeld 4.3 vergelijken we de kosten van leverancierskrediet met de kosten van een rekening-courantkrediet.

VOORBEELD 4.3 BORCUMIJ BV

Handelsonderneming Borcumij bv kan een partij goederen met een inkoopwaarde van € 10.000 op rekening kopen. De betalingsvoorwaarden van de leverancier luiden: Betaling van de geleverde goederen moet uiterlijk binnen 30 dagen na de factuurdatum plaatsvinden. Als de goederen binnen 14 dagen na de factuurdatum betaald worden, mag een korting van 1% van de inkoopwaarde in mindering worden gebracht. De in te kopen goederen zouden ook gefinancierd kunnen worden met een rekening-courantkrediet. De onderneming heeft de mogelijkheid extra rekening-courantkrediet op te nemen. De daaraan verbonden kosten zijn 1½% per maand.

Om een keuze uit beide mogelijkheden te kunnen maken, vergelijken we de kosten van het leverancierskrediet met de kosten van het rekening-courantkrediet.

We veronderstellen: 1 maand = 30 dagen, 1 jaar = 360 dagen.

Onder de gegeven betalingsvoorwaarden zal Borcumij uit de volgende mogelijkheden kiezen:

- Betaling 14 dagen na de factuurdatum. De redenering hierbij is dat de afnemer zo laat mogelijk wil betalen, maar nog net de korting wil incasseren. In dit geval moet € 9.900 worden betaald.
- Betaling uiterlijk 30 dagen na de factuurdatum. We nemen aan dat Borcumij, wanneer de korting toch al misgelopen is, zich houdt aan de uiterste betaaldatum. In deze situatie moet zij € 10.000 betalen.

Beide mogelijkheden geven we op een tijdas weer. Zie de volgende figuur.

Kosten ontvangen leverancierskrediet

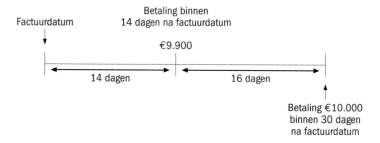

Uit de figuur blijkt dat €100 meer betaald moet worden in het geval de afnemer 16 dagen later betaalt. De afnemer heeft ook de mogelijkheid €9.900 op te nemen ten laste van zijn rekening-courant om 14 dagen na de factuurdatum de rekening te voldoen. In feite is €100 beschikbaar om gedurende 16 dagen €9.900 te lenen van de bank. Hieruit kunnen we het interestpercentage op jaarbasis berekenen :

$$(€100 : €9.900) \times (360/16) \times 100\% = 22{,}73\% \text{ per jaar}$$

Het percentage 22,73 geeft de kosten van het leverancierskrediet weer.
Deze kosten vergelijken we met de kosten van het rekening-courantkrediet : $12 \times 1\frac{1}{2}\% = 18\%$ per jaar.
Bij deze gegevens gaat de voorkeur uit naar de financiering door rekening-courantkrediet. Dit houdt in dat Handelsonderneming Borcumij bv 14 dagen na de factuurdatum €9.900 opneemt ten laste van haar rekening-courant om daarmee de factuur te betalen.

In het algemeen zijn de kosten van het leverancierskrediet hoger dan de kosten van het rekening-courantkrediet. De leverancier wil naast een vergoeding voor rentederving ook een vergoeding hebben voor de kosten van debiteurenbewaking en het risico van wanbetaling. Toch zullen met name ondernemingen die de kredietlimiet van de rekening-courant bereikt hebben, dankbaar gebruikmaken van de mogelijkheden die het leverancierskrediet biedt. We moeten bedenken dat de kosten van het leverancierskrediet niet tot uitdrukking komen in de interestkosten en daardoor tot een relatief lage Kvv leiden.

Bart Romijnders vertelt welke keuzes hij heeft gemaakt ten aanzien van de vermogensstructuur:
'De totale investeringen in het nieuwe pand bedragen ruim €500.000. Tijdens het korte bestaan van de onderneming heb ik een bescheiden eigen vermogen kunnen opbouwen. Ongeveer 80% van de stichtingskosten van het nieuwe pand heb ik moeten financieren met vreemd vermogen in de vorm van een hypothecaire lening. De rente op de hypothecaire lening staat voor 5 jaar vast, zodat ik daarover voorlopig geen risico loop van rentestijgingen. Ik moet er in ieder geval voor zorgen dat de rentabiliteit van de totale onderneming voldoende is om minimaal de interestkosten en andere bedrijfskosten te dekken. Naast de hypothecaire lening is er ook een rekening-courantkrediet en maak ik gebruik van leverancierskrediet. Het rekening-courantkrediet gebruik ik om tijdelijke pieken in de vermogensbehoefte op te vangen.

Voor een ondernemer is naast vakmanschap een goed inzicht in de financiële situatie van het bedrijf belangrijk

De omvang van het leverancierskrediet hangt samen met mijn inkopen (op rekening) van onderdelen, verf, schuurmiddelen en klein materiaal. Deze inkopen en daardoor ook de schuld aan crediteuren hangen samen met de omvang van de bedrijfsactiviteiten. Van een bewuste keuze voor een bepaalde vermogensstructuur is in mijn situatie nauwelijks sprake. De verhouding tussen de omvang van het eigen en vreemd vermogen is eerder het gevolg van de fase waarin de onderneming zich op dit moment bevindt.'

4.7 Liquiditeit

Een onderneming is liquide als zij op ieder moment in staat is om (zonder dat er financieel ongewenste maatregelen genomen moeten worden) aan haar betalingsverplichtingen te voldoen. Als de uitgaande primaire geldstromen (tijdelijk) de ingaande primaire geldstromen overtreffen, hoeft dat geen problemen op te leveren. Dan kan een beroep op de vermogensmarkt worden gedaan (dit leidt tot een ingaande secundaire geldstroom) om de liquiditeit van de onderneming te waarborgen.

Liquiditeit

4.7.1 Liquiditeitsbalans

Op de balansen van Demo zijn de activa opgenomen in volgorde van liquiditeit. De minst liquide activa, zoals gebouwen, machines en inventaris staan bovenaan. Zij zijn niet op korte termijn in geld om te zetten. De vaste activa worden gevolgd door de vlottende activa. Dit zijn activa die op korte termijn in geld kunnen worden omgezet (voorraden en debiteuren). Als laatste worden de liquide middelen (kas en banktegoeden) opgenomen.

**Liquiditeits-
balans**

Een balans waarop de activa gerangschikt zijn naar de mate van liquiditeit, noemen we een liquiditeitsbalans.

4.7.2   Liquiditeitsbegroting

Liquiditeits-begroting

Dynamische liquiditeit

Voor de interne bedrijfsvoering stellen ondernemingen een liquiditeitsbegroting op. In een liquiditeitsbegroting staan de verwachte ingaande en uitgaande geldstromen van de onderneming gedurende een bepaalde toekomstige periode. De bewaking van liquiditeit op basis van de verwachte ingaande en uitgaande geldstromen heet dynamische liquiditeit. Voor de bewaking van de dynamische liquiditeit zijn interne gegevens van de onderneming nodig. De liquiditeitsbegroting bespreken we in hoofdstuk 7, waar de financiële prognose van een onderneming aan de orde komt.

4.7.3   Statische liquiditeit

Ook personen en instanties buiten de onderneming willen inzicht hebben in de liquiditeit van een onderneming. Deze buitenstaanders beschikken echter niet over de informatie om een liquiditeitsbegroting op te stellen. Zij zullen hun oordeel moeten baseren op informatie die door de onderneming wordt gepubliceerd.

Statische liquiditeit

Ondernemingen met de rechtspersoon van bv moeten hun jaarrekening (gedeeltelijk) publiceren (zie hoofdstuk 3). Buitenstaanders, zoals leveranciers, kunnen de gepubliceerde cijfers gebruiken om diverse kengetallen te berekenen, om een indruk te krijgen van de rentabiliteit, de liquiditeit en de solvabiliteit (zie par. 4.8.3) van de onderneming. De beoordeling van de liquiditeit op basis van kengetallen, die afgeleid zijn uit balansgegevens, is de statische liquiditeit. Bij de statische liquiditeit gaan we in feite alleen na of de onderneming *op een bepaald moment* liquide is. Deze kengetallen geven meestal geen juist beeld van de liquiditeit op andere momenten tijdens het jaar.
De kengetallen om de statische liquiditeit van een onderneming te beoordelen zijn:
- nettowerkkapitaal
- current ratio
- quick ratio

Hierna bespreken we deze kengetallen en we berekenen ze voor onderneming Demo.

Nettowerkkapitaal

Nettowerk-kapitaal

De totale waarde van de vlottende activa van een onderneming is het bedrag dat in relatief korte tijd (binnen het jaar) in de vorm van liquide middelen beschikbaar komt. Naarmate het verschil (in positieve zin!) tussen de vlottende activa en de vlottende passiva groter is, is de onderneming meer liquide. Het verschil tussen de omvang van de vlottende activa en de vlottende passiva noemen we nettowerkkapitaal.

De omvang van het nettowerkkapitaal van een onderneming is een maatstaf om de statische liquiditeit van de onderneming te meten. De omvang kunnen we op twee manieren berekenen:
1 nettowerkkapitaal = vlottende activa – vlottende passiva
2 nettowerkkapitaal = (eigen vermogen + vreemd vermogen lang) – vaste activa.

Deze twee berekeningswijzen zijn uitgevoerd in tabel 4.6.

TABEL 4.6 Balansgegevens onderneming Demo

	1 januari 2017	31 december 2017
Vlottende activa	€ 490.000	€ 350.000
Vlottende passiva	€ 125.000 −	€ 120.000 −
Nettowerkkapitaal	€ 365.000	€ 230.000
Eigen vermogen	€ 515.000	€ 523.000
Vreemd vermogen lang	€ 910.000 +	€ 807.000 +
	€ 1.425.000	€ 1.330.000
Vaste activa	€ 1.060.000 −	€ 1.100.000 −
Nettowerkkapitaal	€ 365.000	€ 230.000

De afname van het nettowerkkapitaal van Demo wijst op een afname van de liquiditeit.

Current ratio

De current ratio vergelijkt de omvang van de vlottende activa met de omvang van de vlottende passiva. Tot de vlottende activa behoren het kassaldo, de kortlopende tegoeden bij de bank, de vorderingen op debiteuren, de courante effecten, de voorraden eindproducten en de voorraden grond- en hulpstoffen.
De vlottende passiva zijn de verplichtingen met een looptijd korter dan één jaar. Hiertoe behoren: de (binnen één jaar) te betalen belastingen, het rekening-courantkrediet, de schulden aan crediteuren en andere kortlopende verplichtingen.
De current ratio berekenen we als volgt:

Current ratio

$$\text{Current ratio} = \frac{\text{Vlottende activa}}{\text{Vlottende passiva}} \qquad [4.6]$$

Tabel 4.7 laat de berekening van de current ratio voor Demo zien.

TABEL 4.7 Berekening current ratio Demo

	1 januari 2017	31 december 2017
Vlottende activa	€490.000	€350.000
Vlottende passiva	€125.000	€120.000
Current ratio	€490.000 : €125.000 = 3,92	€350.000 : €120.000 = 2,92

De current ratio geeft een indruk van de liquiditeit op korte termijn. Hierbij veronderstellen we dat de vlottende activa snel in geld omgezet kunnen worden. De current ratio gaat uit van de onderneming als een *going concern*. Met going concern bedoelen we dat de onderneming haar activiteiten

Going concern

voortzet, zodat de investering in vlottende activa via de verkoop van producten in geld wordt omgezet. Het geld dat uit de vlottende activa vrijkomt, is beschikbaar om aan de lopende verplichtingen te voldoen.
Als de current ratio groter is dan of gelijk is aan 1, kunnen we *niet* concluderen dat de onderneming liquide is. Voor de current ratio is het moeilijk een ondergrens vast te stellen. Als we toch een grens willen trekken, moeten we al gauw denken aan een current ratio ≥ 2 om van voldoende liquiditeit te kunnen spreken. Daarbij moeten we echter wel rekening houden met de kanttekeningen die we (hierna) bij het gebruik van kengetallen plaatsen. De kengetallen die we op basis van balansgegevens berekenen, hebben slechts betrekking op de situatie op één bepaald moment. Vooral voor seizoenbedrijven geeft de current ratio niet altijd een juiste indruk van de liquiditeit. Als voorbeeld kan de producent van schaatsen dienen. Zijn voorraad schaatsen is eind september, voordat de leveringen aan de winkeliers beginnen, maximaal. Als we op dat moment de current ratio zouden berekenen, worden deze voorraden in de berekening van de current ratio opgenomen. Dit gebeurt in de veronderstelling dat de schaatsen op korte termijn (de komende winter) verkocht kunnen worden. Als de winter echter erg zacht is, wordt maar een klein gedeelte van de voorraad verkocht en in geld omgezet. Dit kan tot gevolg hebben dat de onderneming in het begin van het nieuwe kalenderjaar niet in staat is aan haar lopende verplichtingen te voldoen, hoewel de current ratio in september nog gunstig was. Bij de beoordeling van de liquiditeit op basis van de current ratio moeten we rekening houden met seizoeninvloeden.

In 2017 is de current ratio van Demo gedaald, maar nog steeds gunstig. De liquiditeit van Demo is op het eerste gezicht goed te noemen. Maar hoe zien de cijfers eruit als Demo in februari 2018 een machine koopt van €200.000 ten laste van de rekening-courant?
Als we veronderstellen dat er verder geen veranderingen optreden in de balansgegevens, wordt de current ratio:

$$\text{Current ratio} = \frac{\text{Vlottende activa}}{\text{Vlottende passiva}} = \frac{€350.000}{€120.000 + €200.000} = 1,09$$

De current ratio is begin februari 2018 aanmerkelijk lager dan op 31 december 2017. Of onderneming Demo in februari 2018 voldoende liquide is, hangt onder meer af van de tijd die nodig is om de voorraden te verkopen en in geld om te zetten. Als het echter lang duurt voordat de voorraden tot ingaande geldstromen leiden, zouden er liquiditeitsproblemen kunnen ontstaan.

Conclusie: oppassen met het trekken van conclusies op basis van een kengetal dat slechts op één moment betrekking heeft.

Quick ratio
Bij de bepaling van de current ratio zijn alle vlottende activa in de berekening betrokken. Als we letten op de tijd die nodig is om bepaalde vlottende activa in geld om te zetten, zijn er duidelijke verschillen tussen de vlottende activa vast te stellen. De meest liquide vormen van vlottende activa zijn het kassaldo en de tegoeden op de rekening-courant bij de bank. Voorraden

onderhanden werk zijn veel minder liquide. Deze halffabrikaten moeten eerst voltooid worden, voordat ze kunnen worden verkocht. Als de afnemers op rekening kopen, verstrijkt er bovendien nog een geruime tijd voordat de verkoop van de eindproducten tot een ingaande geldstroom leidt. Bij de berekening van de quick ratio worden alleen de vlottende activa betrok-   **Quick ratio** ken die snel (quick) in geld kunnen worden omgezet. De voorraden grond- en hulpstoffen en de voorraden half- en eindproducten laten we daarom bij de berekening van de quick ratio buiten beschouwing. Zie tabel 4.8.

TABEL 4.8 Berekening quick ratio Demo

	1 januari 2017	31 december 2017
Vlottende activa – voorraden	€490.000 – €370.000 = €120.000	€350.000 – €290.000 = €60.000
Vlottende passiva	€125.000	€120.000
Quick ratio	€120.000 : €125.000 = 0,96	€60.000 : €120.000 = 0,50

De quick ratio is in 2017 bijna gehalveerd. Dit komt doordat de meest liquide vlottende activa (het tegoed op de rekening-courant en kas) sterk zijn afgenomen, bij min of meer gelijkblijvende vlottende passiva.

Beheer nettowerkkapitaal

Onder nettowerkkapitaal verstaan we het verschil tussen de vlottende activa   **Nettowerk-** en de vlottende passiva. Belangrijke posten binnen de vlottende activa zijn   **kapitaal** de balansposten Voorraden en Debiteuren. De balanspost Crediteuren is een belangrijk onderdeel van de vlottende passiva. Als het aantal voorraad- dagen en debiteurendagen hoog is, ligt er veel vermogen vast in de balans- posten Voorraden en Debiteuren. In de vermogensbehoefte die daaruit ontstaat, wordt voor een deel voorzien door de crediteuren. Als het aantal crediteurendagen hoog is, zal ook de balanspost Crediteuren relatief hoog zijn. De crediteuren voorzien dan voor een aanzienlijk deel in de vermo- gensbehoefte die voortvloeit uit de omvang van de (vlottende) activa van de onderneming. Het beheer van het nettowerkkapitaal, waarbij we ons beperken tot de voorraden, debiteuren en crediteuren, lichten we toe aan de hand van voorbeeld 4.4.

- -

VOORBEELD 4.4

Eenmanszaak Spijkerman en eenmanszaak Van der Schroeff zijn beiden actief in de doe-het-zelfbranche. Het zijn speciaalzaken die naast kleine artikelen (zoals spijkers, schroeven en klein gereedschap) ook dealerschappen bezitten van gerenommeerde fabrikanten van boormachines, zaagmachines enzovoort. Beide bedrijven zijn volledig vergelijkbaar met één verschil: ondernemer Spijkerman is een techneut met weinig gevoel voor bedrijfseconomische en administratieve aspecten van het ondernemerschap, terwijl ondernemer Van der Schroeff technische kennis combineert met een gezond financieel beheer van de onderneming. Hierdoor zijn de voorraaddagen, de debiteuren- en crediteu- rendagen bij onderneming Spijkerman aanmerkelijk hoger dan bij onderneming Van der Schroeff. Dat blijkt ook uit de volgende balansgegevens (de balansgegevens mogen als jaargemiddelden worden beschouwd).

Debet   **Balans Spijkerman (gemiddeld 2017)**   *Credit*

Vaste activa:			Eigen vermogen:		€ 203.000
Grond	€ 100.000				
Gebouwen	€ 300.000		Vreemd vermogen lang:		
Inventaris	€ 100.000		Hypothecaire lening	€ 280.000	
		€ 500.000	Banklening (o/g)	€ 100.000	
					€ 380.000
Vlottende activa:			Vreemd vermogen kort:		
Voorraad handels			Crediteuren	€ 120.000	
goederen	€ 270.000		Bank (rekening-courant)	€ 130.000	
Debiteuren	€ 60.000				
Kas	€ 3.000				
		€ 333.000			€ 250.000
Totaal bezittingen		€ 833.000	Totaal vermogen		€ 833.000

Onderneming Spijkerman is voor het rekening-courantkrediet met de bank
een limiet overeengekomen van €150.000.

Debet   **Balans Van der Schroeff (gemiddeld 2017)**   *Credit*

Vaste activa:			Eigen vermogen:		€ 203.000
Grond	€ 100.000				
Gebouwen	€ 300.000		Vreemd vermogen lang:		
Inventaris	€ 100.000		Hypothecaire lening	€ 280.000	
		€ 500.000	Banklening (o/g)	€ 100.000	
Vlottende activa:					€ 380.000
Voorraad handels-			Vreemd vermogen kort:		
goederen	€ 120.000		Crediteuren	€ 31.000	
Debiteuren	€ 20.000		Bank (rekening-courant)	€ 29.000	
Kas	€ 3.000				
		€ 143.000			
					€ 60.000
Totaal bezittingen		€ 643.000	Totaal vermogen		€ 643.000

Onderneming Van der Schroeff is voor het rekening-courantkrediet met de bank een limiet
overeengekomen van €50.000.

De financiële resultaten die de ondernemingen Spijkerman en Van der Schroeff over het
afgelopen jaar (2017) hebben behaald, zijn volledig vergelijkbaar met twee uitzonderingen:
*   Spijkerman heeft een hogere inkoopwaarde van de omzet. Dit komt door het feit dat
    Spijkerman zijn crediteuren later betaalt dan Van der Schroeff.
    Spijkerman loopt daardoor kortingen in verband met contante betaling mis.
*   Spijkerman heeft meer vreemd vermogen (rekening-courantkrediet) dan Van der
    Schroeff waardoor de interestkosten hoger zijn.

Winst- en verliesrekening Spijkerman over 2017

Netto-omzet (Opbrengst verkopen)[1]	€ 609.000	
Inkoopwaarde van de omzet	€ 394.700 –	
Brutowinstmarge		€ 214.300
Overige kosten (met uitzondering van interestkosten en afschrijvingen):		
Lonen en salarissen	€ 40.000	
Sociale lasten	€ 12.000	
Huisvestingskosten	€ 16.400	
Autokosten (met name leasekosten)	€ 9.200	
Verkoopkosten	€ 4.000	
Algemene kosten	€ 2.000 +	
		€ 83.600 –
EBITDA		€ 130.700
Afschrijvingskosten:		
• Gebouwen	€ 24.000	
• Inventaris	€ 30.000 +	
		€ 54.000
EBIT = Bedrijfsresultaat		€ 76.700 –
Interestkosten		€ 45.000
Fiscaal resultaat		€ 31.700 –

1 Netto-omzet is de omzet na aftrek van verleende kortingen.

Winst- en verliesrekening Van der Schroeff over 2017

Netto-omzet (Opbrengst verkopen)	€ 609.000	
Inkoopwaarde van de omzet	€ 376.740 –	
Brutowinstmarge		€ 232.260
Overige kosten (met uitzondering van interestkosten en afschrijvingen):		
Lonen en salarissen	€ 40.000	
Sociale lasten	€ 12.000	
Huisvestingskosten	€ 16.400	
Autokosten (met name leasekosten)	€ 9.200	
Verkoopkosten	€ 4.000	
Algemene kosten	€ 2.000 +	
		€ 83.600 –
EBITDA		€ 148.660
Afschrijvingskosten:		
• Gebouwen	€ 24.000	
• Inventaris	€ 30.000 +	
		€ 54.000 –
EBIT = Bedrijfsresultaat		€ 94.660
Interestkosten		€ 30.720 –
Fiscaal resultaat		€ 63.940

Op basis van de gegevens van voorbeeld 4.4 kunnen we het aantal voorraad-dagen, debiteuren- en crediteurendagen van de ondernemingen Spijker-man en Van der Schroeff berekenen. Deze kunnen we eventueel vergelijken met branchegemiddelden.

We veronderstellen verder dat:
- alle inkopen op rekening zijn;
- van de verkopen van Spijkerman gemiddeld 40% op rekening wordt verkocht;
- van de verkopen van Van der Schroeff gemiddeld 20% op rekening wordt verkocht;
- over alle in- en verkopen 21% btw is verschuldigd.

Omdat de vorderingen op debiteuren en de schulden aan crediteuren inclu-sief btw op de balans zijn opgenomen, moeten we ook de in- en verkopen *op rekening* inclusief btw berekenen. Voor de eenvoud veronderstellen we dat de inkopen in een bepaald jaar overeenkomen met de inkoopwaarde van de omzet in dat jaar. We krijgen dan de berekeningen, zoals getoond in tabel 4.9. Zie ook de website bij dit boek.

TABEL 4.9 Waarde van de inkopen en verkopen op rekening (bedragen in euro's)

	Inkopen op rekening inclusief btw	**Verkopen op rekening inclusief btw**
Spijkerman	$394.700 \times 1,21 = 477.587$	$0,4 \times 609.000 \times 1,21 = 294.756$
Van der Schroeff	$376.740 \times 1,21 = 455.855$	$0,2 \times 609.000 \times 1,21 = 147.378$

Voor de berekening van het aantal voorraad-, debiteuren- en crediteuren-dagen gebruiken we de volgende formules:

Voorraaddagen

$$\text{Aantal voorraaddagen} = \frac{\text{Gemiddelde balanswaarde voorraden}}{\text{Inkoopwaarde van de omzet}} \times 365 \text{ dagen}$$

Debiteuren-dagen

$$\text{Aantal debiteurendagen} = \frac{\text{Gemiddelde balanswaarde debiteuren}}{\text{Verkopen op rekening inclusief btw}} \times 365 \text{ dagen}$$

Crediteuren-dagen

$$\text{Aantal crediteurendagen} = \frac{\text{Gemiddelde balanswaarde crediteuren}}{\text{Inkopen op rekening inclusief btw}} \times 365 \text{ dagen}$$

De resultaten van deze berekeningen geven we in tabel 4.10 weer.

TABEL 4.10 Voorraaddagen, debiteurendagen, crediteurendagen en nettowerkkapitaal

	Spijkerman	Van der Schroeff
Voorraaddagen	(270.000/394.700) × 365 dagen = 250 dagen	(120.000/376.740) × 365 dagen is 116 dagen
Debiteurendagen	(60.000/294.756) × 365 dagen = 74 dagen	(20.000/147.378) × 365 dagen = 50 dagen
Crediteurendagen	(120.000/477.587) × 365 dagen = 92 dagen	(31.000/455.855) × 365 dagen = 25 dagen
Nettowerkkapitaal[1]	€270.000 + €60.000 – €120.000 = €210.000	€120.000 + €20.000 – €31.000 = €109.000

1 Hier houden we alleen rekening met voorraden, debiteuren en crediteuren.

De onderneming moet de balansposten Voorraden en Debiteuren financieren. Hoe hoger het aantal voorraad- en debiteurendagen, des te hoger de bedragen waarvoor de Voorraden en Debiteuren op de balans staan en hoe meer vermogen er moet worden aangetrokken. Voor een deel wordt in de vermogensbehoefte die daaruit voortvloeit voorzien door de leveranciers die op krediet willen leveren (de post Crediteuren op de balans hangt daarmee samen). In deze voorbeelden veronderstellen we dat de rest (Voorraden + Debiteuren – Crediteuren) wordt gedekt door het rekening-courantkrediet. We kunnen de verschillen tussen beide ondernemingen wat betreft de voorraaddagen, debiteuren- en crediteurendagen ook in een figuur weergeven.

Onderneming Spijkerman

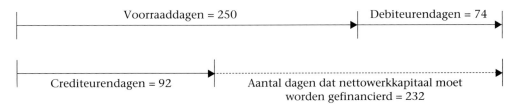

Onderneming Van der Schroeff

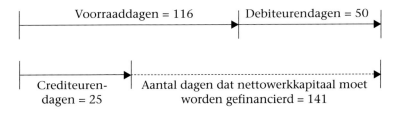

Een toename van het aantal dagen dat het nettowerkkapitaal moet worden gefinancierd, leidt tot een toename van de vermogensbehoefte van de onderneming.

We kunnen de snelheid waarmee de voorraden worden verkocht ook weergeven door de omloopsnelheid van de voorraden te berekenen.

Omloop-snelheid van de voorraden

Omloopsnelheid van de voorraden =

$$\frac{\text{Inkoopwaarde van de omzet}}{\text{Gemiddelde balanswaarde voorraden}} \times 12 \text{ maanden}$$

Voor onderneming Spijkerman berekenen we de omloopsnelheid van de voorraden als volgt: €394.700 : €270.000 = 1,5 (afgerond). Een toename van de omloopsnelheid van de voorraden betekent dat de goederen korter op voorraad liggen (het aantal voorraaddagen neemt af) en dat heeft een gunstige invloed op de liquiditeit.

Een hogere omloopsnelheid leidt tot een korte omlooptijd. Als de omloop-snelheid bijvoorbeeld 2 is, wil dit zeggen dat de voorraad tweemaal per jaar wordt omgezet. De goederen liggen dan $\frac{1}{2} \times 12$ maanden = 6 maanden op voorraad. Bij een omloopsnelheid van bijvoorbeeld 3 wordt de voorraad driemaal per jaar omgezet. De goederen liggen immers $\frac{1}{3} \times 12$ maanden = 4 maanden op voorraad. Omlooptijd van de voorraden is het omgekeerde van de omloopsnelheid van de voorraden.

Omlooptijd van de voorraden

Omlooptijd van de voorraden (in maanden) =

$$\frac{\text{Gemiddelde balanswaarde voorraden}}{\text{Inkoopwaarde van de omzet}} \times 12 \text{ maanden}$$

Voorbeeld:

Omloopsnelheid		Omlooptijd
2	(keer per jaar)	$\frac{1}{2}$ jaar = 6 maanden
4	(keer per jaar)	$\frac{1}{4}$ jaar = 3 maanden
6	(keer per jaar)	$\frac{1}{6}$ jaar = 2 maanden
12	(keer per jaar)	$\frac{1}{12}$ jaar = 1 maand

Liquiditeitskengetallen in de praktijk

De current ratio, de quick ratio en het nettowerkkapitaal hebben als nadeel dat ze uitgaan van de situatie op één bepaald moment (momentopname). De ondernemingsleiding kan de current en quick ratio op eenvoudige wijze manipuleren door de verhouding tussen vlottende activa en vlottende passiva te wijzigen.

De current ratio en het nettowerkkapitaal hebben als nadeel dat de waarde ervan mede wordt bepaald door de waardering van de voorraden (bijvoor-beeld de daadwerkelijk betaalde inkoopprijs of de inkoopprijs op dit moment). Omdat de waardering van voorraden per onderneming kan verschillen, is het vaak onjuist om ondernemingen op basis van deze kengetallen te vergelijken.

Een hoge current, een hoge quick ratio en een hoog nettowerkkapitaal wijzen alle drie op een gunstige liquiditeit. We moeten daarbij wel bedenken dat deze kengetallen momentopnames (uit het verleden) zijn. Zij hoeven geen juiste afspiegeling te zijn over de *afgelopen periode* en zeggen bovendien weinig over de mate van liquiditeit in de *toekomst*. Voor het ontwikkelen van een financieel beleid is juist de toekomst van belang en daarom is een liquiditeitsbegroting (zie hoofdstuk 7) voor het management van een onderneming en voor de verstrekkers van vermogen (zie hoofdstuk 9) belangrijker dan kengetallen zoals de current en quick ratio.

4

4.8   Solvabiliteit

Bij de beoordeling van de liquiditeit letten we op het feit of de onderneming in staat is om op *korte termijn* aan haar betalingsverplichtingen te voldoen. Naast inzicht in de liquiditeit is voor de verstrekkers van vreemd vermogen van belang, of de onderneming ook op *lange termijn* haar rente- en aflossingsverplichtingen kan nakomen. Zij zijn geïnteresseerd in de solvabiliteit van de onderneming, in feite in het antwoord op de vraag: kan de onderneming aan haar aflossingsverplichtingen voldoen? Om de solvabiliteit van een onderneming te beoordelen, vergelijken we de omvang van het vreemd vermogen met een andere grootheid (zoals het totaal vermogen). Solvabiliteit is de mate waarin de onderneming in staat is te voldoen aan haar verplichtingen ten opzichte van de verschaffers van vreemd vermogen.

Solvabiliteit

De solvabiliteit is vooral van belang in situaties waarin een onderneming al dan niet vrijwillig tot liquidatie overgaat. Juist dan willen de verschaffers van vreemd vermogen weten in welke mate de onderneming in staat is haar verplichtingen na te komen. Zolang de (liquidatie)waarde van de activa meer bedraagt dan het totaal vreemd vermogen, is de onderneming solvabel.

Bij de berekening van kengetallen om de solvabiliteit van een onderneming te beoordelen, worden de activa gewaardeerd tegen de goingconcernwaarde (de waarde van de activa als de onderneming haar activiteiten voortzet). In het algemeen zal de opbrengst van activa in geval van liquidatie echter aanmerkelijk lager liggen dan de waarde die het desbetreffende productiemiddel heeft bij voortzetting van de activiteiten.

Voor de beoordeling van de solvabiliteit van een onderneming zijn van belang:
- de leencapaciteit
- het interestdekkingsgetal
- het solvabiliteitspercentage

We verdiepen ons in de paragrafen 4.8.1 tot en met 4.8.3 in deze kengetallen en het gebruik dat ervan in de praktijk wordt gemaakt.

4.8.1   Leencapaciteit

Onder leencapaciteit worden de mogelijkheden verstaan die de onderneming heeft om (nieuw) vreemd vermogen aan te trekken. Voordat een potentiële vermogenverschaffer vreemd vermogen aan de onderneming beschikbaar stelt, zal hij beoordelen of de onderneming in staat is de

Leencapaciteit

4

**Garantie-
vermogen**

rente- en aflossingsverplichtingen na te komen. Bij de beoordeling van de leencapaciteit speelt de omvang van het garantievermogen (= aansprakelijk vermogen) een belangrijke rol. Het garantievermogen bestaat uit het eigen vermogen vermeerderd met het achtergestelde vreemd vermogen. Het vreemd vermogen kunnen we onderverdelen in achtergesteld en niet-achtergesteld vreemd vermogen. De verschaffers van achtergesteld vreemd vermogen krijgen hun geld – bijvoorbeeld in geval van faillissement – pas terug, nadat de schulden aan het niet-achtergestelde vreemd vermogen (zoals crediteuren en bankleningen) zijn voldaan. Bij een eventuele liquidatie wordt allereerst het garantievermogen aangesproken. Een hoog garantievermogen verhoogt de bereidheid van financiers om extra (niet-achtergesteld) vreemd vermogen aan de onderneming beschikbaar te stellen. Ook andere financiële verplichtingen zoals te betalen leasetermijnen spelen een rol bij de beoordeling van de leencapaciteit.

De behoefte aan (vreemd) vermogen kunnen we beperken door bijvoorbeeld gebruik te maken van (operational) leasing. Het leasen van bedrijfsactiva wordt als alternatief gezien voor het kopen van deze activa en de financiering van de koopsom met vreemd vermogen. Door gebruik te maken van (operational) leasing hoeft de onderneming geen vreemd vermogen aan te trekken. Hierdoor nemen de rente- en aflossingsverplichtingen niet toe. Hieruit zou men de conclusie kunnen trekken dat door gebruik te maken van leasing, de leencapaciteit van de onderneming niet wordt aangetast. Dat is niet juist. In de praktijk blijkt dat de omvang van de leaseverplichtingen ongeveer overeenkomt met de interest- en aflossingsverplichtingen indien de activa worden aangeschaft en met vreemd vermogen worden gefinancierd. De totale omvang van de betalingsverplichtingen zal voor beide alternatieven ongeveer gelijk zijn. Leasing zal dan ook nauwelijks invloed hebben op de leencapaciteit van de onderneming.

4.8.2   Interestdekkingsgetal

**Interestdek-
kingsgetal**

Het interestdekkingsgetal (interest coverage ratio) geeft aan in welke mate de onderneming in staat is uit het bedrijfsresultaat (de EBIT) de interestlasten te dekken. Dat wordt uitgedrukt in de volgende formule:

$$\text{Interestdekkingsgetal} = \frac{\text{Bedrijfsresultaat (EBIT)}}{\text{Interestlasten}} \qquad [4.8]$$

Een hoog interestdekkingsgetal wijst erop dat de winstgevendheid van de onderneming groot genoeg is om de interest aan de verschaffers van vreemd vermogen te kunnen vergoeden. Het interestdekkingsgetal gaat uit van grootheden die op *een periode* betrekking hebben (stroomgrootheden). Stroomgrootheden geven een beter beeld van de ontwikkelingen gedurende de betreffende periode (meestal een jaar) dan tijdstipgrootheden, die alleen iets zeggen over de situatie op één bepaald moment. Daar komt bij dat stroomgrootheden beter aansluiten bij de ingaande en uitgaande geldstromen, een benaderingswijze die we in het bedrijfsleven steeds vaker tegenkomen. Dat verklaart ook het toenemend belang van de liquiditeitsbegroting en het begrote kasstroomoverzicht bij de financiële besturing van ondernemingen.

4.8.3   Solvabiliteitspercentage

Om het solvabiliteitspercentage te berekenen delen we de omvang van het eigen vermogen door de omvang van het totaal vermogen. Dit percentage berekenen we als volgt:

$$\text{Solvabiliteitspercentage} = \frac{\text{Eigen vermogen}}{\text{Totaal vermogen}} \times 100\% \qquad [4.7]$$

Solvabiliteits-percentage

Het totaal vermogen van de onderneming komt overeen met de totale waarde van de activa. De liquidatiewaarden van de activa zijn meestal alleen bij een feitelijke liquidatie vast te stellen. Daarom gaan we bij de berekening van het totaal vermogen uit van de verwachting dat de onderneming ook in de toekomst blijft bestaan (going concern). Daarnaast doet zich nog het probleem voor, of we de activa moeten waarderen tegen balanswaarden of tegen marktwaarden. In het bijzonder bij activa die geruime tijd geleden zijn aangeschaft, kan er een aanmerkelijk verschil optreden tussen beide waarden.

Ondernemingen die nog maar kort bestaan en bij de aanvang met veel vreemd vermogen zijn opgestart, zullen een laag solvabiliteitspercentage hebben. Door winsten in te houden of extra eigen vermogen aan te trekken, zal het solvabiliteitspercentage toenemen. Voor ondernemingen die in Nederland zijn gevestigd is een solvabiliteitspercentage van 50 redelijk te noemen en is 70% of hoger goed.

Een hoog solvabiliteitspercentage wijst op relatief veel eigen vermogen. De onderneming heeft dan een hoog *weerstandvermogen*: ze is goed in staat eventuele verliezen (die in de toekomst zouden kunnen ontstaan) op te vangen. Deze verliezen komen dan overigens wel ten laste van het eigen vermogen, waardoor het weerstandsvermogen afneemt.

Weerstandver-mogen

Het eigen vermogen vervult voor de verschaffers van vreemd vermogen ook een bufferfunctie. Eventuele verliezen komen in eerste instantie ten laste van het eigen vermogen. Pas nadat het eigen vermogen geheel of grotendeels verdwenen is, ontstaat voor de verschaffers van vreemd vermogen het gevaar dat ze een deel van hun vordering niet kunnen innen. Een onderneming met relatief veel eigen vermogen (een grote buffer) heeft een kleine kans om failliet te gaan. De buffer kan worden vergroot door het aantrekken van nieuw eigen vermogen en/of het inhouden van winsten (winstreserve).

Het garantievermogen (eigen vermogen + achtergesteld vreemd vermogen) vervult een bufferfunctie voor de verschaffers van het gewone (niet-achtergestelde) vreemd vermogen. Als een onderneming verlies lijdt, komt het verlies in eerste instantie ten laste van het garantievermogen. Als het garantievermogen volledig is verdwenen, komen de verliezen ten laste van het gewone (niet-achtergestelde) vreemd vermogen.

Garantie-vermogen

Samenvattend kunnen we stellen dat een hoog solvabiliteitspercentage, een grote leencapaciteit en een hoog interestdekkingsgetal wijzen op een gunstige solvabiliteit en een groot weerstandsvermogen. Als deze kengetallen wijzen op een ongewenste situatie, wordt het tijd dat de leiding van de onderneming haar beleid bijstelt.

Om de solvabiliteit van onderneming Demo te beoordelen, berekenen we een aantal kengetallen. Zie tabel 4.11.

TABEL 4.11 Solvabiliteitskengetallen van onderneming Demo

	1 januari 2017	31 december 2017
Solvabiliteit:		
Eigen vermogen	€ 515.000	€ 523.000
Totaal vermogen	€ 1.550.000	€ 1.450.000
Solvabiliteitspercentage	(€515.000 : €1.550.000) × 100% = 33,23%	(€523.000 : €1.450.000) × 100% = 36,07%
Leencapaciteit is afhankelijk van:		
Eigen vermogen	€ 515.000	€ 523.000
Achtergesteld vreemd vermogen	€ 200.000 +	€ 180.000 +
Garantievermogen	€ 715.000	€ 703.000
	Demo als eenmanszaak	**Demo als bv**
Bedrijfsresultaat (EBIT)	€ 78.000	€ 68.000
Interestlasten	€ 46.000	€ 46.000
Interestdekkingsgetal	€ 78.000 : € 46.000 = 1,70	€ 68.000 : € 46.000 = 1,48

**Solvabiliteit
Demo**

4.8.4   Oordeel over de solvabiliteit van onderneming Demo

Uit de hoogte van het solvabiliteitspercentage blijkt dat Demo relatief veel vreemd vermogen heeft en dat wijst op een matige solvabiliteit. De verschaffers van het gewone, concurrerend vreemd vermogen (zoals Banklening, Crediteuren en Rekening-courantkrediet) lopen relatief weinig risico (in vergelijking met de verschaffers van het eigen vermogen en het achtergestelde vreemd vermogen), omdat een aanzienlijk deel van het vreemd vermogen achtergesteld is. Er zijn daarom nog wel mogelijkheden om gewoon (niet-achtergesteld) vreemd vermogen aan te trekken (de leencapaciteit is redelijk). De omvang van het eigen vermogen is in verhouding tot het vreemd vermogen aan de lage kant. Dit betekent dat de mogelijkheden om verliezen op te vangen niet groot zijn. Het weerstandsvermogen van Demo is beperkt. Het interestdekkingsgetal van Demo als eenmanszaak is 1,70 en als besloten vennootschap 1,48. Daaruit blijkt dat de eenmanszaak Demo, bij de huidige omvang van de bedrijfsresultaten (EBIT), in staat is de interestkosten op te brengen (te dekken).

4.9   Brancheanalyse en historische ratioanalyse

In deze paragraaf komen de brancheanalyse en de historische analyse aan de orde.

Brancheanalyse

Ondernemingen willen de kengetallen van hun eigen bedrijf graag vergelijken met de kengetallen van concurrenten binnen dezelfde branche. De vraag daarbij blijft steeds: zijn de bedrijven wel vergelijkbaar? We noemen slechts een paar aspecten: rechtsvorm en vermogensstructuur. Zo zijn een eenmanszaak en bv moeilijk te vergelijken omdat de rechtsvorm gevolgen heeft voor de berekening van het financieel resultaat. Denk daarbij aan de verschillen in de te betalen belastingen en aan het feit dat de DGA bij een bv in loondienst is bij de bv (werknemer). Het salaris van de DGA valt onder de loonkosten, terwijl de eigenaar van de eenmanszaak geen loon ontvangt. De ondernemingswinst is zijn beloning, maar die valt niet onder de loonkosten. Ook heeft de verhouding eigen en vreemd vermogen grote gevolgen voor het uiteindelijke (fiscale) resultaat. Veel vreemd vermogen leidt tot hoge interestkosten en een laag fiscaal resultaat. Misschien is het beter bedrijven niet op basis van hun fiscaal resultaat maar op basis van het bedrijfseconomische resultaat (EBIT) te vergelijken. Voorgaande opmerkingen maken duidelijk dat een grote mate van voorzichtigheid is geboden bij het vergelijken van bedrijven. Bij het berekenen van de kengetallen van het individuele bedrijf en de branche moet zo veel mogelijk van dezelfde uitgangspunten/definities worden uitgaan.

Historische analyse
Naast de absolute waarde van bepaalde kengetallen, is het belangrijk inzicht te hebben in de ontwikkelingen van de kengetallen in de tijd. Veranderingen in de rentabiliteit, liquiditeit en solvabiliteit van een onderneming kunnen we vaststellen door de kengetallen voor verschillende momenten uit het verleden te berekenen en op een rijtje te zetten. Door de kengetallen in een figuur weer te geven, worden de ontwikkelingen zoals die zich in het verleden hebben voorgedaan snel zichtbaar.

De kengetallen (verhoudingsgetallen en/of percentages) die we in dit hoofdstuk hebben besproken, hebben betrekking op het *verleden*. Verstrekkers van eigen en vreemd vermogen kijken op het moment dat zij vermogen aan de onderneming verstrekken (maar ook daarna) vooral naar de *toekomstverwachtingen*. Financiële successen uit het verleden zijn immers geen garantie dat die ook in de toekomst zullen optreden. In hoofdstuk 9 bespreken we de bronnen waaruit een MKB-bedrijf kan putten om vermogen aan te trekken. Daarbij gaan we nader in op de wijze waarop we de toekomstverwachtingen van een onderneming in geld kunnen uitdrukken. We besteden in dat hoofdstuk met name aandacht aan de liquiditeitsbegroting en het begroot kasstroomoverzicht.

HET FINANCIEELE DAGBLAD, 19 JANUARI 2017

Modewinkels klimmen uit dal: eindelijk weer groei

Groei bij kledingwinkels belooft dit jaar door te zetten

Het ergste leed voor de modewinkels lijkt geleden. In 2016 zagen verkopers van kleding hun omzet voor het eerst in jaren weer groeien. Brancheorganisatie INretail becijfert de omzetstijging op 1,9% en verwacht ook voor dit jaar verdere groei. Dat is een opsteker voor een sector die de afgelopen jaren werd overspoeld door een golf aan faillissementen. Zo gingen in 2016 onder meer MS Mode, McGregor, Hout-Brox en Cora Kemperman bankroet. En onder de radar zijn er nog veel meer modezaken op de fles gegaan. 'Halverwege het afgelopen jaar leek de modebranche al uit de crisis te komen,' zegt directeur Jan Meerman van INretail. 'Maar toen kwam die zeer warme september en bleef het stil in de winkels, omdat veel mensen nog geen zin hadden in de wintercollectie. Maar dat werd meer dan goed gemaakt in het vierde kwartaal, toen de omzet met 8,5% steeg op jaarbasis. Alle seinen staan volgens Meerman op groen om ook in 2017 te groeien. Hij noemt de stijgende koopkracht, toenemende werkgelegenheid en de stijgende lonen. 'Omdat tegelijk de inflatie en de hypotheekrente laag blijven, hebben consumenten meer bestedingsruimte. En belangrijker nog: ze hebben weer vertrouwen in de economie.'

Toch is het volgens Meerman nog te vroeg om de vlag uit steken. 'Ik zie nog steeds te veel modewinkels met te weinig toegevoegde waarde. We hebben gezien dat het maken van scherpe keuzes loont. Je kunt beter goed zijn in een ding, dan proberen goed te zijn in alles.'

Nu de omzet groeit, durven winkeliers meer te investeren, signaleert Meerman, vooral in de woonbranche. 'In mode en sport is het effect van de crisis nog duidelijk merkbaar, maar ook hier zien ondernemers groeikansen.'

Het blijft wel lastig financiering los te krijgen. 'Bij de banken zit de detailhandel nog altijd in het verdomhoekje', zegt Meerman. Hij hoopt dat de goede omzetcijfers de banken aanzetten scheutiger te worden met kredieten. Maar retailers kunnen zelf ook meer doen om de banken te overtuigen. 'Ze moeten zich vaker laten vergezellen door een financieel expert. Mkb'ers halen nog te weinig kennis uit de markt. Bovendien zit een expert er niet zo emotioneel in.'

Toelichting: uit het voorgaande artikel blijkt dat toekomstverwachtingen een belangrijke rol spelen bij de financiering van ondernemingen. Maar de detailhandel lijkt bij banken nog steeds in het 'verdomhoekje' te zitten. De slechte financiële resultaten die in het verleden in de detailhandel zijn behaald, maken de banken nog steeds huiverig ondernemingen in de detailhandel van nieuw vreemd vermogen te voorzien.

Samenvatting

De activa van een onderneming bepalen de omvang en het verloop van het vermogen waarover een onderneming moet beschikken. Bij partiële financiering wordt per actiefpost een daarbij passende financiering aangetrokken. Voor de activa waarvoor geen partiële financiering toegepast is, wordt de gezamenlijke vermogensbehoefte vastgesteld. Voor deze totale vermogensbehoefte wordt dan een daarbij aansluitende financiering gezocht (totale financiering). Zowel bij partiële als bij totale financiering geldt dat er een afstemming moet zijn tussen de tijd dat het vermogen in de activa vastligt en de tijd dat het vermogen aan de onderneming beschikbaar is gesteld. De goudenbalansregel houdt in dat vaste activa en het vaste gedeelte van de vlottende activa met eigen of met vreemd vermogen op lange termijn moeten worden gefinancierd.

Het vermogen waarover de onderneming wenst te beschikken, kan beschikbaar komen uit de bedrijfsactiviteiten, bijvoorbeeld door het inhouden van winsten. We spreken dan van interne financiering. Bij externe financiering wordt vermogen van buiten de onderneming aangetrokken. Dit is bijvoorbeeld het geval als aandelen worden uitgegeven of vreemd vermogen wordt opgenomen.

Bij het aantrekken van vermogen moeten we ook letten op de omvang van het vreemd vermogen ten opzichte van de omvang van het eigen vermogen (vermogensstructuur).

De analyse van de financiële structuur geeft inzicht in de financiële situatie van een onderneming. Het oordeel over de financiële structuur baseren we onder andere op de rentabiliteit, de liquiditeit en de solvabiliteit van de onderneming.

Het management van een onderneming zal door de eigenaren in het bijzonder worden beoordeeld op de winstgevendheid van de onderneming. De rentabiliteit over het totaal vermogen zal voldoende moeten zijn om de vereiste interest over het vreemd vermogen te kunnen vergoeden. De door de eigenaren vereiste rentabiliteit moet beschikbaar komen uit de winst na aftrek van interestkosten en belastingen.

Als de rentabiliteit over het totaal vermogen (Rtv) meer bedraagt dan de gemiddelde interestkosten over het vreemd vermogen (Kvv), komt het verschil ten goede aan het eigen vermogen. We spreken dan van een positieve financiële hefboomwerking. Als de Rtv kleiner is dan de Kvv, treedt een negatieve financiële hefboomwerking op.

Een onderneming is liquide als zij in staat is te voldoen aan haar direct opeisbare betalingsverplichtingen. De statische liquiditeit van een onderneming kunnen we beoordelen op basis van kengetallen, zoals de current ratio en de quick ratio. De dynamische liquiditeit blijkt uit een liquiditeitsbegroting.

Vooral voor de verschaffers van vreemd vermogen is het van belang te beoordelen of een onderneming in staat is om aan al haar schulden te voldoen. Voor de beoordeling van de solvabiliteit zijn het solvabiliteitspercentage, het interestdekkingsgetal en het weerstandsvermogen van belang.

Begrippenlijst

Activastructuur	Verhouding tussen de vaste activa en de vlottende activa van een onderneming.
Balansverkorting	Het verminderen van het balanstotaal door financiële maatregelen zoals operational lease, old-line factoring en huren in plaats van kopen.
Bezitloos pandrecht	Pandrecht waarbij de roerende goederen in de macht van de schuldenaar blijven.
Brutowinst	Netto-omzet exclusief btw – inkoopwaarde van de omzet
Brutowinstmarge	$\dfrac{\text{Netto-omzet exclusief btw} - \text{inkoopwaarde van de omzet}}{\text{Netto-omzet exclusief btw}} \times 100\%$
Crediteurendagen	$\dfrac{\text{Gemiddelde balanswaarde crediteuren}}{\text{Inkopen op rekening inclusief btw}} \times 365\,\text{dagen}$
Current ratio	$\dfrac{\text{Vlottende activa}}{\text{Vlottende passiva (vreemd vermogen kort)}}$
Debiteurendagen	$\dfrac{\text{Gemiddelde balanswaarde debiteuren}}{\text{Verkopen op rekening inclusief btw}} \times 365\,\text{dagen}$
Dynamische liquiditeit	De beoordeling van de liquiditeit van een onderneming op basis van een liquiditeitsbegroting.
EBIT	Earnings Before Interest and Taxes = bedrijfsresultaat = omzet – alle kosten met uitzondering van interestkosten.
Externe financiering	Het financieren van de activa van een onderneming met vermogen dat van buiten de onderneming is aangetrokken.
Factoring	Het overdragen van de vorderingen op de afnemers aan een factormaatschappij, die de incasso en de administratie van de vorderingen overneemt.
Financial lease	Een niet-opzegbaar huurcontract waarbij de kosten van onderhoud en verzekering meestal ten laste van de huurder komen met een looptijd die ongeveer overeenkomt met de economische levensduur van het geleasete object.

Financiële structuur	Het geheel van relaties tussen de activastructuur, de vermogensstructuur en de resultaten die de onderneming met behulp van haar activa behaald heeft.
Garantievermogen	De som van het eigen en achtergestelde vreemd vermogen. Het garantievermogen vervult een bufferfunctie voor de verschaffers van het niet-achtergestelde vreemd vermogen.
Going concern	Een onderneming die zijn activiteiten voortzet.
Goudenbalansregel	Vuistregel die stelt dat de vaste activa en het vaste gedeelte van de vlottende activa moeten worden gefinancierd met eigen en/of vreemd vermogen op lange termijn.
Historische kosten	Kosten die gebaseerd zijn op de werkelijk betaalde prijzen.
Historische ratioanalyse	Vergelijking van de financiële ratio's (kengetallen) van dezelfde onderneming op verschillende momenten in het verleden.
Hypothecaire lening	Een lening waarbij de geldnemer het recht van hypotheek heeft verleend aan de geldgever. De schuldeiser heeft het recht om onroerende goederen van de schuldenaar te (laten) verkopen als de schuldenaar zijn verplichtingen niet nakomt.
Intensieve financiering	Het direct weer in de onderneming investeren van vrijgekomen afschrijvingen.
Interestdekkingsgetal	$\dfrac{\text{EBIT (Bedrijfsresultaat)}}{\text{Interestkosten}}$
Interne financiering	Het financieren van de activa van een onderneming met ingehouden winsten of vrijgekomen afschrijvingen.
Intrinsieke waarde	Het verschil tussen de vervangingswaarde van de activa en de omvang van het vreemd vermogen van een onderneming.
Kengetal	Verhoudingsgetal waarbij twee met elkaar samenhangende grootheden worden vergeleken.
Leencapaciteit	Mogelijkheden die een onderneming heeft om nieuw vreemd vermogen aan te trekken.
Liquiditeit	De mate waarin een onderneming in staat is aan haar direct opeisbare verplichtingen te voldoen.
Liquiditeitsbalans	Balans waarop de activa gerangschikt zijn naar de mate van liquiditeit.
Liquiditeitsbegroting	Begroting van ingaande en uitgaande geldstromen gedurende een bepaalde toekomstige periode.

4

Maturity factoring	Factoring waarbij de factormaatschappij geen voorschot versterkt, maar pas betaalt nadat zij het bedrag van de debiteur heeft ontvangen. Maturity factoring heeft geen gevolgen voor de omvang van de vermogensbehoefte.
Nettowerkkapitaal	Vlottende activa – vlottende passiva = (eigen vermogen + vreemd vermogen op lange termijn – vaste activa)
Niet-rentedragend vreemd vermogen	Vreemd vermogen waarover geen rente betaald hoeft te worden, zoals de balansposten Crediteuren en Nog te betalen kosten.
Old-line factoring	Factoring waarbij van de factormaatschappij een voorschot wordt ontvangen, waardoor de vermogensbehoefte daalt.
Omloopsnelheid van de voorraden	$= \dfrac{\text{Inkoopwaarde van de omzet}}{\text{Gemiddelde balanswaarde voorraden}}$
Omlooptijd van de voorraden (in maanden)	$\dfrac{\text{Gemiddelde balanswaarde voorraden}}{\text{Inkoopwaarde van de omzet}} \times 12 \text{ maanden}$
Operational lease	Een huurcontract met een leasemaatschappij dat (tegen een afkoopsom) opzegbaar is en een tijdsduur heeft die korter is dan de economische levensduur van het geleaste object.
Pandrecht	Een recht dat door de schuldenaar aan de schuldeiser wordt verleend, waardoor de schuldeiser het recht heeft om roerende goederen van de schuldenaar te (laten) verkopen als de schuldenaar zijn verplichtingen niet nakomt.
Partiële financiering	Wijze van financieren die afgestemd is op één bepaald soort activa.
Quick ratio	$\dfrac{\text{Vlottende activa - voorraden}}{\text{Vlottende passiva}}$
Rentabiliteit	Verhouding tussen de opbrengst van het geïnvesteerde vermogen en het gemiddeld geïnvesteerde vermogen.
Rentabiliteit van het eigen vermogen	$\dfrac{\text{Resultaat dat toekomt aan de eigenaren (winst na belasting)}}{\text{Gemiddeld eigen vermogen}}$
Rentabiliteit van het totaal vermogen	$\dfrac{\text{EBIT (bedrijfsresultaat)}}{\text{Gemiddeld totaal vermogen}}$
Rentabiliteit van het vreemd vermogen (kosten vreemd vermogen)	$= \dfrac{\text{Interestkosten}}{\text{Gemiddeld vreemd vermogen}}$

Sale and lease back	Het verkopen van een bezitting van een onderneming aan een leasemaatschappij, waarbij de verkochte bezitting direct weer van de leasemaatschappij wordt teruggehuurd.
Solvabiliteit	De mate waarin een onderneming in geval van liquidatie in staat is aan haar verplichtingen tegenover de verschaffers van vreemd vermogen te voldoen.
Solvabiliteitspercentage	$\dfrac{\text{Eigen vermogen}}{\text{Totaal vermogen}} \times 100\%$
Statische liquiditeit	De beoordeling van de liquiditeit van een onderneming op basis van de financiële situatie op een bepaald moment.
Stil pandrecht	Zie bezitloos pandrecht (= stil pandrecht).
Stroomgrootheid / Periodegrootheid	Grootheid die het aantal eenheden (meestal gemeten in geld) gedurende een bepaalde periode weergeeft.
Tijdstipgrootheid / Momentopname	Grootheid die het aantal eenheden (meestal uitgedrukt in geld) op een bepaald moment (tijdstip) weergeeft.
Totale financiering	Wijze van financiering waarbij voor het aantrekken van vermogen uitgegaan wordt van de totale vermogensbehoefte.
Voorraaddagen	$\dfrac{\text{Gemiddelde balanswaarde voorraden}}{\text{Inkoopwaarde van de omzet}} \times 365\,\text{dagen}$
Vermogensstructuur	Verhouding tussen het eigen vermogen en het vreemd vermogen.
Vuistpandrecht	Pandrecht waarbij de roerende goederen in de macht van de schuldeiser worden gebracht.
Weerstandsvermogen	De omvang van het eigen vermogen. Het weerstands-vermogen vervult een bufferfunctie voor de verschaffers van het vreemd vermogen.

4

Opgaven

4.1 Handelsonderneming Du Soleil bv levert aardappelen, groenten en fruit (AGF-producten) aan grootwinkelbedrijven. De financieel manager stelt voor elk kwartaal een liquiditeitsbegroting en een voorgecalculeerde winst- en verliesrekening op. Bovendien maakt hij een schatting van de voorraden aan het einde van iedere maand.
Over de eerste helft van 2018 zijn de volgende gegevens verzameld:

2018	Inkopen (× €1.000)	Verkopen (× €1.000)
Januari	700	1.000
Februari	720	1.100
Maart	800	1.140
April	890	1.200
Mei	960	1.300
Juni	1.020	1.400

Alle in- en verkopen vinden op rekening plaats. Van de leveranciers wordt twee maanden leverancierskrediet ontvangen, terwijl aan de afnemers een krediettermijn van één maand wordt toegestaan.
De brutowinst is gemiddeld 30% van de verkoopprijs van de producten. Op 1 april 2018 bedraagt de voorraad AGF-producten €300.000. Het saldo liquide middelen (kas + rekening-courant) bedraagt per 1 april 2018 €60.000. De verkoop- en reclamekosten bedragen 3% van de omzet. Deze kosten worden betaald in de maand waarin de verkopen plaatsvinden.
De onderneming heeft tien medewerkers in dienst, die gemiddeld (gedurende 2017 en 2018) een brutomaandsalaris ontvangen van €2.300, exclusief 40% sociale lasten en 8,5% vakantiegeld. Het salaris en de sociale lasten worden aan het einde van iedere maand betaald. Het vakantiegeld wordt in de maand mei uitbetaald. In de sociale lasten die over het salaris worden berekend, is reeds een opslag opgenomen voor de sociale lasten die betrekking hebben op het vakantiegeld.
Op de vaste activa wordt per kwartaal €70.000 afgeschreven.
Op 1 januari 2016 is een 8%-banklening afgesloten ter grootte van €200.000. Met ingang van 1 januari 2017 wordt jaarlijks op 1 januari €20.000 afgelost. De interestkosten over deze lening worden achteraf aan het einde van ieder kwartaal betaald.
Met omzetbelasting (btw) houden we geen rekening.

a Bereken de geldontvangsten gedurende het tweede kwartaal 2018.
b Bereken de gelduitgaven gedurende het tweede kwartaal 2018, voor zover die het gevolg zijn van de inkopen.

c Bereken de interestbetaling gedurende het tweede kwartaal 2018.
d Stel de liquiditeitsbegroting over het tweede kwartaal 2018 op (geen specificatie per maand).
e Stel de winst- en verliesrekening over het tweede kwartaal 2018 op.
f Bereken de begrote voorraad AGF-producten per 30 juni 2018.

4.2 Peter Strijbosch is monteur bij een Jaguardealer. In het verleden heeft Strijbosch alle vakdiploma's voor monteur en het middenstandsdiploma behaald. Per 1 januari 2019 wil hij een eigen garage beginnen, die gespecialiseerd zal zijn in het verkopen en repareren van gebruikte en nieuwe Citroëns. De aanstaande garagehouder heeft al een pand op het oog met een aanschafwaarde van €400.000. Voor hefbruggen, uitlijnapparatuur en andere inventarisstukken denkt hij €120.000 nodig te hebben. De voorraad onderdelen, banden en dergelijke zal een investering van €80.000 vergen. Bovendien wordt een voorraad gebruikte auto's ingekocht ter waarde van €200.000. De auto's worden contant betaald. Om kleine inkopen direct te kunnen betalen, wordt steeds een voorraad kasgeld van €6.000 aangehouden. De vader van Peter Strijbosch is bereid €280.000 in contanten (als eigen vermogen) beschikbaar te stellen. Peter heeft zelf €60.000 gespaard, die hij in de onderneming wil investeren. De bank is bereid een 7% hypothecaire lening te verstrekken van €240.000. De bank wil daarnaast een langlopende lening van €70.000 tegen 9% verlenen. Van de inventaris (hefbruggen enzovoort) moet bij levering 60% contant betaald worden, de rest moet één maand na de levering voldaan worden. De voorraad onderdelen, banden enzovoort wordt op 30 december 2018 afgeleverd. 70% van deze voorraden wordt contant betaald, over de rest staan de leveranciers een krediettermijn van twee maanden toe. De bank staat ook een rekening-courantkrediet, met een maximum van €130.000, toe. Een overschot aan kasmiddelen wordt ten gunste van het rekening-courantkrediet geboekt. Er moet een zodanige ondernemingsvorm gekozen worden dat zowel Peter Strijbosch als zijn vader in principe alleen het door hen ingebrachte vermogen kunnen verliezen.

a Bereken de totale vermogensbehoefte per 1 januari 2019 door het opstellen van een investeringsbegroting.
b Bepaal de omvang van het beschikbare eigen vermogen.
c Stel een overzicht op van het beschikbare vreemd vermogen.
d Stel de openingsbalans van Garage Strijbosch op per 1 januari 2019.
e Welke factoren zal de bank in zijn overweging hebben betrokken bij zijn beslissing om aan Peter Strijbosch een lening beschikbaar te stellen?

De jonge garagehouder verwacht in het eerste kwartaal van 2019 de volgende transacties te verrichten:
• Omzet reparaties €60.000. Hiervoor zal voor €16.000 aan onderdelen tegen inkoopwaarde worden verbruikt.
• Omzet auto's €90.000. De inkoopwaarde van de auto's bedraagt gemiddeld 80% van de verkoopprijs. Er zijn geen bijkomende kosten.
• 80% van de omzet auto's wordt contant betaald. De rest wordt twee maanden na aflevering betaald.
• 90% van de omzet reparaties wordt contant betaald. De rest wordt na één maand betaald.
• De omzetten zijn gelijkmatig over de maanden verdeeld.

- Iedere maand wordt voor €5.000 onderdelen ingekocht. Door de leveranciers van onderdelen wordt een krediettermijn van één maand toegestaan. Hiervan wordt in alle gevallen volledig gebruikgemaakt.
- Iedere maand wordt voor €30.000 auto's ingekocht, die contant betaald worden.
- De overige bedrijfskosten (zoals energie, verbruik olie enzovoort) bedragen €2.000 per maand. Deze kosten leiden direct tot uitgaven.
- De afschrijving op gebouwen bedraagt €2.000 per maand, op inventaris wordt €1.000 per maand afgeschreven.
- Op de hypothecaire lening en op de banklening worden in het eerste kwartaal 2019 geen aflossingen verricht.
- Aan het einde van iedere maand wordt de interest over het vreemde vermogen betaald. Met de interest over het rekening-courantkrediet wordt in deze opgave geen rekening gehouden.
- Met belastingen hoeft geen rekening te worden gehouden.

f Stel de voorgecalculeerde winst- en verliesrekening over het eerste kwartaal 2019 op.

g 1 Bereken de geldontvangsten in verband met omzet auto's en omzet reparaties over het eerste kwartaal (per maand gespecificeerd).
  2 Stel de liquiditeitsbegroting op over het eerste kwartaal 2019 (per maand gespecificeerd).

h Stel de voorgecalculeerde balans per 31 maart 2019 samen. Indien nodig de balansposten toelichten met berekeningen.

i Welke ondernemingsvorm verdient voor deze onderneming de voorkeur? Motiveer je keuze.

4.3 Van onderneming Lagonda bv is de volgende balans gegeven.

Balans Lagonda bv per 1 januari en 31 december 2017 (× €1.000)

	1-1-2017	31-12-2017		1-1-2017	31-12-2017
Vaste activa:			Eigen vermogen:		
Grond	200	200	Aandelenvermogen	800	800
Gebouwen	600	580	Winstreserve	200	400
Machines	500	700		1.000	1.200
Inventaris	180	170			
	1.480	1.650	Vreemd vermogen:		
Vlottende activa:			Lange termijn		
			Hypothecaire lening	600	480
Voorraden	200	300	Korte termijn:		
Debiteuren	180	120	Crediteuren	180	260
Kas	40	30	Nog te bet. kosten	40	60
	420	450	Rekening-courant	80	100
				300	420
Totaal bezittingen	1.900	2.100	Totaal vermogen	1.900	2.100

De waarde van de vlottende activa komt nooit onder €160.000.

a Bereken de current ratio en de quick ratio per 1 januari en per 31 december 2017, in twee decimalen nauwkeurig.

b 1 Geef je oordeel over de *ontwikkeling* van de liquiditeit van Lagonda bv gedurende het jaar 2017.

   2 Geef je oordeel over de mate van liquiditeit per 31 december 2017.

c Bereken de debt ratio en het solvabiliteitspercentage per 1 januari en per 31 december 2017, in respectievelijk vier en twee decimalen nauwkeurig.

d Geef je oordeel over de ontwikkeling van de solvabiliteit van Lagonda bv gedurende het jaar 2017.

e Wat zijn de bezwaren van kengetallen die op basis van balansgegevens zijn berekend?

f Wat is de omvang van de liquide middelen per 1 januari en per 31 december 2017?

g Wat verstaan we onder een hypothecaire lening?

h Wordt bij Lagonda bv op 31 december 2017 voldaan aan de gouden balans-regel? Licht je antwoord toe met een berekening.

i In welke situatie kan er een probleem ontstaan als een onderneming niet voldoet aan de gouden balansregel? Licht je antwoord toe.

4.4   Van onderneming Intro zijn de volgende balansen gegeven.

Debet			**Balans Intro per 1 januari 2017 (in euro's)**			*Credit*
Vaste activa:			Eigen vermogen:			
Grond	360.000		Gestort aandelenvermogen	500.000		
Gebouwen	720.000		Winstreserve	75.000		
Inventaris	200.000				575.000	
		1.280.000				
Vlottende activa:			Vreemd vermogen lang:			
Vooruitbetaalde			Achtergestelde lening	200.000		
bedragen	8.000		Hypothecaire lening	610.000		
Voorraad			Banklening (o/g)	100.000		
handelsgoederen	360.000					
Debiteuren	192.000				910.000	
Kas	60.000		Vreemd vermogen kort:			
			Nog te betalen kosten	175.000		
			Crediteuren	240.000		
		620.000				415.000
Totaal bezittingen		1.900.000	Totaal vermogen			1.900.000

Debet			**Balans Intro per 31 december 2017 (in euro's)**			*Credit*
Vaste activa:			Eigen vermogen:			
Grond	360.000		Gestort aandelenvermogen	500.000		
Gebouwen	670.000		Winstreserve	152.000		
Inventaris	210.000				652.000	
		1.240.000				
Vlottende activa:			Vreemd vermogen lang:			
Vooruitbetaalde			Achtergestelde lening	180.000		
bedragen	10.000		Hypothecaire lening	580.000		
Voorraad			Banklening (o/g)	90.000		
handelsgoederen	270.000					
Debiteuren	200.000				850.000	
Kas	80.000		Vreemd vermogen kort:			
			Nog te betalen kosten	100.000		
			Crediteuren	198.000		
		560.000				298.000
Totaal bezittingen		1.800.000	Totaal vermogen			1.800.000

We veronderstellen dat:
- alle veranderingen in de balans gelijkmatig tijdens het jaar optreden;
- de volgende interestpercentages gelden:
  - achtergestelde lening: 10% over het gemiddelde van de achtergestelde lening;
  - hypothecaire lening: 8% over het gemiddelde van de hypothecaire lening;
  - banklening: 9% over het gemiddelde van de banklening;
- er geen andere interestkosten zijn dan de hiervoor gegeven interestkosten;
- de interestkosten aan het einde van ieder jaar worden betaald;
- de aandelen van Intro niet vrij verhandelbaar zijn;
- het tarief voor vennootschapsbelasting gemiddeld 23% bedraagt;
- de vennootschapsbelasting aan het einde van ieder jaar wordt betaald.

Verder is gegeven:
- De omzet over 2017 bedraagt €1.031.000.
- De kosten over 2017 (met uitzondering van interestkosten) bedragen €853.200.

a Bereken de EBIT over 2017.
b Bereken de interestkosten over het jaar 2017.
c Bereken het resultaat voor aftrek van vennootschapsbelasting over 2017.
d Bereken het resultaat na aftrek van vennootschapsbelasting over 2017.
e Bereken de gemiddelde interestkosten (in twee decimalen nauwkeurig, als een percentage van het gemiddelde totale vreemd vermogen).
f Geef een verklaring voor het feit dat het antwoord op vraag **e** lager ligt dan 8% (8% is het laagste van de gegeven interestpercentages).
g Welke rechtsvorm heeft onderneming Intro? Motiveer je antwoord.

4.5   Uit het jaarverslag van Burgers bv hebben we de volgende gegevens overgenomen:

Balans Burgers bv per 1 januari en 31 december 2017 (× €1.000)

	1-1-2017	31-12-2017		1-1-2017	31-12-2017	
Vaste activa		850	940	Eigen vermogen	1.050	1.200
Vlottende activa:						
Voorraden	220	330	Lange termijn	130	160
Debiteuren	140	190	Korte termijn:		
Kas	190	140	Crediteuren	140	180
			Rekening-		
			courant	80	60
	550	660		220	240
Totaal bezittingen	1.400	1.600	Totaal vermogen	1.400	1.600

a Wanneer is een onderneming liquide?
b Bereken de current ratio per 1 januari 2017 en per 31 december 2017, in twee decimalen nauwkeurig.
c Bereken de quick ratio per 1 januari 2017 en per 31 december 2017, in twee decimalen nauwkeurig.

d Is de liquiditeit van Burgers bv op 31 december 2017 beter of slechter geworden in vergelijking met 1 januari 2017? Motiveer je antwoord.
e Kun je er zeker van zijn dat een onderneming liquide is als de current ratio
groter is dan 1 of spelen er nog andere factoren een rol? Zo ja, welke?
f **1** Wat verstaan we onder een liquiditeitsbegroting?
2 Waarom wordt die opgesteld?
3 Wie maken er gebruik van?

4.6   Uit het jaarverslag van Davicom hebben we de volgende financiële informatie gehaald:

Winst- en verliesrekening over het jaar 2017 (in euro's)

Omzet		4.000.000
Inkoopwaarde van de omzet	2.400.000	
Afschrijvingskosten	300.000	
Loonkosten	870.000	
Overige kosten	200.000 +	
Totale kosten (exclusief interestkosten)		3.770.000 −
EBIT		230.000
Interestkosten		34.800 −
Winst voor belastingen		195.200
Vennootschapsbelasting 25%		48.800 −
Winst na belastingen		146.400

De inkopen in 2017 bedragen €2.300.000, waarvan 90% op rekening wordt
ingekocht. Van de omzet in 2017 is 75% op rekening verkocht.
De aandelen van Davicom zijn niet vrij verhandelbaar.

Balans Davicom per 1 januari en 31 december 2017 (× €1.000)

	1-1-2017	31-12-2017			1-1-2017	31-12-2017	
Vaste activa:				Eigen vermogen:			
Grond	200	200		Aandelenvermogen	500	500	
Gebouwen	500	610		Winstreserve	180	250	
Inventaris	100	90			680	750	
		800	900				
Vlottende activa:				Vreemd vermogen:			
Voorraad				Lange termijn	240	320	
goederen	180	70		Korte termijn:			
Debiteuren	80	170		Crediteuren	120	100	
Kas	20	80		Rekening-courant	40	50	
		280	320			160	150
Totaal bezittingen	1.080	1.220		Totaal vermogen	1.080	1.220	

We veronderstellen dat de veranderingen in de balansposten gelijkmatig
gedurende het jaar zijn ontstaan (1 jaar = 365 dagen).

a Is Davicom een handelsonderneming of een industriële onderneming?
Motiveer je antwoord.
b Welke rechtsvorm heeft Davicom? Motiveer je antwoord.
c Bereken de rentabiliteit van het eigen vermogen (REV) in zes decimalen
nauwkeurig.

d Waarom gaan we bij de berekening van rentabiliteiten uit van het gemiddeld vermogen?

e Bereken de omloopsnelheid van het totaal vermogen in zes decimalen nauwkeurig.

f Bereken de omloopsnelheid van de voorraden in twee decimalen nauwkeurig.

g Bereken de gemiddelde krediettermijn van debiteuren in dagen in één decimaal nauwkeurig.

h Bereken de gemiddelde krediettermijn van crediteuren in dagen in één decimaal nauwkeurig.

i Bereken de REV met behulp van de volgende formule:

$$R_{EV} = \text{nettowinstmarge} \times \frac{\text{omloopsnelheid van het totaal vermogen}}{} \times \frac{\text{Gemiddeld totaal vermogen}}{\text{Gemiddeld eigen vermogen}}$$

Controleer of je antwoord overeenkomt met je antwoord op vraag **c**.

j Welke invloed heeft een vermindering van de omloopsnelheid van de voorraden op de REV van een onderneming (als alle overige factoren gelijk blijven)? Motiveer je antwoord.

4.7 Kijk nog eens goed naar de tabellen 4.2 tot en met 4.4 in het theoriegedeelte en de bijbehorende teksten, die gaan over de berekening van de rentabiliteit van het eigen vermogen bij een eenmanszaak en een besloten vennootschap. Leg uit waarom de rentabiliteit van het eigen vermogen (Rev) bij een eenmanszaak niet goed te vergelijken is met de Rev bij een besloten vennootschap. Besteed in je antwoord ook aandacht aan de invloed van de inkomstenbelasting en de vennootschapsbelasting.

4.8 Bankinstelling Orma heeft onlangs van een van haar cliënten, lederwarenfabrikant De Gelooide Huid, de jaarcijfers over 2017 ontvangen. De kredietadviseur van Orma wil zich een oordeel vormen over (de ontwikkeling in) de liquiditeitspositie van De Gelooide Huid en heeft daartoe de balansgegevens van deze onderneming over 2016 en 2017 vergeleken.

Balans De Gelooide Huid per 31 december (bedragen × €1.000)

	2016	2017		2016	2017
Vaste activa			*Eigen vermogen*		
Gebouwen	350	380	Aandelenkapitaal	800	800
Machines	450	400	Reserves	200	200
Inventaris	100	140	Saldowinst over 2017		90
Vlottende activa			*Vreemd vermogen*		
Voorraden	200	420	*(lange termijn)*		
Debiteuren	160	200	5% Hypothecaire lening	200	200
Kas	140	60			
			Vreemd vermogen		
			(korte termijn)		
			Crediteuren	100	140
			Te betalen belasting	80	60
			Bank (rekening-courant)	20	110
Totaal bezittingen	1.400	1.600	Totaal vermogen	1.400	1.600

NB Berekeningen in twee decimalen nauwkeurig.

a Je bent de medewerker van de kredietadviseur en je hebt tot taak gekregen de volgende kengetallen per 31 december 2016 en 31 december 2017 te berekenen:

1 het nettowerkkapitaal
2 de current ratio
3 de quick ratio

b Geef je oordeel over de ontwikkeling in de liquiditeitspositie van De Gelooide Huid gedurende 2017.

c Welke bezwaren zijn er verbonden aan de current ratio om de liquiditeit van een onderneming te beoordelen?

d Waarvan maakt de leiding van een onderneming gebruik om de liquiditeit van de onderneming te bewaken?

4.9 Aan het jaarverslag van onderneming Ninabo bv zijn de volgende gegevens ontleend:

Balans Ninabo bv per 1 januari 2018 en 31 december 2018
(bedragen x €1.000 en balansposten in willekeurige volgorde)

	1-1	31-12		1-1	31-12
Voorraden	90	140	7% Hypotheek	300	300
Gebouwen	220	210	Crediteuren	55	50
Kas	70	20	Voorzieningen		
Debiteuren	60	100	op lange termijn	40	60
Inventaris	110	130	Te betalen dividend	10	20
			Te betalen belastingen	30	50
			Aandelenkapitaal	110	110
			Reserves	5	10
Totaal bezittingen	550	600	Totaal vermogen	550	600

Een voorraad goederen ter waarde van €20.000 is nagenoeg onverkoopbaar.

NB Berekeningen in twee decimalen nauwkeurig.

a Bereken het nettowerkkapitaal op beide balansmomenten.
b Bereken de current ratio op beide balansmomenten.
c Bereken de quick ratio op beide balansmomenten.
d Geef een gemotiveerd oordeel omtrent de ontwikkeling van de liquiditeit in 2018 aan de hand van de antwoorden op de vragen **a** tot en met **c**.
e Welke twee bezwaren zijn er verbonden aan een beoordeling van de liquiditeit op basis van de bij de vragen **a** tot en met **c** genoemde kengetallen?

4.10 Microwave bv houdt zich voornamelijk bezig met de fabricage van magnetrons. De aandelen van Microwave bv zijn in handen van één aandeelhouder, die tevens de leiding heeft over de onderneming. De financiële resultaten van Microwave bv komen tot uitdrukking in de balans per 31 december 2016 en 31 december 2017 en in de winst- en verliesrekening over 2017 en 2016.

	BALANS		BALANS	
	31 december 2017		**31 december 2016**	
Activa				
Vaste activa		€ 200.000		€ 190.000
Vlottende activa				
Voorraden	€ 84.000		€ 80.000	
Vorderingen	€ 40.000		€ 38.000	
Effecten	€ 10.000		€ 9.800	
Liquide middelen	€ 16.000		€ 12.200	
		€ 150.000		€ 140.000
Totaal bezittingen		€ 350.000		€ 330.000
Passiva				
Eigen vermogen		€ 180.000		€ 150.000
Vreemd vermogen				
Lang:				
Achtergesteld vermogen	€ 20.000		€ 30.000	
Langlopende banklening	€ 125.000		€130.000	
		€ 145.000		€ 160.000
Kort:				
Rekening-courantkrediet	€ 11.000		€ 8.000	
Crediteuren	€ 14.000		€12.000	
		€ 25.000		€ 20.000
Totaal vermogen		€ 350.000		€ 330.000

De liquide middelen zijn gelijk aan de som van de banktegoeden, die direct opeisbaar zijn en de voorraad kasgeld.

In de jaren vóór 2016 is het totaal van de bezittingen kleiner dan in 2016.

Zoals blijkt uit de volgende winst- en verliesrekening bedraagt het resultaat na belastingen over 2017 €52.800 (2016: €55.680).
Opbrengsten en kosten zijn hierbij uitgedrukt in euro's en in een percentage van de netto-omzet.

	WINST- EN VERLIESREKENING				
	2017			**2016**	
	€	%		€	%
Netto-omzet	720.000	100		680.000	100
Inkoopwaarde van de omzet	295.200 –	41 –		272.000 –	40 –
Brutomarge	424.800	59		408.000	60
Lonen en salarissen	216.000		200.000		
Sociale lasten	64.000		60.000		
Afschrijvingen op vaste activa	10.000		10.000		
Overige bedrijfskosten	60.000 +		58.000 +		
Totale kosten m.u.v. interestkosten	350.000 –	48,7 –		328.000 –	48,3 –

WINST- EN VERLIESREKENING

	2017				2016		
EBIT = bedrijfsresultaat		74.800	10,3			80.000	11,7
Opbrengst effecten	1.000 +			800 +			
Rente-opbrengsten	600 +			500 +			
Rentekosten	10.400 –			11.700 –			
		8.800 –	1,2 –			10.400 –	1,5 –
Resultaat voor belastingen		66.000	9,1			69.600	10,2
Vennootschapsbelasting (20%)		13.200 –	1,8 –			13.920 –	2,0 –
Resultaat na vennootschaps-							
belasting		52.800	7,3			55.680	8,2

De lonen en salarissen en sociale lasten zijn inclusief de beloning voor de directeur-grootaandeelhouder (DGA). Het aantal werknemers (exclusief de directeur-grootaandeelhouder) bedraagt 10 fte in 2017 en 9 fte in 2016.
In de jaren vóór 2016 was de netto-omzet kleiner dan in 2016 en het aantal werknemers (exclusief de directeur-grootaandeelhouder) lager dan 9fte.

a In welke groottecategorie (micro, klein of middelgroot) valt onderneming Microwave bv? Motiveer je antwoord.
b Bereken per 31 december 2017 én per 31 december 2016 (in twee decimalen nauwkeurig);
   1 de current ratio
   2 de quick ratio
   3 het nettowerkkapitaal
c Geef je oordeel over de ontwikkeling in de liquiditeit gedurende het verslagjaar 2017.
d Welke kanttekeningen kun je plaatsen bij de beoordeling van de liquiditeit op basis van kengetallen (zoals bij de vragen **b** en **c** is gedaan).
e Wat is een betere methode om de liquiditeit van een onderneming te beoordelen/te bewaken?
f Bereken per 31 december 2017 én per 31 december 2016:
   1 de debt ratio (in twee decimalen)
   2 het solvabiliteitspercentage (in hele procenten)
   3 het garantievermogen
g **1** Geef je oordeel over de ontwikkeling in de solvabiliteit gedurende het verslagjaar 2017.
   2 Voor wie is de omvang van het garantievermogen van belang? Licht je antwoord toe.
h Bereken voor het verslagjaar 2017 (in twee decimalen nauwkeurig):
   1 de rentabiliteit van het totale vermogen
   2 de gemiddelde kostenvoet van het vreemd vermogen
   3 de rentabiliteit van het eigen vermogen (vóór aftrek van vennootschapsbelasting)
   4 de rentabiliteit van het eigen vermogen (na aftrek van vennootschapsbelasting)
i Vergelijk je antwoorden op de vragen **h1** (rentabiliteit totaal vermogen) en **h3** (rentabiliteit eigen vermogen). Geef een verklaring voor het grote verschil tussen beide rentabiliteiten.
j **1** Bereken het rentedekkingspercentage (interest coverage ratio) over 2017.
   2 Voor wie is dit kengetal belangrijk?

4.11   Bas Vermeer is eigenaar van handelsonderneming 'De Eenhoorn'. Samen
met zijn vrouw geeft hij leiding aan zijn onderneming, die de rechtsvorm
van eenmanszaak heeft. Bas is fulltime (1 fte) in zijn onderneming werkzaam, zijn vrouw voor 0,3 fte. De Eenhoorn heeft daarnaast 8 medewerkers
in dienst. De financiële resultaten van De Eenhoorn blijken uit de balans
per 31 december 2016 en 31 december 2017 en in de winst- en verliesrekening over 2017 en 2016.

	BALANS		BALANS	
	31 december 2017		**31 december 2016**	
Activa				
Vaste activa		€ 400.000		€ 380.000
Vlottende activa				
Voorraden	€ 100.000		€ 80.000	
Vorderingen	€ 60.000		€ 54.000	
Effecten	€ 20.000		€ 18.000	
Liquide middelen	€ 5.000		€ 4.000	
		€ 185.000		€ 156.000
Totaal bezittingen		€ 585.000		€ 536.000
Passiva				
Eigen vermogen		€ 380.000		€360.000
Vreemd vermogen				
Lang:				
Achtergestelde lening	€ 40.000		€ 30.000	
Hypothecaire lening	€ 60.000		€ 40.000	
Langlopende schulden	€ 20.000		€ 60.000	
		€ 120.000		€ 130.000
Kort:				
Rekening-courantkrediet	€ 21.000		€ 10.000	
Crediteuren	€ 64.000		€ 36.000	
		€ 85.000		€ 46.000
Totaal vermogen		€ 585.000		€ 536.000

De liquide middelen zijn gelijk aan de som van de banktegoeden, die direct
opeisbaar zijn en de voorraad kasgeld.
De marktconforme vergoeding over het eigen vermogen bedraagt 12%. Deze
vergoeding zou gerealiseerd kunnen worden als het eigen vermogen dat nu
in De Eenhoorn is geïnvesteerd, belegd zou worden in een belegging met
eenzelfde risico als het risico dat aan het eigen vermogen van De Eenhoorn
is verbonden.

Zoals blijkt uit de volgende winst- en verliesrekening bedraagt het resultaat
na belastingen over 2017 €90.000 (2016 : €79.400).
Om inzicht te geven in de ontwikkeling van het resultaat over 2017 volgt
hierna een overzicht gebaseerd op de winst- en verliesrekening 2017 met ter
vergelijking de winst- en verliesrekening 2016. Opbrengsten en kosten zijn
hierbij uitgedrukt in euro's en in een percentage van de netto-omzet.

WINST- EN VERLIESREKENING					
	2017			**2016**	
	€	%		€	%
Netto-omzet	620.000	100		600.000	100
Inkoopwaarde van de omzet	297.600 –	48 –		306.000 –	51 –
Brutomarge	322.400	52		294.000	49
Lonen en salarissen	115.000		105.000		
Sociale lasten	35.400		31.000		
Afschrijvingen op vaste activa	20.000		20.000		
Overige bedrijfskosten	50.000 +		48.000 +		
Totale kosten m.u.v. interestkosten	220.400 –	35,6 –		204.000 –	34,0 –
EBIT = bedrijfsresultaat	102.000	16,4		90.000	15,0
Rentekosten	12.000 –	1,9 –		10.600 –	1,8 –
Fiscaal resultaat	90.000	14,5		79.400	13,2

De lonen en salarissen en sociale lasten zijn exclusief de beloning voor de eigenaar en zijn vrouw. Als Bas Vermeer en zijn vrouw vergelijkbare werkzaamheden zouden verrichten bij een vergelijkbaar bedrijf, zou hun gezamenlijke beloning (inclusief sociale lasten) €50.000 bedragen.

a Welke financiële informatie moet deze onderneming publiceren? Motiveer je antwoord.
b Bereken per 31 december 2017 én per 31 december 2016:
  1 de current ratio
  2 de quick ratio
  3 het nettowerkkapitaal
c Geef je oordeel over de ontwikkeling in de liquiditeit gedurende het verslagjaar 2017.
d Welke kanttekeningen kun je plaatsen bij de beoordeling van de liquiditeit op basis van kengetallen (zoals bij de vragen b en c is gedaan)?
e Wat is een betere methode om de liquiditeit van een onderneming te beoordelen/te bewaken?
f Bereken per 31 december 2017 én per 31 december 2016:
  1 de debt ratio
  2 het garantievermogen
g 1 Geef je oordeel over de ontwikkeling in de solvabiliteit gedurende het verslagjaar 2017.
  2 Voor wie is de omvang van het garantievermogen van belang?
h 1 Bereken de rentabiliteit van het totale vermogen over 2017 in twee decimalen.
  2 Leg uit waarom de bij vraag h1 berekende rentabiliteit relatief hoog uitvalt (als we die vergelijken met de rentabiliteit van een vergelijkbare onderneming met de rechtsvorm van bv).
i Bereken het bedrijfseconomische resultaat van De Eenhoorn over 2017.
j Geef je oordeel over de leencapaciteit van De Eenhoorn.
k Bereken de over 2017 gerealiseerde rentabiliteit van het eigen vermogen (voor belastingen) op een zodanige wijze dat deze te vergelijken is met een vergelijkbare onderneming met de rechtsvorm van bv
l 1 Bereken het rentedekkingsgetal (interest coverage ratio) over 2017.
  2 Voor wie is dit kengetal belangrijk?

4.12   De balansen per 31 december 2016 en 31 december 2017 van industriële
onderneming Formica bv luiden als volgt:

Balans Formica nv per 31 december (bedragen × €1.000)

	2016	2017		2016	2017
Terreinen	4.000	4.000	Aandelenkapitaal	3.100	3.100
Gebouwen/Machines	5.500	5.000	Reserves	740	700
Inventaris	750	710	8% Hypothecaire lening	6.100	5.800
Voorraden	320	270	Crediteuren	480	510
Debiteuren	180	190	Rekening-courantkrediet	400	200
Kas	70	140			
Totaal bezittingen	10.820	10.310	Totaal vermogen	10.820	10.310

We veronderstellen dat de wijzigingen in de balans gelijkmatig over 2017
zijn ontstaan.
Winst- en verliesrekening Formica nv over 2017:

Omzet	€ 7.065.400	
Kosten van de omzet	€ 5.936.600	–
EBIT (bedrijfsresultaat)	€ 1.128.800	
Interest vreemd vermogen	€ 518.000	–
Winst voor belasting	€ 610.800	
Te betalen belasting (25%)	€ 152.700	–
Winst na belasting	€ 458.100	

De resultaten over 2017 zijn nog niet in de balans verwerkt.

NB Berekeningen op twee decimalen afronden.
a **1** Bereken de current ratio per 31 december 2016 en 31 december 2017.
  2 Noem twee bezwaren verbonden aan het beoordelen van de liquidi-
    teit op basis van de current ratio.
b   Geef je oordeel over de solvabiliteit met behulp van:
  1 de debt ratio
  2 het interestdekkingsgetal (interest coverage ratio)
  3 de ontwikkeling in de leencapaciteit
  4 de ontwikkeling in het weerstandsvermogen
c Bereken de rentabiliteit van het eigen vermogen over 2017. (Hierbij wordt
  de helft van de winst na belasting over 2017 tot het eigen vermogen gerekend.)
d Bereken de rentabiliteit van het totale vermogen over 2017. (Hierbij wordt
  de helft van de winst voor belasting over 2017 tot het totale vermogen
  gerekend.)
e Ter verbetering van onder andere de liquiditeit overweegt de onderneming gebruik te gaan maken van factoring.
  1 Welke twee vormen van factoring ken je? Licht beide vormen kort toe.
  2 Welke vorm van factoring leidt tot een verbetering van de liquiditeit?
    Motiveer je antwoord.

In plaats van nieuwe apparatuur aan te schaffen, overweegt de onderneming gebruik te maken van leasing.
f **1** Welke twee hoofdvormen van leasing kunnen worden onderscheiden?
  2 Noem twee belangrijke verschillen tussen deze hoofdvormen.

3 Leg uit welke invloed leasing zal hebben op de rentabiliteit van het totale vermogen (Rtv). Maak daarbij zo nodig onderscheid tussen de twee vormen van leasing

4.13 Van onderneming Avia bv zijn de balans per 31 december 2017 en de winst- en verliesrekening over 2017 gegeven.

Balans Avia bv per 31 december 2017 (bedragen × €1.000)

Gebouwen	1.000	Aandelenkapitaal	900
Machines	500	Reserves	200
Eindproducten	300	10% Obligatielening	400
Debiteuren	200	Crediteuren	250
		Nog te betalen interest	50
Kas	100	Winst 2017 (voor aftrek	
		vennootschapsbelasting)	300
Totaal bezittingen	2.100	Totaal vermogen	2.100

De bedragen op de balans kunnen als gemiddelden over het jaar 2017 worden beschouwd.

Winst- en verliesrekening 2017

Omzet	€ 3.800.000
Kosten van de omzet (met uitzondering van afschrijvingen en interestkosten)	€ 3.380.000 –
EBITDA	€ 420.000
Afschrijvingskosten	€ 70.000 –
EBIT	€ 350.000
Interestkosten	€ 50.000 –
Winst voor aftrek van vennootschapsbelasting	€ 300.000

Overige gegevens:
- Van de totale omzet wordt €1.500.000 op rekening verkocht.
- De bedragen van de gebouwen en de machines (€1 mln respectievelijk €500.000) zijn vermeld na aftrek van de afschrijvingsbedragen. Elk jaar wordt €20.000 op de gebouwen en €50.000 op de machines afgeschreven.
- Van de winst na aftrek van vennootschapsbelasting wordt ieder jaar €20.000 aan de reserves toegevoegd. Het bedrag dat daarna overblijft wordt in het volgende jaar aan de aandeelhouders uitbetaald. Het tarief van de vennootschapsbelasting is 20%.
- Van de Nog te betalen interest (€50.000 op de balans) heeft €40.000 betrekking op de 10% obligatielening van €400.000. Deze lening is bij de oprichting van de onderneming aangegaan.
- De aandelen hebben een nominale waarde van €10, de obligaties van €1.000.
- Een jaar stellen we gelijk aan 360 dagen.

Voor het totale vermogen, de voorraad eindproducten en debiteuren kunnen de bedragen, zoals vermeld in de balans per 31 december 2017, als gemiddelden over 2017 worden beschouwd.

NB Berekeningen in twee decimalen nauwkeurig.

a Bereken voor 2017:
  1 de omloopsnelheid van het totale vermogen
  2 de omzetsnelheid van de voorraad eindproducten
  3 de rentabiliteit van het totale vermogen (Rtv)
  4 de gemiddelde duur van het verleende leverancierskrediet in aantal dagen (een maand is 30 dagen)
b Bereken het interestdekkingsgetal (interest coverage ratio).
c Beoordeel het weerstandsvermogen van Avia bv.
d Geef je oordeel over de leencapaciteit van deze onderneming.
e Welke invloed heeft een vergroting van het vreemde vermogen op het financieel risico van een onderneming? Motiveer je antwoord.

We veronderstellen dat Avia bv bij de oprichting geen 10% obligatielening heeft geplaatst, maar het bedrag van €400.000 toen heeft aangetrokken door het uitgeven (verkopen) van gewone aandelen aan enkele familie-leden van de oprichters van Avia bv tegen een koers van 200%.
f Bereken in dat geval voor 2017:
  1 de over de winst 2017 te betalen vennootschapsbelasting
  2 het bedrag aan dividend (in hele centen) dat per gewoon aandeel wordt uitgekeerd
  3 de rentabiliteit van het totale vermogen
  4 de current ratio per 31 december 2017 na winstverdeling

We veronderstellen nu dat Avia bv bij haar oprichting geen obligaties of aandelen heeft uitgegeven, maar dat zij het bedrag van €400.000 in de loop van de jaren heeft verkregen door interne financiering.
g **1** Wat wordt bedoeld met interne financiering?
  2 Noem twee voordelen van interne financiering boven de financiering door het plaatsen van nieuwe aandelen.
  3 Kunnen er ook nadelen verbonden zijn aan interne financiering?

4.14 Handelsonderneming Feyenoord bv, die gespecialiseerd is in de verkoop van sportartikelen, heeft de volgende balans.

Balans Feyenoord bv per 31 maart 2018 (bedragen × €1.000)

Vaste activa			Eigen vermogen	
Gebouwen:			Aandelenkapitaal	400
aanschafprijs	800		Reserves	400
afschrijving	300 –			
		500	Vreemd vermogen	
Inventaris:			Lange termijn:	
aanschafprijs	200		10% Hypothecaire lening	400
afschrijving	80 –			
		120	Korte termijn:	
Vlottende activa			Crediteuren	250
Voorraden		80	Te betalen interest	10
Debiteuren		700		
Kas		60		
Totaal bezittingen		1.460	Totaal vermogen	1.460

Begrote gegevens tweede kwartaal 2018

Maand	Omzet (in euro's)	Inkopen (in euro's)
April	600.000	450.000
Mei	525.000	450.000
Juni	675.000	500.000
	1.800.000	1.400.000

De in- en verkopen zijn regelmatig binnen de maanden verdeeld.
- De termijn van het verleend leverancierskrediet is één maand en van het genoten leverancierskrediet een halve maand. Aan- en verkopen à contant komen niet voor.
- De brutowinst is 25% van de inkoopprijs.
- Op de hypotheek wordt op 30 juni en op 31 december €10.000 afgelost, terwijl op die data ook steeds de interest achteraf moet worden betaald.
- Overige gegevens:
  - lonen: €30.000 per maand;
  - overige maandelijkse betaalde kosten: €50.000;
  - op gebouwen wordt jaarlijks 10% van de aanschafprijs afgeschreven, op inventaris 18% van de aanschafprijs.

We veronderstellen dat in het eerste kwartaal van 2018 geen winst werd behaald, maar ook geen verlies werd geleden.

a   **1**   Wat verstaat men onder een liquiditeitsbegroting en om welke reden wordt deze samengesteld?
     2   Waarom wordt een liquiditeitsbegroting bij voorkeur over korte perioden samengesteld?
b   Stel voor het tweede kwartaal 2018 de liquiditeitsbegroting samen (niet per maand specificeren).
c   Bereken de current ratio per 31 maart 2018. Beschouw de hypotheek hierbij als lang vreemd vermogen.
d   Waarom geeft de directie van Feyenoord bv bij het nemen van beleidsbeslissingen de voorkeur aan de liquiditeitsbegroting boven de zojuist berekende current ratio?
e   Stel de begrote winst- en verliesrekening voor het tweede kwartaal 2018 op.
f   Stel de begrote balans per 30 juni 2018 samen.

4.15   Groothandel Olympia bv heeft aan een sportzaak 10 tennisrackets van het merk HEAD geleverd. Het totale factuurbedrag van deze levering bedroeg €2.000.
In de betalingsvoorwaarden is opgenomen dat de factuur uiterlijk binnen 30 dagen betaald moet worden. Bij betaling binnen 10 dagen kan een korting van 1% op de factuur in mindering worden gebracht. Een jaar is 360 dagen.

Bereken de kostenvoet van het leverancierskrediet in twee decimalen nauwkeurig.

4.16   Banketbakkerij De Gevulde Ruif koopt haar bakkerijgrondstoffen in bij
groothandel Banket bv.
De betalingscondities van Banket bv luiden: betaling uiterlijk binnen 45
dagen, bij betaling binnen 15 dagen mag een korting van 1½% op het factuurbedrag in mindering worden gebracht.
Een jaar is 360 dagen. De Gevulde Ruif heeft ook de mogelijkheid bankkrediet op te nemen, zodat de facturen binnen 15 dagen betaald kunnen worden. De kosten van het bankkrediet bedragen 13% per jaar.

Bereken of De Gevulde Ruif uit het oogpunt van kostenminimalisatie
gebruik moet maken van het leverancierskrediet of van het bankkrediet.

4.17   Afnemer Jan Krediet is een vaste afnemer van onderneming Piet Leverancier.
De betalingsvoorwaarden van Piet Leverancier luiden:
- Afnemers genieten een maximaal toegestane krediettermijn van 30
  dagen.
- Bij contante betaling (dit is betaling binnen 12 dagen) wordt een korting
  verleend van 1,75%.

Jan Krediet maakt tot dusverre gebruik van het leverancierskrediet. Over
zijn rekening-courantkrediet moet Jan Krediet 1,5% interest per 30 dagen
betalen (stel 1 jaar = 360 dagen).

a Bereken welk interestpercentage in feite aan Jan Krediet in rekening
wordt gebracht als hij van het leverancierskrediet gebruikmaakt.
b Laat door middel van een berekening zien welk alternatief, leverancierskrediet of rekening-courantkrediet, tot de laagste vermogenskosten leidt.
c Welk onderdeel van de totale vermogensbehoefte van een onderneming
wordt vaak gefinancierd met rekening-courantkrediet?
d Voor welke categorie bedrijven is het afnemerskrediet een belangrijke
financieringsbron?

5
Brancheanalyse en benchmarking

5.1   Brancheanalyse
5.2   Benchmarking
5.3   Benchmarking voor onderneming Demo
        Samenvatting
        Begrippenlijst
        Opgaven

In dit hoofdstuk behandelen we in het kort de factoren die van invloed zijn op de mate van concurrentie binnen een branche. Het vaststellen van deze factoren en het bepalen van de invloed van deze factoren op de mate van concurrentie binnen de branche noemen we brancheanalyse. Met een brancheanalyse proberen we antwoord te krijgen op de volgende vraag: Wat is de mate van concurrentie binnen de branche en welke factoren zijn daarop van invloed? De brancheanalyse bespreken we in paragraaf 5.1.
Paragraaf 5.2 gaat over benchmarking. Bij benchmarking vergelijken we de prestaties van een bedrijf met de prestaties van een andere, vergelijkbare onderneming binnen de branche. Vaak zijn de relevante gegevens van een individuele concurrent niet beschikbaar, maar wel een branchegemiddelde. In dat geval worden de eigen gegevens vergeleken met het branchegemiddelde. Daaruit kan de ondernemer afleiden hoe hij het heeft gedaan ten opzichte van een bepaalde concurrent of de 'gemiddelde concurrent' binnen de branche. In paragraaf 5.3 bekijken we benchmarking aan de hand van het voorbeeld van onderneming Demo.

⬛ 5.1 Brancheanalyse

Branche-analyse

Voor ondernemers is het belangrijk inzicht te hebben in de mate van concurrentie binnen de branche. Ondernemingen die met felle concurrentie te maken hebben, zullen hun beleid daarop moeten afstemmen. Ze kunnen bijvoorbeeld de mogelijkheden onderzoeken om hun kosten te drukken en zodoende hun bedrijfsresultaat op een aanvaardbaar niveau te houden. Om een brancheanalyse te kunnen maken, moet de branche worden afgebakend. De brancheafbakening voor Demo ontlenen we aan de website van detailhandel.info (www.detailhandel.info). Kies op deze website achtereenvolgens: Branches, daarna Huis & tuin en ten slotte voor Huishoudelijke artikelenzaken.

De informatie over onder meer het aantal winkels en de oppervlakte van deze winkels is afkomstig van Locatus (www.locatus.com).

De financiële gegevens over de omzetten en kosten in de branche Huishoudelijke artikelenzaken zijn afkomstig van het CBS. Hiervoor zijn de volgende SBI-codes samengevoegd:

- 47595 Winkels in porselein en aardewerk
- 47596 Winkels in overige huishoudelijke artikelen
- 47597 Winkels in huishoudwaren algemeen
- 47783 Winkels in kunstvoorwerpen
- 47791 Winkels in antiek

SBI

Het Centraal Bureau voor de Statistiek (CBS) heeft alle bedrijven ingedeeld door middel van codes, die zijn gebaseerd op de Standaard Bedrijfsindeling (SBI). De SBI is een hiërarchische indeling van economische activiteiten. De SBI is gebaseerd op de indeling van de Europese Unie (NACE) en op die van de Verenigde Naties (ISIC).

Het CBS gebruikt de SBI onder meer om bedrijfseenheden in te delen naar hun hoofdactiviteit. De eerste twee cijfers van de SBI en NACE stemmen overeen met de ISIC van de Verenigde Naties.

In paragraaf 5.1.1 bespreken we een model waarmee de mate van concurrentie in een branche kan worden beschreven. Bij de brancheanalyse moet ook rekening gehouden worden met macro-economische ontwikkelingen. Dit bespreken we in paragraaf 5.1.2.

De branche 'Huishoudelijke artikelen' bestaat uit winkels met een verschillend assortiment. Als we de financiële gegevens van de onderneming Demo vergelijken met de gegevens van de branche 'Huishoudelijke artikelenzaken' moeten we daarop bedacht zijn. Hoewel het assortiment van Demo niet overeenkomt met de branche 'Huishoudelijke artikelenzaken', gaan we ze toch met elkaar vergelijken. Beter iets dan niets.

Nadat de branche is afgebakend, volgt een beschrijving van de factoren die de mate van concurrentie binnen die branche bepalen.

5.1.1 Vijfkrachtenmodel van Porter

Porter

Vijfkrachten-model

Michael Porter heeft een model ontwikkeld waarmee de mate van concurrentie in een branche (bedrijfstak) kan worden beschreven. Dit model staat bekend als het vijfkrachtenmodel van Porter. De vijf krachten van het model van Porter hebben betrekking op drie vormen van concurrentie: interne concurrentie, externe concurrentie en potentiële concurrentie.

In tabel 5.1 geven we de factoren weer die schuilgaan achter de 'vijf krachten van Porter'.

TABEL 5.1 Vijfkrachtenmodel van Porter

Soort concurrentie	De vijf krachten die Porter beschrijft
Interne concurrentie	1 Concurrentie tussen de huidige aanbieders binnen de branche
Externe concurrentie	2 Macht van de leveranciers
	3 Macht van de afnemers
Potentiële concurrentie	4 Mate waarin substituten en complementaire goederen verkrijgbaar zijn
	5 Dreiging van nieuwe toetreders (aanbieders) op de markt

In figuur 5.1 geven we de vijf krachten van Porter weer.

FIGUUR 5.1 Vijfkrachtenmodel van Porter

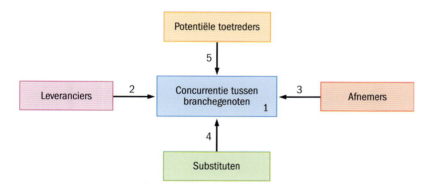

We lichten hierna de factoren achter ieder van de vijf krachten toe.

Ad 1 Concurrentie tussen de huidige aanbieders binnen de branche
- Aantal, omvang en sterkte van de rivalen: als er veel, relatief kleine aanbieders zijn, is de concurrentie heviger dan in een situatie met een klein aantal aanbieders.
- Groeipotentie van de markt: in een verzadigde markt is de concurrentie heftiger dan in een groeiende markt.
- Hoogte van de vaste kosten: bij een hoog vastekostenniveau hebben bedrijven er belang bij de bezettingsgraad hoog te houden. Dat kan in tijden van laagconjunctuur tot een heftige concurrentie leiden.

Ad 2 Macht van de leveranciers
- Aantal en omvang van de toeleveranciers: als de onderneming slechts kan kiezen uit één toeleverancier, dan heeft deze een grote marktmacht, waardoor een groot deel van de marge aan de leverancier zal toevallen ten koste van de afnemer.

- Vervangende producten: als de onderneming kan kiezen uit vervangende producten, dan is de macht van de toeleverancier geringer.
- Geleverd volume: als de onderneming wat omzet betreft een belangrijke afnemer is, dan is de macht van de leverancier geringer.

Ad 3 Macht van de afnemers
- Aantal en omvang van de afnemers: als er slechts enkele, grote afnemers zijn, dan hebben de afnemers veel marktmacht.
- Afgenomen volume: als de afnemer een van de belangrijkste klanten van de onderneming is (verantwoordelijk voor een groot gedeelte van de afzet), dan is de macht van de afnemer groot.
- Resultaten afnemers: als de afnemers goede resultaten behalen in termen van marktaandeel en winst, dan zullen ze gemakkelijker een hogere inkoopprijs betalen, waardoor de interne concurrentie minder wordt. Voor de detailhandel geldt dat bij gunstige economische ontwikkelingen (hogere inkomens) de consument eerder bereid zal zijn een hogere prijs te betalen, waardoor de interne concurrentie minder wordt.

Ad 4 Mate waarin substituten en complementaire goederen verkrijgbaar zijn
- Technologische ontwikkelingen: als er regelmatig nieuwe producten op de markt komen die de oude producten kunnen vervangen, dan zal de interne concurrentie toenemen (de markt voor mobiele telefoons is daar een voorbeeld van).
- Naarmate er meer substituten of complementaire goederen aanwezig zijn, zal de interne concurrentie toenemen.

Ad 5 Dreiging van nieuwe toetreders (aanbieders) op de markt
- Vereiste schaalgrootte: de interne concurrentie is gering als toetreders direct een groot marktaandeel moeten verwerven om de kosten te kunnen dekken.
- Sterke gevestigde namen/merken: concurrenten met een sterke naam (bijvoorbeeld in de autobranche Mercedes en BMW) zullen minder last hebben van concurrentie dan merken met een minder goede naam, alhoewel merken met een sterke naam elkaar ook flink kunnen beconcurreren (zoals het geval is met Mercedes en BMW).
- Kapitaalbehoefte: naarmate er meer vermogen nodig is om een bedrijf op te starten, zal de mate van toetreding en daarmee de potentiële concurrentie afnemen.
- Toegang tot distributiekanalen: de potentiële concurrentie is geringer, naarmate de toegang tot de distributiekanalen lastiger is (denk bijvoorbeeld aan de distributie van aardgas).
- Kostenvoordelen bestaande rivalen: als de huidige aanbieders op een markt goedkoper kunnen produceren, zal het voor potentiële concurrenten moeilijker zijn winstgevend op deze markt te opereren.
- Verwachte reactie bestaande rivalen: als bestaande rivalen in staat en bereid zijn door tijdelijke acties nieuwkomers uit de markt te drukken (bijvoorbeeld door tijdelijke prijsverlagingen), zullen nieuwkomers afgeschrikt worden en wordt de potentiële concurrentie geringer.

Het Vijfkrachtenmodel van Porter beschrijft welke factoren een rol (kunnen) spelen bij het bepalen van de mate van concurrentie in een branche. Niet alle genoemde factoren zijn voor iedere branche (even) belangrijk. We passen het model van Porter toe om de mate van concurrentie in de branche huishoudelijke-artikelenzaken in kaart te brengen. We maken daarbij weer gebruik van informatie van detailhandel.info (www.detailhandel.info) en kiezen onder Branches voor Huis & tuin en vervolgens voor Huishoudelijke-artikelenzaken.

Onder de kop 'Omzetontwikkeling' treffen we de volgende figuur aan (figuur 5.2).

FIGUUR 5.2 Omzetontwikkeling

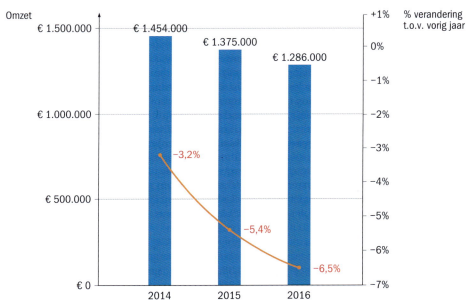

Bron: Panteia (op basis van CBS), www.detailhandel.info

Omzetontwikkeling
Uit figuur 5.2 blijkt dat de omzet in de branche de laatste jaren sterk is gedaald.

Winkels
Het totale aantal verkooppunten geeft een beeld van een groei of krimp binnen de branche (zie tabel 5.2).

TABEL 5.2 Aantal verkooppunten

	2014	**2015**	**2016**
Type winkels			
Hoofdwinkelcentra	3.224	3.269	3.200
Ondersteunende winkelcentra	859	860	832
Verspreide winkels	743	708	691
Grootschalige concentraties	81	62	65
Totaal aantal verkooppunten	4.907	4.899	4.788

Bron: Locatus, CBS, www.detailhandel.info

Naast het aantal verkooppunten is ook de ontwikkeling van het totale winkel-vloeroppervlak een indicatie voor groei of krimp in de branche (zie tabel 5.3).

TABEL 5.3 Winkelvloeroppervlakte

Oppervlakte × 1.000 m²	2014	2015	2016
Type winkels			
Hoofdwinkelcentra	656	669	660
Ondersteunende winkelcentra	224	232	232
Verspreide winkels	157	152	154
Grootschalige concentraties	45	41	42
Totaal winkelvloeroppervlakte	1.082	1.094	1.088

Bron: Locatus, CBS, www.detailhandel.info

Tabel 5.4 geeft de bedrijfsresultaten in procenten van de omzet weer.

TABEL 5.4 Bedrijfsresultaten in procenten van de omzet

	2014	2015	2016
Brutomarge	38,0%	38,2%	38,9%
Personeelskosten	18,1%	18,3%	18,9%
Huisvestingskosten	12,3%	12,9%	13,8%
Overige bedrijfskosten	9,5%	9,7%	9,9%
Totale bedrijfskosten	39,9%–	40,9%–	42,6%–
Bedrijfsresultaat in % van de omzet	– 1,9%	– 2,7%	– 3,7%

Het bedrijfsresultaat is vóór aftrek van belastingen en vóór aftrek van het gewaardeerd ondernemersloon (GOL).
Bron: Locatus, CBS, www.detailhandel.info

Uit de gegevens in de tabellen 5.2 tot en met 5.4 blijkt dat de omzet in de branche de laatste jaren flink is gedaald. Het aantal verkooppunten is ook gedaald, maar de winkelvloeroppervlakte is nagenoeg gelijk gebleven. Uit tabel 5.4 blijkt dat de daling van de omzet niet heeft geleid tot een evenre-dige daling van de kosten. Het bedrijfsresultaat is de laatste jaren negatief, en dit negatieve resultaat wordt steeds groter. De ondernemingen in deze bran-che zijn blijkbaar niet in staat (gezien de concurrentie in de branche) hun prijzen zodanig te verhogen dat ze winst maken. Hieruit concluderen wij dat de concurrentie in de branche 'Huishoudelijke artikelenzaken' groot is.

5.1.2   Macro-economische ontwikkelingen

Macro-economische ontwikkelingen

Om de ontwikkelingen binnen een branche en de mate van concurrentie te beoordelen, moeten we ook rekening houden met de fase waarin de economie zich bevindt. In een periode van hoogconjunctuur zal de vraag van consumenten toenemen. Een toename van de vraag kan leiden tot overbezetting van de productiecapaciteit en tot prijsstijgingen (inflatie). Economische groei is gunstig voor de omzet van ondernemingen, maar brengt ook hogere kosten voor grondstoffen en arbeid met zich mee. Economische groei kan ook leiden tot krapte op de vermogensmarkt, waardoor de rente gaat stijgen.

In een periode van laagconjunctuur zijn tegenovergestelde ontwikkelingen waar te nemen.

In het volgende artikel worden enkele verwachtingen uitgesproken over de economische ontwikkelingen in 2017.

DE TELEGRAAF, 15 FEBRUARI 2017

Groei economie zet door

Consumenten en producenten positief over toekomst

Consumenten- en producentenvertrouwen naar hoogste niveau in 9 jaar

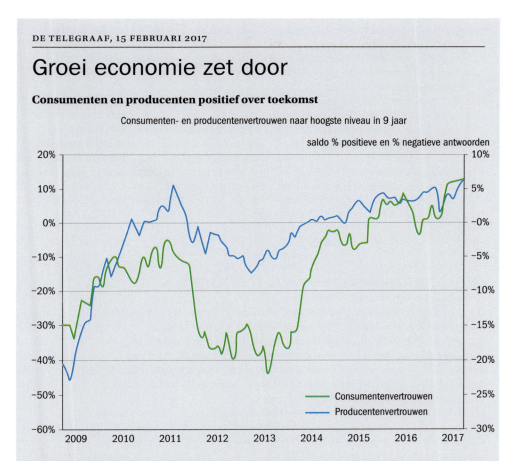

saldo % positieve en % negatieve antwoorden

Het groeitempo van de Nederlandse economie zal dit jaar onverminderd doorzetten, verwachten economen. Vooral het positieve sentiment onder consumenten en producenten zorgt voor dynamiek.

'Wij verwachten dat het groeitempo dit jaar doorzet', zegt econoom Dimitry Fleming van ING. 'Het vertrouwen in de economie is hoog en de arbeidsmarkt trekt aan. Dat is een belangrijke motor.' ING ging eerder uit van een groei van rond de 1,6 tot 1,7% voor dit jaar, maar zal de

groeiverwachting naar boven bijstellen. Fleming gaat uit van een groei van tegen de 2% voor dit jaar. 'Als er geen gekke dingen gebeuren gaan we uit van een gezonde groei. De binnenlandse economie zit namelijk in een stevige dynamiek en dat stopt niet zomaar. We hebben bovendien nog een inhaalslag te maken.' Uit cijfers van het Centraal Bureau voor de Statistiek (CBS) blijkt dat de economie vorig jaar met 2,1% is gegroeid, het hoogste niveau sinds 2007. De groei is vooral te danken aan de toegenomen investeringen, export en de consumptie van gezinnen. 'Het gaat om de hoogste groei sinds de crisis', zegt hoofdeconoom Peter Hein van Mulligen. 'En daarmee doen we het beter dan de landen om ons heen.'

De vooruitzichten voor dit jaar zijn positief gezien het conjunctuurbeeld. Volgens het CBS presteren alle indicatoren beter dan hun langjarige trend. Zo is het vertrouwen van consumenten in januari toegenomen tot het hoogste niveau in negen jaar. Ook het producentenvertrouwen steeg afgelopen maand naar de hoogste stand in bijna negen jaar. Ondernemers in de industrie zijn vooral positief over hun orderportefeuille.

'Beide indicatoren zitten op een hoog niveau, dus het moet gek lopen als we dit jaar niet opnieuw rond een groei van 2% uitkomen', aldus Van Mulligen.

Volgens econoom Nico Klene van ABN Amro geven de vertrouwensindicatoren aan dat consumenten en producenten hun kansen grijpen. 'De groei in de eerste maanden ligt op een behoorlijk niveau en daarom zijn we redelijk positief over onze economie. Wij verwachten dat de groei dit jaar uitkomt op zo'n 2,25%.'

Klene benadrukt verder dat het mondiale beeld is verbeterd. 'We hebben eerst een economische crisis gehad en daartussen gebeurde er steeds wel weer iets. Maar nu is het al een tijdje rustig, het economische klimaat wereldwijd is verbeterd. Ook daar profiteren we van.'

● www.nu.nl

Omzet detailhandel stijgt met 5 procent

De detailhandel heeft in januari 5 procent meer omgezet dan in dezelfde maand een jaar eerder. De verkopen waren 3,2 procent hoger.

Dat meldde het Centraal Bureau voor de Statistiek (CBS) woensdag. Volgens het statistiekbureau realiseerde zowel de foodsector als de non-foodsector een hogere omzet. Daar dikten de opbrengsten met respectievelijk 5 procent en 3,9 procent aan. Daarnaast werd online ruim 17 procent meer omgezet.

In de non-foodsector groeide de omzet van kledingwinkels, voor de vierde maand op rij. Ook doe-het-zelfzaken, winkels in keukens en vloeren en winkels in meubels en huishoudartikelen zagen de opbrengsten stijgen. Verder groeide voor het eerst sinds juli 2015 de omzet van fysieke winkels in consumentenelektronica.

Online

De winkels in voedings- en genotmiddelen realiseerden in januari een omzetstijging van 2,5 procent. De verkopen waren 1 procent hoger. De omzet van de supermarkten groeide met 2,6 procent, die van de speciaalzaken met 1,7 procent.

De online omzet lag in januari 17,2 procent hoger dan in dezelfde maand een jaar eerder, aldus het CBS. Winkels, die als hoofdactiviteit verkoop via internet hebben, zetten 14,4 procent meer om. De onlineomzet van winkels waarvan de verkoop via het internet een nevenactiviteit is groeide met bijna 21 procent.

15 maart 2017

Commentaar bij de artikelen

Goede economische vooruitzichten hebben een gunstig effect op de bestedingen van consumenten. Iedere MKB-onderneming zal proberen daar een graantje van mee te pikken. Maar welk type MKB-onderneming zal er het meest van profiteren: fysieke winkels, onlinewinkels of juist een combinatie? Specialisten van de grote banken (Rabobank, ABN AMRO en ING) stellen regelmatig rapporten op die inzicht gegeven in de verwachte (financiële) ontwikkelingen in een bepaalde branche.

5.2 Benchmarking

Het vergelijken van de kengetallen van een bepaalde onderneming (op hetzelfde moment of over dezelfde periode berekend) met de kengetallen van andere ondernemingen uit dezelfde branche heet benchmarking. Voor het uitvoeren van een benchmark is het belangrijk dat de ondernemingen waarvan de resultaten met elkaar worden vergeleken, ook vergelijkbaar zijn. De cijfers van bijvoorbeeld de HEMA kunnen we immers niet vergelijken met de cijfers van een lokale, zelfstandige onderneming.

Benchmarking

Het vergelijken van branchegenoten wordt ook bemoeilijkt door verschillen in de waardering van de activa en de afschrijvingsmethoden die worden toegepast. Verder hebben verschillen in rechtsvorm (bijvoorbeeld eenmanszaak of besloten vennootschap) invloed op de kengetallen en daarmee op de vergelijkbaarheid van de cijfers. Ten slotte doet zich het probleem voor van de beschikbaarheid van de gegevens van de concurrent, waarmee de eigen resultaten worden vergeleken. Vaak zijn de cijfers van de concurrenten niet beschikbaar en moeten we volstaan met branchegemiddelden. Een gemiddelde is echter lang niet altijd een goed referentiekader. In het gemiddelde zijn de cijfers verwerkt van zowel de goed presterende als van de slecht presterende ondernemingen. Bij benchmarking willen we ons bedrijf echter vergelijken met ondernemingen die het beter doen of zelfs met de best presterende onderneming in de branche. Op basis daarvan kunnen we vaststellen op welke punten de eigen onderneming het slechter doet, maar ook op welke punten de eigen onderneming beter scoort.

5.3 Benchmarking voor onderneming Demo

Allereerst gaan we onderzoeken welke gegevens van de concurrenten bekend zijn. We kunnen dan de cijfers van onderneming Demo hiermee vergelijken. Omdat Demo een speciaalzaak is in huishoudelijke artikelen, gaan we zoeken naar informatie op de website van detailhandel.info (www. detailhandel.info) en kiezen onder Branches voor Huis & tuin en vervolgens voor Huishoudelijke-artikelenzaken. Op deze website is onder meer de exploitatiestructuur van de branche weergegeven in procenten van de omzet. Dat wil zeggen dat de brutowinst, de personeelskosten, de huisvestingskosten, de overige bedrijfskosten en het bedrijfsresultaat (EBIT) zijn uitgedrukt in procenten van de omzet. De branchegegevens voor het jaar 2016 zijn weergegeven in tabel 5.5.

Benchmarking
Demo
DEMO

Voor eenmanszaak Demo hebben we de corresponderende gegevens (zie www.financieelmanagementmkb.noordhoff.nl) berekend met behulp van

Excel. De resultaten van deze berekeningen staan in de rechterkolom van tabel 5.5 en 5.6 vermeld.

TABEL 5.5 Omzetten en kosten in % van netto-omzet

In % van netto-omzet	Gehele branche 2016		Demo 2017	
Netto-omzet	100		100	
Inkoopwaarde	61,1 –		56,50 –	
Brutowinst		38,9		43,50
Kosten:				
• Personeelskosten	18,9		13,82	
• Huisvestingskosten	13,8		5,84	
• Overige kosten	9,9		7,26	
Totale kosten		42,6 –		26,92 –
EBIT (Bedrijfsresultaat)		– 3,7		16,58

Het bedrijfsresultaat is vóór aftrek van belastingen en vóór aftrek van het gewaardeerd ondernemersloon (Gol).

Toelichting bij tabel 5.5
De personeels-en huisvestingskosten verschillen sterk per bedrijf. De personeelskosten worden onder andere beïnvloed door de rechtsvorm: een bv of nv rekent het ondernemersloon tot de personeelskosten, terwijl bij een eenmanszaak of vof het gewaardeerd ondernemersloon (Gol) niet is opgenomen in de personeelskosten. De huisvestingskosten zijn afhankelijk van de eigendomsverhouding: een eigen pand heeft veelal andere kosten dan een gehuurd pand.

Bij de berekening van het branchegemiddelde is onder de personeelskosten ook het salaris van de directeur-grootaandeelhouder (DGA) opgenomen. Hierdoor vallen de personeelskosten voor de branche als geheel hoog uit ten opzichte van de personeelskosten van een eenmanszaak of vof.

Het vergelijken van de resultaten van de eigen onderneming met gegevens van de branche (benchmarking) is lastig. We lichten enkele lastige kwesties nader toe:
in tabel 5.5 worden de cijfers van Demo over 2017 vergeleken met cijfers van de branche over 2016. We hadden graag branchegegevens over 2017 gebruikt, maar die komen pas met een zekere vertraging beschikbaar. Bovendien kan het assortiment van de branche sterk afwijken van het assortiment van onderneming Demo.

Als de branchegegevens en de gegevens van de onderneming op een andere periode betrekking hebben, moeten we rekening houden met de economische ontwikkelingen die in de tussenliggende periode hebben plaatsgevonden.
Uit de vergelijking van Demo met de branche als geheel blijkt dat Demo op alle onderdelen beter scoort dan de branche. Als je op de website van detailhandel.info (www.detailhandel.info) onder Branche kiest voor

Huis&tuin en vervolgens voor Huishoudelijke artikelenzaken kom je ook de omzet per winkel, per m² en per fte tegen. In tabel 5.6 vergelijken we deze cijfers met de cijfers van Demo.

TABEL 5.6 Activiteitskengetallen branche en Demo

	Gehele branche 2016	Demo 2017
Netto-omzet per winkel	€ 306.000	€ 760.000
Omzet per m² WVO[1]	€ 1.347	€ 2.714
Omzet per fte[2]	€ 142.761	€ 253.333

1 WVO = winkelvloeroppervlakte. In plaats van WVO komen we ook wel de afkorting VVO tegen (VVO = verkoopvloeroppervlakte).

2 Fte's op de loonlijst (dus exclusief de meewerkende eigenaar en eventueel meewerkende partner bij de eenmanszaak en vof).

Ten aanzien van het aantal fte's merken we op dat bij een eenmanszaak of vof de eigenaar en de meewerkende partner van de eigenaar niet zijn meegeteld bij het bepalen van het aantal fte's. Hierdoor zal de omzet per fte bij een eenmanszaak en vof in het algemeen hoger uitvallen dan bij een bv. Omdat in het branchegemiddelde ook bv's zijn opgenomen, zal de omzet per fte in de branche waarschijnlijk lager liggen dan de omzet per fte bij een eenmanszaak of vof.

5.3.1   Analyse van de verschillen tussen Demo en het branchegemiddelde

Nu de cijfermatige vergelijking tussen onderneming Demo en het branche-gemiddelde op papier staat, wordt het tijd een verklaring te geven voor de verschillen.

De brutowinstmarge van Demo (43,50%) ligt hoger dan het branchegemid-delde (38,9%). Een verklaring hiervoor zou kunnen zijn dat Demo een speciaalzaak is en een relatief (ten opzichte van de inkoopprijs) hoge verkoopprijs kan vragen. De personeelskosten (13,82%) liggen onder het niveau van het branchegemiddelde voor het kleinbedrijf (18,9%). Hierbij merken we op dat het GOL voor de eigenaar en zijn meewerkende partner in tabel 5.2 buiten beschouwing is gelaten.

De omzet van Demo (€760.000) ligt boven het branchegemiddelde van €306.000. De relatief hoge netto-omzet van Demo kan te maken hebben met de grootte van Demo (gemeten in winkeloppervlakte en aantal perso-neelsleden) ten opzichte van het branchegemiddelde. De omzet per m² winkelvloeroppervlakte en de omzet per fte zijn bij Demo hoger dan het branchegemiddelde. Dit kan samenhangen met het feit dat Demo een speciaalzaak is, met relatief dure artikelen.

Ten aanzien van de omzet per fte merken we op dat de eigenaar en de meewerkende partner niet in het aantal fte's zijn opgenomen. Zouden we er rekening mee houden dat de eigenaar volledig en de partner van de eige-naar voor 0,4 fte meewerkt in de onderneming, dan komt de omzet per fte uit op €760.000 : (3 + 1,4) = €172.727.

Samenvatting

Een brancheanalyse geeft inzicht in de mate van concurrentie. Dat inzicht is belangrijk voor ondernemers, omdat ze hun beleid op basis daarvan kunnen aanpassen. Het Vijfkrachtenmodel van Porter kan worden gebruikt om op gestructureerde wijze inzicht te krijgen in de concurrentieverhoudingen binnen een branche. De vijf krachten die in het model van Porter een rol spelen, zijn: de concurrentie tussen de huidige aanbieders binnen de branche, de macht van de leveranciers, de macht van de afnemers, de mate waarin substituten en complementaire goederen verkrijgbaar zijn en de dreiging van nieuwe toetreders. Bij benchmarking vergelijken we de prestaties van een bepaalde onderneming met de prestaties van een vergelijkbare concurrent binnen de branche. Omdat in veel gevallen de gegevens van een relevante concurrent niet beschikbaar zijn, wordt in plaats daarvan gewerkt met een branchegemiddelde. Het branchegemiddelde heeft als nadeel dat daarin zowel de resultaten van de slecht presterende ondernemingen als de resultaten van de goed presterende ondernemingen zijn verwerkt. Bij benchmarking willen we onze prestaties echter vergelijken met de prestaties van ondernemingen die het beter doen dan wijzelf of met de best presterende onderneming in de branche. Maar de daarvoor noodzakelijke gegevens ontbreken bijna altijd.

Begrippenlijst

Bbp	Bruto binnenlands product.
Benchmarking	Het vergelijken van de kengetallen van de eigen onderneming met de kengetallen van een andere, vergelijkbare onderneming binnen de branche.
Brancheanalyse	Een analyse van een branche met als doel inzicht te krijgen in de mate van concurrentie binnen die branche.
CBS	Centraal Bureau voor de Statistiek, een instelling die allerlei statistisch materiaal verzamelt, onder meer over branches.
Eurozone	De negentien landen die (in 2017) de euro als betaalmiddel hebben. Deze landen zijn: België, Cyprus, Duitsland, Estland, Finland, Frankrijk, Griekenland, Ierland, Italië, Letland, Litouwen, Luxemburg, Malta, Nederland, Oostenrijk, Portugal, Slovenië, Slowakije en Spanje.
Fte	Fulltime equivalent: de arbeidstijd die overeenkomt met een volledige betrekking.
SBI	Standaard Bedrijfsindeling (van het CBS).

5

Opgaven

5.1 **a** Verzamel voor de branche *Telecomwinkels* over de afgelopen twee jaar de volgende branchegegevens en geef deze overzichtelijk weer:

	Vorig jaar	Twee jaar gelden
Omzet per winkel	€	€
Omzet per m² winkeloppervlakte	€	€
Omzet per fte	€	€
In procenten van de omzet:		
Brutowinstmarge	........%	........%
Personeelskosten	........%	........%
Huisvestingskosten	........%	........%
Overige bedrijfskosten	........% +	........% +
Totale bedrijfskosten	........% -	........% -
Bedrijfsresultaat (EBIT)	........%	........%

b Welke macro-economische verklaringen kun je geven voor de ontwikkeling in de branchegegevens zoals jij die hebt weergegeven bij de beantwoording van vraag **a**?

c Wat kun je op basis van je antwoord op vraag **a** zeggen over de mate van concurrentie in de branche? Leg in je antwoord ook een verband met het Vijfkrachtenmodel van Porter.

5.2 **a** Verzamel voor de branche *Tweewielerspeciaalzaken* over de afgelopen twee jaar de volgende branchegegevens en geef deze overzichtelijk weer:

	Vorig jaar	Twee jaar gelden
Omzet per winkel	€	€
Omzet per m² winkeloppervlakte	€	€
Omzet per fte	€	€
In procenten van de omzet:		
Brutowinstmarge	........%	........%
Personeelskosten	........%	........%
Huisvestingskosten	........%	........%
Overige bedrijfskosten	........% +	........% +
Totale bedrijfskosten	........%-	........%-
Bedrijfsresultaat (EBIT)	........%	........%

b   Welke macro-economische verklaringen kun je geven voor de ontwikkeling in de branchegegevens zoals jij die hebt weergegeven bij de beantwoording van vraag **a**?

c   Wat kun je op basis van je antwoord op vraag **a** zeggen over de mate van concurrentie in de branche? Leg in je antwoord ook een verband met het Vijfkrachtenmodel van Porter.

5.3   **a**   Wat verstaan we onder een branchevergelijking?

       b   Noem een aantal bezwaren die kunnen optreden bij het maken van een branchevergelijking (benchmarking) en licht deze kort toe.

       c   Welke aanpassingen/correcties stel je voor om de bezwaren die je bij de beantwoording van vraag **b** hebt genoemd, te verminderen? Licht deze aanpassingen kort toe.

5.4   Waarom zijn de omzet per fte en de personeelskosten (uitgedrukt als percentage van de omzet) van een bv moeilijk te vergelijken met dezelfde gegevens van een eenmanszaak of vof?

DEEL 3

De financiële besturing van een onderneming

6   **Inzicht in kosten en kostprijs**   201

7   **Investeren, liquiditeitsbegroting en begrote winst- en verliesrekening**   259

8   **Groei, overname en waardering**   297

In een onderneming volgen de goederen- en geldstromen elkaar op (going-concern). Voor de logistieke beheersing is inzicht in de goederen- en/of dienstenstromen belangrijk. Bij de financiële besturing staat de beheersing van de geldstromen voorop. De geldstromen kunnen samenhangen met het primaire proces (primaire geldstromen) of met de vermogensmarkt (secundaire geldstromen). Maar ook opbrengsten en kosten zijn belangrijke aspecten voor de leiding van een onderneming.

'Regeren is vooruitzien.' Dit gezegde is niet alleen van toepassing op het bestuur van een land, maar ook op de besturing van een onderneming. Bij beslissingen binnen een onderneming moeten we vooral letten op de gevolgen ervan voor de toekomst van de onderneming. Wat zijn de gevolgen voor de toekomstige resultaten en wat zijn de verwachte gelduitgaven en verwachte geldontvangsten van bepaalde beslissingen? We zullen zien dat het antwoord op deze vragen mede afhankelijk is van de situatie waarin een bepaalde beslissing moet worden genomen. Zo zal bij een belangrijke investering een schatting moeten worden gemaakt van de daarmee samenhangende toekomstige gelduitgaven en geldontvangsten. Dit geldt ook bij een eventuele overname van een andere onderneming of bij de verkoop van een bedrijfsonderdeel. Dit deel sluiten we af met het opstellen van een financiële prognose, die noodzakelijk is om inzicht te krijgen in de mogelijke financiële gevolgen van bepaalde beslissingen.

6
Inzicht in kosten en kostprijs

6.1   Marktvormen en kostprijs
6.2   Belasting toegevoegde waarde (btw)
6.3   Variabele en vaste kosten
6.4   Break-evenpunt
6.5   Integrale kostprijs van een product/dienst
6.6   Kostprijsberekening bij onderneming Demo
6.7   Zelf produceren of werk uitbesteden?
6.8   Differentiële calculatie
          Samenvatting
          Begrippenlijst
          Opgaven

Winst is het positieve verschil tussen opbrengst en kosten, dat weten de meeste ondernemers wel. Maar hoe moeten de kosten worden berekend en welke kosten zijn relevant om een bepaalde beslissing te kunnen nemen? Het antwoord op deze vragen blijkt afhankelijk te zijn van de situatie waarin een bepaalde beslissing moet worden genomen. Voor een ondernemer is het onder meer belangrijk inzicht te hebben in de hoogte en samenstelling van de kostprijs. Afhankelijk van de marktvorm (par. 6.1) kan de kostprijs worden gebruikt om de verkoopprijs te bepalen (bij monopolie) of om te beoordelen of de verkoopprijs die op de markt tot stand komt, voldoende is om de kosten te dekken (bij marktvormen met concurrentie). Inzicht in het kostenverloop is ook van belang bij het beoordelen van de winstgevendheid van nieuwe opdrachten. Om een besluit te kunnen nemen, vergelijkt men de extra opbrengsten en de extra kosten van de opdracht. De wijzen waarop we de kostprijs kunnen berekenen en de factoren die daarbij een rol spelen, komen in dit hoofdstuk aan de orde. Dit doen we zowel voor dienstverlenende ondernemingen als voor handelsondernemingen en productiebedrijven. In paragraaf 6.2 lichten we eerst de gevolgen van de btw toe. In paragraaf 6.3 gaan we in op het verschil tussen variabele en vaste kosten. In paragraaf 6.4 berekenen we hoeveel een onderneming minimaal moet verkopen om de totale kosten terug te verdienen. Er wordt bij dit break-evenpunt nog geen winst gemaakt. Een ondernemer wil behalve inzicht in de totale kosten van de onderneming weten wat de kostprijs is van het individuele product of de individuele dienst die de onderneming aanbiedt. Dit berekenen we in paragraaf 6.5. In paragraaf 6.6 wordt de kostprijsberekening uitgevoerd aan de hand van het voorbeeld van onderneming Demo. Kostenbesparing kan een argument zijn om werkzaamheden uit te besteden. Hierover gaat paragraaf 6.7. In paragraaf 6.8 ten slotte komt de differentiële calculatie aan de orde.

6.1 Marktvormen en kostprijs

Marktvorm

Met marktvorm bedoelen we het geheel van omstandigheden waaronder ondernemingen met elkaar concurreren. In tabel 6.1 geven we de belangrijkste kenmerken van de verschillende marktvormen summier weer.

TABEL 6.1 Marktvormen en hun kenmerken

Marktvorm	Kenmerken	Voorbeelden	Mate waarin de individuele aanbieder invloed heeft op de verkoopprijs
Monopolie	Slechts 1 aanbieder	Deze marktvorm komt (bijna) niet meer voor. Vroeger: de NS ten aanzien van het vervoer per trein.	Grote invloed: de aanbieder kan de verkoopprijs zelf vaststellen (tenzij regelgeving door de overheid).
Monopolistische concurrentie (hoofdmarkt is een oligopolie, deelmarkt een monopolie)	Hoofdmarkt: enkele aanbieders en veel vragers. Deelmarkt: één aanbieder. Zie voorbeeld.	Koffiemarkt. Op de totale koffiemarkt zijn er enkele aanbieders, maar omdat de consument aan een bepaalde smaak went, is er voor die groep in feite maar één aanbieder.	Producent kan in belangrijke mate de verkoopprijs zelf bepalen. Als de verkoopprijs te veel uit de pas loopt bij de concurrentie, bestaat het gevaar dat de consument (blijvend) overstapt.
Oligopolie	Enkele aanbieders	Staalindustrie, oliemarkt en energiemarkt.	Aanbieders moeten terdege rekening houden met de prijsstelling door de concurrenten.
Volkomen concurrentie	Veel aanbieders en veel vragers	Enkele voorbeelden zijn de effectenbeurzen en grondstoffenmarkten, zoals voor graan en koper.	Aanbieder heeft geen invloed: de verkoopprijs wordt door de markt gedicteerd.

In tabel 6.1 zijn vier hoofdvormen weergegeven. In de praktijk kan er sprake zijn van mengvormen. In het MKB zal meestal sprake zijn van de marktvormen monopolistische concurrentie of oligopolie of een mengvorm van deze twee marktvormen. Zo zal onderneming Demo (speciaalzaak in huishoudelijke artikelen) de concurrentie ondervinden van een klein aantal andere speciaalzaken in de regio (monopolistische concurrentie), maar ook te maken hebben met de aanbiedingen van enkele grote winkelketens zoals Blokker en mogelijk Kruidvat (dit is een oligopolistisch trekje).

De marktvorm die van toepassing is, bepaalt mede de mate van concurrentie. Overigens mogen monopolisten, maar ook andere aanbieders, geen misbruik maken van een eventuele machtspositie. De Autoriteit Consument en Markt (ACM) en de Europese commissie voor mededinging ('Brussel') zien daarop toe. De Autoriteit Consument & Markt (ACM) ziet toe op de naleving van wetten en regels op het gebied van concurrentie en marktwerking. Regelgeving, die op in Nederland gevestigde ondernemingen van toepassing is, is zowel gebaseerd op Europese verordeningen als op Nederlandse wetgeving. De Raad van de Europese Unie kan Europese verordeningen uitvaardigen. De Nederlandse regering kan wetten opstellen, zoals de Mededingingwet, de Aanbestedingswet en de Wet op het financieel toezicht.

ACM

Of de mate van mededinging door de ACM of door 'Brussel' moet worden beoordeeld, hangt af van de reikwijdte van de machtsconcentratie. Als samenwerkingsvormen alleen invloed hebben op de mededinging binnen Nederland, dan is de ACM de aangewezen instantie om de mate van concurrentie te beoordelen en eventueel maatregelen te treffen (waaronder het opleggen van boetes). De Europese wetgeving is van toepassing als bepaalde omzetdrempels (daarbij moeten we denken aan bedrijven met miljardenomzetten) worden overschreden en de samenwerking invloed heeft op de handel tussen de lidstaten. Worden deze drempels overschreden, dan is uitsluitend het Europees recht van toepassing. Voor nadere informatie verwijzen we naar www.acm.nl en https://europa.eu.

In de praktijk zal een marktvorm van toepassing zijn, die ergens ligt tussen oligopolie en volkomen concurrentie.
De algemene kenmerken die horen bij bepaalde marktvormen en de factoren die in het kader van het Vijfkrachtenmodel van Porter in hoofdstuk 5 zijn besproken, bepalen de mate van concurrentie in een bepaald marktsegment. De mate van concurrentie bepaalt mede de prijs die kan worden gevraagd voor het product en/of de dienst die de onderneming levert.

De kostprijs van een dienst of product is een belangrijk stuurinstrument voor een onderneming. Als voorbeeld nemen we Demo, onze speciaalzaak in huishoudelijke apparaten. Demo legt zich toe op het hogere segment binnen de huishoudelijke apparaten. Daarnaast worden ook complementaire artikelen verkocht. In het geografische gebied waarop Demo zich richt, zijn nog twee andere, vergelijkbare speciaalzaken. Daarnaast zijn er vestigingen van de winkelketen Blokker in het 'verzorgingsgebied' van Demo. De winkelketen Blokker richt zich op een andere doelgroep dan onderneming Demo. Toch moet Demo qua prijsstelling rekening houden met de aanbiedingen van winkelketen Blokker. Soms biedt Blokker artikelen aan die min of meer als substituten gelden voor de producten die bij Demo te koop zijn. Demo probeert zich van haar directe concurrenten te onderscheiden door een goede voorlichting en goede service. Dat geeft de mogelijkheid om een verkoopprijs te vragen die iets hoger ligt dan de prijs van de directe

Kostprijs
DEMO

concurrenten. Maar daar zijn ook grenzen aan, en de concurrentie ligt op de loer. Daarom is het ook voor Demo belangrijk inzicht te hebben in de kostenstructuur van haar onderneming en in de kostprijs van de producten die ze aanbiedt. Als Demo door een efficiënte bedrijfsvoering erin slaagt de kostprijs van haar producten te verlagen, neemt het (naar we aannemen positieve) verschil tussen de verkoopprijs en de kostprijs toe. Dit verschil is bepalend voor de winstgevendheid van de onderneming, maar geeft ook de ruimte aan die er is om – in geval van een verheviging van de concurrentie – de verkoopprijs te verlagen en/of de voorlichting en service te verbeteren. Voor Demo zijn de kostprijs en de mate van concurrentie belangrijke factoren bij het vaststellen van de verkoopprijs.

Bart Romijnders licht toe welke rol de kostprijs bij de bedrijfsvoering speelt: 'Bij mijn bedrijf is er sprake van twee deelmarkten: de markt voor schadeherstel van moderne auto's en de restauratiemarkt van klassieke auto's. Op de markt van schadeherstel spelen de autoverzekeraars een belangrijke rol. Inspecteurs van de verzekeraars, die de schade komen taxeren, werken met min of meer vaste richtlijnen. Dit betekent dat de prijs die voor een schadereparatie kan worden gevraagd voor een belangrijk deel door de markt wordt gedicteerd. Het is mijn taak ervoor te zorgen dat de kostprijs voor reparaties onder deze richtlijnen ligt. Op de restauratiemarkt liggen de verhoudingen anders. Het is een markt waar geldt: "ons kent ons". Dat wil zeggen dat bezitters van klassieke auto's bijvoorbeeld via de contacten binnen de diverse merkenclubs voor klassieke auto's onderling informatie uitwisselen. Als de prijskwaliteitverhouding goed is, geeft dat een sterke positie op de markt. Dat is ook de reden dat ik kwaliteit hoog in het vaandel heb staan. Daardoor krijg je een goede naam en dat trekt nieuwe klanten aan. Ik licht aan ieder potentiële klant mijn werkwijze toe en maak een afspraak over de kosten van een restauratie.'

Voordat we nader ingaan op de berekening van de kostprijs, lichten we kort de gevolgen toe van de belasting toegevoegde waarde (btw) en enkele kenmerken van kosten.

⬤ 6.2 Belasting toegevoegde waarde (btw)

Belasting toegevoegde waarde

Omzetbelasting

Een onderneming die een product of dienst levert, kan op grond van fiscale wetgeving verplicht zijn over de omzet belasting in rekening te brengen aan de afnemer van de dienst of het product. Deze belasting heet belasting toegevoegde waarde (btw). In de belastingwetten wordt de belasting toegevoegde waarde omzetbelasting (ob) genoemd. Sommige prestaties, zoals gezondheidszorg, onderwijs en financiële diensten en verzekeringen, zijn vrijgesteld van btw. Daarnaast kennen we het nultarief (0%), het algemeen tarief (21%) en het verlaagd tarief (6%). Het nultarief komt voor bij de import en export van goederen. Voor goederen die voorzien in een primaire levensbehoefte, zoals brood, vlees en groenten geldt het verlaagd tarief van 6%. Er zijn plannen dit tarief te verhogen naar 9%. En voor duurzame producten (zoals auto's en tv's), luxe levensmiddelen, waaronder alcoholhoudende dranken, en de meeste dienstverlening geldt het algemene tarief van 21%. *Ondernemingen die btw-plichtig zijn* (dat wil zeggen over hun omzet btw aan de klant in rekening moeten brengen), moeten de ontvangen btw aan de fiscus afdragen. Op deze af te dragen btw mogen zij de betaalde btw (die ze over hun inkopen hebben betaald) in mindering brengen. De door de ondernemer betaalde btw is een gelduitgave die niet tot kosten leidt, omdat dit bedrag door de fiscus wordt terugbetaald. ==De btw die de ondernemer van zijn klant ontvangt, is een geldontvangst die niet tot een opbrengst leidt,== omdat de onderneming de ontvangen btw aan de fiscus moet betalen. We lichten het voorgaande in voorbeeld 6.1 toe.

VOORBEELD 6.1

Een onderneming koopt een bepaald artikel à contant in voor €242 (inclusief 21% btw), dit artikel is ontvangen en opgenomen in de magazijnvoorraad.
Daarna wordt het artikel à contant verkocht voor €338,80 inclusief 21% btw en direct afgeleverd.

Gevraagd:
a   Wat is de inkoopprijs inclusief en exclusief btw?
b   Wat is de verkoopprijs inclusief en exclusief btw?
c   Wat zijn de financiële gevolgen van deze in- en verkooptransactie?

a   De inkoopfactuur geeft aan:
   Goederen   ⟶   € .... = 100%
   btw 21%   € .... = 21%

   Inkoopprijs inclusief btw   € 242 = 121% → 1% = €2

De inkoopwaarde van de goederen (exclusief btw) = 100% = €200.
De onderneming die goederen inkoopt, moet aan haar toeleverancier de inkoopprijs inclusief btw betalen. De onderneming die de goederen heeft ingekocht, kan deze aan de leverancier betaalde btw echter van de overheid (belastingdienst) terugvorderen. De van de belastingdienst te vorderen btw = 21% = €42. Op het moment dat het artikel wordt afgeleverd, wordt €200 aan kosten (Kostprijs verkopen) geboekt.

b   De verkoopfactuur geeft aan:

   Goederen   ⟶   € .... = 100%
   btw 21%   € .... = 21%

   Verkoopprijs inclusief btw   € 338,80 = 121% → 1% = € 2,80

De verkoopwaarde van de goederen (exclusief btw) = 100% = €280.
Ondernemingen die btw aan hun afnemers in rekening brengen, ontvangen van hun afnemers het btw-bedrag (namens de overheid), maar zijn verplicht deze btw aan de overheid af te dragen. Deze btw is geen opbrengst voor de verkopende partij, slechts de verkoopprijs exclusief btw wordt bij de verkopende onderneming als opbrengst aangemerkt.

De van de afnemer ontvangen en later aan de belastingdienst te betalen btw = 21% = 21 × €2,80 = €58,80 (= €338,80 – €280).

c   De financiële gevolgen van deze inkoop- en verkooptransacties zijn:
• de ontvangst van het artikel en de gelduitgave van €242:
  de voorraad *Liquide middelen* neemt af met €242. De *Voorraad goederen* neemt toe met €200 en er ontstaat een vordering op de fiscus van €42 (*Te vorderen btw*).
• bij de contante verkoop en aflevering van het artikel:
  bij de aflevering van het artikel wordt €200 als *Kostprijs verkopen* geboekt; de geldontvangst leidt tot een toename van de *Liquide middelen* met €338,80, waarvan €280 als *Opbrengst verkopen* wordt geboekt en €58,80 btw als een schuld aan de fiscus (*Af te dragen btw*).

Conclusies naar aanleiding van voorbeeld 6.1:

1 Uiteindelijk moet in verband met deze transactie €58,80 – €42 = €16,80 btw aan de overheid worden afgedragen. Dit bedrag komt overeen met 21% van (€280 – €200) = 21% van de door de onderneming toegevoegde waarde.
2 De *Opbrengst verkopen* bedraagt €280 en de *Kostprijs verkopen* €200. Op deze transactie wordt een winst behaald van €80. De van de afnemer ontvangen btw is geen opbrengst, de aan de leverancier betaalde btw geen kosten.
3 Wat de btw betreft vervult de onderneming in feite een kassierfunctie voor de belastingdienst. De onderneming incasseert namens de belastingdienst de btw over de omzet, maar mag deze btw verminderen met de door de onderneming betaalde btw over de inkopen. Uiteindelijk betalen de consument en de van btw vrijgestelde ondernemingen de btw, omdat zij wel btw moeten betalen maar geen btw van de belastingdienst kunnen terugvorderen.
4 De bij inkoop te betalen btw en de bij verkoop te ontvangen btw moeten op de factuur worden vermeld. De ondernemer moet zich ervan bewust zijn dat de betaalde btw geen kosten zijn, en de ontvangen btw geen opbrengsten.

De verkoper moet op zijn factuur ook het inschrijfnummer in het handelsregister (KvK-nummer) en het btw-nummer vermelden. De belastingdienst kan dan effectiever controleren.

Kwartaalaangifte

Ondernemingen die btw-plichtig zijn, moeten normaal gesproken ieder kwartaal aangifte omzetbelasting doen. De btw die ze in een bepaald kwartaal van hun afnemers hebben ontvangen, moeten ze aan de fiscus afdragen. De btw die ze in een bepaald kwartaal aan hun leveranciers hebben betaald, kunnen ze van de fiscus terugvorderen. In veel gevallen (maar niet altijd) zal per saldo een bedrag aan de fiscus moeten worden betaald. Ondernemingen die in het verleden niet tijdig hun btw-aangifte hebben gedaan, kunnen door de fiscus verplicht worden maandelijks aangifte te doen en maandelijks btw te

Maandelijkse aangifte

verrekenen. Maandelijkse aangifte dwingt de ondernemer ertoe de administratie minimaal eens per maand bij te werken en dat kan als een positieve bijwerking worden gezien van deze 'strafmaatregel' van de fiscus.

De meeste MKB-ondernemingen doen hun btw-aangifte per kwartaal. Als aan bepaalde voorwaarden wordt voldaan, kan op verzoek de btw-aangifte ook per maand of per jaar worden gedaan.

Ondernemingen die over hun omzet geen btw in rekening hoeven te brengen, kunnen de door hen betaalde btw ook niet van de fiscus terugvorderen. Dit betekent dat voor de niet-btw-plichtige ondernemingen de betaalde btw een kostenpost is.

Tot slot van deze paragraaf geven we een voorbeeld op basis waarvan we de brutowinst op een bepaald product berekenen.

VOORBEELD 6.2

Onderneming Demo koopt een product in voor €145,20 inclusief 21% btw. Demo heeft het product in de prijslijst opgenomen voor een adviesprijs (brutoverkoopprijs) van €242, inclusief 21% btw. In de praktijk verleent Demo aan haar klanten gemiddeld een korting (onder meer in de vorm van speciale acties) van 5% op deze brutoverkoopprijs.

Gevraagd:
Bereken de brutowinstmarge op dit product.

De brutoverkoopprijs exclusief btw bedraagt $(100 : 121) \times €242 = €200$. Op deze verkoopprijs wordt gemiddeld een korting verleend van 5%, zodat de nettoverkoopprijs €190 bedraagt. De inkoopwaarde van dit artikel bedraagt $(100 : 121) \times €145,20 = €120$.

$$\text{Brutowinstmarge} = \frac{\text{Nettoverkoopprijs} - \text{inkoopwaarde}}{\text{Nettoverkoopprijs}} \times 100\% =$$

$$\frac{€190 - €120}{€190} \times 100\% = 36,84\% \quad \text{(van de nettoverkoopprijs)}$$

6.3   Variabele en vaste kosten

Als we letten op de wijze waarop de kosten reageren op veranderingen in de bedrijfsdrukte, kunnen we de kosten verdelen in vaste en variabele kosten. In deze paragraaf bespreken we eerst de variabele kosten (par. 6.3.1) en vervolgens de vaste kosten (par. 6.3.2). In paragraaf 6.3.3 gaan we in op de afschrijvingskosten.

6.3.1   Variabele kosten

Als de kosten van een onderneming veranderen ten gevolge van een verandering in de omvang van de activiteiten (bedrijfsdrukte), spreken we van variabele kosten. Onder bedrijfsdrukte verstaan we de mate waarin een onderneming of een onderdeel van de onderneming gebruikmaakt van de beschikbare capaciteit. Bij een productieafdeling wordt de bedrijfsdrukte ook wel aangeduid met productieomvang; bij een verkoopafdeling bedoelen we daarmee de verkoopomvang.

Bedrijfsdrukte

De mate waarin de variabele kosten reageren op een wijziging in de bedrijfsdrukte kan per kostenpost verschillen. De variabele kosten verdelen we in:
- proportioneel variabele kosten
- progressief stijgende variabele kosten
- degressief stijgende variabele kosten

We spreken van proportioneel variabele kosten als de kosten rechtevenredig veranderen met een verandering in de bedrijfsdrukte. In dat geval zullen de variabele kosten per eenheid product gelijk blijven, ongeacht de productieomvang. Grondstofkosten zijn vaak proportioneel variabel. Producten die bijvoorbeeld volgens een vast recept worden gemaakt, bevatten steeds een bepaalde hoeveelheid grondstof. In dat geval zullen de grondstofkosten per eenheid product bij iedere productieomvang gelijk zijn en is er dus sprake van proportioneel variabele kosten. Bij een dienstverlenende onderneming leiden de aan een dienst bestede arbeidsuren tot variabele kosten. Naarmate meer uren voor een cliënt worden besteed, zullen de kosten van die dienst evenredig toenemen.

Proportioneel variabele kosten

Bij progressief stijgende variabele kosten veranderen de kosten meer dan evenredig ten gevolge van een verandering in de bedrijfsdrukte. De kosten per eenheid product nemen toe naarmate de productieomvang toeneemt. Progressief stijgende variabele kosten treden vaak op als de onderneming

Progressief stijgende variabele kosten

een bedrijfsdrukte heeft die in de buurt komt van de maximale capaciteit. De extra kosten van overuren en de extra kosten die veroorzaakt worden door een overbelasting van het productieapparaat (bijvoorbeeld relatief hoge slijtage), zijn daar voorbeelden van.

Degressief stijgende variabele kosten

Bij degressief stijgende variabele kosten veranderen de kosten minder dan evenredig door een verandering in de bedrijfsdrukte. In dat geval zullen de kosten per eenheid product afnemen naarmate de productieomvang toeneemt. Een degressieve stijging van de variabele kosten komt met name voor als, uitgaande van een lage bedrijfsdrukte, de productie wordt verhoogd. Een toename van de bedrijfsdrukte leidt dan vaak tot kostenbesparingen. Door het inkopen in grotere hoeveelheden kunnen bijvoorbeeld kwantumkortingen worden verkregen. Ook is het mogelijk dat de arbeidskosten minder sterk stijgen ten gevolge van een grotere routine van de werknemers. De wijze waarop de totale variabele kosten en de kosten *per eenheid product* reageren op een verandering in de bedrijfsdrukte, wordt op grafische wijze voorgesteld in figuur 6.1 en 6.2.

FIGUUR 6.1 Reactie van de totale variabele kosten op een verandering in de bedrijfsdrukte

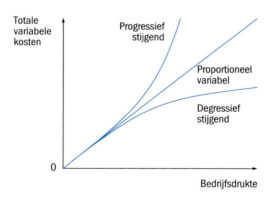

FIGUUR 6.2 Reactie van de kosten per eenheid product op een verandering in de bedrijfsdrukte

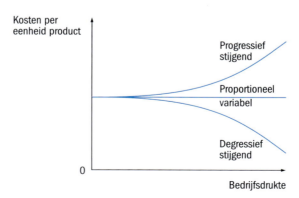

De wijze waarop in de praktijk de *totale variabele kosten* reageren op een verandering in de bedrijfsdrukte, wordt in figuur 6.3 weergegeven.

FIGUUR 6.3 Verloop van de variabele kosten in de praktijk

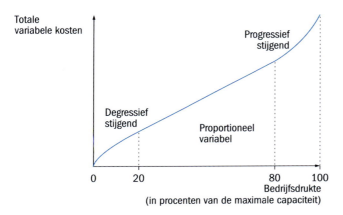

Onderzoek heeft aangetoond dat voor de meeste ondernemingen geldt dat de variabele kosten in het gebied dat ligt tussen de 20% en 80% van de maximale capaciteit, nagenoeg proportioneel variabel zijn. Daarom werken we in de praktijk met proportioneel variabele kosten, tenzij er duidelijk sprake is van een progressief of degressief verloop van de variabele kosten.

Detailhandel
In de detailhandel worden goederen ingekocht met de bedoeling ze voor een hogere prijs dan de inkoopprijs te verkopen. In de detailhandelsonderneming is de inkoopwaarde van de artikelen een voorbeeld van variabele kosten. Deze kosten zullen in de meeste gevallen proportioneel variabel zijn: de inkoopprijs voor een bepaald artikel is een vast bedrag per eenheid. Het kan echter ook voorkomen dat een kwantumkorting kan worden verkregen in het geval dat een bepaald inkoopvolume wordt gerealiseerd of overschreden. In dat geval is er sprake van degressief stijgende variabele kosten. Het bedrag van de kwantumkorting zal echter (over de totale inkoopwaarde gemeten) gering zijn, zodat er slechts een lichte daling van de gemiddelde inkoopprijs per eenheid optreedt. Naast de inkoopwaarde van de artikelen zijn er in de detailhandel nog enkele andere voorbeelden van variabele kosten (zij het wat omvang betreft minder belangrijk). We noemen slechts de kosten van verpakking, eventuele bezorgkosten, de kosten van oproepkrachten en de kosten van het verlenen van garantie.

6.3.2 Vaste kosten

Vaste kosten (die ook wel constante kosten worden genoemd) zijn kosten die niet veranderen door een verandering in de bedrijfsdrukte. Een voorbeeld van vaste kosten zijn de kosten in verband met de huisvesting van de onderneming. Of een onderneming nu veel of weinig produceert, de huurkosten voor het bedrijfsgebouw zullen door een verandering in de productieomvang niet veranderen.

Vaste kosten

**Capaciteits-
kosten**

De vaste kosten veranderen niet door een verandering in de productieomvang, zolang de productieomvang binnen de beschikbare capaciteit van de
onderneming ligt. De vaste kosten worden daarom ook wel capaciteitskosten genoemd. Een verkleining of vergroting van de productiecapaciteit van
een onderneming heeft wel invloed op de hoogte van de vaste kosten. Dit
lichten we in figuur 6.4 toe.

FIGUUR 6.4 Verloop van de vaste kosten

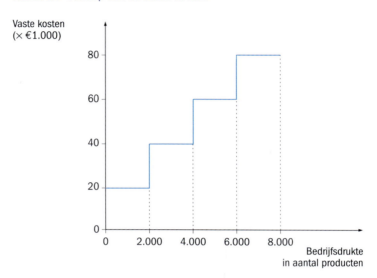

Zolang de bedrijfsdrukte van de onderneming tussen de 4.000 en 6.000
eenheden blijft, bedragen de vaste kosten €60.000. Een uitbreiding van de
productiecapaciteit tot 8.000 eenheden leidt tot een stijging van de vaste
kosten tot €80.000.
Bij een verlaging van de productiecapaciteit zullen de vaste kosten pas na
enige tijd leiden tot een daling van de vaste kosten. In het algemeen vergt
het enige tijd om de productiecapaciteit te verlagen. Hierdoor zullen de
vaste kosten tijdelijk op het hoge niveau blijven. Een onderneming die
bijvoorbeeld het personeelsbestand wil verminderen, kan dit niet van de
ene op de andere dag realiseren (tenzij er sprake is van faillissement).
Voor de bepaling van de hoogte van de vaste kosten gaat men uit van het
(voor de desbetreffende onderneming) relevante productiegebied.

Welke kosten als vaste kosten worden beschouwd, kan van onderneming tot
onderneming verschillen. Wat voor een kleine onderneming (die bijvoorbeeld slechts één machine in gebruik heeft) vaste kosten zijn, kan bij een
grote onderneming (die tientallen machines van hetzelfde type in gebruik
heeft) worden gezien als trapsgewijs variabele kosten. Dat is geïllustreerd in
voorbeeld 6.3. Bij de indeling in vaste en (trapsgewijs) variabele kosten
moet men steeds uitgaan van de voor de desbetreffende onderneming
relevante bedrijfsdrukte.

VOORBEELD 6.3 COMBILEDER BV EN MEGALEDER NV

Combileder bv is een kleine onderneming die jaarlijks tussen de 7.000 en 9.000 tassen fabriceert en verkoopt. Hiervoor heeft zij één vertegenwoordiger in dienst, die in staat wordt geacht maximaal 10.000 tassen te verkopen. Om zijn afnemers te bezoeken, krijgt de vertegenwoordiger de beschikking over een leaseauto.

Megaleder nv is een grote onderneming die jaarlijks tussen de 60.000 en 90.000 tassen verkoopt. Ook voor deze onderneming geldt dat zij vertegenwoordigers in dienst heeft, die maximaal 10.000 tassen per jaar kunnen verkopen en daarvoor de beschikking krijgen over een leaseauto.

De kosten van de leaseauto bedragen €15.000 per auto per jaar. In figuur 6.5 zijn de lease-kosten weergegeven.

FIGUUR 6.5 Kosten leaseauto

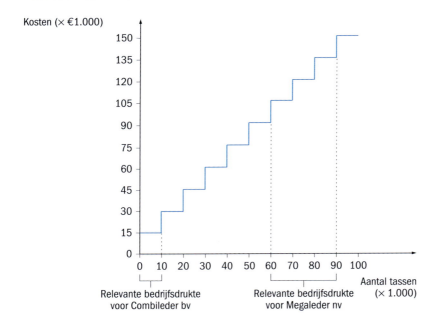

Voor Combileder bv zijn de kosten van de leaseauto vaste kosten, terwijl voor Megaleder nv de leasekosten trapsgewijs variabele kosten zijn.

6.3.3   Afschrijvingskosten

De aanschaf van vaste activa zoals gebouwen, machines en inventaris leidt tot een grote gelduitgave in het jaar van aanschaf. We stellen ons de vraag of het redelijk is deze gelduitgave in het jaar van aanschaf volledig als kosten in de winst- en verliesrekening op te nemen.

Dit zou betekenen dat in het jaar van aanschaf het resultaat relatief laag zal uitvallen. De jaren erna, waarin de vaste activa ook nog worden gebruikt, worden dan geen kosten geboekt en dat leidt tot relatief hoge resultaten. Dit geeft een vertekend beeld van de ontwikkeling in de winstgevendheid van de onderneming. Daarom is het beter de investering in vaste activa niet in één keer ten laste van het resultaat te brengen, maar over de jaren te verdelen. Dit doen we door de jaarlijkse waardedaling van het vast actief als kosten te boeken. Het in de boekhouding vastleggen van de waardedaling van vaste activa noemen we afschrijven. Deze waardedaling leidt tot afschrijvingskosten, die in de winst- en verliesrekening worden opgenomen. Als de hoogte van de afschrijvingen onafhankelijk is van de bedrijfsdrukte (en dat is vaak het geval), is er sprake van vaste kosten.

We kunnen ervoor kiezen de waardedaling gelijkmatig over de gebruiksduur van de vaste activa te verdelen. Dan schrijven we af met een gelijk bedrag per jaar. Deze methode heeft de voorkeur als de productie per jaar min of meer gelijk is en de waardedaling per jaar ongeveer gelijk is (ieder product draagt dan een gelijk bedrag aan afschrijvingskosten). Een alternatief is om in het begin van de levensduur relatief veel af te schrijven en later minder. Deze variant sluit bijvoorbeeld goed aan bij de waardedaling van nieuwe bedrijfswagens (auto's van de zaak). We geven twee voorbeelden.

VOORBEELD 6.4

Onderneming Invest koopt op 2 januari 2018 een machine met een verwachte bedrijfseconomische levensduur van vijf jaar. De machine is aangeschaft voor €230.000 en heeft aan het einde van de bedrijfseconomische levensduur een verwachte restwaarde van €30.000. De productie is gelijkmatig in de tijd verdeeld en dat is ook het geval met de waardedaling van de machine.

Gevraagd:
a In welk jaar of welke jaren moet de gelduitgave in verband met de aanschaf van de machine als kosten worden aangemerkt?
b Bereken het bedrag aan afschrijvingen per jaar.
c Geef het verloop van de geldstromen en de afschrijvingen tijdens de levensduur van deze machine weer.
d Bereken de boekwaarde aan het begin en aan het einde van ieder jaar.

Uitwerking:
a Omdat de machine vijf jaar in gebruik zal zijn, moet de waardedaling over vijf jaar worden verdeeld (dus over de jaren 2018 t/m 2022).
b De waardedaling van de machine bedraagt €200.000 en dat bedrag is een kostenpost voor onderneming Invest. Deze waardedaling verdelen we gelijkmatig over de vijf gebruiksjaren van de machine. Dat betekent dat de afschrijvingskosten €40.000 per jaar bedragen.
c Als we de gelduitgaven en de geldontvangsten in verband met deze machine op een rijtje zetten, krijgen we het volgende overzicht.

	Geldstromen	Afschrijvingskosten
2 januari 2018	− € 230.000 (aankoop)	
2018		€ 40.000
2019		€ 40.000
2020		€ 40.000
2021		€ 40.000
2022		€ 40.000
2 januari 2023	+ € 30.000 (inruil)	
Totaal	− € 200.000	€ 200.000

d De boekwaarde van de machine berekenen we als volgt.

Jaar	Boekwaarde aan het begin van het jaar	Afschrijvingen per jaar	Boekwaarde aan het einde van het jaar
2018	€ 230.000	€ 40.000	€ 190.000
2019	€ 190.000	€ 40.000	€ 150.000
2020	€ 150.000	€ 40.000	€ 110.000
2021	€ 110.000	€ 40.000	€ 70.000
2022	€ 70.000	€ 40.000	€ 30.000

VOORBEELD 6.5

Onderneming Route Mobile koopt op 2 januari 2018 een directieauto voor €90.000. Iedere drie jaar wordt een nieuwe auto van de zaak gekocht. De verwachte inruilwaarde over drie jaar (op 2 januari 2021) bedraagt €40.000. Onderneming Route Mobile schrijft af met een vast percentage van de boekwaarde. Dit percentage bedraagt in dit geval 23,69. Voor de berekening ervan verwijzen we naar de website bij dit boek (zie www.financieelmanagementmkb.noordhoff.nl).

Gevraagd:
a In welke jaren moet de gelduitgave in verband met de aanschaf van de auto als kosten worden aangemerkt?
b Bereken het bedrag aan afschrijvingen per jaar.
c Geef het verloop van de geldstromen en de afschrijvingen tijdens de levensduur van deze auto weer.
d Bereken de boekwaarde aan het begin en aan het einde van ieder jaar.

Uitwerking:
a Omdat de auto drie jaar in gebruik zal zijn, moet de waardedaling over drie jaar worden verdeeld.
b De waardedaling van de auto bedraagt €50.000. Omdat de waardedaling van de auto in de eerste jaren hoog is en later afneemt, schrijft Route Mobile af met een vast percentage van de boekwaarde. Omdat de boekwaarde steeds lager wordt, worden de afschrijvingen ook lager naarmate de levensduur vordert. Voor de berekening van de afschrijvingen verwijzen we naar de website www.financieelmanagementmkb.noordhoff.nl (kies in hoofdstuk 6 voor afschrijvingsmethoden). De afschrijvingen bedragen:
jaar 1 = €21.317,15, jaar 2 = €16.268,03, jaar 3 = €12.414,83.
c De gelduitgaven, de geldontvangsten en de afschrijvingen in verband met deze directie-auto zijn hierna weergegeven.

	Geldstromen	Afschrijvingskosten
2 januari 2018	– € 90.000 (aankoop)	
2018		€ 21.317,15
2019		€ 16.268,03
2020		€ 12.414,83
2 januari 2021	+ € 40.000 (inruil)	
Totaal	– € 50.000	€ 50.000,01

Het verschil van €0,01 komt door afrondingen van de afschrijvingskosten.
d De boekwaarde van de auto berekenen we als volgt.

Jaar	Boekwaarde aan het begin van het jaar	Afschrijvingen per jaar	Boekwaarde aan het einde van het jaar
2018	€ 90.000	€ 21.317,15	€ 68.682,85
2019	€ 68.682,85	€ 16.268,03	€ 52.414,83
2020	€ 52.414,83	€ 12.414,83	€ 40.000,00

De afschrijvingskosten zijn niet de enige kosten die samenhangen met de aanschaf van vaste activa. De onderneming moet ook rekening houden met vermogenskosten en de kosten van onderhoud en verzekeringen.

Detailhandel
Naast de hiervoor genoemde voorbeelden van vaste kosten kunnen we (met name in de detailhandel) ook denken aan de kosten van verwarming en verlichting van de winkelruimte en de loonkosten van het winkelpersoneel. De winkel zal verwarmd en verlicht moeten worden, ongeacht het feit of de klanten iets kopen of zonder aankopen de winkel verlaten.
Als het winkelpersoneel gedeeltelijk op oproepbasis is aangetrokken, zijn de kosten van de oproepkrachten als variabel aan te merken.

6.4 Break-evenpunt

Bij het vaststellen van het beleid van een onderneming is het belangrijk dat de ondernemer het aantal producten weet dat er minimaal verkocht (en vervaardigd) moet worden of hoeveel de omzet minimaal moet zijn om de totale kosten van de onderneming terug te verdienen. Het aantal producten of de omzet waarbij de totale opbrengsten gelijk zijn aan de totale kosten van de onderneming noemen we het break-evenpunt (BEP). Voor de berekening van het break-evenpunt is het onderscheid in vaste en variabele kosten, zoals in de vorige paragraaf besproken, van belang.
Bij het break-evenpunt wordt geen winst gemaakt, maar ook geen verlies geleden. De onderneming speelt dan precies quitte. Daarbij veronderstellen we dat het break-evenpunt realiseerbaar is binnen de huidige capaciteit (de vaste kosten zijn daarop gebaseerd).

De bedrijfsdrukte kunnen we zowel in hoeveelheden (bijvoorbeeld de productie in aantal stuks) als in omzet (= hoeveelheid × prijs) weergeven.
Bij een onderneming die slechts één homogeen product maakt (maar dat komt in de praktijk niet veel voor) kunnen we het break-evenpunt in aantal producten weergeven. Bij een handelsonderneming, zoals Demo, heeft het geen zin de omzet in aantal stuks weer te geven. Een handelsonderneming verkoopt verschillende producten (heterogene producten) en in dat geval berekenen we een break-evenomzet (in euro's). We verdiepen ons hierna eerst in de berekening van het breakevenpunt bij een industriële onderneming (par. 6.4.1). Vervolgens bespreken we een break-evenanalyse bij

detailhandelsondernemingen (par. 6.4.2), zoals onderneming Demo. Ten slotte gaan we in paragraaf 6.4.3 kort in op andere toepassingen van de break-evenanalyse.

6.4.1 Break-evenpunt bij een industriële onderneming (homogeen product)

In deze subparagraaf gaan we uit van een eenvoudig productieproces, waarbij er slechts één homogeen product wordt gemaakt. Om de berekeningen te vereenvoudigen, gaan we uit van een aantal veronderstellingen. Deze veronderstellingen zijn:

Homogeen product

- Er wordt slechts één product geproduceerd en verkocht.
- De geproduceerde aantallen zijn gelijk aan de verkochte aantallen (geen voorraadvorming).
- Er is sprake van proportioneel variabele kosten.
- De verkoopprijs is constant, ongeacht de verkochte hoeveelheid (marktvorm van volkomen concurrentie).

Aan de hand van voorbeeld 6.6 berekenen we het break-evenpunt bij Firma Gebr. Huizinga.

VOORBEELD 6.6 FIRMA GEBR. HUIZINGA VOF

Gebr. Huizinga vof is fabrikant van fietsrekken die aan de trekhaak van auto's bevestigd kunnen worden. Deze fietsrekken worden uitsluitend in Nederland verkocht voor €140 per stuk (= p), exclusief btw, ongeacht de te verkopen hoeveelheid.
De proportioneel variabele kosten bedragen €60 per rek (= v). De productiecapaciteit is 13.000 eenheden per jaar. De vaste kosten voor het komende jaar bedragen €320.000 (= C). De gemiddelde productie is 6.000 eenheden per jaar.
Hoeveel fietsrekken moeten er gefabriceerd en verkocht worden om een resultaat van nihil te behalen?

De productieomvang (= verkoopomvang) waarvoor geldt dat de totale opbrengsten gelijk zijn aan de totale kosten, is het break-evenpunt. Bij het break-evenpunt (= q) geldt:

Totale opbrengst = Totale kosten
€140q   = €60q + €320.000
€140q – €60q   = €320.000
(€140 – €60) × q = €320.000

$$\text{BEP} = q = \frac{€320.000}{(€140 - €60)} = 4.000$$

De berekening van het break-evenpunt geven we hierna in formulevorm weer:

Break-evenpunt = q =

$$\frac{\text{Vaste kosten}}{\text{Verkoopprijs} - \text{proportioneel variabele kosten per eenheid}} = \frac{C}{p - v} \qquad [6.1]$$

Het break-evenpunt (BEP) kunnen we ook in een grafiek weergeven. Zie figuur 6.6.

FIGUUR 6.6 Totale opbrengsten, totale kosten, BEP

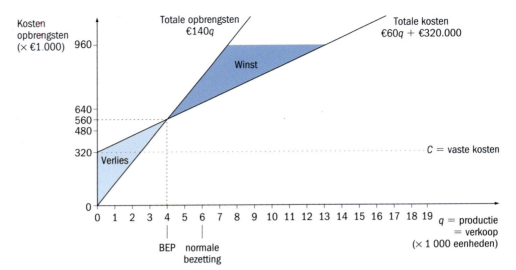

Voor Gebr. Huizinga vof geldt dat de normale bedrijfsdrukte (N) 6.000 eenheden bedraagt. Met de normale bedrijfsdrukte bedoelen we de gemiddelde bedrijfsdrukte over een reeks van toekomstige jaren, bijvoorbeeld de komende vier à zes jaar. Voor Gebr. Huizinga vof ligt het break-evenpunt onder de normale bezetting. Dit betekent dat de onderneming Gebr. Huizinga vof op lange termijn winstgevend is (zolang er geen veranderingen optreden in de basisgegevens).

6.4.2 Break-evenpunt bij een handelsonderneming (heterogene producten)

DEMO

Bij een handelsonderneming is het niet zinvol het break-evenpunt in aantallen te berekenen. We nemen onderneming Demo als voorbeeld. Wat zegt een break-evenpunt van 10.000 stuks over de winstgevendheid van onderneming Demo die veel verschillende artikelen verkoopt? Dat heeft geen betekenis. Bij een handelsonderneming berekenen we een break-even-omzet (in euro's). Om die te kunnen berekenen, drukken we de brutowinst en alle variabele kosten uit in een percentage van de omzet.

Bij een handelsonderneming kunnen we de break-evenomzet berekenen met behulp van de volgende formule:

Break-evenomzet =

$$\text{Break-evenomzet} = \frac{\text{Vaste kosten}}{\text{Brutowinst in \% van netto-omzet} - \text{overige variabele kosten in \% van netto-omzet}} \qquad [6.2]$$

Als een ondernemer de omvang van het break-evenpunt kent, weet hij ook hoeveel de netto-omzet minimaal moet zijn om alle kosten te dekken.

In tabel 6.2 herhalen we de winst- en verliesrekening van Demo uit hoofdstuk 3 en splitsen we de totale kosten in vaste en variabele kosten, waarbij we de variabele kosten uitdrukken in procenten van de omzet. Bedrijfseconomisch gezien moeten we naast de kosten die in hoofdstuk 3 zijn gegeven ook nog rekening houden met het GOL van de eigenaar (1 fte) en de meewerkende partner (0,4 fte). Het GOL voor onderneming Demo bedraagt

$1 \times €40.000 + 0,4 \times €20.000 = €48.000.$

TABEL 6.2 Winst- en verliesrekening Demo over 2017

	Gegevens over 2017	Vaste kosten	Overige variabele kosten (naast de inkoop-waarde)	Omzet en variabele kosten in % van de netto-omzet
Netto-omzet	€ 760.000			100%
Inkoopwaarde van de omzet	€ 429.400 –			56,50% –
Brutowinstmarge	€ 330.600			43,50%
Overige kosten (met uitzondering van interestkosten en afschrijvingen):				
• GOL	€ 48.000		€ 48.000	
• Lonen en salarissen (1)	€ 81.000		€ 60.000	€ 21.000	2,76%
• Sociale lasten (2)	€ 24.000	€ 18.000	€ 6.000	0,79%
• Huisvestingskos-ten (3)	€ 20.400	€ 16.000	€ 4.400	0,58%
• Autokosten (o.a. leasekosten) (4)	€ 11.200	€ 6.000	€ 5.200	0,68%
• Verkoopkosten (5)	€ 8.000	€ 3.000	€ 5.000	0,66%
• Algemene kosten (7)	€ 6.000 +	€ 6.000	€ 0	0,00%
	€ 198.600 –			
Bedrijfseconomi-sche EBITDA	€ 132.000			
Afschrijvingskosten:				
• Gebouwen	€ 24.000	€ 24.000		
• Inventaris	€ 30.000 +	€ 30.000		
	€ 54.000 –			
Bedrijfseconomi-sche EBIT	€ 78.000			
Interestkosten	€ 46.000 –	€ 46.000		
Bedrijfseconomisch resultaat	€ 32.000			
Verdeling van de kosten in vast en variabel		VAST: € 257.000		VARIABEL: 5,47% van de netto-omzet

Wacht: in de tweede kolom "Vaste kosten" staan de volgende waarden en in de derde kolom "Overige variabele kosten".

Toelichting bij tabel 6.2
De kosten kunnen voor een deel vast zijn en voor een deel variabel. We nemen de autokosten (kostenpost 4) als voorbeeld. De leasetermijnen en de verzekeringspremies van de auto's zijn vaste kosten, terwijl de benzinekosten en een gedeelte van de onderhoudskosten variabel zijn. We veronderstellen, voor zover er sprake is van variabele kosten, dat deze kosten variëren met de omzet.

Brutowinst

Voor de berekening van de break-evenomzet voor Demo sluiten we aan bij de cijfers uit tabel 6.2. Uit die tabel blijkt dat de brutowinst gemiddeld 43,50% van de omzet bedraagt. Demo maakt geen winst, maar ook geen verlies (break-even) als de brutowinst gelijk is aan de som van de vaste kosten en de variabele kosten. Voor Demo krijgen we de volgende berekening van de break-evenomzet.

Brutowinst	= vaste kosten + overige variabele kosten
$0,4350 \times$ omzet	= € 257.000 + 0,0547 × omzet
$0,4350 \times$ omzet − 0,0547 × omzet	= € 257.000
$(0,4350 − 0,0547) \times$ omzet	= € 257.000

$$\text{Break-evenomzet} = \frac{€257.000}{0,4350-0,0547} = €675.782,28$$

Opmerking
Als we het break-evenpunt met behulp van Excel berekenen (zie www.financieelmanagementmkb.noordhoff.nl) krijgen we een break-evenpunt van €675.847,75. Het verschil komt doordat we in het boek de percentages hebben afgerond, terwijl Excel dat niet doet. Excel werkt derhalve nauwkeuriger, maar de verschillen zijn verwaarloosbaar.

Deze break-evenomzet geven we in figuur 6.7 weer.

FIGUUR 6.7 Break-evenomzet

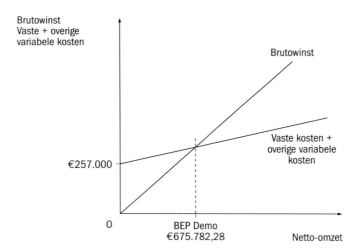

Gemiddelde brutowinstmarge

De gemiddelde brutowinstmarge die in de voorgaande berekening is gebruikt (43,50%), hangt onder meer af van de samenstelling van het assortiment. Om

dat toe te lichten, veronderstellen we dat de omzet van onderneming Demo
in vier segmenten kan worden opgesplitst. In tabel 6.3 geven we per segment
de brutowinstmarge en het aandeel in de totale omzet weer.

TABEL 6.3 Verdeling van de omzet in segmenten

Samenstelling van het assortiment	Aandeel in de totale omzet (wegingsfactoren)	Brutowinst-marge
Elektrische apparaten	0,3	35%
Serviesgoed	0,2	55%
Niet-elektrische huishoudelijke hulpmiddelen	0,4	40%
Diversen, waaronder kookboeken	0,1	60%

Uit de gegevens van tabel 6.3 volgt de gemiddelde brutowinstmarge van
Demo: $0,3 \times 35\% + 0,2 \times 55\% + 0,4 \times 40\% + 0,1 \times 60\% = 43,50\%$. Uit deze
berekening blijkt dat de gemiddelde brutowinstmarge (en daardoor ook de
break-evenomzet) verandert, als er een verandering optreedt in de brutowinstmarge per segment en/of een verschuiving binnen het assortiment,
waardoor de wegingsfactoren veranderen.

Dienstverlenende ondernemingen
Ondernemingen die diensten verlenen, zoals accountantskantoren,
organisatieadviesbureaus en belastingadviseurs verkopen in feite uren
aan hun cliënten. Voor zelfstandigen in deze branche is het belangrijk te
weten welke bezettingsgraad ze moeten realiseren om de kosten te   **Bezettings-**
dekken en daarnaast nog een bedrag aan de onderneming te kunnen   **graad**
onttrekken voor privédoeleinden (levensonderhoud). We lichten dit in
voorbeeld 6.7 toe.

VOORBEELD 6.7
Adri Janssen is een zzp'er die financiële adviezen verstrekt aan particulieren en MKB-bedrijven. Het uurtarief bedraagt €90. Adri heeft €20.000 aan vaste kosten per jaar en heeft voor
zijn levensonderhoud €50.000 per jaar nodig.
De variabele kosten bedragen €20 per gedeclareerd uur. We gaan uit van 45 werkweken van
gemiddeld 30 declarabele uren per week.

Gevraagd:
Bij welke bezettingsgraad zijn de vaste kosten gedekt en kan Adri €50.000 uit zijn zaak halen
voor privégebruik?

Per declarabel uur is €90 − €20 = €70 beschikbaar ter dekking van de vaste kosten en
privégebruik. Het aantal te declareren uren waarbij een privéopname van €50.000 mogelijk
is, volgt uit de volgende berekening:

$$\frac{€20.000 + €50.000}{€90 − €20} = 1.000$$

Het aantal declarabele uren per jaar = 45 weken × 30 uur = 1.350 uur.
De bezettingsgraad waarbij €50.000 voor privéopnames beschikbaar is, bedraagt
$(1.000 : 1.350) \times 100\% = 74\%$.

6.4.3   Andere toepassingen break-evenanalyse

Kostenstructuur en break-evenpunt

Door veranderingen in de bedrijfsdrukte zal het resultaat van de onderneming ook veranderen. De mate waarin het resultaat verandert (toe- of afneemt), hangt onder meer af van de kostenstructuur. Met kostenstructuur bedoelen we de verhouding tussen de omvang van de vaste kosten en de omvang van de variabele kosten. De vaste kosten hebben, zoals in paragraaf 6.3 beschreven, als kenmerk dat ze (nagenoeg) niet veranderen door een verandering in de bedrijfsdrukte, zolang de beschikbare capaciteit niet wordt overschreden. Dit heeft als gevolg dat het bedrijfsresultaat van een onderneming met relatief veel vaste kosten (ten opzichte van de variabele kosten) sterk zal fluctueren. Als de afzet en daarmee de omzet fluctueert, veranderen (in een situatie met hoge vaste kosten) de totale kosten relatief weinig, waardoor het eindresultaat sterk fluctueert. We laten dat in figuur 6.8 zien.

Kosten-structuur

FIGUUR 6.8 Kostenstructuur

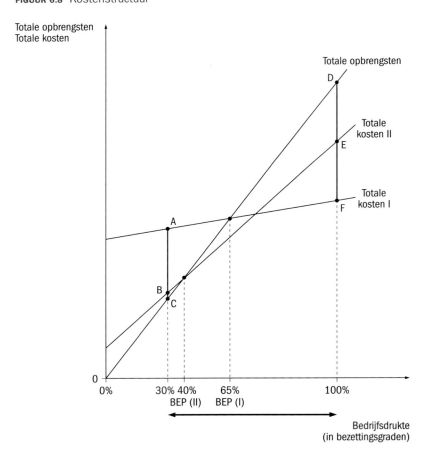

Uit figuur 6.8 blijkt dat in geval van relatief hoge vaste kosten (Totale kosten I) het resultaat van de onderneming (het verschil tussen Totale opbrengsten en Totale kosten I) veel sterker fluctueert dan in de situatie met relatief weinig vaste kosten (Totale kosten II), waarbij het resultaat gelijk is aan het verschil tussen Totale opbrengsten en Totale kosten II.

Bij een lage bedrijfsdrukte (van bijvoorbeeld 30%) is het verlies bij kosten-structuur II gelijk aan de afstand BC, terwijl het verlies bij kostenstructuur I gelijk is aan de afstand AC. Daar staat tegenover dat bij een hoge bedrijfs-drukte (van bijvoorbeeld 100%) de winst bij kostenstructuur II gelijk aan de afstand DE, terwijl de winst bij kostenstructuur I gelijk is aan de afstand DF. Merk op dat het break-evenpunt bij kostenstructuur II veel eerder wordt bereikt dan bij kostenstructuur I.

HET FINANCIEELE DAGBLAD, 7 MAART 2017

Corbion offert omzet op aan marges

De omzet van biotechbedrijf Corbion is vorig jaar gedaald met 0,8% af tot € 911,3 miljoen. Autonoom, dus zonder effecten van acquisities en valuta-ontwikkelingen, daalde de omzet zelfs met 1,2%.

Dat had te maken met de toenemende focus van het bedrijf op producten met hogere marges, zei ceo Tjerk de Ruiter. Deze 'strategische keuze had een negatief effect op het volume, dat daardoor met 1,2% daalde. Dat werd vooral in de tweede jaarhelft merkbaar. De omzetdaling is volgens De Ruiter tijdelijk.

Corbion boekte in 2016 wel een hoger brutobedrijfsresultaat (ebitda). Zonder eenmalige kosten viel dat 13,8% hoger uit, op € 170,1 miljoen.

Corbion, het voormalige CSM, fabriceert melkzuur en emulsies van enzymen, mineralen en vitaminen. Deze bio-ingre-diënten worden vervolgens gebruikt om biochemicaliën te maken, voor voeding, medische toepassingen en landbouw.

Daarnaast stort Corbion zich ook op de productie van bioplastics, vooral van PLA, waarvoor het bedrijf samen met het Franse Total in Thailand een fabriek gaat bouwen. In aanloop naar de eigen productie verkoopt Corbion al PLA van andere bedrijven, gemaakt op basis van Corbion-melkzuur. Maar dat is goed voor slechts 2% van de omzet. De Ruiter is optimistisch. De PLA-markt zal tot 2025 met 10% à 15% per jaar groeien. 'En door de samenwerking met Total, een produ-cent van plastics, zien we meer nieuwe toepassingen. Zij hebben veel diepere kennis van de markt', aldus De Ruiter. Maar de omzetdaling bij Corbion had ook gewoon met de markt te maken. Zo fuseerde een aantal klanten in Noord-Amerika, wat een 'negatieve groei-impact' had, aldus De Ruiter. En de verhoging van de afzet en prijzen van eierpoeder in 2015 wegens de vogelgriep in Noord-Amerika viel in het afgelopen jaar weer weg.

Toelichting
Een hogere omzet leidt niet automatisch tot hogere winsten. Corbion kiest er juist voor om zich te concentreren op producten met hogere winstmar-ges, ook als dit ten koste gaat van de omzet.

Conjunctuurgevoeligheid en risicospreiding

Consumenten- en producentenvertrouwen zijn belangrijke graadmeters om de toekomstige afzet te voorspellen. Bij een laagconjunctuur neemt de vraag van consumenten af en zal ook het vertrouwen van producenten in de toekomst afnemen. Niet alle producten en diensten reageren in dezelfde mate op veranderingen in de conjuncturele situatie. Zo zal de afzet van producten die voorzien in de primaire levensbehoeften (waaronder levensmiddelen)

Conjunctuur-gevoeligheid

minder sterk schommelen dan de afzet van luxeartikelen (zoals speedboten en audioapparatuur). Ook zal de afzet van een banketbakker sterker fluctueren dan de afzet van een bakker (die alleen brood bakt).

Door verschillende producten voort te brengen of te verhandelen (die verschillend reageren op veranderingen in de conjunctuur) kunnen de risico's worden gespreid. Een bakker die ook banket verkoopt, loopt al minder risico dan een speciaalzaak in banket.

6

Risico-beheersing

Risicobeheersing

Bij ondernemingen met relatief veel vaste kosten, zal het bedrijfsresultaat sterk fluctueren door wijzigingen in de bedrijfsdrukte. Welke maatregelen kan een onderneming treffen om de vaste kosten en daarmee zijn risico's terug te dringen?

Outsourcing

Een mogelijkheid is outsourcing. Onder outsourcing verstaan we het overdragen van bepaalde activiteiten aan een andere onderneming. Zo hebben veel autofabrikanten de elektronica voor het motormanagement uitbesteed aan gespecialiseerde bedrijven, zoals Bosch en Delphi. Ook de startmotoren en versnellingsbakken komen vaak van daarin gespecialiseerde bedrijven. We kunnen bovendien denken aan het uitbesteden van de catering, de beveiliging en het onderhoud en schoonmaken van bedrijfsmiddelen aan gespecialiseerde bedrijven. Outsourcing leidt tot een afname van de vaste kosten en een toename van de variabele kosten (in figuur 6.8 een verschuiving van kostenlijn I in de richting van kostenlijn II).

Outsourcing kan ook nieuwe risico's oproepen: Wie controleert de kwaliteit van de door de toeleverancier geleverde producten? Hoe is het gesteld met de leveringsbetrouwbaarheid van de toeleverancier? Het zijn allemaal zaken waarover nagedacht moet worden voordat een ondernemer besluit bepaalde taken door een andere onderneming te laten verrichten. Een laatste risicoaspect dat we bespreken heeft betrekking op onvoorziene omstandigheden. Wat zijn de mogelijke gevolgen als de onderneming wordt getroffen door brand, wat zijn de financiële gevolgen als de eigenaar/ondernemer door ziekte een jaar uit de roulatie is, wat zijn de gevolgen als de ondernemer aansprakelijk wordt gesteld omdat hij een fout met ernstige gevolgen heeft gemaakt? Dit zijn allemaal voorbeelden van risico's waar de ondernemer over moet nadenken, om vast te kunnen stellen of er maatregelen moeten worden getroffen. Hierbij kunnen we denken aan het afsluiten van een brandverzekering, inkomstenverzekering, rechtsbijstandsverzekering en aansprakelijkheidsverzekering. De verzekeringspremies leiden weliswaar tot hogere vaste kosten, maar daardoor worden extreme pieken in de kosten en extreme tegenvallers in de inkomsten voorkomen.

Gewenste omzet bij een eenmanszaak, maatschap en vof

Zelf het beleid kunnen bepalen, werkzaamheden verrichten waar je goed in bent en eindverantwoordelijkheid dragen, kunnen argumenten zijn om een eigen onderneming te hebben. Maar, zeker niet in de laatste plaats, is het verwerven van een inkomen een belangrijk doel van de ondernemer. In dat verband zou een ondernemer zich kunnen afvragen wat de omzet van de onderneming zou moeten zijn om minimaal in het levensonderhoud van de ondernemer of het gezin te kunnen voorzien. Dit betekent dat de brutowinst van de onderneming niet alleen voldoende moet zijn om de vaste kosten te dekken, maar ook om de noodzakelijke (of gewenste) privé-uitgaven mogelijk te maken. Hoe we in deze situatie de minimaal noodzakelijk omzet berekenen, lichten we in voorbeeld 6.8 toe.

VOORBEELD 6.8

De eigenaar van onderneming 'De Detaillist' denkt voor het levensonderhoud van zijn gezin (inclusief de te betalen inkomstenbelasting en premies sociale verzekeringen) jaarlijks minimaal €50.000 nodig te hebben. De vaste kosten van deze onderneming bedragen €40.000 per jaar. De brutowinstmarge bedraagt 30% van de netto-omzet. We zien af van overige variabele kosten.

Gevraagd:
Welke omzet (exclusief btw) moet jaarlijks minimaal worden behaald, zodat de gewenste privéopname (€50.000) kan worden gerealiseerd?

In dit geval moet de brutowinst voldoende zijn om de vaste kosten te dekken (€40.000) en een privéopname van €50.000 mogelijk te maken. We krijgen dan de volgende berekening:

Uitwerking:
Brutowinst   = vaste kosten + gewenste privéopname
$0,3 \times$ netto-omzet = €40.000   + €50.000

$$\text{Netto-omzet per jaar} = \frac{€40.000 + €50.000}{0,3} = €300.000$$

Dit komt (als we rekening houden met drie weken sluiting in verband met vakanties) overeen met een gemiddelde weekomzet van €300.000 : 49 = €6.122,45 en een gemiddelde dagomzet (één week is zes winkeldagen) van €6.122,45 : 6 = €1.020.41.

Conclusie
Als we rekening willen houden met de minimaal verlangde privéopnames door de eigenaren van een eenmanszaak, maatschap of vof, moeten we de berekeningen in verband met de break-evenomzet aanpassen door het bedrag van de vaste kosten te verhogen met de minimaal gewenste privéopnames.

6.5 Integrale kostprijs van een product/dienst

Een ondernemer wil naast inzicht in de totale kosten van de onderneming, weten wat de kostprijs is van het individuele product of de individuele dienst die de onderneming aanbiedt. In de kostprijs van het individuele product moeten zowel de vaste als de variabele kosten worden opgenomen. **Kostprijs**
Het totaal van vaste en variabele kosten noemen we integrale kosten. Hoe we de kostprijs van een product of dienst berekenen, lichten we hierna toe. Daarbij spelen ook de begrippen werkelijke en normale productie een rol. Deze begrippen komen aan de orde in paragraaf 6.5.1. We bespreken zowel de kostprijsberekening bij een productieonderneming als bij een handelsonderneming. In paragraaf 6.5.2 berekenen we de kostprijs als er sprake is van één homogeen product, in paragraaf 6.5.3 als er sprake is van heterogene producten of diensten.

6.5.1   Werkelijke en normale productie

Wat is een kostprijs? De kostprijs is gelijk aan de gemiddelde integrale kosten van een product of dienst. Men zou de kostprijs kunnen berekenen door de integrale kosten (de som van de variabele en vaste kosten) te delen **Integrale kosten** door de werkelijke productieomvang. Een hoge productie leidt in dat geval tot lage vaste kosten per eenheid en daardoor tot een lage kostprijs. Een lage productie heeft dan hoge vaste kosten per eenheid en een hoge kostprijs tot gevolg. Door uit te gaan van de werkelijke productieomvang kunnen sterke schommelingen in de kostprijs van het product optreden, zoals uit voorbeeld 6.9 blijkt.

VOORBEELD 6.9 COLOUR PRINT BV

Colour Print bv heeft zich gespecialiseerd in de productie en de verkoop van fotoboeken. Nu wordt overwogen een fotoboek over ex-president Obama van de Verenigde Staten van Amerika op de markt te brengen. De productiekosten bestaan uit € 120.000 vaste kosten per jaar en € 10 proportioneel variabele kosten per boek. De afzet varieert van 1.000 tot 6.000 exemplaren per jaar. Uitgaande van de werkelijke productie kunnen we de volgende kostprijzen berekenen.

Werkelijke productie (Stel)	Vaste kosten per eenheid (in euro's)	Variabele kosten per eenheid (in euro's)	Kostprijs per eenheid (in euro's)
1.000	120.000 : 1.000 = 120	10	130
2.000	120.000 : 2.000 = 60	10	70
3.000	120.000 : 3.000 = 40	10	50
4.000	120.000 : 4.000 = 30	10	40
5.000	120.000 : 5.000 = 24	10	34
6.000	120.000 : 6.000 = 20	10	30

Sterk schommelende kostprijzen zijn echter niet geschikt om de efficiency en winstgevendheid van de onderneming op *lange termijn* te beoordelen. In jaren met een lage productie en afzet kan de kostprijs van de producten hoger uitvallen dan de verkoopprijs. Wat doen we met dit gegeven? Als we verwachten dat in de nabije toekomst de afzet (en daarmee de productie) weer zal aantrekken, stoppen we dan met de productie omdat de kostprijs tijdelijk boven de verkoopprijs ligt? Om de winstgevendheid van de onderneming op lange termijn te beoordelen, is het beter uit te gaan van een gemiddelde afzet over een reeks van toekomstige jaren in plaats van de afzet van jaar tot jaar. Als we de kostprijs op basis van de gemiddelde afzet (= gemiddelde bedrijfs-

Gemiddelde bedrijfsdrukte

drukte) berekenen en deze kostprijs ligt boven de gemiddelde verkoopprijs, dan is de onderneming op lange termijn winstgevend. ·

6.5.2   Kostprijsberekening bij homogene massaproductie (één homogeen product)

De integrale kostprijs is een kostprijs die onafhankelijk is van de periode waarin het product toevallig wordt geproduceerd. Om dit te bereiken, delen we de integrale kosten door de gemiddelde bedrijfsdrukte. Deze gemiddelde bedrijfsdrukte noemen we de normale bezetting. We geven de volgende definitie van de normale bezetting.

Normale bezetting

De normale bezetting (normale productie) van een bedrijf (of bedrijfsonderdeel) is de gemiddelde verwachte productieomvang gedurende een aantal toekomstige jaren.

$$\text{Kostprijs} = \frac{\text{Totale kosten bij normale productie}}{\text{Normale productie}} =$$

$$\frac{\text{Vaste kosten bij normale productie}}{\text{Normale productie}} + \frac{\text{Variabele kosten bij normale productie}}{\text{Normale productie}}$$

In formulevorm:

$$K_p = \frac{C}{N} + \frac{V_n}{N} \qquad\qquad [6.3] \quad \textbf{Kostprijs-}\\\textbf{formule}$$

Hierin is:
V_n = variabele kosten bij normale productie
C = constante kosten = vaste kosten bij de normale productie
N = normale productie = gemiddelde productie berekend over een aantal
      toekomstige jaren
K_p = kostprijs

Voor de proportioneel variabele kosten per eenheid product geldt dat ze niet veranderen door een verandering in de productieomvang. Bij proportioneel variabele kosten zijn de variabele kosten per eenheid product gelijk, ongeacht de productieomvang (zie ook figuur 6.2).

Alleen als er sprake is van proportioneel variabele kosten, kunnen we de variabele kosten per eenheid product ook berekenen door de variabele kosten bij de begrote werkelijke productie (V_b) te delen door de begrote productie (B). Alleen bij proportioneel variabele kosten geldt dat de variabele kosten per eenheid niet afhankelijk zijn van de productieomvang. Dan geldt: $V_n : N = V_b : B$.
Daarom kan bij proportioneel variabele kosten ook de volgende kostprijs-formule worden gebruikt:

$$K_p = \frac{C}{N} + \frac{V_b}{B} \qquad\qquad [6.4]$$

Hierin is:
V_b = variabele kosten bij begrote productie
C = constante (= vaste) kosten bij de normale productie
N = normale productie
B = begrote productie
K_p = kostprijs

De standaardkostprijs wordt meestal berekend voordat men met de productie begint (voorcalculatie). Daarom zijn de variabele kosten ook berekend op basis van de begrote productieomvang.

Aan de hand van voorbeeld 6.10 berekenen we de integrale kostprijs van één cd van fabrikant Soudmix bv.

VOORBEELD 6.10 SOUNDMIX BV

Soundmix bv is fabrikant van compact disks. De productiecapaciteit van Soundmix bv bedraagt 220.000 cd's. De vaste kosten van de machine die in staat is deze productiecapaciteit te leveren, bedragen €270.000 per jaar.
De normale productie is 180.000 cd's per jaar. Voor het komende jaar wordt een productie begroot van 200.000 cd's. De onderneming heeft een machine aangeschaft met een capaciteit van 240.000 cd's. De vaste kosten van deze machine bedragen €300.000 per jaar. Het verloop van de variabele kosten is gegeven in de volgende tabel.

VARIABELE KOSTEN PER EENHEID

Begrote productie (= afzet) **in eenheden**	Totale variabele kosten (in euro's)	Variabele kosten per eenheid (in euro's)
170.000	323.000	1,90
180.000	**333.000**	**1,85**
190.000	342.000	1,80
200.000	360.000	1,80
210.000	399.000	1,90
220.000	429.000	1,95
230.000	460.000	2,00

Wat is de integrale standaardkostprijs van één cd?

Omdat er in voorbeeld 6.10 geen sprake is van proportioneel variabele kosten (zie de tabel in het voorbeeld), moeten we uitgaan van de variabele kosten bij de *normale* productie:

Variabele kosten per eenheid (€333.000 : 180.000) = € 1,85
Vaste kosten per eenheid (€270.000 : 180.000)   € 1,50
_____
Integrale kostprijs van één cd   € 3,35

Bij de kostprijsberekening zijn we wat de vaste kosten betreft, uitgegaan van €270.000 en niet van €300.000. Er is voor Soundmix bv geen economische reden om de duurdere machine aan te schaffen. De extra kosten die daarvan het gevolg zijn (€30.000) mogen niet in de kostprijs terechtkomen. In de kostprijs worden alleen de bedrijfseconomisch onvermijdbare kosten opgenomen.
De extra vaste kosten van €30.000 komen rechtstreeks ten laste van het resultaat (en niet via de kostprijs van de omzet).

In de praktijk vertonen de totale kosten vaak een verloop zoals in figuur 6.9 is weergegeven. Het relevante productiegebied voor de onderneming waarop figuur 6.9 van toepassing is, ligt tussen de 40.000 en 80.000 eenheden.

Voor de onderneming uit figuur 6.9 bedraagt de integrale kostprijs €3,50. Deze berekenen we door de totale kosten bij de normale productie (N) te delen door de normale productie van 70.000 eenheden.

$$\text{Kostprijs} = \frac{\text{Totale kosten bij N}}{N} = \frac{€245.000}{70.000} = €3,50$$

FIGUUR 6.9 Verloop van de totale kosten

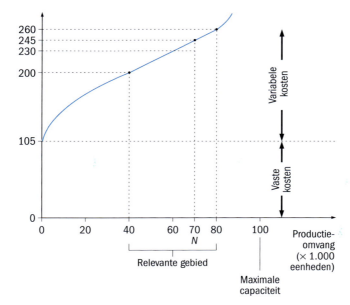

Deze wijze van kostprijsberekening noemen we de *delingscalculatie.* Daarbij delen we de totale productiekosten door de totale (normale) productie, om de fabricagekostprijs te berekenen. De delingscalculatie is alleen toepasbaar als er sprake is van één homogeen product (homogene massaproductie).

Delings- calculatie

In de voorgaande voorbeelden zijn we uitgegaan van een situatie waarin een onderneming één homogeen product voortbrengt, waardoor we de bedrijfsdrukte in aantallen kunnen weergeven. In de praktijk zal een ondernemer echter vaak verschillende producten en/of diensten voortbrengen (heterogene producten/diensten). We berekenen de kostprijs dan op een andere wijze, waarbij we de kosten op een andere manier indelen. Dan is bij de kostenverbijzondering (dit is het toerekenen van de totale kosten aan de verschillende producten en/of diensten) het onderscheid in *directe en indirecte* kosten van belang.

6.5.3 Kostprijsberekening bij heterogene producten of diensten

In deze paragraaf bespreken we de directe en indirecte kosten. We gaan kort in op de toerekening van de directe kosten aan de producten. Daarna gaan we uitgebreider in op methoden om de indirecte kosten aan de producten toe te rekenen om zo de kostprijs te berekenen.

Directe en indirecte kosten

We spreken van directe kosten als er een oorzakelijk verband bestaat tussen het ontstaan van de kosten en het product, én dit verband op economisch verantwoorde wijze kan worden vastgesteld. Voorbeelden zijn de grondstof- kosten van een product en de (directe) uren die een accountant besteedt aan de advisering van een cliënt.

Directe kosten

Bij indirecte kosten is er geen oorzakelijk verband tussen het ontstaan van de kosten en het product, of dit verband is niet op economisch verantwoorde

Indirecte kosten

wijze vast te stellen. Het eerste is bijvoorbeeld het geval met het salaris van de directeur van een besloten vennootschap. De directeur zet zich in voor de totale onderneming en zijn werkzaamheden hebben in veel gevallen geen betrekking op een individueel product of individuele order. Het salaris van de directeur is dan een voorbeeld van indirecte kosten.

Hoewel variabele kosten vaak direct en vaste kosten meestal indirect zijn, hoeft dit niet altijd het geval te zijn. In tabel 6.4 staan enkele voorbeelden van kosten van een fabricageafdeling, waaruit de verschillen tussen de kostenbegrippen duidelijk worden.

TABEL 6.4 Kosten fabricageafdeling

	Directe kosten	Indirecte kosten
Variabele kosten	Grondstofkosten Directe arbeid	Energiekosten, als de energiekosten per fabriek worden geregistreerd
Vaste kosten	Afschrijvingskosten van fabrieksgebouw waarin slechts één product wordt gemaakt	Afschrijvingskosten van fabrieksgebouw waarin verschillende producten worden gemaakt

Toerekening van de directe kosten aan de producten
In de administratie leggen we vast voor welke producten de directe kosten worden gemaakt (directe kosten houdt in dat er een verband is en dat we dit verband ook vast kunnen leggen). De toerekening van deze kosten aan de producten is dan ook geen probleem. Het verbruik van grondstoffen is een voorbeeld van directe kosten. Op basis van magazijnafgiftebonnen kunnen we vaststellen voor welk product de grondstoffen worden gebruikt. Als voor een product 5 kilogram grondstof nodig is met een inkoopprijs van €2 per kilogram, wordt per product €10 grondstofkosten in rekening gebracht. Ook van de directe arbeidsuren wordt nauwkeurig bijgehouden aan welk product ze zijn besteed. Zo houden accountants, advocaten en monteurs een urenregistratie bij. Op basis daarvan worden de te declareren uren per cliënt vastgesteld.

Als een onderneming slechts één product maakt, zijn alle kosten directe kosten. De kosten worden dan immers alleen voor dat ene product gemaakt, zodat zich geen verdelingsprobleem voordoet. De kostprijs van het product wordt in die situatie berekend door middel van de delingscalculatie, waarbij alle kosten gedeeld worden door de normale productieomvang.

Delings-
calculatie

Toerekening van de indirecte kosten aan de producten
Voorbeelden van indirecte kosten zijn het salaris van de directeur, de kosten van verwarming en onderhoud van bedrijfspanden en premies van de brandverzekering.

Bij indirecte kosten is geen rechtstreeks verband tussen het ontstaan van de kosten en een afzonderlijk product of dienst vast te stellen, omdat dit verband ontbreekt of niet op economisch verantwoorde wijze kan worden vastgesteld. Om de kostprijs van een product te berekenen, zullen we de indirecte kosten toch op de een of andere wijze aan de producten moeten toerekenen.

Hierna gaan we in op een situatie waarin een onderneming zoals Demo verschillende producten of diensten aanbiedt. Hoe moeten we dan de kosten over de verschillende producten of diensten verdelen? We bespreken in dit verband de enkelvoudige en de meervoudige opslagmethode.

Opslagmethode

Bij de opslagmethode worden de indirecte kosten aan de producten toegerekend door de directe kosten (die eenduidig aan de producten kunnen worden toegerekend) met een bepaald opslagpercentage te verhogen. Toepassing van de opslagmethode is mogelijk als er een verband vastgesteld kan worden tussen de omvang van de indirecte kosten en de omvang van de directe kosten. Voor een bepaald productie-proces zou bijvoorbeeld kunnen gelden dat de indirecte kosten volgens een vaste verhouding reageren op een verandering in de grondstofkosten. In dat geval is het mogelijk de indirecte kosten aan de producten door te berekenen door de grondstofkosten met een bepaald percentage te verhogen.

Omdat er prijsveranderingen kunnen optreden, moet het opslagpercentage wel regelmatig worden aangepast. Het opslagpercentage berekenen we op de volgende wijze:

$$\text{Opslagpercentage} = \frac{\text{Indirecte kosten}}{\text{Directe kosten}} \times 100\% \qquad [6.5]$$

Enkelvoudige opslagmethode
Als er slechts één opslagpercentage wordt gebruikt om de indirecte kosten aan de producten/diensten door te berekenen, spreken we van een enkelvoudige of primitieve opslagmethode. Het is bijvoorbeeld mogelijk dat er een verband bestaat tussen de indirecte kosten en de kosten van directe arbeid. In dat geval wordt het opslagpercentage bepaald door de (verwachte) indirecte kosten te delen door de (verwachte) kosten van directe arbeid. Ook kan uit historische waarnemingen blijken dat de indirecte kosten in een vaste verhouding reageren op een verandering in de totale directe kosten. In dat geval nemen we de totale directe kosten als basis voor de doorberekening van de indirecte kosten.
Aan de hand van voorbeeld 6.11 berekenen we de opslagpercentages en de kostprijs per studieboek van Uitgeverij UVES.

VOORBEELD 6.11 UITGEVERIJ UVES
Uitgeverij UVES heeft over het afgelopen jaar de volgende informatie met betrekking tot de fabricagekosten van studieboeken verzameld.

Directe kosten:
directe grondstoffen	€ 4.000.000
directe arbeid	€ 1.000.000 +
Totale directe kosten	€ 5.000.000

De totale indirecte kosten bedragen in dit jaar €1.000.000.
We berekenen de fabricagekostprijs van een studieboek volgens de enkelvoudige opslagmethode. De directe grondstofkosten bedragen €20 per boek en de directe arbeidskosten €6 per boek. De totale indirecte kosten worden doorberekend door:

a   een opslag op de directe grondstofkosten, **of**
b   een opslag op de kosten van directe arbeid, **of**
c   een opslag op de totale directe kosten.

Uitwerking:
a   Opslagpercentage op grondstofkosten: $\dfrac{€1.000.000}{€4.000.000} \times 100\% = 25\%$

b   Opslagpercentage op directe arbeid: $\dfrac{€1.000.000}{€1.000.000} \times 100\% = 100\%$

c   Opslagpercentage op totale directe kosten: $\dfrac{€1.000.000}{€5.000.000} \times 100\% = 20\%$

In de volgende tabel staan de kostprijsberekeningen.

		a		b		c
Grondstofkosten		€20		€20		€20
Directe arbeid		€ 6		€ 6		€ 6
Totale directe kosten		€26		€26		€26
Opslag indirecte kosten	25%	€ 5	100%	€ 6	20%	€ 5,20
Fabricagekosten per studieboek		€31		€32		€31,20

- -

Meervoudige opslagmethode

Meervoudige opslagmethode

Bij de meervoudige of verfijnde opslagmethode berekenen we twee of meer opslagpercentages. Hierbij worden de indirecte en directe kosten in verschillende groepen onderverdeeld. Als uit historische waarnemingen blijkt dat er een verband bestaat tussen een bepaalde groep indirecte kosten en een bepaalde groep directe kosten, kan per kostengroep een opslagpercentage worden vastgesteld. Zo zou uit onderzoek bij uitgeverij UVES kunnen blijken dat de indirecte arbeidskosten samenhangen met de directe arbeidskosten, het indirecte materiaalverbruik met de directe grondstofkosten en de overige indirecte kosten met de totale directe kosten. Dat is in tabel 6.5 weergegeven.

TABEL 6.5 Verband tussen indirecte en directe kosten

Indirecte kosten	Opslagbasis
Indirecte arbeidskosten	Directe arbeidskosten
Indirecte materiaalkosten	Directe grondstofkosten
Overige indirecte kosten	Totale directe kosten

Per opslagbasis wordt een opslagpercentage vastgesteld.
Bij de kostprijsberekening worden de indirecte kosten doorberekend door de directe kosten te verhogen met de corresponderende opslagpercentages.

VERVOLG VOORBEELD 6.11

Uitgeverij UVES uit voorbeeld 6.11 heeft nader onderzoek laten verrichten naar de samenstelling van de indirecte kosten. Daaruit bleek dat de indirecte fabricagekosten bestaan uit:

Indirecte materiaalkosten	€	200.000
Indirecte arbeid	€	100.000
Overige indirecte kosten	€	700.000 +
Totale indirecte kosten	€	1.000.000

Uit dit onderzoek bleek bovendien dat er een oorzakelijk verband bestaat tussen:
- de indirecte materiaalkosten en het direct materiaalverbruik;
- de kosten van indirecte arbeid en de directe loonkosten;
- de overige indirecte kosten en de totale directe kosten.

We berekenen nu de fabricagekostprijs van een studieboek volgens de meervoudige opslagmethode, waarbij:
- de indirecte materiaalkosten worden doorberekend op basis van de directe grondstofkosten;
- de indirecte arbeidskosten worden doorberekend op basis van de directe arbeidskosten;
- de overige indirecte kosten worden doorberekend op basis van de totale directe kosten.

Uitwerking:

Opslagpercentage op grondstofkosten: $\dfrac{€200.000}{€4.000.000} \times 100\% = 5\%$

Opslagpercentage op directe arbeid: $\dfrac{€100.000}{€1.000.000} \times 100\% = 10\%$

Opslagpercentage op totale directe kosten: $\dfrac{€700.000}{€5.000.000} \times 100\% = 14\%$

Kostprijsberekening bij meervoudige opslagmethode:

Grondstofkosten		€ 20,00
Directe arbeid		€ 6,00 +
Totale directe kosten		€ 26,00
Opslag voor indirect materiaalverbruik	5%	€ 1,00
Opslag voor indirecte arbeid	10%	€ 0,60
Opslag voor overige indirecte kosten	14%	€ 3,64 +
Fabricagekosten per studieboek		€ 31,24

Voor de kostprijs in voorbeeld 6.11 hebben we nu vier verschillende uitkomsten. Welke opslagmethode is nu de beste?

Om deze vraag te kunnen beantwoorden, moet onderzocht worden welke opslagmethode het verband tussen de directe en indirecte kosten het best weergeeft. Als uit onderzoek (meestal op basis van historische waarnemingen) blijkt dat er een sterke relatie is tussen de indirecte kosten en het directe grondstoffenverbruik, dan is methode a (een opslag op de directe grondstofkosten) de beste berekeningswijze. Met andere woorden: er moet een opslagbasis gekozen worden waarmee de indirecte kosten de meeste samenhang vertonen. De methode die met deze samenhang het best rekening houdt, leidt dan tot de meest nauwkeurige kostprijs. In het algemeen zal dit de meervoudige (verfijnde) opslagmethode zijn. De kosten die verbonden zijn aan de toepassing van deze methode, zijn echter hoger dan de kosten van de enkelvoudige opslagmethode. In het MKB kiest de ondernemer vaak voor de methode die tot de minste administratieve rompslomp leidt en dat is de enkelvoudige opslagmethode.

Bart Romijnders licht de kostprijsberekening bij zijn bedrijf toe: 'Een carrosseriebedrijf is een dienstverlenende organisatie. In principe verkoop ik "uren". De meeste kosten van mijn bedrijf worden via het uurtarief aan de klant in rekening gebracht. Ik maak een onderscheid tussen directe en indirecte uren, en tussen directe en indirecte materialen. De directe materialen bestaan bijvoorbeeld uit plaatstaal, grondverf en autolak, die voor een bepaalde opdracht nodig zijn. Deze worden keurig op een orderkaart geregistreerd. Ook de (directe) uren die aan een bepaalde opdracht worden besteed, worden op deze kaart vastgelegd. Naast de directe kosten zijn er kosten in verband met indirect materiaal, zoals de kosten van het schuurpapier en het schoonmaken van de werkplaats. We zouden het schuurpapier dat we voor een bepaalde opdracht besteden, kunnen bijhouden en op de orderkaart registreren, maar dat loont de moeite niet. De indirecte uren zijn de uren die ik besteed aan bijvoorbeeld het inkopen van materialen, het beantwoorden van de telefoontjes, het schoonmaken van de werkplaats, overleg met de schade-experts en het maken van afspraken met particuliere opdrachtgevers. De totale kosten van de indirecte materialen en indirecte uren deel ik door het totale aantal directe uren. Dat is mijn opslag op het uurtarief ter dekking van de indirecte kosten. Het uurtarief van de directe uren leid ik af uit de lonen en sociale lasten (loonkosten), die gelden op de arbeidsmarkt voor schadeherstellers. De kostprijsopbouw van een opdracht ziet er dan als volgt uit:

Directe arbeid: aantal directe uren × loonkosten
per uur =   € ....
Directe materialen: hoeveelheid × prijs per eenheid =   € ....
Opslag indirecte kosten: aantal directe uren ×
tarief indirecte kosten/uur =   € .... +
                                                                  _____
Kostprijs van een opdracht   € ....

Regelmatig vergelijk ik de werkelijke kostprijs met de prijs die ik voor de opdracht ontvang. Dat geeft mij inzicht in de ontwikkeling van de kosten en kan aanleiding zijn mijn prijzen aan te passen.'

⬛ **6.6** Kostprijsberekening bij onderneming Demo

**Kostprijsbere-
kening Demo**

De belangrijkste factor die de hoogte van de kostprijs van de artikelen die Demo verkoopt bepaalt, is de inkoopprijs van de artikelen. De inkoopprijs is een voorbeeld van proportioneel variabele kosten. De inkoopprijs kan worden verlaagd door in het groot in te kopen (kwantumkortingen). In het groot inkopen kunnen we zowel op ondernemingsniveau als op 'samenwerkingsniveau' realiseren. Met het laatste bedoelen we dat Demo zich zou kunnen aansluiten bij een keten van speciaalzaken (zoals *Euretco in de mode-, woon- en sportbranche: zie www.euretco.com*). De keten kan dan in het groot inkopen en de voordelen die daaruit voortvloeien doorgeven aan de bij de keten aangesloten ondernemingen. Als Demo als individuele onderneming in het groot inkoopt, heeft dat als nadeel dat de kosten van het opslaan (voorraadkosten) toenemen. Bovendien neemt dan het aantal voorraaddagen toe, waardoor de artikelen langer 'op de schap' komen te liggen en uit de mode kunnen raken. Ook hier geldt zoals bij veel beslissingen die een ondernemer moet nemen, dat de financiële voor- en nadelen tegen elkaar moeten worden afgewogen. Wij geven slechts inzicht in de factoren die de kosten veroorzaken. De ondernemer moet in de concrete situatie op basis van deze inzichten een besluit nemen.

De winst- en verliesrekening van Demo uit tabel 6.2 geeft inzicht in de kosten. Voor de kostprijsberekening bij heterogene producten moeten we de kosten verdelen in directe en indirecte kosten. Bij een detailhandelsonderneming in huishoudelijke apparaten behoort de inkoopprijs van de artikelen tot de directe kosten. De overige kosten zijn indirect. We kunnen ons afvragen wat de kostprijs is van een koffiezetapparaat dat onderneming Demo in 2017 heeft ingekocht voor €30. Om deze kostprijs te berekenen gaan we uit van de cijfers uit tabel 6.2. Van alle kosten die in tabel 6.2 staan vermeld is (met uitzondering van de inkoopwaarde van de omzet) geen direct verband met een individueel product te leggen. Met andere woorden: alle kosten, met uitzondering van de inkoopprijs, zijn indirecte kosten. Bij een handelsonderneming ligt het voor de hand de indirecte kosten aan de producten toe te rekenen door de inkoopprijs met een opslag te verhogen. Op basis van tabel 6.2 zijn de totale indirecte kosten gelijk aan de som van de overige kosten (€198.600) en de afschrijvingskosten (€54.000), in totaal €252.600. Hierbij laten we de interestkosten (voorlopig) buiten beschouwing.

We berekenen het opslagpercentage ter dekking van de indirecte kosten (inclusief GOL, maar exclusief vermogenskosten) als volgt:

Opslagpercentage

$$\text{Opslagpercentage indirecte kosten} = \frac{\text{Totaal indirecte kosten}}{\text{Inkoopwaarde van de omzet}} \times 100\% \quad [6.6]$$

$$\frac{€252.600}{€429.400} \times 100\% = 58,83\%$$

De kostprijs van een koffiezetapparaat bedraagt:

Inkoopprijs	€ 30,00
Opslag indirecte kosten: 0,5883 × €30 =	€ 17,65
Kostprijs	€ 47,65 (exclusief vermogenskosten)

Bij de voorgaande kostprijsberekening hebben we nog geen rekening gehouden met de vermogenskosten. Voor de financiering van de voorraden trekt een onderneming eigen en/of vreemd vermogen aan. De verschaffers van dit vermogen verwachten een vergoeding voor het beschikbaar gestelde vermogen. Deze vergoedingen (interest bij vreemd vermogen en winstuitkering bij eigen vermogen) noemen we vermogenskosten en drukken we uit in een percentage. In dit voorbeeld veronderstellen we dat de gemiddelde vermogenskosten 12% per jaar bedragen. Bovendien veronderstellen we dat de omlooptijd van dit product twee maanden is. Dan zijn de vermogenskosten voor dit product $12\% \times \frac{2}{12} = 2\%$. De kostprijs wordt dan $1,02 \times €47,65 = €48,60$.

Vermogenskosten

Winstopslag

We nemen vervolgens aan dat Demo een (gemiddelde) winstopslag van 15% hanteert. De verkoopprijs exclusief btw wordt dan: $1{,}15 \times €48{,}60 = €55{,}89$. Bij een btw-percentage van 21% volgt de verkoopprijs inclusief btw uit de volgende berekening: $1{,}21 \times €55{,}89 = €67{,}63$.

De hoogte van de verkoopprijs van het koffiezetapparaat is hiervoor in de vorm van een rekensommetje gepresenteerd, maar zo simpel ligt het in de praktijk niet. Iedere onderneming en ook Demo zal rekening moeten houden met de concurrentie. De definitieve verkoopprijs kan niet te veel afwijken van de verkoopprijzen die de concurrenten vragen (denk ook aan de vijf krachten van Porter). Dit kan ertoe leiden dat de werkelijke verkoopprijs van het koffiezetapparaat lager wordt vastgesteld dan de beoogde €67,63 en dat de gewenste winstopslag van 15% bij het koffiezetapparaat niet wordt gerealiseerd.

Enkelvoudige opslagmethode

Het voorgaande is een toepassing van de enkelvoudige opslagmethode. Deze methode werkt erg grof: ieder artikel krijgt eenzelfde opslagpercentage. We kunnen ons afvragen of dat niet nauwkeuriger (verfijnder) kan. Veroorzaakt een omzet van €100 aan serviesgoed evenveel indirecte kosten als een omzet van €100 aan niet-elektrische huishoudelijke hulpmiddelen, zoals afvalemmers? Het laatste artikel veroorzaakt relatief (ten opzichte van de omzet in euro's) meer huisvestingskosten dan serviesgoed. We krijgen een nauwkeuriger berekening van de kostprijs als we de indirecte kosten van onderneming Demo in eerste instantie verdelen over de verschillende productgroepen (zie tabel 6.6). In tabel 6.6 staat tussen haakjes de verdeling van de indirecte kosten over de verschillende productgroepen vermeld. Op basis daarvan berekenen we een opslagpercentage per productgroep.

Opslagpercentage per productgroep

TABEL 6.6 Indirecte kosten per productgroep

Indirecte kosten	Totaal	Verdeling van de indirecte kosten over de productgroepen			
		Elektrische apparaten	Serviesgoed	Niet-elektrische huishoudelijke hulpmiddelen	Diversen
GOL	€ 48.000	€ 12.000 (0,25)	€ 9.600 (0,20)	€ 24.000 (0,50)	€ 2.400 (0,05)
Lonen en salarissen	€ 81.000	€ 20.250 (0,25)	€ 16.200 (0,20)	€ 40.500 (0,50)	€ 4.050 (0,05)
Sociale lasten	€ 24.000	€ 6.000 (0,25)	€ 4.800 (0,20)	€ 12.000 (0,50)	€ 1.200 (0,05)
Huisvesting	€ 20.400	€ 6.120 (0,30)	€ 2.040 (0,10)	€ 11.220 (0,55)	€ 1.020 (0,05)
Autokosten	€ 11.200	€ 3.360 (0,30)	€ 3.360 (0,30)	€ 3.360 (0,30)	€ 1.120 (0,10)
Verkoopkosten	€ 8.000	€ 3.200 (0,40)	€ 2.000 (0,25)	€ 2.000 (0,25)	€ 800 (0,10)
Algemene kosten	€ 6.000	€ 1.500 (0,25)	€ 1.500 (0,25)	€ 1.500 (0,25)	€ 1.500 (0,25)
Afschrijv. gebouwen	€ 24.000	€ 8.400 (0,35)	€ 3.600 (0,15)	€ 9.600 (0,40)	€ 2.400 (0,10)
Afschrijv. inventaris	€ 30.000	€ 7.500 (0,25)	€ 4.500 (0,15)	€ 13.500 (0,45)	€ 4.500 (0,15)
Totaal	€ 252.600	€ 68.330	€ 47.600	€ 117.680	€ 18.990

Indirecte kosten	Totaal	Verdeling van de indirecte kosten over de productgroepen			
		Elektrisch	*Servies*	*Niet-elektrisch*	*Diversen*
Indirecte kosten per productgroep	€ 252.600	€ 68.330	€ 47.600	€ 117.680	€ 18.990
Inkoop-waarde per product-groep[1]		€ 148.200	€ 68.400	€ 182.400	€ 30.400
Opslagper-centage per productgroep		$\frac{€68.330}{€148.200} \times 100\% =$	$\frac{€47.600}{€68.400} \times 100\% =$	$\frac{€117.680}{€182.400} \times 100\% =$	$\frac{€18.990}{€30.400} \times 100\% =$
		46,11%	69,59%	64,52%	62,47%

Verdeling van de omzet over productgroepen

	Omzetverdeling(op basis van de *inkoopwaarde*)	Brutomarge per product-groep
Elektrische apparaten	0,3	35%
Serviesgoed	0,2	55%
Niet-elektrische huishoude-lijke hulpmiddelen	0,4	40%
Diversen	0,1 +	60%
	1,0	

[1] Inkoopwaarde van de omzet per productgroep:

Elektrische apparaten	$0,3 \times €760.000 \times (1 - 0,35) =$ € 148.200
Serviesgoed	$0,2 \times €760.000 \times (1 - 0,55) =$ € 68.400
Niet-elektrische huishoudelijke hulpmiddelen	$0,4 \times €760.000 \times (1 - 0,4)$ = € 182.400
Diverse artikelen	$0,1 \times €760.000 \times (1 - 0,6)$ = € 30.400 +
Totale inkoopwaarde van de omzet	€ 429.400

De kostprijs van een koffiezetapparaat (uit de productgroep elektrische apparaten) bedraagt:

Inkoopprijs	€ 30,00
Opslag indirecte kosten: $0,4611 \times €30 =$	€ 13,83
Kostprijs	€ 43,83 (exclusief vermogenskosten)

Uit dit voorbeeld blijkt dat de nauwkeurige kostprijsberekening tot een kostprijs van €43,83 leidt en de minder nauwkeurige methode een kostprijs van €47,65 oplevert. Een nauwkeurige kostprijsberekening is belangrijk om vast te kunnen stellen op welke producten winst wordt gemaakt en hoe groot die winst is. Op basis daarvan kan een ondernemer beslissen bepaalde artikelen uit het assortiment te verwijderen en andere producten toe te voegen. De kostprijs is daarmee een belangrijk instrument voor de besturing van een onderneming. Als de verkoopprijs van een artikel lager is dan de kostprijs, betekent dat niet per definitie dat dit artikel beter uit het assortiment kan worden verwijderd.

Sommige artikelen worden gebruikt als 'lokkertje'. De ondernemer hoopt dan dat dit artikel klanten naar zijn winkel trekt, en dat die klant naast dit artikel (waarop de ondernemer verlies lijdt) andere artikelen koopt waar wel winst op wordt gemaakt.

⬛ 6.7 Zelf produceren of werk uitbesteden?

Kostenbesparing kan een argument zijn om werkzaamheden uit te besteden. Als een onderneming een product zelf produceert, zal daarvoor een productieapparaat nodig zijn dat gepaard gaat met vaste en variabele kosten. Bij uitbesteding van de productie zal in het algemeen een vaste vergoeding per eenheid product betaald moeten worden. In dat geval zijn er alleen variabele kosten.

Uitbesteding

Aan de hand van voorbeeld 6.12 bekijken we of het voordeliger is om uit te besteden of dat beter zelf kan worden geproduceerd.

VOORBEELD 6.12 TRIOMF NV

Als autofabrikant Triomf nv de koplampen voor zijn auto's zelf produceert, bedragen de vaste kosten €600.000 per jaar en de variabele kosten €40 per koplamp. De gemiddelde vraag naar koplampen is 12.000 per jaar. Triomf nv kan deze koplampen ook betrekken van een toeleverancier. In dat geval moet per koplamp €100 worden betaald. Wat is het voordeligst, uitbesteden of zelf produceren?

Uitwerking:
Stel q = aantal koplampen.
In geval van zelf produceren bedragen de kosten: €40 × q + €600.000.
Als de productie uitbesteed wordt, bedragen de kosten: €100 × q.
Het aantal koplampen (q) waarbij de kosten van uitbesteden en de kosten van zelf produceren aan elkaar gelijk zijn, volgt uit:

$$€\,100 \times q = €\,40 \times q + €\,600.000$$
$$€\,100 \times q - €40 \times q = €\,600.000$$
$$(€\,100 - €40) \times q = €\,600.000$$

$$q = \frac{€\,600.000}{(€\,100 - €\,40)} = 10.000$$

Indifferentie-punt

In figuur 6.10 is de keuze voor uitbesteden of zelf produceren in beeld gebracht. Waar de kosten van beide alternatieven gelijk zijn, spreken we van het indifferentiepunt.

Als een ondernemer zijn gemiddelde verwachte afzet weet, kan hij een beslissing nemen.
Bij een productie van meer dan 10.000 eenheden zijn de kosten van zelf produceren geringer dan van uitbesteden. Omdat de gemiddelde verwachte productie 12.000 eenheden bedraagt, zou men kunnen beslissen de koplampen zelf te gaan produceren. Zelf produceren leidt tot hoge vaste kosten, die niet verminderen als de productie in de toekomst afneemt. In de situatie van uitbesteding zijn er geen vaste kosten en dalen door een lagere afname de kosten met €100 per eenheid.

FIGUUR 6.10 Kosten bij uitbesteden en bij zelf produceren

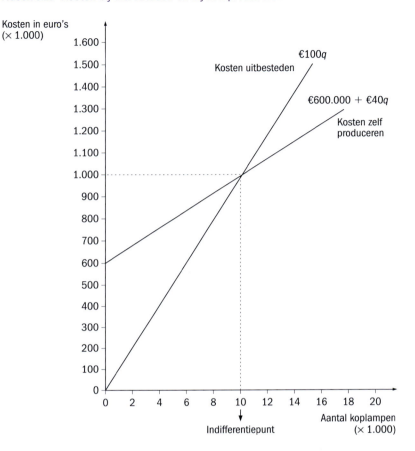

Bij uitbesteding is er sprake van een grotere flexibiliteit in de kosten (vaste kosten gaan over in variabele kosten). Naast kostenaspecten spelen andere factoren een (belangrijke) rol bij uitbesteding. Zo zal Triomf nv inzicht willen hebben in de kwaliteit die wordt geleverd door de toeleverancier. Bovendien moeten er duidelijke afspraken worden gemaakt over de hoeveelheden waarin en het tijdstip waarop de producten worden geleverd. Intensieve samenwerking en informatie-uitwisseling tussen de betrokken partijen is noodzakelijk om de uitbesteding tot een succes te maken.

6.8 Differentiële calculatie   *alleen begrijpen van hbl.*

Bij een differentiële calculatie kijken we naar de extra kosten (of extra opbrengsten) als de geproduceerde of verkochte hoeveelheid toe- of afneemt. We berekenen daarbij het verschil (= differentie) tussen de kosten of opbrengsten voor de verandering met de kosten of opbrengsten na de verandering in de productie- of verkoopomvang.
Welke factoren een rol spelen bij een differentiële calculatie lichten we toe aan de hand van fietsrekkenfabrikant Gebr. Huizinga vof uit voorbeeld 6.6.

Differentiële calculatie

VOORBEELD 6.6 VERVOLG

Door een economische malaise is de verwachte afzet voor komend jaar slechts 3.000 eenheden, tegen een verwachte verkoopprijs (exclusief btw) van €140. Er doet zich nu het volgende voor. Gebr. Huizinga vof komt toevallig in contact met een handelsonderneming in het buitenland (Eurobike Ltd) die niet tot de vaste afnemerskring van Gebr. Huizinga vof behoort. Eurobike Ltd wil 2.000 fietsrekken afnemen, maar wil per stuk (mede in verband met hoge transportkosten) slechts €90 betalen. De buitenlandse afnemer zal deze fietsrekken niet op de Nederlandse markt aanbieden. Gebr. Huizinga vof heeft dit jaar een onbenutte capaciteit van 4.000 eenheden en heeft naast deze potentiële order van Eurobike Ltd geen uitzicht op andere orders (naast de verwachte afzet van 3.000 eenheden). Is het op basis van economische motieven in deze situatie verstandig op het verzoek van Eurobike Ltd in te gaan?

Uitwerking:

De integrale kostprijs van een fietsenrek bedraagt €113,33 en bestaat uit €60 variabele kosten en €53,33 vaste kosten (immers C/N = €320.000/6.000 = €53,33). De prijs die Eurobike Ltd biedt (€90) ligt onder de integrale kostprijs. Betekent dit dat Gebr. Huizinga vof het aanbod van Eurobike Ltd moet afslaan? De volgende berekening toont aan dat Gebr. Huizinga vof er verstandig aan doet deze incidentele order te accepteren, om twee redenen:

1 De verkoopprijs (€90) is hoger dan de extra kosten (€60), die gemaakt moeten worden om de fietsrekken te maken. Gebr. Huizinga vof heeft €320.000 vaste kosten. Deze kosten veranderen niet door het al dan niet accepteren van de incidentele order. Door deze order te accepteren ontvangt Gebr. Huizinga vof 2.000 × (€90 − €60) = €60.000 extra ter dekking van de reeds gemaakte vaste kosten.

2 Er is sprake van gescheiden markten. De huidige afnemers van fietsrekken hebben geen weet van de lage inkoopprijs die aan Eurobike Ltd wordt toegestaan en de fietsrekken worden niet (tegen lagere verkoopprijzen) op de Nederlandse markt aangeboden. Er is sprake van gescheiden markten, waardoor er geen gevaar van blijvend prijsbederf optreedt.

Het gevaar bestaat dat de aanbieder van een product op basis van de differentiële calculatie genoegen neemt met een (te) lage verkoopprijs. Als de vaste afnemers kennisnemen van de lage verkoopprijs (die aan de incidentele afnemers is toegestaan) zullen ook zij een lagere verkoopprijs eisen. Het toepassen van een differentiële calculatie moet daarom zo veel mogelijk beperkt blijven tot incidentele afnemers die niet in contact staan met de vaste afnemers. Als aan deze randvoorwaarden niet is voldaan, kan **Prijsbederf** de differentiële calculatie tot prijsbederf en een daling van de totale winst op lange termijn leiden.

Samenvatting

Een juiste vaststelling van de kostprijs van een product is voor de onderneming van groot belang. Als de onderneming een monopoliepositie bezit, kan zij de kostprijs gebruiken om de verkoopprijs vast te stellen. Een onderneming die op een markt van volkomen mededinging (volkomen concurrentie) opereert, zal de kostprijs vergelijken met de verkoopprijs die op deze markt tot stand komt. De kosten kunnen we indelen in vaste en variabele kosten. We spreken van vaste kosten als de kosten niet veranderen ten gevolge van een verandering in de productie- en/of verkoopomvang. Variabele kosten zijn kosten die veranderen door een verandering in de productie- en/of verkoopomvang. De variabele kosten kunnen proportioneel variabel, progressief stijgend, degressief stijgend of trapsgewijs variabel zijn. In de integrale kostprijs zijn zowel de variabele als de vaste kosten opgenomen. De integrale kostprijs berekenen we door de vaste en variabele kosten bij de normale productie-omvang te delen door de normale productieomvang.

Inzicht in de wijze waarop de kosten reageren op veranderingen in de bedrijfsdrukte is belangrijk bij het besturen van een onderneming. De gevolgen die een bepaalde beslissing voor de kosten (en daardoor voor het resultaat) heeft, kunnen dan beter worden ingeschat.

Een onderneming die slechts één product maakt, kan de kostprijs op een-voudige wijze berekenen door de totale vaste en variabele kosten bij de normale productie te delen door de normale productie (delingscalculatie). Als een onderneming verschillende producten maakt, moeten de kosten verdeeld worden over deze producten. Daarbij is het onderscheid in directe en indirecte kosten van belang. De directe kosten kunnen we rechtstreeks aan de producten toerekenen. De kostprijs is een belangrijk stuurinstrument voor een onderneming. Het positieve verschil tussen de verkoopprijs en de kostprijs is de winst per eenheid. Hoe groter dit verschil is, des te beter is de onderneming in staat prijsdalingen (bijvoorbeeld door een fellere concurrentie) en/of kostenstijgingen op te vangen.

Begrippenlijst

ACM	Autoriteit Consument en Markt. Instantie die toezicht houdt op de mate van concurrentie in Nederland.
Bedrijfsdrukte	De mate waarin de beschikbare capaciteit van een onderneming wordt gebruikt.
Break-evenpunt	Productie- en tevens verkoopomvang waarbij er geen winst wordt gemaakt en geen verlies wordt geleden (het resultaat is nihil).
Btw	Belasting toegevoegde waarde. Wordt ook wel omzetbelasting (OB) genoemd.
Delingscalculatie	Kostprijsberekening waarbij de totale kosten gedeeld worden door de totale productie, alleen toepasbaar bij homogene producten.
Degressief stijgende variabele kosten	Variabele kosten die per eenheid afnemen naarmate de bedrijfsdrukte toeneemt.
Differentiële calculatie	Een calculatie waarbij alleen rekening wordt gehouden met de extra opbrengsten en/of extra kosten, die het gevolg zijn van een bepaalde beslissing.
Directe kosten	Kosten waarbij een oorzakelijk verband bestaat tussen het ontstaan van de kosten en het product, en waarvoor het economisch verantwoord is om dit verband vast te stellen.
Enkelvoudige opslagmethode	Opslagmethode waarbij de indirecte kosten worden doorbelast op basis van één opslag op (een deel van) de directe kosten.
Homogene massaproductie	Productie op grote schaal van homogene (= identieke) producten.
Indifferentiepunt	De productieomvang waarbij de kosten van het zelf produceren en de kosten in geval van uitbesteding aan elkaar gelijk zijn.
Indirecte kosten	Kosten waarbij er geen direct aanwijsbaar verband is tussen het ontstaan van de kosten en het product of waarbij dit verband niet op economisch verantwoorde wijze kan worden vastgesteld.
Integrale kosten	De som van variabele en vaste kosten.

Kostenstructuur	De verhouding tussen de omvang van de vaste kosten en de variabele kosten van een organisatie.
Kostenverbijzondering	Het toerekenen van kosten aan producten of diensten.
Kostprijs	De noodzakelijke (toegestane) kosten per eenheid product.
Marktvorm	Het geheel van omstandigheden waaronder ondernemingen met elkaar concurreren.
Meervoudige opslagmethode	Opslagmethode waarbij de indirecte kosten worden doorbelast op basis van meer dan één opslag over delen van de directe kosten.
Normale bezetting	Gemiddelde verwachte bedrijfsdrukte over een reeks van toekomstige jaren.
Opslagmethode	Methode om de kostprijs te berekenen waarbij de indirecte kosten aan de producten toegerekend worden door de directe kosten met een bepaald percentage te verhogen.
Outsourcing	Het uitbesteden van werkzaamheden aan daarin gespecialiseerde bedrijven.
Progressief stijgende variabele kosten	Variabele kosten die per eenheid toenemen naarmate de bedrijfsdrukte toeneemt.
Proportioneel variabele kosten	Variabele kosten die per eenheid gelijk zijn ongeacht de bedrijfsdrukte.
Relevante productiegebied	Het productiegebied waarbinnen de werkelijke productie van een onderneming zich in de regel bevindt.
Trapsgewijs variabele kosten	Variabele kosten die getrapt (met kleine sprongen) stijgen ten gevolge van een toename van de productie.
Uitbesteding	Zie outsourcing
Variabele kosten	Kosten die veranderen ten gevolge van een verandering in de bedrijfsdrukte.
Vaste kosten	Kosten die niet veranderen ten gevolge van een verandering in de bedrijfsdrukte (zolang de bedrijfsdrukte binnen een bepaald gebied blijft).
Vermogenskosten	De kosten van het vreemd vermogen (interest) en het eigen vermogen (winstuitkering). De vermogenskosten worden meestal weergegeven in de vorm van een percentage.

6

Opgaven

6

6.1 Uniform nv maakt al een aantal jaren fietstassen van het model Duo. Dit model fietstassen en de productiewijze zijn in die jaren niet veranderd. De productiekosten bestaan uit variabele en vaste kosten. Deze kosten variëren met de productieomvang.

Productiecapaciteit in eenheden	Variabele kosten per eenheid product (in euro's)	Vaste kosten (in euro's)
1.000 tot 2.000	6,00	20.000
2.000 tot 3.000	5,90	30.000
3.000 tot 4.000	5,80	39.000
4.000 tot 5.000	5,85	47.000
5.000 tot 6.000	5,95	54.000
7.000 tot 8.000	6,05	60.000

Voor komend jaar wordt een productie verwacht van 4.800 fietstassen model Duo. De normale productie is 5.400 fietstassen.

a Wat wordt verstaan onder de integrale kostprijs?
b Bereken de integrale kostprijs van een fietstas model Duo.

6.2 MSD Helmets bv heeft sinds vier jaar de integraalhelm Safety in het productieprogramma opgenomen. Het model en de productiewijze van deze helmen zijn sinds de introductie ervan niet veranderd. De productiekosten bestaan uit variabele en vaste kosten. Deze kosten variëren met de productieomvang.

Productiecapaciteit in eenheden	Variabele kosten per helm (in euro's)	Vaste kosten (in euro's)
0 tot 200	50,00	22.000
200 tot 400	49,40	40.000
400 tot 600	48,90	56.000
600 tot 800	48,50	70.000
800 tot 1.000	48,20	82.000
1.000 tot 1.200	48,00	92.000
1.200 tot 1.400	47,90	100.000

Voor komend jaar wordt een productie verwacht van 900 helmen van het type Safety. De normale productie is 1.100 helmen.

a Van welke soort variabele kosten is hier blijkbaar sprake?
b Bereken de integrale kostprijs van een helm type Safety.

6.3   Wijnchâteau Vino bv verkoopt rode wijn in slechts één soort fles en met een vaste kwaliteit (homogeen product). Vino bv stelt de verkoopprijs van zijn wijnen vast door de kostprijs met een bepaald percentage te verhogen. Voor de berekening van de kostprijs zijn de volgende gegevens beschikbaar. De vaste productiekosten bedragen €130.000 voor een productieomvang van 0 tot 100.000 flessen. De proportioneel variabele kosten bedragen €3 per fles.
Verwachte productie in de komende zes jaar is achtereenvolgens: 55.000, 70.000, 50.000, 80.000, 60.000 en 75.000 flessen wijn.
De minimale productieomvang bedraagt 50.000 flessen en de maximale productieomvang 100.000 flessen. In een periode van zes jaar treedt zowel een laag- als een hoogconjunctuur op.
De verkoopprijs wordt vastgesteld door de kostprijs van een fles wijn te verhogen met een winstopslag van 80%. De btw op wijn bedraagt 21%.

a   Bereken de normale productieomvang (N).
b   Bereken de kostprijs van een fles wijn.
c   Geef een omschrijving (definitie) van het begrip kostprijs.
d   Bereken voor welke prijs per fles de wijn in de winkel ligt.
e   Wat is het belang van een nauwkeurige kostprijsberekening?

6.4   Een fabrikant van houten meubels gebruikt onder andere machines bij de fabricage van eettafels. De grondstofkosten van de eettafels bestaan uit hout. Voor één eettafel is 0,03 m³ hout nodig, dat €600 per m³ kost.
Voor iedere eettafel zijn twee machine-uren nodig. We nemen aan dat de kosten van één machine-uur €35 bedragen. Per productieproces worden 100 eettafels gemaakt, waarvoor de kosten in verband met overige productiemiddelen (naast de kosten van hout en de machinekosten) €40 per eettafel bedragen. De eettafels worden verkocht voor €150 per stuk.

Bereken de opbrengsten, de kosten en het resultaat als er 100 eettafels worden geproduceerd en verkocht.

6.5   Game bv is fabrikant van het bekende spel Monopoly. Dit is het enige product dat door Game bv wordt gemaakt en op de markt wordt gebracht. Voor de berekening van de kostprijs zijn de volgende gegevens beschikbaar. De vaste productiekosten bedragen €96.000.

	Verwachte productie in de komende vijf jaar	Totale kosten in euro's
Jaar 1	20.000	296.000
Jaar 2	26.000	356.000
Jaar 3	25.000	346.000
Jaar 4	22.000	316.000
Jaar 5	27.000	366.000

De minimale productieomvang bedraagt 15.000 spellen (kosten €246.000) en de maximale productieomvang 30.000 spellen (kosten €396.000). In een periode van vijf jaar treedt zowel een laag als een hoogconjunctuur op.

a   Bereken de normale productie.
b   Mag in dit geval de formule $Kp = C/N + V/W$ worden toegepast? Motiveer je antwoord met een berekening.

    c Bereken de kostprijs van een spel voor jaar 1 en voor jaar 2.
    d Geef een omschrijving (definitie) van het begrip kostprijs.
    e Wat is het belang van een nauwkeurige kostprijsberekening?

6.6   Monobike bv is fabrikant van slechts één soort fiets. Monobike bv stelt de verkoopprijs van haar fietsen vast door de kostprijs met een bepaald percentage te verhogen. Voor de berekening van de kostprijs zijn de volgende gegevens beschikbaar.

	Verwachte productie in de komende vijf jaar	Totale kosten in euro's
Jaar 1	12.000	1.240.000
Jaar 2	10.000	1.000.000
Jaar 3	9.000	850.000
Jaar 4	9.000	850.000

De minimale productieomvang bedraagt 5.000 fietsen (kosten €650.000) en de maximale productieomvang 15.000 fietsen (kosten €1.600.000).

    a Bereken de normale productie.
    b Mag in dit geval de formule Kp = C/N + V/W worden toegepast? Motiveer je antwoord met een berekening.
    c Bereken de kostprijs van een fiets voor jaar 1 en voor jaar 2.
    d Geef een omschrijving (definitie) van het begrip kostprijs.
    e Wat is het belang van een nauwkeurige kostprijsberekening?

6.7   Onderneming Fleuriflex maakt één soort verf die uitsluitend in blikken van 1 liter wordt verkocht. Er is sprake van één homogeen product, waarvoor met betrekking tot het jaar 2018 de volgende gegevens gelden:
    • De verwachte constante productiekosten bedragen €28.000.
    • De variabele kosten zijn proportioneel variabel en bedragen €76.500 bij een verwachte productie van 9.000 liter.
    • De normale productie bedraagt 8.000 liter.

    a Bereken de kostprijs voor 2018.

       Voor 2019 wordt een productie verwacht van 8.200 liter. We veronderstellen dat de inkoopprijzen van de productiemiddelen en grondstoffen in 2018 en 2019 gelijk zijn (er treden geen prijsveranderingen op).
    b Bereken de totale verwachte kosten voor 2019.
    c Bereken de kostprijs voor 2019.
    d Waarom wordt er voorafgaand aan een bepaald jaar een kostprijs berekend?
    e Bereken de verkoopprijs (exclusief btw) per literblik verf voor 2019 als de winstopslag 25% van de kostprijs is.
    f Bereken de verwachte winst over 2019.

6.8   Uitgeverij Boekmarkt bv geeft studie- en leesboeken uit. Voor de normale productie van 30.000 studieboeken en 50.000 leesboeken zijn voor komend jaar de volgende kosten begroot:
    • materiaalkosten: 80.000 kg × €2 =   € 160.000
    • arbeidskosten: 20.000 uur × €35 =   € 700.000
    • indirecte kosten   € 252.000

Boekmarkt bv past de enkelvoudige opslagmethode toe. Als opslagbasis gebruikt de onderneming de directe arbeidskosten.

a Bereken het opslagpercentage voor de indirecte kosten.
b Bereken de kostprijs van een boek waarvoor 1.100 gram materiaal en 12 minuten directe arbeid nodig zijn.

We veronderstellen nu dat Boekmarkt bv de indirecte kosten verdeelt op basis van het aantal geproduceerde boeken.
c Bereken de kostprijs van een boek waarvoor 1.100 gram materiaal en 12 minuten directe arbeid nodig zijn.
d 1 Is een nauwkeurige verbijzondering van de indirecte kosten voor deze onderneming belangrijk? Motiveer je antwoord.
   2 Hoe bepaalt een onderneming welke opslagbasis gekozen moet worden?
e Waarom wil een onderneming aan het begin van een periode op basis van begrote cijfers de kostprijs van een product berekenen?

6.9 Minimoke bv maakt modellen van auto's, vliegtuigen en schepen op schaal. Deze modellen worden in verschillende uitvoeringen geleverd.
De onderneming past voor de verbijzondering van de indirecte kosten de enkelvoudige opslagmethode toe.
De kosten bij een normale productieomvang zijn voor volgend jaar als volgt begroot:
- direct grondstofverbruik: 20.000 kg × €6/kg = € 120.000
- directe arbeidskosten: 10.000 uur × €30/uur = € 300.000
- totale indirecte kosten   € 30.000

Als opslagbasis gebruikt de onderneming de directe grondstofkosten.

a Bereken het opslagpercentage voor de indirecte kosten.
b Bereken de kostprijs van een model waarvoor 800 gram grondstof en 10 minuten directe arbeid nodig zijn.

Nader onderzoek van de indirecte kosten toont aan dat €16.800 samenhangt met de totale directe grondstofkosten, €9.000 samenhangt met de totale directe arbeidskosten en €4.200 samenhangt met de totale directe kosten. Op basis van de resultaten van het onderzoek besluit de onderneming de meervoudige opslagmethode toe te gaan passen.
c Bereken de opslagpercentages voor de indirecte kosten.
d Bereken opnieuw de kostprijs van een model waarvoor 800 gram grondstof en 10 minuten directe arbeid nodig zijn.
e Is toepassing van de meervoudige opslagmethode in dit geval aan te bevelen? Motiveer je antwoord.

6.10 Onderneming Green Power bv maakt professionele motormaaiers met de typeaanduiding Golf en Lawn. Voor Type Golf zijn 200 kg materiaal en acht arbeidsuren nodig. Voor het type Lawn 160 kg materiaal en zes arbeidsuren. De normale jaarproductie is 200 type Golf en 600 type Lawn. De verwachte prijzen van de productiemiddelen zijn voor het komende jaar: €5 per kilogram voor materialen en €27,50 per arbeidsuur.
Bij de gegeven normale productie zijn de indirecte kosten €272.000 per jaar. De indirecte kosten worden aan de grasmaaiers toegerekend door een opslag op de directe materiaalkosten.

a **1** Bereken het opslagpercentage voor indirecte kosten.
   2 Hoe wordt deze opslagmethode genoemd?
b Bereken de fabricagekostprijs van een grasmaaier van het type Golf.

Green Power bv houdt rekening met verkoopkosten van 5% van de verkoopprijs exclusief btw. Bovendien wenst zij een winstopslag van 35% van de verkoopprijs exclusief btw. De btw is 21%.

c Bereken de verkoopprijs van een grasmaaier van het type Golf inclusief btw.

Uit gegevens die de afdeling Administratie beschikbaar heeft gesteld, blijkt dat de indirecte kosten bestaan uit €68.000 indirecte materialen en €204.000 indirecte arbeidskosten. De indirecte materialen hangen samen met de directe materiaalkosten, de indirecte arbeid met de directe arbeidskosten. Op grond van deze gegevens besluit de leiding van Green Power bv de meervoudige opslagmethode toe te gaan passen.

d Bereken de opslagpercentages voor indirecte kosten. Percentages in twee decimalen nauwkeurig.
e Bereken de fabricagekostprijs van een grasmaaier van het type Golf.

6.11 Houtbewerkingsbedrijf Corian maakt deuren, ramen en kozijnen voor de sociale woningbouw.
De normale productie is 6.000 deuren, 14.000 ramen en 20.000 kozijnen.
Voor komend jaar zijn de begrote kosten voor deze productie:
- directe materialen € 600.000
- directe loonkosten € 960.000
- indirecte kosten   € 400.000

De opbouw van de indirecte kosten is als volgt: 30% materiaalkosten, 20% loonkosten en 50% overige kosten.
De indirecte materialen hangen samen met de directe materialen, de indirecte loonkosten met de directe loonkosten en de overige indirecte kosten met de totale directe kosten.

a Welke opslagmethode komt in deze situatie in aanmerking?
b Bereken de opslagpercentages (in twee decimalen nauwkeurig) voor de indirecte kosten.

Voor een deur van het type Louvre zijn €20 directe materialen en €30 directe arbeid nodig.

c Bereken de fabricagekostprijs van een Louvre-deur.

Corian houdt rekening met verkoopkosten van 8% van de verkoopprijs exclusief btw. Bovendien wenst zij een winstopslag van 37% van de verkoopprijs exclusief btw. De btw is 21%.

d Bereken de verkoopprijs van een Louvre-deur inclusief btw.

6.12 Schoenfabriek De Batavier maakt herenschoenen in diverse modellen en maten. De onderneming past voor de verbijzondering van de indirecte kosten de enkelvoudige opslagmethode toe.
De kosten bij een normale productieomvang zijn voor het komend jaar als volgt begroot:
- directe materiaalkosten: €800.000 (80.000 kg à €10/kg);
- directe arbeidskosten: €1.200.000 (30.000 uur à €40/uur);
- totale indirecte kosten: €400.000.

Als opslagbasis gebruikt de onderneming de directe materiaalkosten.

a Bereken het opslagpercentage voor de indirecte kosten.
b Bereken de kostprijs van een paar schoenen waarvoor 1,5 kg grondstof en 30 minuten directe arbeid nodig zijn.
c Waarom wordt bij de kostprijsberekening uitgegaan van de normale productieomvang?

Nader onderzoek van de indirecte kosten toont aan dat €120.000 indirecte materiaalkosten samenhangen met de totale directe materiaalkosten, €240.000 samenhangt met de totale directe arbeidskosten en €40.000 indirecte arbeidskosten samenhangen met de totale directe kosten.
Op basis van de resultaten van het onderzoek besluit de onderneming de verfijnde opslagmethode toe te gaan passen.

d Bereken de opslagpercentages voor de indirecte kosten.
e Bereken opnieuw de kostprijs van een paar schoenen waarvoor 1,5 kg grondstof en 30 minuten directe arbeid nodig zijn.
f Welke opslagmethode heeft de voorkeur, de enkelvoudige of de meervoudige? Motiveer je antwoord.
g Noem twee soorten productieprocessen waarbij het probleem van de verbijzondering van indirecte kosten zich voordoet.
h **1** Geef één voorbeeld van indirecte materiaalkosten.
  2 Geef één voorbeeld van indirecte arbeidskosten.

6.13 Rijwielfabrikant Favoriet maakt racefietsen in twee modellen: Mont Ventoux en Alpe d'Huez. Frame, stuur, wielen en zadel worden door Favoriet gemaakt. De racefietsen worden afgemonteerd met Shimano-onderdelen en Vredestein-banden.
Voor het komende jaar wordt een productie verwacht van 150 racefietsen model Mont Ventoux en 300 racefietsen model Alpe d'Huez. Dit is 75% van de normale productie.
De directe kosten zijn proportioneel variabel en bestaan uit materiaalkosten, arbeid en kosten van toeleveranciers zoals Shimano en Vredestein.

Directe kosten	Mont Ventoux	Alpe d'Huez
Materialen	9 kg × €20 per kilogram	8 kg × €20 per kilogram
Arbeid	2 uur × €37,50 per uur	2,4 uur × €37,50 per uur
Toeleveranciers	€150 per fiets	€200 per fiets

Voor het komende jaar zijn de totale indirecte kosten geschat op €150.000. Hiervan zijn 60% vaste kosten, de overige 40% zijn proportioneel variabele kosten.
Onderzoek heeft aangetoond dat de vaste indirecte kosten samenhangen met de totale directe kosten en de variabele indirecte kosten met de directe arbeidskosten.

a Bereken de indirecte vaste en de indirecte variabele kosten bij de normale productieomvang.
b Bereken de directe kosten bij de normale productieomvang.
c Bereken de opslagpercentages (in twee decimalen nauwkeurig) voor de indirecte kosten.

d Bereken de kostprijs van racefietsmodel:
1 Mont Ventoux
2 Alpe d'Huez

Favoriet houdt rekening met verkoopkosten van 7% van de verkoopprijs exclusief btw. Bovendien wenst zij een winstopslag van 23% van de verkoopprijs exclusief btw. De btw is 21%. De verkoopprijs is hier de prijs waarvoor Favoriet de racefietsen verkoopt aan de rijwielhandel.

e Bereken de verkoopprijs van een racefiets type Mont Ventoux inclusief btw.

6.14 'Het vermoeide model' is een gerenommeerd à-la-carterestaurant. De winst- en verliesrekening (in euro's) van dit restaurant over 2017 is hierna gegeven:

Netto-omzet (opbrengst verkopen)		400.000
Inkoopwaarde van de omzet (variabel) = 35%		140.000 –
Brutowinst		260.000
Overige kosten (met uitzondering van interestkosten en afschrijvingen):		
Lonen en salarissen	40.000	
Sociale lasten	12.000	
Oproepkrachten (variabel)	4.000 +	
		56.000
Huisvestingskosten:		
vast	17.400	
variabel	3.000 +	
		20.400
Autokosten:		
vast	7.200	
variabel	2.200 +	
		9.400
Verkoopkosten	2.400	
Schoonmaakkosten	1.600	
Algemene kosten	1.200 +	
		5.200
Afschrijvingskosten:		
• Gebouwen	21.600	
• Inventaris	12.300 +	
	33.900 +	
		124.900 –
EBIT		135.100
Interestkosten		22.600 –
Fiscaal resultaat		112.500
Vennootschapsbelasting 24%		27.000 –
Fiscaal resultaat na belasting		85.500

Alle kosten met uitzondering van de inkoopwaarde van de omzet, de oproepkrachten, de variabele huisvestingskosten en de variabele autokosten, zijn vast. De variabele kosten variëren met de omzet (een bepaald % van de omzet).

a Bereken op basis van de hiervoor gegeven winst- en verliesrekening de break-evenomzet voor het jaar 2017.

b Voor het jaar 2018 wordt een wijziging in de samenstelling van de omzet verwacht. Deze is weergegeven in de volgende tabel.

Omzetverdeling	% van de omzet	Brutowinst in % van de omzet
Omzet keuken	60%	80%
Omzet drank	30%	60%
Overige omzet	10%	40%

Voor 2018 gaan we uit van dezelfde kosten als weergegeven in de winst- en verliesrekening over 2017.
Bereken de break-evenomzet voor 'Het vermoeide model' voor 2018.
c Geef een verklaring voor het verschil tussen je antwoorden op vraag **a** en vraag **b**.
d We veronderstellen dat alle kosten, met uitzondering van de inkoopwaarde van de omzet, indirect zijn. Voor een bepaald gerecht zijn de directe kosten (inkoopwaarde van de ingrediënten enzovoort) €15. 'Het vermoeide model' past de enkelvoudige opslagmethode toe. Bereken de kostprijs van dit gerecht voor het jaar 2018.
e Noem een voordeel en een nadeel van de enkelvoudige opslagmethode.
f Waarom wil 'Het vermoeide model' de kostprijs van een gerecht weten?

6.15 Candlelight bv maakt slechts één type kandelaar voor kaarsen (homogeen massaproduct). Voor het komende jaar zijn de volgende gegevens begroot:

Productie

Begrote productieomvang	18.200 stuks
Normale productieomvang	18.000 stuks
Variabele productiekosten	€3,60 per stuk
Totale constante productiekosten	€49.500

Verkoop

Begrote verkoopomvang	18.500 stuks
Normale verkoopomvang	18.000 stuks
Variabele verkoopkosten	€0,40 per stuk
Totale constante verkoopkosten	€4.500

De winstopslag bedraagt 20% van de verkoopprijs exclusief btw. De btw bedraagt 21%.

a Bereken de fabricagekostprijs (deze is gelijk aan de gemiddelde productiekosten per eenheid).
b Bereken de commerciële kostprijs (dit is de fabricagekostprijs verhoogd met de verkoopkosten per stuk).
c Bereken de verkoopprijs exclusief btw.
d Bereken de verkoopprijs inclusief btw.

6.16   Van een onderneming zijn slechts enkele gegevens over de kosten en productieomvang bekend. Deze zijn hierna weergegeven.

Productieomvang in eenheden	Totale kosten in euro's
50.000	1.320.000
65.000	1.500.000

Door de uitbreiding van de productie van 50.000 naar 65.000 eenheden veranderen de vaste kosten niet. De variabele kosten zijn proportioneel variabel. De normale productie bedraagt 80.000 eenheden per jaar.

a   Bereken de proportioneel variabele kosten per eenheid.
b   Bereken de constante kosten per jaar.
c   Bereken de kostprijs van dit product.

6.17   Onderneming Rombouts bv overweegt volgend jaar haar productiecapaciteit uit te breiden. Voordat daarover een beslissing wordt genomen, zijn de kosten van het afgelopen jaar en de verwachte kosten na de uitbreiding op een rijtje gezet.

Productiecapaciteit in eenheden	Totale kosten in euro's
Voor uitbreiding capaciteit: 8.000	80.000
Na uitbreiding capaciteit: 12.000	121.000

Door de uitbreiding van de productiecapaciteit van 8.000 naar 12.000 eenheden stijgen de vaste kosten met €11.000. De variabele kosten zijn proportioneel variabel.
De normale productie bedraagt na de uitbreiding van de productiecapaciteit 10.000 eenheden per jaar.

a   Bereken de proportioneel variabele kosten per eenheid.
b   Bereken de constante kosten per jaar na de uitbreiding van de productiecapaciteit.
c   Bereken de kostprijs van dit product na de uitbreiding van de productiecapaciteit.

6.18   Steenfabriek Rijnsteen bv maakt vier verschillende soorten metselstenen voor de woningbouw.
Voor de normale productie van 10.000.000 stenen per jaar zijn voor het komende jaar de volgende kosten begroot:
- materiaalkosten: 6.000.000 kg × €0,12/kg =   € 720.000
- loonkosten: 18.000 uur × €36/uur =   € 648.000
- indirecte kosten   € 180.000

Rijnsteen bv past de enkelvoudige opslagmethode toe. Als opslagbasis gebruikt de onderneming de directe materiaalkosten.

a   Bereken het opslagpercentage voor de indirecte kosten.
b   Bereken de kostprijs van 10 stenen waarvoor 7 kg materiaal en 1 minuut directe arbeid nodig zijn.

c We veronderstellen nu dat Rijnsteen bv de indirecte kosten verdeelt op basis van het aantal geproduceerde stenen.
Bereken de kostprijs van 10 stenen waarvoor 7 kg materiaal en 1 minuut directe arbeid nodig zijn.

d Wat veronderstel je blijkbaar als je de kostprijs berekent op de manier zoals bij vraag **c** is gedaan?

e Is een nauwkeurige toerekening van de indirecte kosten aan de producten voor deze onderneming belangrijk? Motiveer je antwoord.

f Waarom wil een onderneming aan het begin van een periode op basis van begrote cijfers de kostprijs van een product berekenen?

6.19 Autoplastics vof maakt kunststof onderdelen (zoals bumpers en dashboards) voor auto's van verschillende merken.
De onderneming past voor de verdeling van de indirecte kosten aan de producten de enkelvoudige opslagmethode toe.
De kosten bij een normale productieomvang zijn voor het volgende jaar als volgt begroot:
- direct materiaalverbruik: 600.000 kg × €6/kg = € 3.600.000
- directe loonkosten: 40.000 uur × €30/uur =   € 1.200.000
- totale indirecte kosten   €   720.000

Als opslagbasis gebruikt de onderneming de directe materiaalkosten.

a Bereken het opslagpercentage voor de indirecte kosten.

b Bereken de kostprijs van een kunststof onderdeel waarvoor 4 kg materiaal en 10 minuten directe arbeid nodig zijn.

Nader onderzoek naar de samenhang tussen de directe en indirecte kosten toont aan, dat van de totale indirecte kosten €180.000 samenhangt met de totale directe materiaalkosten, €240.000 hangt samen met de totale directe loonkosten en de overige €300.000 met de totale directe kosten.
Op basis van de resultaten van het onderzoek besluit de onderneming de meervoudige opslagmethode toe te passen.

c Bereken de opslagpercentages voor de indirecte kosten.

d Bereken opnieuw de kostprijs van een kunststof onderdeel waarvoor 4 kg materiaal en 10 minuten directe arbeid nodig zijn.

e Is toepassing van de meervoudige opslagmethode in dit geval aan te bevelen? Motiveer je antwoord.

6.20 Motorenfabrikant David Harleyson maakt onder andere de modellen Road Queen, Dragster, Sunny Glide en High Rider. We veronderstellen dat de verhoudingen tussen de aantallen die van ieder type gemaakt worden, niet veranderen. Door de grote vraag naar motoren is de productie voor het komende jaar 125% van de normale productie. De begrote kosten voor het komende jaar zijn:
- directe materialen   € 27 mln
- directe arbeid   € 5 mln
- indirecte kosten   € 18 mln

De materiaalkosten zijn proportioneel variabel.
De directe arbeidskosten bestaan voor 60% uit vaste kosten, de overige directe arbeidskosten zijn proportioneel variabel.

De begrote indirecte kosten (€ 18 mln) zijn als volgt opgebouwd:
- 20% indirecte materialen. Hiervan is €2,5 mln vast, de rest is proportioneel variabel.
- 50% indirecte arbeid. Hiervan is €5 mln vast, de rest is proportioneel variabel.
- 30% overige indirecte kosten. Hiervan is €3 mln vast, de rest is proportioneel variabel.

Het indirecte materiaalverbruik hangt samen met de directe materiaalkosten, de indirecte arbeid met de directe arbeid en de overige indirecte kosten met de totale directe kosten.
Voor het model Road Queen is vereist:
- materialen: 300 kg × €17,50/kg =   €5.250
- directe arbeid: 30 uur × €40/uur =   €1.200

a Bereken de indirecte vaste en de indirecte variabele kosten bij de normale productieomvang.
b Bereken de directe kosten bij de normale productieomvang.
c Bereken de opslagpercentages (in twee decimalen nauwkeurig) voor de indirecte kosten.
d Bereken de kostprijs van een Road Queen.

David Harleyson houdt rekening met directe verkoopkosten van 10% van de verkoopprijs exclusief btw. Bovendien wenst hij een winstopslag van 25% van de verkoopprijs exclusief btw. De btw is 21%. Met de verkoopprijs wordt hier de prijs bedoeld waarvoor de motorfietsen verkocht worden aan de dealers.

e Bereken de verkoopprijs van een Road Queen.
f Noem twee soorten productieprocessen waarbij het probleem van de verbijzondering van indirecte kosten zich voordoet.
g **1** Geef één voorbeeld van indirecte materiaalkosten.
     2 Geef één voorbeeld van indirecte arbeidskosten.

6.21 Van een onderneming die één homogeen product maakt, is het volgende gegeven:
- verkoopprijs (ongeacht de verkochte hoeveelheid) = €300 per eenheid;
- proportioneel variabele kosten = €180 per eenheid;
- vaste kosten bij een productieomvang van 0 tot 1.000 eenheden = €6.000.

a Bereken het break-evenpunt.
b Wat is voor de leiding van een onderneming het nut van het berekenen van het break-evenpunt?
c Bereken met hoeveel procent het break-evenpunt hoger komt te liggen als de vaste kosten stijgen met 10% (van €96.000 naar €105.600).

6.22 Van een onderneming die één homogeen product maakt, is gegeven:
- verkoopprijs (ongeacht de verkochte hoeveelheid) = €10 per eenheid;
- proportioneel variabele kosten = €3 per eenheid;
- vaste kosten:
  - bij een productieomvang van 0 tot 8.000 eenheden = €70.000;
  - bij een productieomvang van 8.000 tot 16.000 eenheden = €91.000.

a Bereken het break-evenpunt.
b Teken een figuur waarin het verloop van de totale opbrengsten en de totale kosten wordt weergegeven voor een productieomvang van 0 tot 16.000 eenheden. Geef in deze figuur ook het break-evenpunt weer.

6.23 Bereken de break-evenomzet van een supermarkt in de volgende situaties:

Situatie	Vaste kosten	Inkoopwaarde in % van de omzet	Variabele kosten in % van de omzet
a	€ 600.000	60%	30%
b	€ 600.000	60%	32%
c	€ 800.000	60%	30%
d	€ 800.000	60%	27,5%
e	€ 800.000	58%	32%

6.24 Supermarktketen De Prijsbreker bv heeft haar omzet verdeeld in artikelgroepen. Per artikelgroep zijn de omzet en de brutowinst bijgehouden en in de volgende tabel weergegeven.

Omzetverdeling en brutowinstmarges van de Prijsbreker bv

Artikelgroepen	Verdeling van de omzet over de verschillende artikelgroepen	Brutowinst in % van de omzet
Aardappelen, groenten en fruit (AGF)	30% van de totale omzet	20
Vlees en vleeswaren	45% van de totale omzet	30
Drank en zuivelproducten	25% van de totale omzet	40

De vaste kosten bedragen €590.000 per jaar.

In deze opgave veronderstellen we dat de brutowinst is berekend na aftrek van alle variabele kosten.

a Bereken de gemiddelde brutowinstmarge.
b Bereken de break-evenomzet voor De Prijsbreker bv.
c Na enige tijd blijkt dat er een verschuiving is opgetreden in de samenstelling van de omzet. De nieuwe omzetverdeling wordt:
  • Aardappelen, groenten en fruit (AGF) = 25%
  • Vlees en vleeswaren = 35%
  • Drank en zuivelproducten = 40%

De brutowinstmarges per artikelgroep veranderen niet.

Bereken de nieuwe break-evenomzet.

6.25

HET FINANCIEELE DAGBLAD, 1 MEI 2014

KLM in dieprode cijfers; verlies voor het eerst groter dan verlies bij Air France

Yteke de Jong

AMSTERDAM – Luchtvaartmaatschappij KLM heeft in het eerste kwartaal van 2014 een groter operationeel verlies geleden dan Air France. Het verlies aan Nederlandse zijde van de luchtvaartcombinatie bedroeg €300 mln, waar dat bij Air France volgens ingewijden €155 mln bedroeg. Dit is een ommekeer in de geschiedenis van Air France-KLM, waar de Nederlandse tak in de afgelopen tien jaar altijd het beste jongetje van de klas was.
'KLM had een moeilijk eerste kwartaal, waarbij de lagere brandstofkosten teniet werden gedaan door valutaverliezen', zegt president-directeur van KLM Camiel Eurlings in een reactie. 'KLM is vanwege de internationale activiteiten hieraan meer blootgesteld dan Air France, dat ook een grote eigen thuismarkt heeft. We halen de broekriem aan en zullen scherp op de kosten letten', aldus de oud-minister.

[...]
Air France-KLM is al ruim twee jaar bezig met een reorganisatieprogramma, waardoor het bedrijf dit jaar weer winstgevend moet worden. Financieel directeur Pierre- François Riolacci houdt vast aan een resultaat voor afschrijving, rente en belastingen (EBITDA) van €2,5 mrd. KLM zal volgens in- gewijden een operationeel resultaat draaien van €400 mln, maar er is zorg over hoe dit bereikt moet worden. [...] KLM-topman Eurlings blijft vol goede moed: KLM heeft haar aandeel in de besparingsoperatie Transform bijna in zijn geheel gehaald; er is nog €100 mln te gaan van de €1,1 mrd die KLM bijdraagt in de reorganisatie. Eurlings verwacht dat er geen extra maatregelen hoeven te worden genomen, omdat het tweede kwartaal beter van start is gegaan dan dezelfde periode vorig jaar.

a Heeft Air France-KLM relatief veel vaste kosten of veel variabele kosten? Motiveer je antwoord.
b 1 Welke gevolgen heeft een vermindering van het aantal vliegtuigen voor de hoogte van de vaste kosten? Motiveer je antwoord.
  2 Welke kosten nemen af door een vermindering van het aantal vliegtuigen?
  3 Kunnen de vaste kosten van de ene op de andere dag worden verlaagd? Motiveer je antwoord.
c Wat verstaan we onder het operationeel verlies?
d 1 Wat verstaan we onder valutaverliezen?
  2 Waarom is KLM daar gevoeliger voor dan Air France?
e Welke maatregelen zou KLM kunnen treffen in het kader van een reorganisatie met als doel het financiële resultaat te verbeteren?

6.26   Je bent commercieel directeur bij Cosmetics bv, fabrikant van huidverzorgingsproducten. Je wilt de verkoop van een bepaalde dagcrème (die in tubes van 50 gram wordt verkocht) verhogen en stelt daarom een reclamecampagne voor. Je onderzoekt de mogelijkheden van een reclamespot op de tv. De kosten van het maken en uitzenden van de tv-spot bedragen €100.000.

Over de productie en verkoop van de dagcrème zijn de volgende gegevens bekend:
- De proportioneel variabele kosten bedragen €1 per tube.
- De normale productie is 160.000 tubes.
- Voor het komende jaar wordt (zonder de extra reclamespot op tv) een productie en verkoop van 180.000 tubes verwacht.
- De (vaste) verkoopprijs is €4 per tube.

De vaste kosten zijn afhankelijk van de productiecapaciteit.

Productiecapaciteit in tubes	Vaste kosten in euro's
0 – 100.000	120.000
100.000 – 200.000	150.000
200.000 – 300.000	175.000

Cosmetics bv beschikt nu over een productiecapaciteit die een productie van 200.000 tubes mogelijk maakt. De productiecapaciteit kan in het komende jaar tijdelijk van 200.000 naar 300.000 worden uitgebreid (uitbreiding in kleinere stappen is niet mogelijk). Na dat jaar gaan de capaciteit en de bijbehorende vaste kosten weer terug naar het oude niveau.
Uit marktonderzoek is gebleken dat door de reclamespot de afzet alleen in het komende jaar met 60.000 tubes zal toenemen. Daarna is het effect van de tv-spot uitgewerkt. De kosten van het marktonderzoek, dat speciaal in verband met deze eenmalige reclamecampagne is gehouden, bedragen €30.000.

Toon door een berekening aan of de voorgestelde reclamecampagne door moet gaan.

6.27 Colour Textile bv is fabrikant van bedrukte katoenen stoffen voor de kledingindustrie. In verband met het aanstaande tachtigjarige bestaan van autofabrikant Ferrari wordt er een offerte aangevraagd voor het laten maken van 10.000 katoenen vlaggen. Deze vlaggen hebben een felrode kleur, waarop in zwart een steigerend paard moet worden afgebeeld. De opdrachtgever wil voor 10.000 Ferrari-vlaggen maximaal €30.000 betalen.

Om deze order te kunnen uitvoeren, moeten de machines worden omgesteld. Daaraan zijn €100 kosten verbonden. De controller van Colour Textile bv heeft voor deze order de volgende kostengegevens verzameld.

Overzicht van de kostengegevens voor 10.000 Ferrari-vlaggen

Inzet productie-middelen	Omschrijving kosten	Aantallen	Prijs per eenheid
Grondstoffen	Katoenen stoffen Verf	2.000 meter 80 liter	€12 per meter €12 per liter
Gebruik machines	Variabele kosten	20 machine-uren	€25 per uur
Deze incidentele order kan binnen de huidige beschikbare capaciteit worden uitgevoerd.	Indirecte vaste kosten	Opslag van 15% op de kosten van de katoenen stoffen	
Inzet personeel	Productiepersoneel: • personeel tegen een vast salaris in dienst	22 uur (waarvan 4 uur in de verloren uurtjes worden ingevuld)[1]	€45 per uur
	• uitzendkrachten, die op uurbasis worden aangetrokken	12 uur	€18 per uur
Kosten van het omstellen van de machines	Omstelkosten	Eenmalig	€100 (eenmalig)

1 Verloren uren zijn uren waarvoor anders geen werkzaamheden voor de vaste medewerkers beschikbaar zouden zijn geweest. Deze uren moeten echter wel aan de medewerkers in vaste dienst worden uitbetaald.

Toon door een berekening aan of deze incidentele order kan worden geaccepteerd.

6.28 Motorenfabrikant Explosion bv levert dieselmotoren aan een Japanse fabrikant van auto's. Voor 2019 is een productieplan gemaakt om 100.000 motoren te maken. Bij een maximale capaciteitsbenutting kunnen 130.000 motoren per jaar worden gemaakt.
De integrale standaardkostprijs van een motor bedraagt €3.500 en is als volgt opgebouwd:
- proportioneel variabele kosten   €2.000 per motor
- vaste kosten   €1.500 per motor

In 2019 krijgt Explosion bv de mogelijkheid een eenmalige order voor een Duits autobedrijf uit te voeren. Als deze order wordt geaccepteerd, kunnen 20.000 motoren worden verkocht tegen een prijs van €2.600 per stuk. Het accepteren van de order leidt niet tot prijsbederf op de Japanse markt.

a Is het voor Explosion bv, die streeft naar winstmaximalisatie, zinvol deze order te accepteren? Motiveer je antwoord.
b Bereken met welk bedrag het resultaat van Explosion bv toe- of afneemt als de incidentele order wordt geaccepteerd.
c Welke mogelijke gevaren (nadelen) zijn verbonden aan het toepassen van een differentiële calculatie?

7
Investeren, liquiditeits-begroting en begrote winst- en verliesrekening

7.1   Lange- en kortetermijnbeslissingen
7.2   Investeringsselectie
7.3   Beoordeling investeringsproject
7.4   Methoden om investeringsvoorstellen te beoordelen
7.5   Keuze uit verschillende investeringsmogelijkheden
7.6   Vergelijking van de selectiemethoden
7.7   Liquiditeitsbegroting
7.8   Begrote winst- en verliesrekening
        Samenvatting
        Begrippenlijst
        Opgaven

In een onderneming worden voortdurend beslissingen genomen. Voor de meeste proble-men is meer dan één oplossing mogelijk. Een ondernemer zal een keuze moeten maken uit de verschillende alternatieven die voor de oplossing van het vraagstuk beschikbaar zijn. Om deze keuze te onderbouwen, kunnen calculaties worden gemaakt. In bepaalde situaties zijn deze berekeningen gebaseerd op opbrengsten en/of kosten. In andere gevallen gaan we uit van in- en uitgaande geldstromen. De aard van de calculaties en de informatie die vereist is, hangt sterk af van het vraagstuk waarvoor het management zich ziet geplaatst.
We maken een onderscheid in lange- en kortetermijnbeslissingen (par. 7.1). Op lange termijn zijn meer factoren te beïnvloeden of aan veranderingen onderhevig dan op korte termijn. Zo zullen op korte termijn de vaste kosten niet of nauwelijks te veranderen zijn. Bij kortetermijnbeslissingen blijven de calculaties daarom in veel gevallen beperkt tot de variabele kosten. Op lange termijn zijn ook de vaste kosten te beïnvloeden. Bij langeter-mijnbeslissingen zijn zowel de variabele kosten als de vaste kosten van belang.

In dit hoofdstuk bespreken we in eerste instantie de factoren die een rol spelen bij investeringsbeslissingen. Om te beginnen moet een onderneming een keuze maken uit de verschillende investeringsmogelijkheden. De investerings-selectie komt aan de orde in paragraaf 7.2, gevolgd door de beoordeling van het investeringsproject in paragraaf 7.3. In paragraaf 7.4 worden drie methoden behandeld voor die beoordeling. In paragraaf 7.5 wordt aan de hand van het voorgaande nader ingegaan op de keuze uit de investeringsmogelijkheden. In paragraaf 7.6 worden de selectiemethoden aan de hand van voorbeelden vergeleken. Investeringen hebben gevolgen voor de toekomstige geldontvang-sten en gelduitgaven van een onderneming en in de verwachte opbrengsten en kosten. In paragraaf 7.7 en 7.8 geven we daarom voorbeelden van een liquidi-teitsbegroting en een begrote winst- en verliesrekening.

HET FINANCIEELE DAGBLAD, 16 JANUARI 2017

Voor het eerst sinds 2007 toenemende drukte in winkelstraten

In de winkelstraten in Nederland was het vorig jaar iets drukker dan in de eraan voorafgaande jaren. Volgens RMC, een Amsterdams adviesbureau voor de detailhandel, waren in 2016 1% meer kopers dan in 2015.

Het is volgens het bedrijf voor het eerst sinds 2007 dat de omvang van het winkelend publiek weer toeneemt.

De drukste dag van het jaar was vrijdag 23 december. Ook op vrijdag 25 november waren er opvallend veel Nederlanders aan het winkelen, merkt directeur Huib Lubbers op. Die dag wordt in navolging van 'Black Friday' in de Verenigde Staten 'in Nederland ook steeds meer als een echte kortingsdag beleefd', aldus Lubbers.

HET FINANCIEELE DAGBLAD, 10 FEBRUARI 2017

Investeringen in MKB trekken aan

De bedrijfsinvesteringen in Nederland zijn terug op het niveau van voor de kredietcrisis. Tot voor kort was dit vooral te danken aan het grootbedrijf, maar ze beginnen nu ook in het midden- en kleinbedrijf aan te trekken, blijkt uit de Investeringsbarometer van ING. 'Mkb-ondernemers zagen lange tijd geen ruimte om te investeren', zegt ING-

econoom Katinka Jongkind in een toelichting. 'Maar dankzij een combinatie van positieve economische vooruitzichten en een verbeterde financiële positie komen de investeringen nu ook in het mkb op gang.' Vooral in de industrie, de groothan-del en de bouw is de investeringsbereid-heid groot.

Toelichting
Toekomstverwachtingen spelen een belangrijke rol bij het nemen van investeringsbeslissingen. Als de economische vooruitzichten gunstig zijn, verwachten ondernemers hogere omzetten en hogere winsten, en zullen ze eerder bereid zijn om te investeren.

7.1 Lange- en kortetermijnbeslissingen

Investeringsbeslissingen komen zowel voor bij productieondernemingen als bij dienstverlenende ondernemingen. Een voorbeeld van het laatste is een belastingadviesbureau dat een softwareprogramma en bijbehorende apparatuur aanschaft om een fiscale aangifte op te stellen. Maar naast de investering in soft- en hardware zullen de medewerkers moeten worden bijgeschoold om met het nieuwe programma te leren werken. De bijscholing maakt ook onderdeel uit van de investering.

Investeringsbeslissingen

Bij investeringsbeslissingen worden keuzes gemaakt die een grote invloed kunnen hebben op de toekomst van een onderneming. Bij het beoordelen van de keuzemogelijkheden is het belangrijk dat we een onderscheid maken tussen lange- en kortetermijnbeslissingen.

Op lange termijn zijn in een onderneming veel veranderingen mogelijk. Als een onderneming in de toekomst een toename van de activiteiten verwacht, zal zij bijvoorbeeld de bedrijfsgebouwen, het personeelsbestand en de beschikbare financiële middelen daarop afstemmen. Bij langetermijnbeslissingen spelen niet alleen de variabele kosten, maar ook de vaste kosten een rol. Langetermijnbeslissingen beïnvloeden in het algemeen de capaciteit van de onderneming en daarmee ook de hoogte van de vaste kosten.

Kortetermijnbeslissingen hebben geen invloed op de capaciteit van de onderneming. De omvang van de bedrijfsgebouwen, het personeelsbestand en de wijze waarop de onderneming gefinancierd is, zijn op korte termijn meestal niet te wijzigen. Kortetermijnbeslissingen zullen de (vaste) kosten die verbonden zijn aan deze productiefactoren, niet beïnvloeden. In die situatie baseren we deze beslissingen op een berekening van uitsluitend de variabele kosten.

7.2 Investeringsselectie

Om haar werkzaamheden uit te kunnen voeren, heeft een onderneming activa nodig. De leiding van de onderneming staat regelmatig voor de vraag welke activa aan te schaffen. Zij moet een keuze maken uit de verschillende investeringsmogelijkheden. Vooral de aankoop van duurzame activa heeft verstrekkende gevolgen voor de onderneming. De te bespreken selectiemethoden zullen daarom vooral ten aanzien van de aanschaf van duurzame activa worden toegelicht. Dit neemt niet weg dat bijvoorbeeld ook een uitbreiding van de vlottende activa, die het gevolg is van een investering in vaste activa, tot het investeringsproject behoort. Bij de beoordeling van een investeringsproject moeten we alle geldstromen die het gevolg zijn van een investering in de beoordeling ervan betrekken. Een aantal methoden die gebruikt wordt om investeringsmogelijkheden te beoordelen, gaat uit van de verwachte ingaande en uitgaande geldstromen die het gevolg zijn van het desbetreffende investeringsalternatief. In dit hoofdstuk zal blijken dat de berekeningsmethode die gekozen wordt, afhangt van het concrete probleem dat moet worden opgelost. Voor zover bij deze berekeningen verkoopprijzen een rol spelen, wordt de verkoopprijs exclusief btw bedoeld. We verdiepen ons hierna in de begrippen investeren (par. 7.2.1) en investeringsproject (par. 7.2.2).

Investeringsselectie

7.2.1 Investeringsbeslissing

Investeren betekent dat de onderneming een bewuste keuze maakt om haar activiteiten uit te breiden of een gedeelte van haar productieapparaat te vervangen. Het is een langetermijnbeslissing. Bij investeren moeten we niet

Investeren

alleen denken aan een uitbreiding of vervanging van de vaste activa. Ook de toename van de vlottende activa die het gevolg zijn van een investeringsbeslissing (bijvoorbeeld een uitbreiding van de voorraden of een toename van de debiteuren) valt onder het begrip investeren.

Het vermogen waarover een onderneming de beschikking heeft, kan onvoldoende zijn om alle investeringsmogelijkheden daadwerkelijk uit te voeren. Het management zal een keuze moeten maken uit de verschillende investeringsmogelijkheden. Geldontvangsten en gelduitgaven spelen daarbij een belangrijke rol. Immers, voor een onderneming die financieel-economisch zelfstandig wil zijn, geldt dat de geldontvangsten van een investering de gelduitgaven moeten overtreffen.

Vervangingsinvestering
Uitbreidingsinvestering

Investeringen kunnen we verdelen in vervangings- en uitbreidingsinvesteringen. Een investering die geen invloed heeft op de productiecapaciteit is een vervangingsinvestering. Een voorbeeld hiervan is de vervanging van een oude machine door de aanschaf van een nieuwe machine met dezelfde productiecapaciteit. Door een uitbreidingsinvestering neemt de productiecapaciteit toe.

7.2.2 Investeringsproject

Investeringsproject

Niet iedere aankoop zal door de onderneming aan een grondige analyse worden onderworpen. De aandacht is vooral gericht op investeringen waarmee omvangrijke bedragen zijn gemoeid. De mogelijke introductie van een nieuwe productietechniek is daar een voorbeeld van. Hierbij zal niet alleen gekeken moeten worden naar de aanschaf van nieuwe machines, maar ook naar de gevolgen die dat heeft voor de investeringen in andere activa. De nieuwe productiewijze zou gepaard kunnen gaan met bijvoorbeeld een lagere investering in voorraden, een hogere investering in gereedschappen, hogere energiekosten en lagere arbeidskosten. Bij de beoordeling van een investeringsvoorstel moeten alle gevolgen daarvan in de beoordeling worden betrokken. Naast de investering in de nieuwe productietechniek zullen investeringen in andere vaste en/of vlottende activa noodzakelijk zijn. Er is dan sprake van een investeringsproject. We geven de volgende definitie:

> Een investeringsproject is het totaal van investeringen in vaste en vlottende activa dat nodig is om een bepaalde investeringsbeslissing uit te voeren.

Bij het beoordelen van investeringsprojecten is de financieringswijze ook van belang. Later in dit hoofdstuk komen we daarop terug. Om een investeringsproject te beoordelen, maakt men vooraf een schatting van de verwachte gelduitgaven en de verwachte geldontvangsten die uit het project voortvloeien. De gelduitgaven zijn vaak moeilijk in te schatten. Dit geldt in nog sterkere mate voor de geldontvangsten. Omdat investeringsprojecten te maken hebben met de toekomst, spelen onzekerheden een grote rol.

We lichten dat toe aan de hand van een voorbeeld dat we ontlenen aan carrosseriebedrijf Romijnders (zie hierna een foto van het nieuwe pand in aanbouw).

'Het bouwen van mijn nieuwe pand is een schoolvoorbeeld van een investeringsproject. Na jaren een pand te hebben gehuurd en na een forse
omzetgroei doorgemaakt te hebben, ben ik gaan nadenken over een eigen
pand. Dat betekent wel dat je een forse investering moet verrichten en je
daarmee vastlegt voor een groot aantal toekomstige jaren. Zo'n pand ver-
dien je normaal gesproken niet terug in bijvoorbeeld tien jaar. Het eerste
probleem waar je tegenaan loopt, is de omvang van het pand en de daarmee
samenhangende bouwkosten. Daarvoor heb ik een architect in de hand
genomen en daarna bij aannemers verschillende offertes opgevraagd.
Nadat de stichtingskosten globaal bekend waren, werd het tijd om over de
financiering van het project na te gaan denken. Omdat mijn zaak al een
aantal jaren bestaat, heb ik een (zij het bescheiden) eigen vermogen kunnen
opbouwen. Maar dat neemt niet weg dat er nog een fors bedrag (ongeveer
€500.000) voor de bouw en bedrijfsmiddelen moest worden geleend. Toen
stond ik voor de vraag: ben ik in staat *in de toekomst* voldoende kasstromen
te realiseren om mijn *toekomstige* verplichtingen na te kunnen komen?
Door de nieuwbouw heeft een groot deel van mijn toekomstige verplichtingen een vast karakter, waaronder aflossingen en interestkosten. Dat
betekent dat de onderneming jaarlijks voldoende kasstromen moet genere-
ren om deze uitgaven te kunnen verrichten en dan dringt zich de vraag op:
hoe maak je dat waar? Samen met mijn accountant heb ik berekeningen
gemaakt. De huidige financiële situatie van mijn zaak was daarbij het
uitgangspunt. Op basis daarvan hebben we schattingen gemaakt van de
toekomstige kasstromen. Maar dat blijft een moeilijke zaak. Je kunt allerlei
berekeningen maken (dat heb ik overigens aan mijn accountant overgelaten), maar niemand kan in de toekomst kijken. Bovendien bestaat het
gevaar dat je naar een gewenste toekomstige situatie toe redeneert. Als
ondernemer moet ik daarom ook het gevoel hebben dat de nieuwe investering een haalbare kaart is. Het maken van berekeningen hoort daarbij, maar
ze zijn niet zaligmakend. Als ondernemer moet je ook kunnen beredeneren
(mede op basis van financiële prognoses) waarom de nieuwe investering
een goede kans van slagen heeft. Dat is ook van belang voor het gesprek met
de bank om de financiering van het nieuwe project rond te krijgen.'

Naarmate de investeringen zich over een grotere periode uitstrekken en het project gebruikmaakt van nieuwe (of nog te ontwikkelen) technologie neemt de onzekerheid toe. De ontwikkeling en bouw van de Joint Strike Fighter (JSF) is daar een voorbeeld van. Zoals uit het volgende artikel blijkt is de verwachte aankoopprijs van de JSF in de loop der jaren gestegen van $69 mln in 2001 naar $136 mln in 2011. De werkelijke aanschafprijs zal naar verwachting nog hoger uitvallen.

DE GELDERLANDER, 3 DECEMBER 2011

Aanschafprijs JSF door de jaren heen

De gemiddelde aanschafprijs van de Joint Strike Fighter is gestegen tot 136 miljoen dollar per stuk. Deze prijs is gebaseerd op een afname van 85 toestellen, inclusief bijkomende kosten zoals reserveonderde-len. Als Nederland minder dan de geplande 85 toestellen koopt, valt de definitieve aanschafprijs mogelijk nog hoger uit.

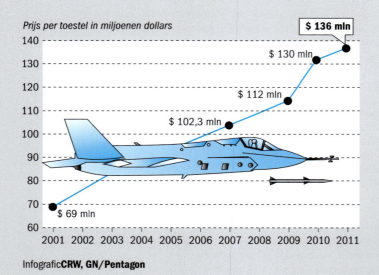

Infografic**CRW, GN/Pentagon**

7.3 Beoordeling investeringsproject

Bij de beoordeling van investeringsprojecten gaan we in het algemeen uit van ingaande en uitgaande geldstromen. Door de verwachte ingaande geldstromen ten gevolge van de investering te vergelijken met de verwachte uitgaande geldstromen van het investeringsproject, wordt inzicht verkregen in de aanvaardbaarheid van het project.

Bij een eenvoudig investeringsproject worden de gelduitgaven aan het begin van de looptijd van het project verricht. Gedurende de levensduur van het project wordt een reeks geldontvangsten verwacht. Maar het kan ook voorkomen dat tijdens de looptijd gelduitgaven optreden, bijvoorbeeld in het geval van een revisie.

Bij investeringsbeslissingen gaat het om uitgaande en ingaande geldstromen en niet om kosten en opbrengsten. Vaak veronderstellen we dat opbrengsten direct tot geldontvangsten en kosten direct tot gelduitgaven leiden. In dat geval is er geen verschil tussen geldontvangsten en opbrengsten en tussen gelduitgaven en kosten. In werkelijkheid komt het echter veel voor dat de opbrengsten niet direct tot geldontvangsten en de kosten niet direct tot gelduitgaven leiden. **Investerings- beslissingen**

Bij het bepalen van de relevante geldstromen houden we alleen rekening met de primaire geldstromen na belastingen. Geldstromen van en naar de vermogensmarkt (zoals de betaalde interestkosten) laten we daarbij buiten beschouwing. De te betalen vennootschapsbelastingen berekenen we over het bedrijfsresultaat (EBIT). Om de nettogeldontvangst te berekenen, worden alle geldontvangsten ten gevolge van de investering verminderd met de gelduitgaven die noodzakelijk zijn om deze geldontvangsten voort te brengen. Dus nettogeldontvangst = geldontvangsten verminderd met de gelduitgaven die het gevolg zijn van een investering (alleen primaire geldstromen). **Primaire geldstromen na belastingen**

Nettogeld- ontvangst

Aan de hand van voorbeeld 7.1 berekenen we de nettogeldontvangst van schoenfabrikant De Gelaarsde Kat bv.

VOORBEELD 7.1

Schoenfabrikant De Gelaarsde Kat bv heeft voor de fabricage van lederen laarzen een nieuwe machine aangeschaft voor €170.000 (exclusief btw). Deze machine wordt in vier jaar met gelijke bedragen per jaar afgeschreven. Aan het einde van het vierde jaar kan de machine verkocht worden voor €50.000.
Met deze machine worden jaarlijks 1.000 paar laarzen geproduceerd, die in het jaar van productie verkocht worden.

De overige kosten per paar laarzen bedragen:
Grondstofkosten (waaronder leer)   €20 (inkoopprijs exclusief btw)
Kosten van arbeid (inclusief sociale lasten)   €40
Deze kosten worden contant betaald.

Alle laarzen worden à contant verkocht voor €125 per paar (exclusief btw).
Over de winst is 20% belasting verschuldigd, die aan het einde van ieder jaar wordt betaald.

De kostprijs per paar laarzen bedraagt:
Grondstofkosten	€20
Loonkosten	€40
Afschrijvingskosten[1]	€30 +
Kostprijs	€90 (exclusief vermogenskosten)

1   Er wordt lineair afgeschreven: (€170.000 − €50.000): 4 = €30.000 per jaar. Bij een productie van 1.000 paar laarzen per jaar is dat €30.000 : 1.000 = €30 per paar.

Uitwerking:

Omzet	1.000 × €125 =	€ 125.000
Grondstofkosten	1.000 × €20 = €20.000	
Loonkosten	1.000 × €40 = €40.000 +	
		€ 60.000 –
EBITDA (Earnings Before Interest Taxes Depreciation & Amortization[1])		€ 65.000
Afschrijvingen (Depreciation & Amortization)		€ 30.000 –
EBIT (Earnings Before Interest Taxes)		€ 35.000
Vennootschapsbelasting (Vpb) over de EBIT = 0,2 ×		€ 7.000 –
EBIT na Vpb		€ 28.000

1 Depreciation is de afschrijving op materiële vaste activa zoals Gebouwen, Amortization is de afschrijving op immateriële vaste activa zoals Goodwill.

De berekening van de nettogeldontvangst is te zien in tabel 7.1

TABEL 7.1 Berekening nettogeldontvangsten (bedragen in euro's)

	Jaar 1	Jaar 2	Jaar 3	Jaar 4	Jaar 1 t/m 4
Geldontvangsten uit:					
Verkoop laarzen	125.000	125.000	125.000	125.000	500.000
Restwaarde machine				50.000	50.000
Totale geldontvangst	125.000	125.000	125.000	175.000	550.000
Gelduitgaven voor:					
Grondstoffen	20.000	20.000	20.000	20.000	80.000
Lonen	40.000	40.000	40.000	40.000	160.000
Belastingen	7.000	7.000	7.000	7.000	28.000
Totale gelduitgaven	67.000	67.000	67.000	67.000	268.000
Nettogeldontvangst	58.000	58.000	58.000	108.000	282.000

De jaarlijkse nettogeldontvangst (bij investeringsprojecten) is:
- EBIT na vennootschapsbelasting + Afschrijvingen = €28.000 + €30.000 = €58.000 *of*
- EBITDA – vennootschapsbelasting over de EBIT = €65.000 – €7.000 = €58.000
- Bij bovenstaande berekeningen van de nettogeldontvangst is nog geen rekening gehouden met geldontvangsten in verband met de restwaarde en/of vrijval van het netto-werkkapitaal.

De nettogeldontvangst mogen we op deze wijze berekenen als we *veronder-stellen* dat:
1 de omzet direct tot geldontvangsten leidt;
2 de grondstofkosten direct tot gelduitgaven leiden;
3 de loonkosten direct tot gelduitgaven leiden;
4 de verschuldigde vennootschapsbelasting direct tot gelduitgaven leidt.

In figuur 7.1 is het investeringsproject schematisch weergegeven.

FIGUUR 7.1 Schematische weergave van het investeringsproject

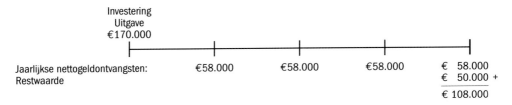

Er is een verband tussen de geldstromen en de EBIT na belastingen van een investeringsproject. Als we het gehele investeringsproject overzien, blijkt het totaal van de geldstromen (alle geldstromen inclusief de investeringsuit-gave) overeen te komen met het totaal van de EBIT's na belastingen. We geven dat in tabel 7.2 weer.

TABEL 7.2 Verloop van de geldstromen en de EBIT's van een investeringsproject

Begin jaar 1:	initiële investering	– € 170.000	EBIT na belastingen	+ € 0
Einde jaar 1:	geldontvangst	+ € 58.000		
	gecumuleerde geldstromen	– € 112.000	Gecumuleerde EBIT na bel.	+ € 28.000
Einde jaar 2:	geldontvangst	+ € 58.000		
	gecumuleerde geldstromen	– € 54.000	Gecumuleerde EBIT na bel.	+ € 56.000
Einde jaar 3:	geldontvangst	+ € 58.000		
	gecumuleerde geldstromen	+ € 4.000	Gecumuleerde EBIT na bel.	+ € 84.000
Einde jaar 4:	geldontvangst	+ € 108.000		
	gecumuleerde geldstromen	+ € 112.000	Gecumuleerde EBIT na bel.	+ € 112.000

Het verband tussen de geldstromen en de EBIT uit tabel 7.2 geven we in figuur 7.2 weer.

FIGUUR 7.2 Verloop van geldstromen en de EBIT's van een investeringsproject

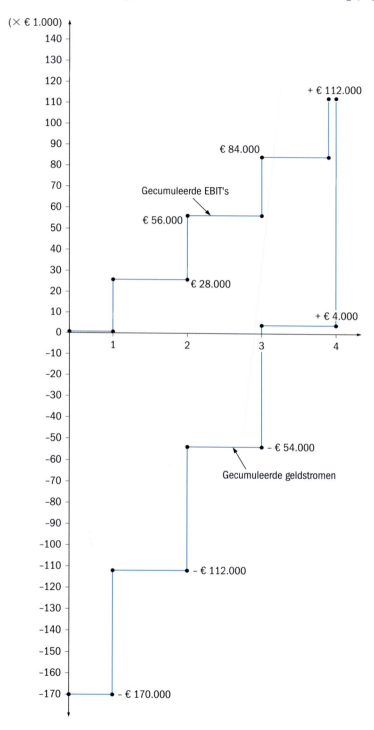

7.4 Methoden om investeringsvoorstellen te beoordelen

in toels alleen begrippen

Er is een aantal methoden die behulpzaam kunnen zijn bij het kiezen uit investeringsalternatieven (investeringsselectie). Deze selectiemethoden zijn:
- terugverdienperiode (TP);
- gemiddelde boekhoudkundige rentabiliteit (GBR) of rendementsmethode;
- nettocontantewaardemethode (NCW). Deze methode wordt ook wel kapitaalwaardemethode genoemd.

De wijze van berekenen verschilt per methode. Bij de eerste twee methoden houden we geen rekening met tijdvoorkeur. Wat met 'tijdvoorkeur' wordt bedoeld, bespreken we bij de behandeling van de nettocontantewaarde-methode. Eerst lichten we de verschillende selectiemethoden toe door middel van een cijfervoorbeeld en we geven daarna een overzicht van de voor- en nadelen van iedere methode. Mede op basis daarvan kan in een concrete situatie worden vastgesteld welke methode de voorkeur verdient.

7.4.1 Terugverdienperiode

Bij de terugverdienperiode (TP) wordt de nadruk gelegd op het snel terug-ontvangen van het geïnvesteerde bedrag. De tijd die nodig is om door middel van de nettogeldontvangsten het geïnvesteerde bedrag terug te ontvangen, is de terugverdienperiode.

Terugverdien-periode

We veronderstellen dat de nettogeldontvangsten bij De Gelaarsde Kat bv uit voorbeeld 7.1 aan het *einde* van ieder jaar plaatsvinden. De terugverdienpe-riode is drie jaar. De nettogeldontvangsten gedurende de eerste drie jaar (3 × €58.000 = €174.000) zijn dan voldoende om het investeringsbedrag (€170.000) terug te ontvangen.

De leiding van de onderneming moet bepalen hoe lang de terugverdientijd maximaal mag zijn. Hierbij zal zij rekening houden met het risico dat aan de projecten is verbonden. Omdat projecten met een hoog risico moeilijker zijn te overzien, zal voor die projecten een kortere terugverdienperiode worden vastgesteld dan voor projecten met een laag risico.

7.4.2 Gemiddelde boekhoudkundige rentabiliteit

Bij de gemiddelde boekhoudkundige rentabiliteit (GBR) wordt de gemid-delde EBIT na belasting die het gevolg is van het investeringsproject, gedeeld door het gemiddeld in het project geïnvesteerde vermogen. De volgende formule geldt:

Gemiddelde boekhoud-kundige rentabiliteit

$$GBR = \frac{\text{Gemiddelde EBIT na belastingen}}{\text{Gemiddeld geinvesteerde vermogen}} \times 100\% \qquad [7.1]$$

De EBIT na belasting voor De Gelaarsde Kat bedraagt €28.000 per jaar. Dit is tevens de gemiddelde EBIT na belastingen. Immers:

Gemiddelde EBIT na belastingen =
$$\frac{€28.000 + €28.000 + €28.000 + €28.000}{4} = €28.000$$

De gemiddelde EBIT na belasting kunnen we ook berekenen door alle *primaire* gelduitgaven (inclusief het investeringsbedrag – €170.000) en alle nettogeldontvangsten bij elkaar op te tellen en dit totaal te delen door het aantal jaren. Hier geldt:

$$\frac{-\,€170.000 + €58.000 + €58.000 + €58.000 + €108.000}{4} =$$

$$\frac{€112.000}{4} = €28.000$$

Bij de berekening van het gemiddeld geïnvesteerde vermogen kunnen we veronderstellen dat de vermogensbehoefte in verband met de aanschaf van een duurzaam productiemiddel geleidelijk daalt naar het niveau van zijn restwaarde. Voor De Gelaarsde Kat bv uit voorbeeld 7.1 geldt bijvoorbeeld dat door de verkoop van de laarzen onder meer €120.000 (= 4 × €30.000) wordt ontvangen als vergoeding voor de waardedaling van de machine. De vermogensbehoefte in verband met de machine neemt daardoor tijdens de looptijd van het project (4 jaar) geleidelijk af van €170.000 naar €50.000.

Voor het voorbeeld van De Gelaarsde Kat bv ontstaat dan het verloop van het geïnvesteerde vermogen, zoals in figuur 7.3 is aangegeven.

FIGUUR 7.3 Verloop van het geïnvesteerde vermogen

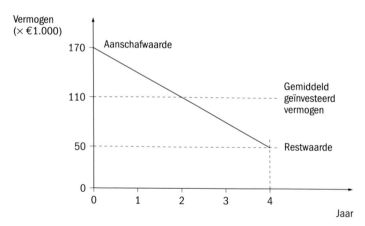

Gemiddeld geïnvesteerd vermogen

$$\text{Gemiddeld geïnvesteerd vermogen} = \frac{€170.000 + €50.000}{2} = €110.000$$

De GBR berekenen we nu als volgt:

$$\text{GBR} = \frac{€28.000}{€110.000} \times 100\% = 25,4545\,\%$$

Gemeten over de levensduur van dit project wordt per jaar een gemiddelde rentabiliteit van 25,45% (over het geïnvesteerd eigen en vreemd vermogen) verwacht.

7.4.3   Nettocontantewaardemethode

De nettocontantewaardemethode (NCW-methode) is een berekeningswijze waarbij we rekening houden met tijdvoorkeur en het risico dat aan investeringen is verbonden. Hoe dat in zijn werk gaat, lichten we toe aan de hand van voorbeeld 7.2 en het voorbeeld van De Gelaarsde Kat bv. Daarbij gaan we eerst in op het begrip tijdvoorkeur en daarna op de wijze waarop risico in de berekeningen wordt verwerkt.

Nettocontante- waarde- methode

Tijdvoorkeur

Met tijdvoorkeur bedoelen we dat aan een bedrag dat bijvoorbeeld over één jaar wordt ontvangen, een hogere waarde wordt toegekend dan aan eenzelfde bedrag dat over bijvoorbeeld vier jaar wordt ontvangen. De voorkeur om bedragen op een eerder tijdstip te ontvangen, wordt duidelijk als we rekening houden met de interest die we ontvangen als het geld eerder beschikbaar komt. Aan de hand van voorbeeld 7.2 wordt dit toegelicht.

Tijdvoorkeur

VOORBEELD 7.2

Een persoon heeft de keuze uit:
a   een bedrag van € 1.000 direct te ontvangen, of
b   € 1.000 te ontvangen over drie jaar.

Stel dat de bank bereid is op spaartegoeden 8% interest te vergoeden. Omdat aangenomen mag worden dat de bank zijn verplichtingen exact zal nakomen, is in dit percentage geen vergoeding voor risico opgenomen.

Het interestpercentage van 8 is alleen een vergoeding voor de tijdvoorkeur en wordt daarom tijdvoorkeurvoet genoemd.

Uitwerking:
Het bedrag van € 1.000 dat direct ontvangen wordt, kan op een spaarrekening bij de bank worden gezet. Hierover wordt dan gedurende drie jaar interest verkregen. De aangroei van dit bedrag gedurende deze drie jaar is in figuur 7.4 berekend.

FIGUUR 7.4   Aangroei van een bedrag in drie jaar

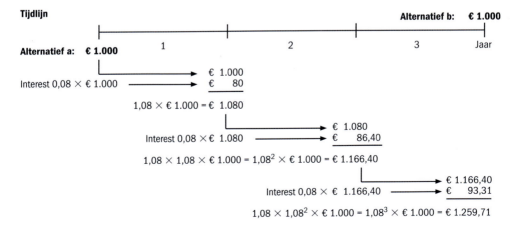

Het bedrag van €1.000, dat direct ontvangen wordt, blijkt (bij het gegeven interestpercentage van 8) over drie jaar €1.259,71 waard te zijn. Alternatief a heeft daarom de voorkeur boven alternatief b. Het bedrag €1.259,71 is de eindwaarde van alternatief a. Deze eindwaarde blijkt gelijk te zijn aan $(1 + 0,08)^3 \times €1.000 = €1.259,71$.

Uit voorgaande berekening blijkt ook dat (bij een gegeven interestpercentage van 8%) een bedrag van €1.259,71, te ontvangen over drie jaar, eenzelfde waarde heeft als een bedrag van €1.000 dat direct (heden) wordt ontvangen. Het bedrag van €1.000 is de contante waarde van €1.259,71.

Contante waarde

Deze contante waarde berekenen we als volgt:

$$\text{Contante waarde} = \frac{\text{Eindwaarde}}{(1 + \text{interestperunage})^n} \qquad [7.2]$$

waarin:

n   aantal perioden
interestperunage   interestpercentage : 100 (Bijvoorbeeld 0,08 = 8 : 100)

$$\text{Contante waarde} = \frac{€1.259,71}{(1 + 0,08)^3} = €1.000$$

De mate waarin tijdvoorkeur optreedt, wordt tot uitdrukking gebracht in de hoogte van het interestpercentage. Een hoog interestpercentage wijst op een sterkere mate van tijdvoorkeur. In dat geval wordt aan bedragen die in de toekomst ontvangen worden, een geringere (contante) waarde toegekend. Als het interestpercentage bijvoorbeeld 10 bedraagt, dan is de contante waarde van €1.259,71 (te ontvangen over drie jaar) slechts €946,44. Want $€1.259,71 : 1,10^3 = €946,44$.

In de praktijk wordt lang niet altijd rekening gehouden met de factor tijdvoorkeur. Menig ondernemer die vandaag €100.000 investeert en ervoor (naar verwachting) over twee jaar €130.000 terugkrijgt, zal redeneren dat er €30.000 winst wordt verwacht. Boekhoudkundig gezien is dat juist (boekhouders houden immers geen rekening met tijdvoorkeur), maar economisch gezien is de waardetoename van de onderneming geringer dan €30.000. Als we in dit voorbeeld rekening houden met een tijdvoorkeurvoet van 10% geldt:

Contante waarde van de opbrengst van
de investering = €130.000 : $1,10^2$ =   € 107.438,02
Investeringsbedrag   € 100.000,00 –
Verwachte toename van de waarde van de
onderneming door de investering   €   7.438,02

Risico

Risico

Ondernemen is risico lopen. Dit betekent dat een ondernemer vooraf niet precies weet wat de opbrengsten van een investering zullen zijn. Behalve een vergoeding voor tijdvoorkeur wil een ondernemer ook een vergoeding hebben voor het risico dat hij loopt. Naarmate het risico hoger is zal de vereiste vergoeding over een investering ook hoger zijn. Bij de NCW-methode worden alle toekomstige nettogeldontvangsten contant gemaakt.

Dit betekent dat alle nettogeldontvangsten naar het moment worden
gebracht waarop de investeringsbeslissing moet worden genomen. De
nettogeldontvangsten (inclusief de geldontvangst van de restwaarde)
worden daarbij contant gemaakt tegen de voor het project vereiste vermo- **Vermogens-**
genskostenvoet. Deze vermogenskostenvoet bestaat uit de tijdvoorkeurvoet **kostenvoet**
en een vergoeding voor het risico dat aan het project verbonden is. Als de
tijdvoorkeurvoet bijvoorbeeld 8% is en de onderneming een vergoeding van
4% voor het risico wenst, dan bedraagt de vermogenskostenvoet 12%. De toekomstige nettogeldontvangsten worden dan contant gemaakt tegen deze
12%. Nadat alle nettogeldontvangsten contant gemaakt zijn, mogen ze bij
elkaar worden opgeteld. De contante waarde van alle nettogeldontvangsten
wordt vergeleken met het investeringsbedrag. Het verschil tussen de contante
waarde van de nettogeldontvangsten en het investeringsbedrag wordt netto
contante waarde (NCW) genoemd.

Voor De Gelaarsde Kat bv uit voorbeeld 7.1 kunnen we de netto contante
waarde als volgt berekenen. Stel dat de vermogenskostenvoet 14% bedraagt.
De berekening staat in figuur 7.5.

FIGUUR 7.5 Berekening netto contante waarde van De Gelaarsde Kat bv

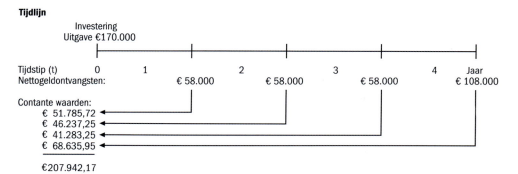

Berekeningen:
€ 58.000 : 1,12^1 = € 51.785,72
€ 58.000 : 1,12^2 = € 46.237,25
€ 58.000 : 1,12^3 = € 41.283,25
€ 108.000 : 1,12^4 = € 68.635,95

Nadat de nettogeldontvangsten na belasting naar het tijdstip t = 0 (moment
van de investeringsbeslissing) teruggebracht zijn, mogen ze bij elkaar opgeteld worden en vergeleken worden met het investeringsbedrag.
De netto contante waarde bedraagt:
€207.942,17 – €170.000 = €37.942,17

Een positieve netto contante waarde betekent dat de contante waarde van
de nettogeldontvangsten meer bedraagt dan het investeringsbedrag. In dat
geval zal de waarde van de onderneming toenemen, zodat het investeringsvoorstel aanvaard kan worden. Bij een negatieve netto contante waarde zal
het investeringsproject verworpen worden, omdat het tot een waardedaling
van de onderneming zou leiden.

⬛ **7.5** **Keuze uit verschillende investeringsmogelijkheden**

Keuze investeringsmogelijkheden

Het bedrag dat een onderneming beschikbaar heeft voor nieuwe investeringen zal in de praktijk beperkt zijn. Als er verschillende investeringsmogelijkheden (projecten) zijn, rijst de vraag welke investeringsprojecten de voorkeur verdienen. Er zal een keuze gemaakt moeten worden uit de beschikbare investeringsalternatieven. In voorbeeld 7.3 lichten we toe welke berekeningen er gemaakt kunnen worden om deze keuze te onderbouwen.

- -

VOORBEELD 7.3 INVESTMENT BV
Voor het komende jaar heeft onderneming Investment bv €1 mln beschikbaar voor nieuwe investeringen. De leiding van de onderneming kan kiezen uit de volgende investeringsprojecten (bedragen × €1.000).

Project	Investering	Nettogeldontvangsten (aan einde van de periode)		
	$t = 0$	$t = 1$	$t = 2$	$t = 3$
A	1.000	500	700	
B	800	300	400	440

Project A heeft een restwaarde aan het einde van het tweede jaar van €400.000. De vermelde geldontvangst van €700.000 voor project A aan het einde van het tweede jaar is inclusief de ontvangst van deze restwaarde.

Project B heeft geen restwaarde.

Voor alle investeringsprojecten geldt een vermogenskostenvoet van 10%. In dit percentage is zowel de tijdvoorkeur als een vergoeding voor risico verwerkt. Gezien het risico dat aan de projecten verbonden is, stelt de leiding van de onderneming als voorwaarde dat de terugverdientijd maximaal drie jaar mag bedragen. Er wordt op de projecten afgeschreven met gelijke bedragen per jaar. Welk investeringsproject kiest Investment bv?

Uitwerking:
Omdat er slechts €1 mln beschikbaar is voor nieuwe investeringen, kan er maar één project worden uitgevoerd. Er zal een keuze moeten worden gemaakt. We beoordelen de investeringsprojecten aan de hand van de verschillende methoden.

Terugverdienperiode (TP)

Terugverdienperiode

De geldontvangsten van de investeringsprojecten zijn weergegeven in tabel 7.4. Bij deze methode stellen we vast hoeveel tijd het duurt om het investeringsbedrag terug te ontvangen via de verkoop van de producten en/of diensten.

TABEL 7.4 Terugverdienperiode als de bedragen aan het einde van de periode worden ontvangen (bedragen in euro's)

Project	Geldontvangsten		
	Jaar 1	*t/m jaar 2*	*t/m jaar 3*
A	500.000	1.200.000	
B	300.000	700.000	1.140.000

Geïnvesteerd bedrag project A = €1.000.000
Geïnvesteerd bedrag project B = € 800.000

Conclusie:
TP(A) = 2 jaar
TP(B) = 3 jaar

Het project met de kortste terugverdienperiode, hier project A, verdient volgens deze methode de voorkeur.

Gemiddelde boekhoudkundige rentabiliteit (GBR)
Bij deze methode berekenen we de gemiddelde rentabiliteit per jaar, waarbij we geen rekening houden met tijdvoorkeur (daarom rekenen we deze methode tot de boekhoudkundige methoden).

Gemiddelde boekhoudkundige rentabiliteit

$$GBR = \frac{\text{Gemiddelde EBIT na belastingen}}{\text{Gemiddeld geïnvesteerde vermogen}} \times 100\%$$

Gemiddelde EBIT na belasting =

$$\frac{\text{Som van alle gelduitgaven en alle nettogeldontvangsten}}{\text{Looptijd van het project}} \qquad [7.3]$$

Project A

Gemiddelde EBIT na belastingen =

$$\frac{-€1.000.000 + €500.000 + €700.000}{2} = €100.000$$

$$GBR(A) = \frac{€100.000}{\dfrac{(€1.000.000 + €400.000)}{2}} \times 100\% = 14,3\%$$

Project B

Gemiddelde EBIT na belasting =

$$\frac{-€800.000 + €300.000 + €400.000 + €440.000}{3} = €113.333,33$$

$$GBR(B) = \frac{€113.333,33}{\dfrac{(€800.000 + €0)}{2}} \times 100\% = 28,3\%$$

Opmerking
Afhankelijk van de tijdvoorkeurvoet en het risico dat aan een investeringsproject verbonden is, zal de leiding van de onderneming een minimaal vereiste GBR per project vaststellen. Voor projecten met een hoog risico zal een hogere GBR worden vereist dan voor projecten met een laag risico. Projecten met een hoog risico zullen een hogere rentabiliteit moeten opleveren om het nadeel van het hoge risico te compenseren. Projecten waarvan de GBR voldoet aan de minimaal vereiste GBR, kunnen worden geaccepteerd.

In voorbeeld 7.3 is de vereiste vermogenskostenvoet voor alle projecten gelijk. De projecten hebben blijkbaar eenzelfde risico. Beide projecten hebben een GBR die groter is dan de minimaal vereiste vermogenskostenvoet (10%) en zijn aanvaardbaar. Omdat de GBR van project B het hoogst is, verdient volgens deze methode project B de voorkeur.

- -

VERVOLG VOORBEELD 7.3
Nettocontantewaardemethode (NCW)

Nettocontante-waarde-methode

Bij de nettocontantewaardemethode maken we alle nettogeldontvangsten contant naar het moment van beslissen. Daarbij houden we rekening met de vermogenskosten (kosten van het eigen en vreemd vermogen) die voor het specifieke project van toepassing zijn. In dit voorbeeld is dat 10%.

Project A

Investering
– €1.000.000

Nettogeldontvangsten   €500.000   €700.000

$$NCW = -\ €1.000.000 + \frac{€500.000}{1,1} + \frac{€700.000}{1,1^2}$$

$$NCW = -\ €1.000.000 + €454.545,45 + €578.512,40 = +\ €33.057,85$$

Project B

Investering
– €800.000

Nettogeld-ontvangsten   €300.000   €400.000   €440.000

$$NCW = -€800.000\ +\frac{€300.000}{1,1} + \frac{€400.000}{1,1^2} + \frac{€440.000}{1,1^3}$$

$$NCW = -€800.000 + €272.727,27 + €330.578,51 + €330.578,51 = +€133.884,29$$

Als de netto contante waarde van een project positief is, wil dat zeggen dat uitvoering van het project waarde toevoegt aan de onderneming. Omdat de netto contante waarden van alle projecten positief zijn, zijn alle projecten aanvaardbaar. Project B heeft echter de hoogste NCW en verdient daarom volgens deze methode de voorkeur.

7.6 Vergelijking van de selectiemethoden

In deze paragraaf gaan we de selectiemethoden (terugverdienperiode – par. 7.6.1, gemiddelde boekhoudkundige rentabiliteit – par. 7.6.2 en nettocontantewaardemethode – par. 7.6.3) vergelijken. We noemen daarbij de voor- en nadelen. Daarna geven we in paragraaf 7.6.4 een algemene conclusie.

Vergelijking selectie-methoden

7.6.1 Terugverdienperiode

De terugverdienperiode (TP) geeft de voorkeur aan projecten waarvan het investeringsbedrag snel in de onderneming terugvloeit door middel van de nettogeldontvangsten. Deze methode laat de nettogeldontvangsten die na de terugverdienperiode binnenkomen, bij de beoordeling van de projecten echter buiten beschouwing. De rangorde van projecten op basis van de terugverdienperiode geeft geen informatie over de winstgevendheid of rentabiliteit van de projecten. De rangorde is alleen gebaseerd op de tijd die nodig is om het geïnvesteerde bedrag terug te ontvangen. Deze methode legt dus de nadruk op liquiditeit.

Terugverdien-periode

Voordelen van de terugverdienperiode zijn:
- De TP is eenvoudig te berekenen.
- De keuze voor projecten met een korte terugverdienperiode is gunstig voor de liquiditeit.
- De keuze voor projecten met een korte terugverdienperiode leidt tot minder risico voor de onderneming. De gelduitgaven en geldontvangsten van kortlopende projecten zijn beter te overzien dan die van langlopende projecten.

Voordelen

Nadelen an de terugverdienperiode zijn:
- De nettogeldontvangsten na de terugverdienperiode worden in de berekening buiten beschouwing gelaten. De terugverdienperiode zegt niets over de winstgevendheid van de projecten.
- Bij de terugverdienperiode wordt geen rekening gehouden met tijdvoorkeur. De verdeling van de nettogeldontvangsten binnen de terugverdienperiode speelt bij deze methode geen rol.

Nadelen

7.6.2 Gemiddelde boekhoudkundige rentabiliteit

De gemiddelde boekhoudkundige rentabiliteit (GBR) berekent een gemiddelde rentabiliteit over de looptijd van het project door de gemiddelde EBIT (na belasting) te delen door het gemiddeld geïnvesteerd vermogen. Bij de berekening van de gemiddelden wordt geen rekening gehouden met tijdvoorkeur.

Gemiddelde boekhoud-kundige rentabiliteit

Voordelen van de gemiddelde boekhoudkundige rentabiliteit zijn:
- De GBR is redelijk eenvoudig te berekenen.
- De GBR geeft informatie over de rentabiliteit van de projecten (in de vorm van een percentage).

Voordelen

Nadelen

Nadelen van de gemiddelde boekhoudkundige rentabiliteit zijn:
- De GBR houdt geen rekening met de tijdruimtelijke verdeling van de geldstromen. Tijdvoorkeur speelt geen rol.
- Een rentabiliteitspercentage geeft niet het absolute winstbedrag van een project weer. Een onderneming heeft meer baat bij een project dat 10% over €1.000.000 (= €100.000) realiseert dan een project dat 12% over €800.000 (= €96.000) oplevert (we veronderstellen dat voor het verschil van €200.000 geen investeringsmogelijkheid beschikbaar is). De GBR-methode geeft echter de voorkeur aan het project met een rentabiliteit van 12%.

7.6.3   Nettocontantewaardemethode

**Nettocontante-
waarde-
methode**

Bij de nettocontantewaardemethode (NCW) worden alle nettogeldontvangsten naar het moment van investeren gebracht (contant gemaakt). Op de contante waarde van de nettogeldontvangsten wordt het investeringsbedrag in mindering gebracht. Het verschil is de netto contante waarde. Door het aanvaarden van projecten met een positieve NCW neemt de waarde van de onderneming toe. Daarom zijn alle projecten met een positieve netto contante waarde in principe aanvaardbaar. Als het bedrag om te investeren echter beperkt is, zal een keuze moeten worden gemaakt.

Voordelen

Voordelen van de nettocontantewaardemethode zijn:
- Er wordt rekening gehouden met tijdvoorkeur en met het risico dat aan de verschillende projecten verbonden is.
- De NCW geeft informatie over de waarde die (het bedrag dat) het investeringsproject voor de onderneming oplevert.

Nadelen

Nadelen van de nettocontantewaardemethode zijn:
- De berekeningen zijn gecompliceerder dan bij de andere methoden. Echter door de NCW te berekenen met behulp van een computerprogramma kan dit bezwaar grotendeels worden weggenomen.
- Er wordt geen rekening gehouden met een verschil in looptijd (levensduur) van de projecten.
- Er wordt geen rekening gehouden met eventuele verschillen in de hoogte van het investeringsbedrag van de verschillende projecten.

7.6.4   Algemene conclusie

We geven de volgende twee conclusies:
1 De NCW-methode berekent de waardestijging van de onderneming die het gevolg is van de investering. Bij deze berekening wordt rekening gehouden met de tijdvoorkeur en het risico van het project. Om die redenen verdient deze methode de voorkeur bij het selecteren van investeringsprojecten.
2 De NCW-methode houdt onvoldoende rekening met verschillen in looptijd en geïnvesteerd bedrag. Project A heeft een looptijd van slechts twee jaar. Omdat project A reeds na twee jaar beëindigd is, kunnen de middelen die daaruit vrijkomen weer op korte termijn voor een nieuwe investering worden gebruikt. De winsten die uit dit nieuwe project voortvloeien, vergroten de aantrekkelijkheid van project A. Daar staat tegenover dat project B slechts een investeringsbedrag van €800.000 vergt, terwijl het andere project een investering van €1.000.000 vereist. Het verschil van €200.000 kan mogelijk nog op een andere wijze aangewend worden en een positieve NCW opleveren. Deze NCW moet dan opgeteld worden bij de NCW van project B.

Ondanks de laatste twee tekortkomingen verdient de NCW-methode de voorkeur, mits rekening wordt gehouden met eventuele verschillen in looptijden en/of investeringsbedragen.

Investeringsbeslissingen zijn ingrijpende beslissingen die de toekomst van een onderneming in hoge mate bepalen. Daarom is het belangrijk dat de ondernemer de doelstelling van de onderneming helder voor ogen heeft en nagaat of een bepaalde investering een bijdrage levert aan de realisatie daarvan. Investeren gaat gepaard met onzekerheid. De toekomstige geldstromen die het gevolg zijn van investeringen zijn vaak moeilijk in te schatten. Daarom verdient het aanbeveling verschillende varianten (bijvoorbeeld de meest waarschijnlijke, een pessimistische en een optimistische) uit te werken. Door de berekeningen met behulp van Excel uit te voeren (zie ook www.financieelmanagementmkb.noordhoff.nl), kunnen de verschillende varianten eenvoudig worden doorgerekend. De ondernemer krijgt dan een beter gevoel voor de risico's die aan bepaalde investeringsbeslissingen zijn verbonden. Bij het beoordelen van de resultaten van de berekeningen moeten we steeds voor ogen houden dat ze gebaseerd zijn op (in de toekomst) verwachte geldontvangsten. Daarom is het belangrijk om naast de berekeningen inhoudelijk motieven aan te dragen die de berekeningen ondersteunen. Welke verklaringen kun je als ondernemer geven voor het welslagen van het investeringsproject? Hoe kun je de hoogte van de berekende netto contante waarde aannemelijk maken? De argumenten die daarbij naar voren worden gebracht, zijn zeker zo belangrijk als de cijfermatige onderbouwing.

Tot slot bespreken we nog enkele aspecten van investeringen. We lichten dat in voorbeeld 7.4 toe.

De volgende aspecten komen daarin aan de orde:
- het verwerken van opportunity costs en opportunity profits. Bij investeringsbeslissingen moeten we ook rekening houden met de gemiste geldontvangsten (dit zijn opportunity costs) die het gevolg zijn van een bepaalde beslissing. De waarde van de grond in voorbeeld 7.4 is daar een voorbeeld van. Als door een bepaalde beslissing gelduitgaven worden voorkomen, spreken we van een opportunity profit. Daarmee moet bij het nemen van beslissingen ook rekening worden gehouden;
- Bij alle beslissingen die gevolgen hebben voor het in de onderneming geïnvesteerde vermogen moeten we rekening houden met de kosten van het vermogen. Niet alleen de verstrekkers van het vreemd vermogen eisen een vergoeding (interest), maar ook de verstrekkers van het eigen vermogen. Daarom houden we bij investeringsbeslissingen rekening met de vermogenskosten (de kosten van het vreemd én eigen vermogen).

Opportunity costs

Opportunity profits

Kosten eigen vermogen

VOORBEELD 7.4

Ondernemer Gerbrands heeft een café-restaurant met een eigen parkeerterrein en nog een braakliggend stuk privégrond (een weitje van 3.000 m² waar nu een pony van de buurman op graast). Gerbrands is van plan zijn bedrijf uit te breiden met een hotel. Het bestemmingsplan staat het bouwen van een hotel op het weitje toe. De stichtingskosten van het hotel (bouwkosten inclusief alle installaties, inventaris en erfverharding) bedragen €1.300.000. In dit bedrag is de waarde van de grond, die door een plaatselijke makelaar op €600.000 is getaxeerd, niet opgenomen. Als het hotel niet wordt gebouwd, kan de grond voor dit bedrag worden verkocht. Voor de financiering van het nieuwe hotel brengt Gerbrands, naast de grond, €300.000 eigen vermogen in de vorm van contanten in. De ontbrekende €1.000.000 wordt gefinancierd met vreemd vermogen, waarvan de interestkosten 9% per jaar bedragen.

De verwachte nettogeldontvangsten uit de exploitatie van het hotel worden voor de komende dertig jaar geschat op €280.000 per jaar. Aan het einde van deze dertig jaar heeft het hotel (inclusief de grond) een verwachte restwaarde van €1.000.000. We veronderstellen dat het hotel (inclusief ondergrond) tegen de restwaarde kan worden verkocht. De nettogeldontvangsten en de restwaarde zijn beide na aftrek van vennootschapsbelasting. Voor het hotel wordt een speciale bv opgericht.

Gevraagd:
Bereken de netto contante waarde (NCW) van de investering in het hotel. Maak zo nodig aanvullende veronderstellingen.

De totale investering bestaat uit:

Grond	€ 600.000
Pand, inventaris, erfverharding	€ 1.300.000 +
Totale investering	€ 1.900.000

Het feit dat de grond werd gebruikt om de pony te laten grazen is niet relevant. Nu de grond in de bv wordt ingebracht en een zakelijke aanwending krijgt, is de waarde van de grond in het economisch verkeer van belang en deze bedraagt €600.000 (met de gevolgen van belastingen houden we geen rekening).

We krijgen dan een tijdlijn (getallen × €1.000) zoals in figuur 7.6 weergegeven.

FIGUUR 7.6 Geldstromen in verband met Hotel Gerbrands

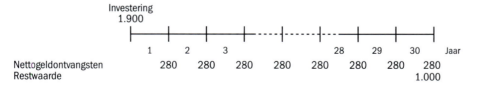

Om de netto contante waarde te berekenen, hebben we een vermogenskostenvoet nodig. Het vreemd vermogen (€1.000.000) kan tegen 9% worden aangetrokken. Daarnaast wordt €900.000 eigen vermogen ingebracht. Daaraan zijn ook vermogenskosten verbonden. Stel dat de grond waarop het hotel wordt gevestigd aan een derde verpacht zou kunnen worden voor €48.000 per jaar. Dit bedrag komt overeen met een rentabiliteit van 8%, want 8% × €600.000 = €48.000. Deze 8% zijn de vermogenskosten die met de inbreng van de grond samenhangen.

Met betrekking tot de inbreng in contanten (€300.000) moeten we de volgende vraag beantwoorden: welk rendement zou Gerbrands hebben kunnen behalen, als dit bedrag was aangewend voor een andere belegging met hetzelfde risico als het risico dat verbonden is aan de belegging in het hotel? Stel dat het antwoord op deze vraag 12% bedraagt, dan is deze 12% (de gemiste opbrengst van het beste alternatief met eenzelfde risico) de vermogenskosten van de inbreng in contanten. De vermogenskostenvoet van 12% is een voorbeeld van opportunity costs.
De vermogenskosten van het hotel kunnen we nu als volgt berekenen:

$$(€1.000.000 : €1.900.000) \times\ 9\% = 4{,}737\,\%$$
$$(€\ \ \,600.000 : €1.900.000) \times\ 8\% = 2{,}526\,\%$$
$$(€\ \ \,300.000 : €1.900.000) \times 12\% = 1{,}895\,\%$$

$$9{,}158\,\% \text{ (afgerond)}$$

Met behulp van Excel kunnen we op eenvoudige wijze de netto contante waarde berekenen (zie www.financieelmanagementmkb.noordhoff.nl).
Deze bedraagt + €1.008.959,09. Door in de Excelberekening de basisgegevens te wijzigen, worden de gevolgen voor de netto contante waarde direct zichtbaar. Op deze wijze kunnen verschillende scenario's worden doorgerekend.

7.7 Liquiditeitsbegroting

Investeringen hebben gevolgen voor de toekomstige geldontvangsten en toekomstige gelduitgaven van een onderneming. Om daar zicht op te krijgen, stellen we een liquiditeitsbegroting op. Een liquiditeitsbegroting is een overzicht van de verwachte geldontvangsten en de verwachte gelduitgaven gedurende een bepaalde toekomstige periode. Het doel ervan is vast te stellen op welke momenten er liquiditeitstekorten dreigen te ontstaan en op welke momenten er een overschot aan liquide middelen wordt verwacht. Om een dreigend tekort aan liquide middelen op te heffen, zal een onderneming tijdig maatregelen moeten treffen. De onderneming kan in die situatie proberen geldontvangsten in de tijd gezien naar voren te halen en/of gelduitgaven uit te stellen. Als dat onvoldoende is om een dreigend tekort te voorkomen, kan de onderneming in overleg treden met bijvoorbeeld de bank om tijdelijk extra vreemd vermogen aan te trekken. Vaak wordt het rekening-courantkrediet gebruikt om tijdelijk vermogensbehoeften op te vangen. Als de behoefte aan extra vermogen groot is, moet eventueel het plafond van het rekening-courantkrediet worden verhoogd. Dat moet tijdig met de bank worden geregeld. Omvangrijke investeringen in bijvoorbeeld terreinen, gebouwen en machines leiden tot een blijvende behoefte aan extra vermogen. Om in de behoefte aan extra vermogen op lange termijn te voorzien, zal de onderneming extra eigen en/of extra vreemd vermogen lang aantrekken. In tabel 7.4 geven we een voorbeeld van een liquiditeitsbegroting. We veronderstellen dat de liquide middelen aan het begin van het jaar bestaan uit €3.000 contant geld in kas. Daarnaast is er een schuld in rekening-courant van €100.000. Met de bank is een plafond voor de rekening-courant afgesproken van €150.000.

Liquiditeits-begroting

Liquide middelen

Uit de liquiditeitsbegroting blijkt dat de schuld in rekening-courant in het tweede kwartaal het hoogst is en meer bedraagt dan het kredietplafond dat met de bank is afgesproken. Dit betekent dat de ondernemer met de bank zal moeten overleggen over een tijdelijke verhoging van het kredietplafond naar bijvoorbeeld €250.000. De ondernemer zou ook kunnen overwegen de aanschaf van de machine een kwartaal uit te stellen (als dat voor de bedrijfsvoering geen problemen oplevert) of met de leverancier van de machine afspreken de machine een kwartaal later te betalen. In het derde kwartaal worden omvangrijke liquiditeitsoverschotten verwacht, waardoor de liquiditeitspositie weer sterk zal verbeteren. Aan het einde van het jaar wordt een *tegoed* in rekening-courant verwacht van €45.483, terwijl aan het begin van het jaar begonnen is met een *schuld* in rekening-courant van €100.000.
Met uitzondering van het tweede kwartaal worden voor het komende jaar geen liquiditeitsproblemen verwacht.

Een liquiditeitsbegroting stellen we bij voorkeur op over een korte periode, bijvoorbeeld een maand. Een kwartaal is al aan de lange kant. Op basis daarvan kunnen we hooguit de liquiditeit vaststellen aan het einde van ieder kwartaal, maar het geeft geen inzicht in liquiditeitstekorten of liquiditeits-overschotten die tijdens het kwartaal optreden. Veronderstel bijvoorbeeld dat voor de onderneming waarvoor tabel 7.4 van toepassing is, in het tweede kwartaal de *gelduitgaven* vooral aan het *begin* van het kwartaal en de *geldontvangsten* aan het *einde* van het kwartaal worden verwacht. In dat geval zal de schuld in rekening-courant in het begin van het tweede kwartaal veel hoger oplopen dan de berekende €222.674 aan het einde van het tweede kwartaal. Dit blijkt echter niet uit de liquiditeitsbegroting, omdat deze op basis van totale geldstromen per kwartaal is opgesteld. Het opstellen van een liquiditeitsbegroting over korte perioden is vooral van belang als tijdens het jaar of binnen het kwartaal grote verschillen in gelduitgaven en geldontvangsten optreden. Dit is bijvoorbeeld het geval bij seizoenbedrij-ven. Hierbij kun je denken aan de fabrikant van schaatsen of aan agrarische bedrijven (zoals de producenten van appels, peren, kersen en dergelijke). De fabrikant van schaatsen zal weinig geldontvangsten hebben in de maanden maart tot en met september en veel geldontvangsten in de maanden oktober tot en met januari. De maand september zou dan tot liquiditeitsproblemen kunnen leiden. Terwijl een agrarisch bedrijf dat fruit van de koude grond produceert, bijna het gehele jaar door gelduitgaven heeft en alleen gedurende de maanden september en oktober hoge geldont-vangsten heeft. Voor dit type bedrijf zou de maand augustus tot liquiditeits-problemen kunnen leiden.

De pieken en dalen in de verwachte geldontvangsten en gelduitgaven en de verwachte gevolgen voor de liquiditeitspositie van een onderneming blijken uit de liquiditeitsbegroting. Het maken van een liquiditeitsbegroting is een voorbeeld van kortetermijnplanning. We geven in tabel 7.4 een voorbeeld op basis van fictieve bedragen.

TABEL 7.4 Liquiditeitsbegroting (bedragen in euro's)

	1e kwartaal	2e kwartaal	3e kwartaal	4e kwartaal
Beginsaldo Kas	3.000	3.000	3.000	3.000
Beginsaldo rekening-courant	100.000 –	49.380 +	222.674 –	110.296 +
Kas + rekening-courant	97.000 –	52.380 +	219.674 –	113.296 +
Geldontvangsten:				
• contante omzet	386.000	412.783	634.200	438.532
• ontvangen van debiteuren	553.000	624.000	852.000	578.000
Totaal geldontvangsten	939.000 +	1.036.783 +	1.486.200 +	1.016.532 +
Gelduitgaven i.v.m.:				
• inkopen	432.000	582.000	764.523	623.000
• reclamecampagne		23.000		
• advertenties	1.673	2.793	3.254	1.738
• uitbetaalde lonen	180.000	192.000	253.856	194.765
• betaalde sociale lasten	54.000	64.000	84.619	64.922
• vakantiegeld		117.000		
• eindejaarsuitkering				68.000
• gas, water, licht	1.254	725	619	919
• telefoon	1.231	1.587	2.831	1.745
• onderhoud pand	1.200	1.600	4.385	1.583
• te betalen verzekeringen	1.208	1.629	1.327	1.162
• accountantskosten	1.800	3.800	1.400	1.600
• interestkosten	6.529	5.382	7.893	5.284
• aflossing leningen	10.000	10.000	10.000	10.000
• aanschaf nieuwe machine		200.000		
• aan fiscus af te dragen btw	89.725	94.321	9.523	99.527
• privéonttrekkingen	9.000	9.000	9.000	9.000

	1e kwartaal	2e kwartaal	3e kwartaal	4e kwartaal
Totaal gelduit-gaven	789.620 –	1.308.837 –	1.153.230 –	1.083.245 –
Eindsaldo kas + rekening-courant	52.380 +	219.674 –	113.296 +	46.583 +
Eindsaldo Kas (vereist mini-mum)	3.000	3.000	3.000	3.000
Eindsaldo rekening-courant	49.380 +	222.674 –	110.296 +	43.583 +

Begrote winst- en verliesrekening
Liquiditeits-begroting

We wijzen met nadruk op de verschillen tussen een liquiditeitsbegroting en een begrote winst- en verliesrekening. Op een begrote winst- en verliesrekening komen de verwachte *opbrengsten* en de verwachte *kosten* gedurende een bepaalde toekomstige periode te staan. Een liquiditeitsbegroting bevat verwachte *geldontvangsten* en verwachte *gelduitgaven* gedurende een bepaalde toekomstige periode. Dit betekent dat sommige posten wel op een liquiditeitsbegroting voorkomen, maar niet op een begrote winst- en verliesrekening en andersom. We geven daarvan in tabel 7.5 een aantal voorbeelden.

TABEL 7.5 Verschil tussen begrote winst- en verliesrekening en liquiditeitsbegroting

Wel op de begrote winst- en verliesrekening, niet op de liquiditeitsbegroting:	Niet op de begrote winst- en verliesrekening, wel op de liquiditeitsbegroting:
• Afschrijvingskosten • GOL	• Aflossing vreemd vermogen • Het opnemen van vreemd vermogen • Aan toeleveranciers te betalen btw • Van afnemers ontvangen btw • Betalingen in verband met investe-ringen • Privéonttrekkingen

7.8 Begrote winst- en verliesrekening

Behalve in de verwachte in- en uitgaande geldstromen is een ondernemer geïnteresseerd in de verwachte opbrengsten en verwachte kosten. De ver-wachte opbrengsten en kosten komen tot uitdrukking in een begrote winst- en verliesrekening. Het maken van een begrote winst- en verliesrekening lichten we toe aan de hand van tabel 6.2 uit hoofdstuk 6. We hebben daar de kosten van onderneming Demo verdeeld in vaste en variabele kosten. In tabel 7.6 herhalen we een gedeelte van de informatie uit tabel 6.2.

De omzet van Demo over 2017 bedroeg €760.000. Als we veronderstellen dat de variabele kosten een vast percentage van de omzet zijn, kunnen we met behulp van een Excelmodel (zie www.financieelmanagementmkb.noordhoff.nl) op eenvoudige wijze een begrote winst- en verliesrekening opstellen. Daarbij moeten we bedenken dat de vaste kosten niet tot in de eeuwigheid op hetzelfde niveau blijven. Vaste kosten kunnen veranderen door prijsveranderingen en door wijzigingen in de productiecapaciteit. Als een onderneming bijvoorbeeld gaat uitbreiden, zullen de vaste kosten met een sprong omhooggaan. Daarmee moeten we rekening houden bij het maken van een begrote winst- en verliesrekening. Als voorbeeld gaan we voor Demo uit van een fictieve omzetstijging van 20% voor het jaar 2018. Om deze omzet te kunnen realiseren moet het winkelpand worden uitgebreid, waardoor de vaste huisvestingskosten stijgen met €10.000 per jaar. Met behulp van het Excelmodel hebben we de (fictieve) begrote winst- en verliesrekening voor 2018 opgesteld, met de resultaten zoals weergegeven in tabel 7.7 (zie ook www.financieelmanagementmkb.noordhoff.nl).

Excelmodel

TABEL 7.6 Gedeelten uit de begrote winst- en verliesrekening van Demo over 2017

Omschrijving	Vaste kosten	Omzet en variabele kosten in % van de netto-omzet	
Netto-omzet		100%	
Inkoopwaarde van de omzet			56,50%
Brutowinstmarge			43,50%
Overige kosten (met uitzondering van interestkosten en afschrijvingen):			
• GOL	€ 48.000		
• Lonen en salarissen	€ 60.000	2,76%	
• Sociale lasten	€ 18.000	0,79%	
• Huisvestingskosten	€ 16.000	0,58%	
• Autokosten (o.a. leasekosten)	€ 6.000	0,68%	
• Verkoopkosten	€ 3.000	0,66%	
• Algemene kosten	€ 6.000	0,00% +	
Afschrijvingskosten:			
• Gebouwen	€ 24.000		
• Inventaris	€ 30.000		
Interestkosten	€ 46.000	5,47%	
Verdeling van de kosten:	VAST: € 257.000	VARIABEL: 61,97% van de netto-omzet	

Uit het Exceloverzicht blijkt dat bij een verwachte omzetstijging van 20% en een stijging van de vaste huisvestingskosten met €10.000 het verwachte bedrijfseconomisch resultaat €79.800 bedraagt (rechts onder in het Excelmodel op de volgende pagina). Door veranderingen in de basisgegevens aan te brengen, kunnen we met behulp van Excel snel de gevolgen voor de verwachte resultaten vaststellen.

Andere instrumenten om inzicht te krijgen in de toekomstige financiële ontwikkelingen van een onderneming zijn de begrote balans en het begrote kasstroomoverzicht. Deze overzichten komen in hoofdstuk 10 aan de orde.

TABEL 7.7 Begrote winst- en verliesrekening in Excel

	F35	▼	ƒⓧ =F33-F34			
	A	B	C	D	E	F
5	Verwachte omzetgroei			20%		
6	Verandering vaste huisvestingskosten			€ 10.000		
7						
8	**Uitwerkingen**		Historisch	Verwacht		
9	Omschrijving	Variabele kosten	Vaste	Vaste	Variabele	Omzet
10		in % van de omzet	kosten	kosten	kosten	
11		(Zie tabel 6.2)				
12	Omzet					912.000
13	Inkoopwaarde omzet	56,50%				515.280
14	Bruto-winstmarge					396.720
15						
16	Overige kosten (m.u.v.					
17	interest en afschrijvingen):					
18	– GOL	0,00%	48.000	48.000	0	
19	– Lonen en salarissen	2,76%	60.000	60.000	25.200	
20	– Sociale lasten	0,79%	18.000	18.000	7.200	
21	– Huisvestingskosten	0,58%	16.000	26.000	5.280	
22	– Autokosten	0,68%	6.000	6.000	6.240	
23	– Verkoopkosten	0,66%	3.000	3.000	6.000	
24	– Algemene kosten	0,00%	6.000	6.000	0	
25				167.000	49.920	
26	Totale kosten m.u.v. interest en afschr.					216.920
27	Verwachte bedrijfseconomische EBITDA					179.800
28						
29	Afschrijvingen:					
30	– Gebouwen		24.000			
31	– Inventaris		30.000			
32						54.000
33	Verwachte bedrijfseconomische EBIT					125.800
34	Interestkosten		46.000			46.000
35	Verwacht bedrijfseconomisch resultaat					79.800

H ◀ ▶ H \ Tabel 7.6 / Blad2 / Blad3 /

Samenvatting

Allerlei beslissingen die binnen een onderneming worden genomen, hebben gevolgen voor de geldstromen en de financiële resultaten van de onderneming. Een groot deel van de beslissingen heeft een routinematig karakter en vindt plaats zonder (ingewikkelde) berekeningen te maken. Dit geldt echter niet voor ingrijpende investeringen. Deze vereisen een grondige analyse van de financiële gevolgen voordat een beslissing wordt genomen. De motieven om te investeren kunnen verschillend zijn. Wij hebben ons in dit hoofdstuk in het bijzonder beziggehouden met de financiële gevolgen van investeringen. Bij deze berekeningen kunnen we wel of geen rekening houden met tijdvoorkeur en de mate van risico van het project. De rekenmethoden die rekening houden met tijdvoorkeur en risico verdienen de voorkeur. Een van deze methoden is de nettocontantewaardemethode. Als de netto contante waarde van een investeringsproject positief is, betekent dit dat het project waarde toevoegt aan de onderneming. Alleen projecten met een positieve netto contante waarde zijn aanvaardbaar. Bij het beoordelen van de resultaten van de berekeningen moeten we steeds voor ogen houden dat ze gebaseerd zijn op (in de toekomst) verwachte gelduitgaven én geldontvangsten. Naast de berekeningen zal de ondernemer argumenten moet aandragen die de positieve gevolgen van de investering voor de waarde van de onderneming aannemelijk maken.

Bij het nemen van beslissingen spelen verschillende factoren een rol, zoals de financiële gevolgen van de beslissing. Er kunnen berekeningen worden gemaakt om de gevolgen van een beslissing voor opbrengsten, kosten,

ingaande en uitgaande geldstromen na te gaan. De keuze die gemaakt wordt, zal mede gebaseerd zijn op de uitkomsten van deze berekeningen.
Bij investeringsbeslissingen moeten we niet alleen kijken naar de aanschaf van dure installaties. Ook de aanschaf van aanvullende activa (voorraden, hulpmiddelen) en het aantrekken van voldoende gekwalificeerd personeel maakt onderdeel uit van het investeringsproject.
Er wordt een onderscheid gemaakt in korte- en langetermijnbeslissingen. Bij kortetermijnbeslissingen houden we alleen rekening met de variabele kosten. Bij langetermijnbeslissingen betrekken we ook de vaste kosten in de berekening.
Bij het kiezen uit verschillende investeringsalternatieven gaan we uit van ingaande en uitgaande geldstromen. Bij de terugverdienperiode stellen we vast hoeveel tijd er nodig is om het investeringsbedrag via de verkoop van producten terug te ontvangen. De gemiddelde boekhoudkundige rentabiliteit berekenen we door de gemiddelde geldontvangst (de investering en restwaarde meegerekend) te delen door het gemiddeld geïnvesteerd vermogen. De nettocontantewaardemethode gaat ook uit van geldstromen, waarbij we rekening houden met tijdvoorkeur en risico. Een investeringsbeslissing is een voorbeeld van een langetermijnbeslissing.
Een ondernemer moet zijn blik op de toekomst richten, ook wat betreft de financiële besturing van de onderneming. In dat verband noemen we de liquiditeitsbegroting en de begrote winst- en verliesrekening. Een liquiditeitsbegroting geeft inzicht in de verwachte ingaande en uitgaande geldstromen gedurende een bepaalde periode en in de verwachte voorraad liquide middelen op bepaalde momenten. Op een begrote winst- en verliesrekening staan de verwachte opbrengsten en verwachte kosten over een bepaalde toekomstige periode. Deze prognoses kunnen zowel voor de korte termijn (komende jaar) als voor de lange termijn worden gemaakt.

Begrippenlijst

Begrote winst- en verliesrekening	Begroting van de verwachte opbrengsten en kosten gedurende een bepaalde toekomstige periode.
Contante waarde	De waarde (op dit moment) die aan een in de toekomst te ontvangen of te betalen bedrag wordt toegekend.
Gemiddelde boekhoudkundige rentabiliteit (GBR)	$$\frac{\text{Gemiddelde EBIT (van een project) na belasting}}{\text{Gemiddeld (in het project) geïnvesteerde vermogen}}$$
Investeren	Het aanschaffen van vaste en vlottende activa naar aanleiding van een investeringsbeslissing.
Investeringsproject	Het totaal van investeringen in vaste en vlottende activa dat nodig is om een bepaalde investeringsbeslissing uit te voeren.
Kortetermijnbeslissing	Beslissing waarbij de beschikbare productiecapaciteit van de onderneming als gegeven beschouwd wordt.
Langetermijnbeslissing	Beslissing die gevolgen heeft voor de productiecapaciteit van de organisatie.
Liquiditeitsbegroting	Begroting van de verwachte ingaande en uitgaande geldstromen gedurende een bepaalde toekomstige periode en van de verwachte voorraad liquide middelen op verschillende momenten.
Netto contante waarde	Contante waarde (op moment van investeren) van alle nettogeldontvangsten van een investeringsproject min het investeringsbedrag.
Nettogeldontvangst	De geldontvangsten minus de gelduitgaven die voortvloeien uit een investering. Het investeringsbedrag wordt hierbij buiten beschouwing gelaten; de restwaarde daarentegen wordt wel meegenomen.
Terugverdienperiode (TP)	Tijd die nodig is om door middel van de nettogeldontvangsten het geïnvesteerde bedrag terug te ontvangen.
Tijdvoorkeur	Aan een bedrag dat op een bepaald tijdstip ontvangen wordt, wordt een hogere waarde toegekend dan aan een zelfde bedrag dat op een later tijdstip wordt ontvangen.
Tijdvoorkeurvoet	Vergoeding die de mate van tijdvoorkeur tot uitdrukking brengt.

Uitbreidingsinvestering	Investering die leidt tot een uitbreiding van de productiecapaciteit.
Vervangingsinvestering	Investering die dient om een productiemiddel te vervangen en die niet tot een wijziging in de productiecapaciteit leidt.

Opgaven

7.1 Onderneming De Baron bv overweegt een nieuw product op de markt te brengen. Hiervoor moet een investering verricht worden van €200.000.

De resultaten die met dit product per jaar behaald kunnen worden, zijn hierna weergegeven.

Opbrengst verkopen		€300.000
Kostprijs verkopen:		
• grondstofkosten	€ 90.000	
• loonkosten	€ 100.000	
• energiekosten	€ 20.000	
• afschrijving	€ 30.000	
• overige kosten	€ 10.000 +	
	———	€ 250.000 –
Winst voor aftrek van belastingen		€ 50.000
Vennootschapsbelasting (20%)		€ 10.000 –
Winst na aftrek van belastingen		€ 40.000

Alle verkopen en alle kosten (met uitzondering van de afschrijvingskosten) worden contant afgerekend. Ook de belastingen worden direct betaald.

Bereken de jaarlijkse nettogeldontvangst in verband met dit investeringsproject.

7.2 Onderneming Expansie wil haar productiecapaciteit uitbreiden door de aanschaf van een nieuwe machine. Deze aankoop leidt tot een investering van €200.000. De machine heeft een economische levensduur van vijf jaar. Aan het einde van de levensduur heeft de machine nog een restwaarde van €20.000. De jaarlijkse netto-ontvangsten (inclusief de ontvangst van de restwaarde) bedragen €60.000.
De leiding vereist een rentabiliteit van 12% op deze investering.

a Bereken de terugverdientijd, als we veronderstellen dat de nettogeldontvangsten gelijkmatig tijdens het jaar optreden.
b Bereken de gemiddelde boekhoudkundige rentabiliteit van het investeringsproject. Uitkomst in twee decimalen nauwkeurig.

Bij vraag **c** veronderstellen we dat alle nettogeldontvangsten aan het einde van ieder jaar optreden. Plaats de uitgaven en alle nettogeldontvangsten op een tijdlijn.
c **1** Bereken de netto contante waarde.
    2 Is dit investeringsproject aanvaardbaar? Motiveer je antwoord.

7.3   Kapsalon Exclusive bv wil zijn kapsalon moderniseren. De verbouwing van de kapsalon vergt een investering van €240.000. De verbouwingskosten (€240.000) worden in acht jaar afgeschreven met gelijke bedragen per jaar. De verbouwing leidt niet tot een waardestijging van het pand (de verbouwing heeft geen restwaarde). De eigenaresse van de kapsalon verwacht dat na de verbouwing de jaarlijkse winst na belasting zal toenemen met €20.000. Deze extra winsten worden alleen gedurende de eerste acht jaren na de verbouwing gerealiseerd. Daarna is het effect van de modernisering uitgewerkt. Alle transacties van de kapsalon worden à contant verricht. De eigenaresse van de kapsalon eist een rentabiliteit van 14% op deze investering.

a 1 Bereken de jaarlijkse nettogeldontvangst.
   2 Geef het investeringsproject in de vorm van een tijdlijn weer.
b Bereken de terugverdientijd, als we veronderstellen dat de nettogeldontvangsten gelijkmatig tijdens het jaar optreden.
c Bereken de gemiddelde boekhoudkundige rentabiliteit van het investeringsproject. Uitkomst in twee decimalen nauwkeurig.

   Bij vraag **d** veronderstellen we dat alle nettogeldontvangsten aan het einde van ieder jaar optreden.
d 1 Bereken de netto contante waarde.
   2 Is dit investeringsproject aanvaardbaar? Motiveer je antwoord.

7.4   Onderneming Luxity bv overweegt een gedeelte van haar machinepark te vernieuwen. De investering in het nieuwe machinepark vergt een bedrag van €1.000.000, te betalen op 1 januari 2018. De machines gaan tien jaar mee en hebben daarna geen restwaarde (de kosten van het verwijderen van de machines zijn gelijk aan de schrootwaarde van de machines). Doordat de nieuwe machines nauwkeuriger werken en minder energie gebruiken, treden jaarlijks de volgende bezuinigingen op:
   • minder gelduitgaven voor grondstoffenverbruik €140.000;
   • minder gelduitgaven voor energieverbruik €80.000.
   Door deze besparingen dalen de kosten en de gelduitgaven aan het einde van ieder jaar met €220.000. Voor het eerst op 1 januari 2019 en in de daaropvolgende negen jaren.
   De machines worden met gelijke bedragen per jaar afgeschreven.
   Luxity bv moet aan het einde van ieder jaar 25% vennootschapsbelasting betalen over haar winsten.
   Voor dit investeringsproject geldt een vereiste vermogenskostenvoet van 11% per jaar.

a Bereken de toename van de jaarlijkse winsten (vóór vennootschapsbelasting) als de nieuwe machines worden aangeschaft.
b Bereken de extra jaarlijks te betalen vennootschapsbelasting.
c Bereken de jaarlijkse extra primaire geldstromen na vennootschapsbelasting.
d Geef de voor deze investeringsbeslissing relevante bedragen weer op een tijdlijn (10 jaar).
e Bereken de terugverdientijd.
f   Bereken de netto contante waarde (NCW).

7.5   Onderneming Select bv heeft in het komende jaar €2,5 mln beschikbaar voor nieuwe investeringen. De afdelingshoofden hebben bij de financieel manager drie investeringsvoorstellen ingediend. Deze voorstellen worden voorlopig met projectcodes aangeduid. De investeringsbedragen en de netto-geldontvangsten van de verschillende projecten zijn (bedragen × €1.000):

	Investering	Netto-ontvangsten (einde periode)		
	t = 0	t = 1	t = 2	t = 3
Project XR-1000	2.000	1.100	1.600	
Project CB-300	2.100	810	900	900
Project FXRS	2.400	1.200	1.100	1.000

De nettogeldontvangsten worden aan het einde van de periode ontvangen. Project XR-1000 heeft aan het einde van het tweede jaar een restwaarde van €0,6 mln. De vermelde nettogeldontvangst van €1,6 mln is inclusief deze restwaarde. De projecten CB-300 en FXRS hebben geen restwaarde. Voor alle projecten geldt een vermogenskostenvoet van 12%. Er wordt met gelijke bedragen per jaar op de projecten afgeschreven.

a   Bereken voor ieder project:
   1   de terugverdientijd
   2   de gemiddelde boekhoudkundige rentabiliteit
   3   de netto contante waarde
b   Geef per selectiemethode de volgorde van aantrekkelijkheid aan.
c   Welke projecten zijn acceptabel wanneer de netto contante waarde als selectiecriterium wordt gehanteerd?
d   Bespreek de voor- en nadelen van alle bij vraag **a** genoemde methoden.

7.6   Levensmiddelenfabrikant De Gevulde Schap heeft gegevens verzameld over drie mogelijke investeringsprojecten (A, B en C), waarvan er echter maar één uitgevoerd kan worden.
Van deze projecten is het volgende bekend:
•   De projecten A, B en C vergen bij aanvang van het project (t = 0) elk een investering van €20.000.
•   De projecten A en B hebben een levensduur van vijf jaar en geen restwaarde; Project C heeft een levensduur van vier jaar en een restwaarde van €2.000.
•   De vermogenskostenvoet voor de onderhavige projecten bedraagt 10%.
•   De nettogeldontvangsten van alle projecten worden gespreid over het jaar ontvangen (met uitzondering van de restwaarde):

Project	Netto-ontvangsten (in euro's)				
	Jaar 1	Jaar 2	Jaar 3	Jaar 4	Jaar 5
A	4.000	9.000	9.000	9.000	4.000
B	6.600	6.600	6.600	6.600	6.600
C	7.000	7.000	7.000	7.000[1]	

1 Deze netto-ontvangst van project C is inclusief de ontvangst van de restwaarde.

a Bereken de terugverdientijd voor alle projecten.

b Bereken de gemiddelde boekhoudkundige rentabiliteit voor alle projecten.

c Bereken de netto contante waarde van elk van de projecten. Voor de berekening van de netto contante waarde veronderstellen we dat de nettogeldontvangsten aan het einde van het betreffende jaar worden ontvangen.

d Bepaal de volgorde van aantrekkelijkheid volgens:
  1 de methode van de terugverdientijd
  2 de gemiddelde boekhoudkundige rentabiliteit
  3 de nettocontantewaardemethode

e **1** Zijn de drie projecten volledig vergelijkbaar? Motiveer je antwoord.
  2 Geef gemotiveerd aan welke selectiemethode de voorkeur verdient.

7.7 Deze opgave neemt als uitgangspunt de situatie zoals die in de liquiditeits-begroting in tabel 7.4 en in het bijbehorende Excelmodel op de website (zie www.financieelmanagementmkb.noordhoff.nl) is weergegeven. We gaan nu één voor één wijzigingen aanbrengen en gaan na wat daarvan de gevolgen zijn voor de liquiditeit van de onderneming.

a De geldontvangsten in verband met contante verkopen en geldontvangsten van debiteuren van het tweede en derde kwartaal worden omgewisseld (de hogere geldontvangsten worden nu eerder ontvangen). Welke gevolgen heeft dit voor de liquiditeit van dit bedrijf. Doen zich (nieuwe) problemen voor of worden er nu geen problemen verwacht?

b Het vakantiegeld van €117.000 wordt niet in het tweede kwartaal (30 juni) maar in het derde kwartaal (1 juli) uitbetaald. Welke gevolgen heeft dit voor de liquiditeit?

7.8 Deze opgave neemt als uitgangspunt de situatie zoals die in de begrote winst- en verliesrekening in tabel 7.7 en in het bijbehorende Excelmodel op de website (zie www.financieelmanagementmkb.noordhoff.nl) is weergegeven.

a We veronderstellen nu dat de omzetgroei geen 20% maar 10% is.
  1 Bereken met behulp van het Excelmodel het verwachte bedrijfseconomisch resultaat.
  2 Bereken hoeveel procent het verwachte bedrijfseconomisch resultaat zoals bij vraag **a1** berekend, lager is dan het oorspronkelijk verwachte bedrijfseconomisch resultaat (zie tabel 7.6).

b Bij 20% omzetgroei bedraagt de verwachte omzet €912.000. Bij 10% omzetgroei bedraagt de verwachte omzet €836.000, dat is 8,33% lager dan de verwachte omzet van €912.000 (bij 20% groei). Het bij vraag **a2** berekende percentage wijkt nogal af van deze 8,33%. Geef daarvoor een verklaring.

7.9

HET FINANCIEELE DAGBLAD, 19 JUNI 2015

Sif steekt vele miljoenen in uitbreiding capaciteit

Jan Verbeek

AMSTERDAM – Metaalbedrijf Sif Group, vooral bekend van de grote metalen off- shoreconstructies die het bouwt, voor windmolens en de olie- en gasindustrie, gaat de productiecapaciteit opnieuw fors uitbreiden.
Het gaat om investeringen op de locaties Limburg en Rotterdam. Gezien de positieve vooruitzichten in de markt investeert de Roermondse onderneming ruim €60 mln, schrijft de zakelijke site Wijlimburg.nl donderdag.
Staalbedrijf Sif is specialist in windmolenfunderingen en heeft inmiddels ruim vierhonderd mensen in dienst. Investeerder Egeria houdt sinds ongeveer tien jaar een meerderheidsaandeel in het familiebedrijf.

In de hoofdvestiging in Roermond wordt voor €20 mln geïnvesteerd in onder meer nieuwe productiemachines. Op de nieuwe Tweede Maasvlakte in Rotterdam bouwt de onderneming een assemblagehal en een coatinghal.
Sif Group zal op de Tweede Maasvlakte een open overslagterrein ter grootte van veertig hectare inrichten. Door de investering wordt directe levering aan off-shoreklanten van de Roermondse onderneming mogelijk. De nieuwe faciliteit zal naar verwachting begin 2017 klaar zijn.
De investeringen hebben geen gevolgen voor de positie van het hoofdkantoor van Sif Group in Limburg. Het grootste deel van de productiefaciliteiten blijft in Roermond. Het aantal arbeidsplaatsen zal de komende jaren aanzienlijk toenemen.

a Leidt de investering van Sif vooral tot meer vaste kosten of tot meer variabele kosten? Motiveer je antwoord.

b Welke factoren spelen een rol bij deze investeringsbeslissing van Sif?

c Leiden investeringen altijd tot een toename van het aantal arbeidsplaatsen? Motiveer je antwoord.

d Licht toe welke onzekerheden (risico's) bij deze investering een rol spelen.

7.10   Onderneming Multichip bv is producent van hoogwaardige computeronderdelen. Multichip overweegt voor de productie van chips een nieuwe machine aan te schaffen. De economische levensduur van deze machine, waarvan de aanschafwaarde €350.000 bedraagt, is vijf jaar. De restwaarde van de machine zal naar verwachting €50.000 zijn. Er wordt afgeschreven met gelijke bedragen per jaar.
Jaarlijks zullen er met deze machine 20.000 chips worden geproduceerd (de normale productie is 20.000). Naast de afschrijvingskosten is er sprake van proportioneel variabele kosten voor grondstof en arbeid, die €10 per eenheid bedragen. Deze kosten worden contant betaald. De verkoopprijs per chip bedraagt €20 (exclusief btw).
Over ondernemingswinsten is 25% belastingen verschuldigd. Voor de eenvoud van de berekeningen wordt verondersteld dat alle geldontvangsten in verband met verkopen en alle gelduitgaven in verband met variabele kosten aan het einde van ieder jaar plaatsvinden. Ook de betaling van de belastingen over de winst wordt aan het einde van ieder jaar verricht.

a Bereken de kostprijs van één chip.
b Bereken de jaarlijkse winst zowel voor als na aftrek van belastingen.
c Bereken de nettogeldontvangst per jaar.
d Geef de gelduitgave in verband met de investering en de daaruit voortvloeien de nettogeldontvangsten op een tijdlijn weer.
e Bereken de terugverdientijd.
f Bereken de gemiddelde boekhoudkundige rentabiliteit.
g Bereken de netto contante waarde (NCW), als we veronderstellen dat de
vermogenskostenvoet 18% bedraagt.

7.11

HET FINANCIEELE DAGBLAD, 19 JUNI 2015

Cisco steekt de komende jaren $10 mrd in China

Van onze redacteur/Bloomberg Amsterdam

Netwerkspecialist Cisco gaat de komende jaren voor omgerekend $10 miljard investeren in China (circa €8,9 miljard). Dat is het bedrijf overeengekomen met de Chinese autoriteiten, hetzelfde staatsbureau dat concurrent Qualcomm eerder een boete van omgerekend $975 mln gaf. Met de investering probeert het Amerikaanse bedrijf iets te doen aan zijn positie in de moeilijke markt waar prijsvechtende concurrenten als Huawei en ZTE Corp steeds belangrijker worden. Tegelijkertijd liggen westerse multinationals in China structureel onder vuur, in dit specifieke geval door onthullingen van voormalig NSA-agent Edward Snowden over de risico's van de technologische achterdeurtjes van Amerikaanse netwerkapparatuur.

Volgens Cisco zal de investering nieuwe banen, financiering van onderzoek en innovatie brengen

Volgens Cisco gaat de investering nieuwe banen brengen, onderzoek financieren en innovatie opleveren. Dat is hard nodig, want de inkomsten voor Cisco uit China daalden in het laatste kwartaal met zo'n 20%.
De ceo van Cisco hoopt dat de investering een stap naar herstel is van de zakelijke relatie tussen de VS en China, hoewel nog niet duidelijk is of de verplichting daadwerkelijk gaat leiden tot een groter marktaandeel.
Cisco is niet het eerste technologiebedrijf dat grote investeringen in China belooft. Microsoft heeft de afgelopen jaren eveneens miljarden in het land gepompt, en mocht vorig jaar zijn nieuwe XboxOne-spelcomputer aan gaan bieden in China. Ook Hewlett-Packard lijkt er alles aan gelegen te zijn de goedkeuring van de Chinese staat terug te winnen. Het bedrijf verkocht dit jaar een aandeel in een netwerk- en serverbedrijf aan een Chinese rivaal.

a Licht toe welke belangrijke verschillen er zijn tussen het zakendoen (zoals het verrichten van investeringen) in China en in de westerse wereld (zoals Europa en de VS).
b Noem een aantal redenen waarom het voor Cisco belangrijk is te investeren in China. Licht deze redenen ook toe.
c Licht toe welke onzekerheden (risico's) bij deze investering een rol spelen.

8
Groei, overname en waardering

8.1   Interne en externe groei
8.2   Waardering bij overname van een onderneming
8.3   Onderhandelingsproces en overnameprijs
        Samenvatting
        Begrippenlijst
        Opgaven

Een onderneming kan zowel op eigen kracht groeien (interne groei) als door een overname (externe groei). In geval van een overname zal de overnemende onderneming zich een beeld moeten vormen van de waarde van de over te nemen onderneming. In dit hoofdstuk gaan we in op de factoren die van invloed zijn op de waarde van een (over te nemen) onderneming. Het verschil tussen interne en externe groei bespreken we in paragraaf 8.1. De waardering van de activa van een over te nemen onderneming komt aan de orde in paragraaf 8.2, aan de hand van een voorbeeld van onderneming Demo. Als de waarde van de onderneming is vastgesteld, weet de overnemende onderneming globaal welke bedrag op tafel moet komen. Dan is het zaak alvast over de financiering van de overname na te gaan denken. We besteden in hoofdstuk 9 aandacht aan de verschillende financieringsmogelijkheden en de argumenten die bij een keuze daaruit een rol spelen. Vanuit een financieel perspectief kunnen we een overname opvatten als een omvangrijk investeringsproject. We zullen in paragraaf 8.3 zien dat de inzichten en technieken die we in hoofdstuk 7 hebben besproken, ook een rol spelen in het onderhandelingsproces en het bepalen van de overnameprijs.

8.1 Interne en externe groei

Veel ondernemingen hebben de groei van de onderneming tot een van haar
doelstellingen gemaakt. Wat zijn de voordelen van een grote onderneming
ten opzichte van een kleinere onderneming? We kunnen daarbij denken
aan de volgende zaken:
- de mogelijkheid om de taken over verschillende personen te verdelen
  (taakverdeling), waardoor iedereen doet waar hij goed in is (specialisatie);
- inkopen in het groot, waardoor kwantumkortingen kunnen worden
  verkregen;
- met dezelfde reclame-inspanningen een grotere omzet realiseren;
- verdeling van de vaste kosten over een groter(e) productievolume/omzet;
- meer macht op de inkoop- of verkoopmarkt;
- betere concurrentiepositie;
- uiteindelijk hogere rendementen voor de eigenaren.

Er zijn verschillende manieren om groei van een onderneming te realiseren.
In paragraaf 8.1.1 bespreken we franchising, externe groei komt aan de orde
in paragraaf 8.1.2 en interne groei in paragraaf 8.1.3. Paragraaf 8.1.4 gaat over
de financiering van groei.

8.1.1   Franchising

Franchise

Een manier om de voordelen van schaalgrootte te realiseren is het
deelnemen aan een franchiseformule. Het is een voorbeeld van intensieve
samenwerking tussen zelfstandige ondernemingen. Daarbij stelt de fran-

Franchisegever

chiseorganisatie (franchisegever) aan de ondernemer (franchisenemer) een
compleet ondernemingsconcept of formule ter beschikking. Bekende
voorbeelden van franchiseconcepten zijn Blokker, McDonalds, Decorette,
Albert Heijn, DA-drogisterijen en Welkoop. In de franchiseovereenkomst
wordt de taakverdeling tussen franchisegever en franchisenemer vastgelegd.

**Franchise-
nemer**

De franchisegever is de initiatiefnemer. Hij heeft de formule ontwikkeld en
stelt deze tegen een vergoeding beschikbaar aan de franchisenemers.
De franchisenemer mag de gemeenschappelijke naam, de handelsnaam en
de merken van de formule hanteren. Bij een succesvolle franchiseformule
zijn de elementen van de marketingmix optimaal op elkaar afgestemd. De
franchisegever zorgt voor ondersteuning van de franchisenemer op veel
gebieden. Daarbij kunnen we denken aan voortdurende ontwikkeling van
het concept, de presentatie, de promotie, de inkoop en marketing. Franchise heeft voor de franchisenemer onder andere de volgende voordelen:
- gebruik kunnen maken van een beproefd concept;
- gebruik kunnen maken van de kennis van de franchisegever;
- grote herkenbaarheid van het product voor de klant;
- relatief lage kosten voor reclame, omdat deze gemeenschappelijk wordt
  gevoerd;
- hoge slagingskans (lager risico) voor startende ondernemingen;
- lagere inkoopprijzen door centrale inkoop;
- gunstige financieringsmogelijkheden bij banken.

In ruil voor deze voordelen zal de franchisenemer een bepaald percentage
van de omzet als vergoeding aan de franchisegever moeten betalen. Een
ander 'nadeel' is dat de franchisenemer zich moet houden aan de formule
die door de franchisegever is ontwikkeld. Dit kan voor de 'vrije' ondernemer
een belemmering zijn.

8.1.2   Interne groei

Ondernemingen die producten maken of diensten leveren met een goede prijs-kwaliteitverhouding, zullen (als de economische omstandigheden gunstig zijn) hun omzet zien toenemen. Omzetgroei die op eigen kracht wordt gerealiseerd (zonder andere bedrijven over te nemen), noemen we interne groei. Omzetgroei vereist vaak nieuwe investeringen. Ondernemingen kunnen de investeringen die nodig zijn om deze groei te realiseren, financieren door een gedeelte van hun winsten in te houden. De groeimogelijkheden van de onderneming worden in deze situatie beperkt door de omvang van in het verleden gerealiseerde winsten en/of de mogelijkheden om nieuw vermogen van de vermogensmarkt aan te trekken.

Interne groei

8.1.3   Externe groei

Er kunnen zich situaties voordoen waarin ondernemingen een snellere groei willen nastreven dan door interne groei mogelijk is. In dat geval behoort het overnemen van een andere onderneming tot de mogelijkheden. We spreken dan van externe groei.

Externe groei

Door externe groei kunnen ondernemingen hun groeitempo aanzienlijk verhogen. Behalve de hiervoor genoemde motieven om te groeien, kunnen bij een overname ook de volgende argumenten een rol spelen:
- kennis (knowhow) op bijvoorbeeld technisch, logistiek of commercieel terrein in huis halen;
- snel een groter marktaandeel verwerven;
- synergievoordelen behalen. Door samenvoeging van bepaalde taken of kennis die binnen twee ondernemingen beschikbaar is, kunnen er voordelen ontstaan die niet behaald worden als beide ondernemingen apart blijven functioneren;
- voorkomen dat een concurrent het bedrijf overneemt en zo een sterke(re) concurrentiepositie verwerft.

8.1.4   Groei en financiering van de groei

De beschikbaarheid van extern vermogen kan beperkingen opleggen aan de groei van een onderneming. Ook ondernemingen met een goede rentabiliteit kunnen tegen dit probleem aan lopen. Naast rentabiliteit speelt de solvabiliteit van een onderneming immers ook een rol bij de bereidheid van bijvoorbeeld banken om extra vreemd vermogen beschikbaar te stellen. Als het extra vermogen dat nodig is om de groei te financieren alleen uit vreemd vermogen bestaat, zal de solvabiliteit van de onderneming afnemen. Voor ondernemingen met een zeer gunstige solvabiliteit is dat geen probleem. Maar vooral voor jonge ondernemingen die met relatief weinig eigen vermogen zijn gefinancierd, kan een afnemende solvabiliteit problemen opleveren. Als zij groeien en niet in staat zijn om (intern of extern) extra eigen vermogen te verwerven, kan de solvabiliteit zodanig verslechteren dat de banken of andere verstrekkers van vreemd vermogen niet bereid zijn extra vreemd vermogen te verstrekken. De onderneming zal dan (ondanks gunstige winstverwachtingen) haar groeitempo bewust moeten afremmen om niet in de financiële problemen te komen.

Het verband tussen groei en de financiering ervan, geven we in tabel 8.1 globaal weer.

Financiering

TABEL 8.1 Groei en financiering

	Interne groei	Externe groei
Interne financiering	Geleidelijke groei van de onderneming die wordt gefinancierd met ingehouden winsten.	Groei door het overnemen van een andere onderneming. De overnemende onderneming heeft in het verleden veel winst ingehouden (en bijvoorbeeld belegd in courante beleggingen) en betaalt de overnamesom (na verkoop van de courante beleggingen) geheel met eigen middelen.
Externe financiering	Geleidelijke groei van de onderneming waarbij de winstgevendheid (vooralsnog) onvoldoende is om deze groei te financieren. Van buiten de onderneming wordt extra eigen en/of vreemd vermogen aangetrokken.	Groei door het overnemen van een andere onderneming. Voor de financiering wordt extern extra eigen en/of extra vreemd vermogen aangetrokken.

In hoofdstuk 9 gaan we nader in op de financieringsmogelijkheden in het MKB. Daar zal blijken dat naast de traditionele banken er een veelheid aan alternatieve financieringsvormen voor het MKB beschikbaar is.

Uit het volgende artikel blijkt dat een grote overname (externe groei) leidt tot een omvangrijke vermogensbehoefte. Daarin kan in de meeste gevallen alleen maar worden voorzien door externe financiering. In het geval van de overname van C1000 door Jumbo (zie artikel) heeft dat er tevens toe geleid dat Jumbo geen familiebedrijf meer is.

DE TELEGRAAF, 24 NOVEMBER 2011

Einde van familiebedrijf Jumbo na kopen C1000

Door RICHARD VAN DE CROMMERT
Houten – De overname van C1000 betekent het einde van familiebedrijf Jumbo. Tot nu toe zijn alle aandelen in handen van oprichter Karel van Eerd en zijn kinderen. Nu C1000 toetreedt tot de Jumbo-familie krijgen C1000-ondernemers de mogelijkheid om aandelen in het bedrijf te krijgen. Nooit eerder in de 32-jarige geschiedenis van Jumbo werden buitenstaanders toegelaten.

Maar binnenkort zitten er ineens een paar honderd ondernemers bij als aandeelhouder in Jumbo. Het is een van de concessies die het Brabantse familiebedrijf deed om C1000 in handen te krijgen. Jarenlang is alles op alles gezet om de tweede supermarktketen van ons land te worden. Die mijlpaal is nu bereikt.
Overigens mogen C1000-ondernemers ook kiezen voor een bedrag in euro's als ze geen aandeelhouder in het nieuwe

Jumbo willen worden. Ook zullen niet alle filialen van C1000 tot Jumbo worden omgebouwd. Twee merken blijven overeind. Ook dat is een van de concessies die de Brabanders deden. In beginsel blijven er zeker honderd vestigingen van C1000 bestaan. Dat zijn die zaken die onder de zogeheten C1000-rood-formule vallen. Anderhalf tot twee jaar geleden begon C1000 met deze ombouwoperatie. C1000-ondernemers toonden zich gisteravond, na afloop van een presentatie in Houten, blij met de deal. De onzekerheid die het verkooptraject met zich meebracht is voorbij.

Buitenstaanders hielden er rekening mee dat de verkoop van C1000 tegen kerst dit jaar zou zijn afgerond. Maar volledig buiten het reguliere proces om heeft Jumbo een knock-outbod gedaan van €900 miljoen op C1000. De familie Van Eerd had, al jarenlang, maar één doel voor ogen: op zijn minst de tweede supermarktketen van Nederland worden. Het knock-outbod was de enige manier om dat te doen, ook om de inkoopcombinatie Bijeen, die samen met C1000 wordt gevoerd, overeind te houden. Die zou worden ontrafeld als een ander C1000 in handen kreeg.

Met het megabod waren de Brabanders zeker van de buit. Volgens ingewijden heeft Jumbo wel heel erg diep in de buidel getast. Drie jaar geleden werd C1000 voor €695 miljoen gekocht door investeerder CVC. Boven de €900 miljoen die Jumbo nog betaalt, komt nog het bedrag voor een ombouw van de winkels. Het grootste deel daarvan zal het bedrijf moeten lenen.

Commentaar bij het artikel
Jumbo heeft uiteindelijk de strijd met Bain Capital, Sligro en het Duitse Edeka gewonnen. Jumbo is nu de op een na grootste supermarktketen van Nederland (na Albert Heijn).

We laten Bart Romijnders weer aan het woord. Hij beschrijft welke problemen hij is tegengekomen bij de groei van zijn bedrijf en welke oplossingen daarvoor zijn gevonden:
'Ik ben begonnen in een gedeelte van een oude garage. Omdat de investeringen in het begin gering waren, was ik in staat om met de winst die ik maakte de noodzakelijke bedrijfsmiddelen te kopen. Op een gegeven moment werd de oude garage te klein en heb ik een modern bedrijfspand gehuurd met een oppervlakte van 400 m². De huurkosten stegen daardoor aanzienlijk, maar ik was nu in staat meer restauratieprojecten aan te nemen. De winst die ik maakte, heb ik weer grotendeels in de onderneming geïnvesteerd. Ik was op die manier in staat mijn eigen vermogen te vergroten. Voor het spuitwerk huurde ik per dagdeel een spuitcabine in een naburig dorp. Dat werkte niet efficiënt, omdat ik steeds met de auto's naar de spuitcabine moest rijden. Dat was vooral lastig bij de klassieke auto's die een totale restauratie ondergingen. Die zijn meestal niet in rijdende staat, zodat ik ze met een aanhanger naar de spuiterij moest rijden. Door de bouw van het nieuwe pand met een eigen spuitcabine ben ik van dat probleem af. Dit heeft wel tot gevolg dat ik nu 24 uur per dag een spuitcabine beschikbaar heb, terwijl ik die maar af en toe gebruik. Door de bouw van het nieuwe pand zijn mijn interest- en aflossingsverplichtingen flink gestegen. Daarom ben ik blij dat mijn oude werkgever (de man van wie ik de kneepjes van het restauratievak heb geleerd) bij mij in dienst komt. We kunnen dan samen een grotere omzet realiseren, die nodig zal zijn om de hogere lasten in verband met het nieuwe pand op te kunnen brengen.'

Een goede spuitcabine is een voorwaarde om topkwaliteit te kunnen leveren

8.2 Waardering bij overname van een onderneming

Waardering

Als een onderneming besloten heeft te groeien door een andere onderneming over te nemen, doet zich de vraag voor: hoe kunnen we de waarde van
de activa die worden overgenomen vaststellen? Dit kan:

Boekwaarde

- op basis van balansgegevens (dit zijn *historische gegevens*). We berekenen
  dan de boekwaarde van de over te nemen activa;

Actuele waarde

- door de waarde *op dit moment* van de over te nemen activa vast te
  stellen. We krijgen dan de actuele waarde. Voor het bepalen van de
  actuele waarde zal gebruik worden gemaakt van experts, waaronder
  taxateurs;

**Rentabiliteits-
waarde**

- door de contante waarde te berekenen van de geldstromen die in de
  toekomst worden verwacht als gevolg van de over te nemen activa. We
  noemen dit de rentabiliteitswaarde.

Er zijn nog andere dan de hiervoor besproken waarderingsmethoden.
Behandeling daarvan valt echter buiten het kader van dit boek.

Fenter

De waardering van over te nemen activa en wat daarbij zoal komt kijken,
lichten we toe aan de hand van het voorbeeld van onderneming Fenter
Electro.

De eigenaar van Demo (Jansen) is ter ore gekomen dat in een naburig dorp
een detailhandel in huishoudelijke apparaten 'Fenter Electro' te koop komt.
De eigenaar van de *eenmanszaak* die te koop komt (Fenter), is 63 jaar en
heeft geen opvolger. Jansen heeft contact opgenomen met Fenter en hem
gezegd dat hij geïnteresseerd is in een eventuele overname. Na een aantal
telefonische contacten is er een gesprek gearrangeerd, waarbij een adviseur
van de branchevereniging en de accountants van beide zakenlieden
aanwezig waren. Daarin is globaal gesproken over de mogelijkheden van
overname en zijn er ook (zij het oriënterend) bedragen genoemd. Afgesproken

is dat Fenter de winst- en verliesrekeningen en de balansen van de afgelopen
vijf jaar aan Jansen beschikbaar stelt. Uit deze financiële overzichten en
aanvullende informatie blijkt onder meer het volgende:

- Fenter Electro heeft over de afgelopen vijf jaar gemiddeld een fiscale EBIT
  van €178.000 per jaar behaald.
- Fenter werkt fulltime in de zaak (1 fte) en zijn echtgenote voor 0,4 fte.
  Daarnaast is er voor 2 fte's winkelpersoneel in dienst.
- De gemiddelde omzet bedraagt €680.000 per jaar en de nettowinkelvloer-
  oppervlakte is 200m².
- De fiscale balans van Fenter Electro aan het einde van het vorig boekjaar **Balans Fenter**
  laat het volgende beeld zien:

Activa		Balans Fenter Electro per 31 december 2017		Passiva
Vaste activa		Eigen vermogen		€ 600.000
Grond	€ 200.000	Vreemd vermogen lang		
Gebouwen	€ 600.000	Hypothecaire lening		€ 350.000
Inventaris	€ 100.000	Banklening		€ 140.000
Vlottende activa		Vreemd vermogen kort		
Voorraden	€ 193.000	Crediteuren		€ 6.000
Debiteuren	€ 5.000	Rekening-courant		€ 4.000
Kas	€ 2.000			
Totaal bezittingen	€ 1.100.000	Totaal vermogen		€ 1.100.000

Winst- en verliesrekening Fenter Electro (gemiddeld)

Netto-omzet (Opbrengst verkopen)	€ 680.000	
Inkoopwaarde van de omzet	€ 353.600 –	
Brutowinstmarge		€ 326.400
Overige kosten (met uitzondering van interestkosten en afschrijvingen):		
Lonen en salarissen	€ 34.000	
Sociale lasten	€ 11.000	
Huisvestingskosten	€ 25.400	
Autokosten (o.a. leasekosten)	€ 12.000	
Verkoopkosten	€ 9.000	
Algemene kosten	€ 11.000 +	
		€ 102.400 –
Fiscale EBITDA (Transporteren)		€ 224.000

Transport		€ 224.000
Afschrijvingskosten:		
• Gebouwen	€ 24.000	
• Inventaris	€ 22.000 +	
	─────────	€ 46.000 –
Fiscale EBIT = fiscaal bedrijfsresultaat		€ 178.000
Interestkosten		€ 30.000 –
Fiscaal resultaat		€ 148.000

De volgende aanvullende gegevens over Fenter Electro zijn beschikbaar:
- De grond is door een makelaar getaxeerd op €280.000. Hierbij is geen rekening gehouden met de verontreinigde grond (zie hierna).
- De grond is gedeeltelijk vervuild en de kosten van de noodzakelijke bodemsanering worden geschat op €29.000. De eventuele koper moet de bodem laten saneren.
- De gebouwen zijn door een makelaar onroerend goed getaxeerd op €700.000.
- De werkelijke waarde van de inventaris wordt op dit moment geschat op €60.000.
- Van de voorraden is €4.000 incourant en deze worden vernietigd.
- We nemen aan dat in de niet met name genoemde posten van de winst- en verliesrekening in de toekomst geen veranderingen optreden.
- We nemen aan dat bij de overname het winkelpersoneel nog steeds een omvang heeft van twee fte's. Het zijn ervaren krachten met veel klantenkennis.
- We nemen aan dat de gegeven balans ook de situatie weergeeft op het moment van de overname.
- We nemen aan dat de boekwaarde van het eigen en vreemd vermogen (en de samenstelling) in de afgelopen vijf jaar overeenkomt met de boekwaarde van het eigen en vreemd vermogen (en de samenstelling) op de balans van eind vorig jaar.
- De gemiddelde vermogenskosten (kosten van het eigen en vreemd vermogen) bedragen 10% per jaar.

Voordat Demo een bod uitbrengt op Fenter Electro wil de eigenaar van Demo de waarde van de over te nemen onderneming vaststellen. Als Demo en Fenter tot overeenstemming komen over de prijs, neemt Demo naast de activiteiten van Fenter Electro alleen de grond, gebouwen, inventaris en voorraden van Fenter Electro over. De 'Debiteuren' en het 'Kasgeld' worden niet overgenomen. Fenter Electro lost uit de verkoopopbrengst van haar bedrijf de verschaffers van het vreemd vermogen af. De overnemende partij (Demo) heeft daar niets mee van doen. In het kader van het bepalen van de prijs die voor de over te nemen activa van Fenter Electro betaald moet worden, berekenen we de boekwaarde (par. 8.2.1), de actuele waarde (par. 8.2.2) en de theoretische marktwaarde (par. 8.2.3). Deze berekeningen zijn ook met behulp van Excel uitgevoerd (zie www.financieelmanagementmkb.noordhoff.nl).

8.2.1 Boekwaarde

Boekwaarde De boekwaarde van de activa leiden we af uit de bedragen die op de balans staan. Het nadeel van het gebruik van boekwaarden is dat zij gebaseerd zijn op gegevens uit het verleden. Het is echter de vraag of de in het verleden betaalde bedragen een juiste afspiegeling zijn van de waarde van de activa op het moment van de overname. Wat is de waarde van bijvoorbeeld een machine die vorig jaar is aangeschaft voor €600.000, maar waarvoor door een stagnatie in de afzet onvoldoende werk is en die daardoor niet wordt ingezet voor het productieproces? Wat is de waarde van een tweedehands auto die onlangs voor €3.000 is aangeschaft, maar bij de eerstvolgende APK-keuring door de mand valt en door een recyclingbedrijf moet worden afgevoerd?

8.2.2 Actuele waarde

Met de actuele waarde bedoelen we de waarde van de activa op het moment van waarderen. De actuele waarde van vaste activa (zoals bedrijfspanden) wordt vaak door een taxateur vastgesteld. Voor het bepalen van de actuele waarde komen in aanmerking de vervangingswaarde, de bedrijfswaarde (= directe opbrengstwaarde) of de indirecte opbrengstwaarde.

Actuele waarde

De vervangingswaarde komt overeen met het bedrag dat (op het moment van waarderen) betaald zou moeten worden om eenzelfde of gelijkwaardig actief te kopen. De bedrijfswaarde (= indirecte opbrengstwaarde) is de waarde die het actief heeft voor de onderneming zelf. De *indirecte* opbrengstwaarde wordt bepaald door de nettogeldontvangsten die de activa opbrengen door ze in het productieproces aan te wenden. De nettogeldontvangsten zijn gelijk aan de geldontvangsten in verband met de verkoop van de producten/ diensten (die met behulp van de activa worden voortgebracht) verminderd met de gelduitgaven om deze producten/diensten te kunnen leveren. De *directe* opbrengstwaarde is het bedrag waarvoor het actief kan worden verkocht, onder aftrek van de gemaakte kosten. De actuele waarde zal in veel gevallen afwijken van de waardering op de fiscale balans, waarbij veelal gebruik wordt gemaakt van historische gegevens.

Vervangings- waarde
Bedrijfswaarde
Indirecte opbrengst- waarde

Directe opbrengst- waarde

In het kader van een overname is het belangrijk de boeken van de over te nemen onderneming te onderzoeken. Een boekenonderzoek houdt in dat de overnemende partij alle posten op de balans en winst- en verliesrekening kritisch doorneemt en eventueel aanpassingen aanbrengt. We spreken in dit verband ook wel van *due diligence*. Due diligence beperkt zich echter niet tot het onderzoeken van de balans en de winst- en verliesrekening. In de praktijk wordt bij een due-diligenceonderzoek aandacht geschonken aan alle factoren die van invloed zijn op de toekomstige resultaten en dus op de waarde van de over te nemen onderneming. Mogelijke aandachtsgebieden bij een due-diligenceonderzoek zijn: activa, schulden, samenstelling afnemersgroepen, omgevingsfactoren, concurrentiepositie, lopende juridische procedures, producten, toeleveranciers, aard en kwaliteit van het productieproces, kwaliteit van de medewerkers, financiële positie, garantie- verplichtingen, pensioenverplichtingen et cetera.

Due diligence

In het volgende beperken we ons tot een aantal balansposten die bijzondere aandacht verdienen.

Grond

De koper van een onderneming moet laten nagaan of de grond niet is vervuild. Is er een schone-grondverklaring aanwezig? Wat kost eventueel het schoonmaken van vervuilde grond? Het schoonmaken van vervuilde grond is een kostbare aangelegenheid, waardoor de waarde van vervuilde grond aanzienlijke lager is dan de waarde van schone grond. Bij het waarderen van de grond moet daarmee rekening worden gehouden. Ook moet worden nagegaan of het bestemmingsplan de beoogde bedrijfsactiviteiten toestaat.

Gebouwen

Gebouwen worden op de balans vaak opgenomen tegen de historische aanschafwaarde verminderd met de afschrijvingen (boekwaarde). Decennialang zijn de prijzen van onroerend goed gestegen, waardoor de marktwaarde van de gebouwen (bijna altijd) hoger was dan de waarde op de balans. Hierdoor ontstaat een stille reserve: het eigen vermogen van de onderneming is in werkelijkheid hoger dan de balans aangeeft. Als de boekwaarde van de gebouwen aan de debetzijde van de balans wordt verhoogd, ontstaat een open reserve. Deze reserve nemen we aan de creditzijde van de balans op onder de naam Herwaarderingsreserve (onderdeel van het eigen vermogen). Vanaf ongeveer 2007 is de situatie op de onroerendgoedmarkt drastisch veranderd en treden er dalingen op in de prijzen van onroerend goed. De boekwaarde van onroerend goed (aan de debetzijde van de balans) neemt dan af en deze waardedaling leidt tot een daling van de omvang van het eigen vermogen (afname van de Herwaarderingsreserve). Vanaf 2017 stijgt de waarde van bedrijfsgebouwen in sommige gevallen weer.

Voorraden

Bij de voorraden is het van belang de staat van de voorraad goed te beoordelen en na te gaan of de voorraden courant zijn en dus gemakkelijk in geld zijn om te zetten. Incourante of beschadigde voorraden brengen vaak minder op dan de waarde waarvoor ze op de balans staan. Bij incourante of beschadigde voorraden moet de waardering in neerwaartse richting worden aangepast, waardoor het eigen vermogen daalt.

Debiteuren

Ouderdom vorderingen

Bij debiteuren kan zich het probleem voordoen dat een deel van de vorderingen op debiteuren oninbaar is. Het is belangrijk de ouderdom van de vorderingen te onderzoeken. Voor vorderingen die al meer dan bijvoorbeeld vier maanden uitstaan, kan in de toekomst blijken dat een gedeelte ervan oninbaar is. Er kunnen bijvoorbeeld vorderingen bij zijn op ondernemingen die failliet zijn verklaard of op afnemers die niet tevreden zijn over de geleverde dienst of het geleverde product en die de vordering betwisten. In dat geval moet de post Debiteuren in neerwaartse richting worden bijgesteld.

Verplichtingen die niet uit de balans blijken

Reeds afgesloten contracten, waaraan de overnemende partij ook is gebonden, moeten ook in de waardering worden betrokken. Zo zou een scheepvaartonderneming voor €40 mln een nieuwe mammoettanker besteld kunnen hebben, die over bijvoorbeeld twee jaar wordt opgeleverd. Bij de berekening van de waarde moet ook met deze verplichting rekening worden gehouden. De overnemende partij moet ook onderzoeken of er zich geen 'lijken in de kast' bevinden. Hiermee bedoelen we mogelijke (toekomstige) verplichtingen die niet uit de balans blijken. Zijn er in de toekomst grote gelduitgaven te verwachten in verband met bijvoorbeeld garantieverplichtingen? Lopen er schadeclaims die nog niet zijn afgewikkeld? Of kan de overnemende onderneming aansprakelijk worden gesteld voor gebreken aan de producten van de overgenomen onderneming, die pas in de toekomst blijken? Stel je voor dat je een producent van medicijnen hebt overgenomen en dat na de overname blijkt dat een van de medicijnen ernstige bijwerkingen vertoont, waardoor de gebruikers blijvend letsel oplopen of zelfs overlijden. Als de overnemende partij aansprakelijk is, kunnen daar grote schadeclaims uit voortkomen. Het zijn mogelijk factoren waarmee rekening moet worden gehouden bij de bepaling van de waarde van de over te nemen onderneming.

Een ander voorbeeld is de schadeclaim die de autofabrikanten boven het hoofd hangt in verband met sjoemelsoftware van hun dieselmotoren.

8.2.3   Theoretische marktwaarde

Als een onderneming een andere onderneming overneemt, neemt ze niet alleen haar activiteiten maar ook een (groot) deel van haar activa en klanten over. Om de theoretische marktwaarde te bepalen gaan we niet uit van de waarde van de over te nemen activa, maar van de toekomstige (bedrijfseconomische) geldstromen die uit de over te nemen activiteiten (en activa) voortvloeien. De theoretische marktwaarde berekenen we door deze geldstromen contant te maken tegen de vermogenskostenvoet. De hoogte van de kostenvoet hangt af van de hoogte van de risicovrije voet en van de risico-opslag, die hoger is naarmate aan de overgenomen activiteiten meer risico is verbonden.

Theoretische marktwaarde

Dat de waarde van activa of van een onderneming niet afhangt van wat men er in het verleden voor heeft betaald maar van de geldstromen die het gebruik ervan in de toekomst oplevert, blijkt uit het volgende artikel.

8

HET FINANCIEELE DAGBLAD, 8 JULI 2011

Q-Park moet afboeken op activa en ziet resultaat sterk teruglopen

Hans Maarsen
Amsterdam

Q-Park, in grootte de derde exploitant van parkeergarages in Europa, heeft vorig jaar flinke afboekingen moeten doen op activa in Ierland, Noorwegen en Frankrijk. Daardoor zijn de resultaten achtergebleven bij de verwachtingen, zo blijkt uit het deze week gedeponeerde jaarverslag.
Het Limburgse bedrijf, gefinancierd door pensioenfondsen en verzekeraars, moest zijn vastgoed in Ierland voor €29 mln afwaarderen vanwege de economische crisis in dat land.

Daarnaast is bijna €66 mln afgeboekt op een acquisitie in Frankrijk die vlak voor de kredietcrisis tot stand kwam. De verwachtingen over de exploitatie van deze nieuwe aanwinst zijn naar beneden bijgesteld. Voorts heeft Q-Park nog eens €22,5 mln afgeschreven op zijn Noorse tak die belast is met parkeer-controle en minder omzet boekt door een halvering van de parkeerboetes. Het bedrijf zag door de ingrepen de nettowinst vorig jaar slinken tot €2,8 mln, vergeleken met €74 mln het jaar ervoor. Voor de aandeelhouders resteert een rendement (inclusief dividend) van 2,2% ten opzichte van 6,1% in 2009.

Parkeergigant Derde in Europa

€660 mln
bedraagt de omzet die Q-Park afgelopen jaar heeft geboekt.

841.000
Het aantal parkeerplaatsen dat de onderneming in beheer heeft

2200
Het aantal medewerkers, verspreid over tien landen

Operationeel was sprake van een verbetering. De kosten stegen minder hard dan de omzet, een gevolg van efficiencymaatregelen. Een belangrijke opsteker vormde de verwerving van een contract voor de exploitatie van veertien parkeergarages in hartje Londen. 'Dit is voor onze uitstraling in Engeland van grote betekenis', zegt financieel bestuurder René van de Kieft van Q-Park in een toelichting. 'We komen hiermee dicht in de buurt van de derde plaats op de Britse ranglijst.'

Aan de toekenning van het contract, met een looptijd van 25 jaar, is een hevige concurrentieslag met vier andere partijen voorafgegaan. Q-Park huurt accommodaties tegen een vaste vergoeding en verzorgt de exploitatie voor eigen rekening en risico. Alleen bij een bepaald omzetniveau deelt de verhuurder mee in de opbrengsten.

Op basis van de beschikbare gegevens met betrekking tot de overname van Fenter Electro door onderneming Demo behandelen we alle drie manieren om de waarde vast te stellen. Daarna gaan we in op de factoren die van invloed zijn op de uiteindelijke overnamesom.

Gevraagd: (zie ook www.financieelmanagementmkb.noordhoff.nl)
a Bereken de boekwaarde van de over te nemen activa.
b Bereken de actuele waarde van de over te nemen activa. Houd daarbij ook rekening met de aanvullende informatie.
c Bereken de theoretische marktwaarde van de *over te nemen activiteiten (en activa)*. Ga daarbij uit van de verwachte (bedrijfseconomische) geldstromen die gedurende de eerstkomende twintig jaar het gevolg zijn van de overgenomen activiteiten (en activa). De geldstromen daarna laten we (voor de eenvoud) buiten beschouwing. Deze jaarlijkse geldstromen berekenen we op basis van het hiervoor gegeven gemiddelde fiscale EBIT (€178.000). We veronderstellen dat eenmanszaak Demo de overname van Fenter Electro volledig met eigen vermogen financiert. Als vermogenskostenvoet gaan we uit van 10% per jaar.

Fenter

Boekwaarde

Ad a Boekwaarde

Grond	€ 200.000
Gebouwen	€ 600.000
Inventaris	€ 100.000
Voorraden	€ 193.000
Boekwaarde	€ 1.093.000

De vorderingen op Debiteuren en het Kasgeld worden namelijk niet overgenomen.

Actuele waarde

Ad b Actuele waarde

Voor de over te nemen activa van Fenter Electro geldt de volgende actuele waarde:

Grond	€280.000 – €29.000 =	€	251.000
Gebouwen		€	700.000
Inventaris		€	60.000
Voorraden	€193.000 – €4.000 =	€	189.000
Actuele waarde		€	1.200.000

Ad c Theoretische marktwaarde

Om de theoretische marktwaarde te berekenen gaan we uit van de bedrijfs-   **Theoretische**
economische benadering. De bedrijfseconomische benadering gaat uit van   **marktwaarde**
toekomstige ingaande geldstromen (verwachte geldontvangsten) die het
gevolg zijn van de uit te voeren activiteiten. Uitgaande van het fiscale
bedrijfsresultaat (fiscale EBIT) van Fenter Electro berekenen we de extra
geldontvangsten, die Demo verwacht door de overname van Fenter Electro.
Om de extra *bedrijfseconomische* EBIT te berekenen, brengen we het
gewaardeerd ondernemersloon (GOL) van de oud-eigenaar en zijn partner
in mindering op de *fiscale* EBIT.

Fiscaal bedrijfsresultaat = fiscale EBIT Fenter Electro		€ 178.000
GOL oud-eigenaar en partner:		
Fenter	€ 40.000	
Partner Fenter: 0,4 × €20.000 =	€ 8.000 +	
	€ 48.000 –	
Extra bedrijfseconomische EBIT		€ 130.000
Afschrijvingen		€ 46.000 +
Cashflow (bedrijfseconomisch)		€ 176.000

Theoretische marktwaarde =

$$\frac{€176.000}{1,10} + \frac{€176.000}{1,10^2} + \frac{€176.000}{1,10^3} + \ldots\ldots\ldots + \frac{€176.000}{1,10^{19}} + \frac{€176.000}{1,10^{20}}$$

$= €160.000,00 + €145.454,55 + €132.231,40 + \ldots\ldots + €28.777,41 +$
$€26.161,28 = €1.498.387,21$

€1.498.387,21 is het bedrag dat eenmanszaak Fenter Electro volgens de
hiervoor beschreven benadering (volgens de theorie) waard is. We noemen
dit de theoretische marktwaarde.

Samenvattend komen we tot drie verschillende waarderingen:
- De boekwaarde is €1.093.000.
- De actuele waarde is €1.200.000.
- De theoretische marktwaarde is €1.498.387,21.

8.3 Onderhandelingsproces en overnameprijs

Bij de waardebepaling houdt de koper ook rekening met de mate waarin de   **Overnameprijs**
activiteiten van de onderneming die te koop is, aansluit bij haar huidige
activiteiten. Welke synergievoordelen kan de kopende partij behalen bij een
overname? Deze synergievoordelen bepalen mede de prijs die een eventuele koper zou willen betalen. Omdat de synergievoordelen van onderneming tot onderneming kunnen verschillen, zal de ene partij een hogere prijs
willen betalen dan een andere partij.
De prijs die voor de over te nemen activiteiten en activa uiteindelijk wordt
betaald, volgt niet rechtstreeks uit de hierboven berekende waarden. De
berekeningen zijn slechts hulpmiddelen om tot een uiteindelijke overnameprijs te komen. Om de positie in het onderhandelingsproces te bepalen is

8

ook van belang welke alternatieven de verkopende partij heeft. Als er weinig of geen alternatieven zijn, zal dat een neerwaartse druk op de overnameprijs hebben. Zijn er echter verschillende gegadigden, dan kan er een situatie ontstaan waarin partijen tegen elkaar gaan opbieden. In principe kunnen we stellen dat de theoretische marktwaarde de bovengrens aangeeft. Daarbij moeten we echter wel bedenken dat de berekende theoretische marktwaarde op schattingen is gebaseerd. In dat geval is het wenselijk ook met scenario's te werken. De scenario's geven per situatie de bijbehorende theoretische marktwaarde aan.

Synergie

Voor de kopende partij is het zoals gezegd ook van belang na te gaan of er synergievoordelen zijn te behalen. Om dit te illustreren breiden we het voorbeeld van de overname van Fenter Electro door Demo uit met aanvullende informatie. Demo heeft naast haar huidige winkel een eigen parkeerterrein liggen waarvan 400 m^2 is verhuurd aan een nabijgelegen winkel voor €4.000 per jaar. Het huurcontract kan met onmiddellijke ingang worden opgezegd. Als Demo de activa van Fenter Electro overneemt, wil Demo op dit parkeerterrein een nieuw (centraal) magazijn gaan bouwen. De bouwkosten van het nieuwe magazijn worden geschat op €200.000. Als het nieuwe magazijn wordt gebouwd, kunnen de winkeloppervlaktes van Demo en van Fenter Electro (na overname) worden uitgebreid. De verbouwingskosten van de winkels bedragen €100.000 (inclusief alle bijkomende kosten). Demo verwacht dat door de uitbreiding van de winkels (gedurende de komende twintig jaar) de nettogeldontvangsten uit de normale bedrijfsactiviteiten ieder jaar €70.000 meer bedragen dan het geval geweest zou zijn zonder deze overname en verbouwingen. De restwaarde van het nieuwe magazijn en van de verbouwing aan het einde van het twintigste jaar stellen we voor de eenvoud gelijk aan nihil. Ook de extra geldstromen na het twintigste jaar na de verbouwing worden op nihil gesteld.

Als de overname van Fenter Electro door Demo doorgaat, gaat Demo verder als eenmanszaak onder de naam DeFeX (Demo Fenter Exploitatie).

DeFeX

Na de overname treedt Fenter in dienst van DeFeX. We veronderstellen dat Fenter een salaris krijgt van €36.000, waarover €12.000 aan sociale kosten moet worden betaald. Het GOL van Fenter en zijn partner in de oude situatie (€40.000 + €8.000) wordt in de nieuwe situatie vervangen door de loonkosten van Fenter (€36.000 + €12.000). De extra uitgaande geldstroom als gevolg van de indiensttreding van Fenter is verwerkt in de oorspronkelijke uitgaande geldstromen (het salaris van Fenter inclusief sociale lasten van €48.000 neemt bij de berekening van de oorspronkelijke geldstromen de plaats in van het GOL). We veronderstellen dat Demo een overnameprijs moet betalen van €1.600.000.

Boekhoudkundige goodwill

De actuele waarde van de activa die worden overgenomen (voor deze bedragen komen de overgenomen activa in de boeken van DeFeX te staan) bedraagt €1.200.000. Dit betekent dat de betaalde boekhoudkundige goodwill €400.000 bedraagt. Met eventuele fiscale afschrijvingen op de betaalde goodwill houden we geen rekening.

Gevraagd:
Bereken of de overname van Fenter Electro door Demo en de uitbreiding van de winkels (nadat een nieuw magazijn is gebouwd) voor Demo wenselijk is. Beschouw de overname als een investeringsproject en neem als criterium de netto contante waarde.

Overname beoordeeld als investeringsproject:

Investerings-project

Verloop van de cashflows in de tijd (met andere dan de hiervoor genoemde
factoren houden we geen rekening):

€ 1.600.000   (Overnamesom)
€   200.000   (Kosten bouw magazijn)
€   100.000   (Kosten verbouwing winkels)
_____
€ 1.900.000   (Totale investering)

| | 1 | 2 | 3 | | 19 | 20 jaar |

8

Oorspronkelijke geldstromen:	€ 176.000	€ 176.000	€ 176.000		€ 176.000	€ 176.000
Extra geldstroom:	€ 70.000 +	€ 70.000 +	€ 70.000 +		€ 70.000 +	€ 70.000 +
Gemiste huuropbrengst:	€ 4.000 –	€ 4.000 –	€ 4.000 –		€ 4.000 –	€ 4.000 –
	€ 242.000	€ 242.000	€ 242.000		€ 242.000	€ 242.000

De netto contante waarde van de geldstromen die het gevolg zijn van de
overname (inclusief bouw magazijn en verbouw winkels), volgt uit de
volgende berekening:

$$-€1.900.000 + \frac{€242.000}{1,10} + \frac{€242.000}{1,10^2} + \frac{€242.000}{1,10^3} + \ldots\ldots\ldots + \frac{€242.000}{1,10^{19}} + \frac{€242.000}{1,10^{20}}$$

$= -€1.900.000 + €220.000,00 + €200.000,00 + €181.818,18 + \ldots\ldots +$
$€39.568,93 + €35.971,76 = +€160.282,42$

Een positieve netto contante waarde betekent dat over de overname een
rentabiliteit wordt behaald die hoger is dan de vereiste vermogenskostenvoet van 10%. Dit leidt tot een meerwaarde van €160.282,42, die we ook wel
bedrijfseconomische goodwill noemen.

Bedrijfs-economische goodwill

Bij de berekening van de theoretische marktwaarde zijn we van een aantal
veronderstellingen uitgegaan. Als er veranderingen optreden in de veronderstellingen, heeft dat gevolgen voor de theoretische marktwaarde. Door
voorgaande berekeningen in Excel uit te werken (zie www.financieelma-
nagementmkb.noordhoff.nl) kan het effect van wijzigingen in de basisgegevens op de (theoretische) waarde van de onderneming snel worden
vastgesteld. Op deze wijze krijg je als ondernemer een idee van:
- welke factoren een positieve invloed op de waarde hebben;
- welke factoren een negatieve invloed hebben op de waarde van de
  onderneming;
- in welke mate bepaalde factoren de waarde van de onderneming
  beïnvloeden.

8.3.1   Praktijk: vermenigvuldigingsfactor

Uit verschillende onderzoeken blijkt dat in de praktijk van overnames de bedrijfseconomische benadering nog niet veel wordt toegepast. Boekhoudkundige maatstaven blijken ook bij strategische beslissingen nog steeds de boventoon te voeren.

Vuistregel

In de praktijk wordt vaak de volgende vuistregel gebruikt:

de waarde van een onderneming = de jaarlijkse EBIT × een bepaalde factor (hierbij veronderstellen we dat de EBIT op hetzelfde moment tot een ingaande geldstroom leidt).

De jaarlijkse cashflow wordt daarbij gelijkgesteld aan de gemiddelde EBIT berekend over een periode uit het verleden (bijvoorbeeld de afgelopen vijf jaar).

Vermenigvuldigingsfactor

Aan een onderneming met een gemiddelde EBIT van €600.000 en een vermenigvuldigingsfactor van bijvoorbeeld 5 wordt een waarde toegekend van €600.000 × 5 = €3.000.000. De hoogte van de vermenigvuldigingsfactor hangt mede af van de aspecten die wij in het voorgaande hebben besproken, zoals het optreden van synergie-effecten en het risico. Maar ook een sterke klantenbinding, een grote naamsbekendheid, gemotiveerd en deskundig personeel leiden tot een hoge factor. Verder spelen de branche waarin de over te nemen onderneming actief is en de winstverwachtingen een rol bij het vaststellen van de hoogte van de vermenigvuldigingsfactor.

Bij toepassing van een vermenigvuldigingsfactor volgen we dezelfde gedachtegang als bij het berekenen van de theoretische marktwaarde. Bij toepassing van de vermenigvuldigingsfactor gaan we uit van de volgende veronderstellingen:
- De toekomstige EBIT's blijven eeuwigdurend gelijk. Om de (eeuwigdurend gelijk blijvende) EBIT's te bepalen, wordt uitgegaan van de gemiddelde in het verleden behaalde EBIT's. Dit gemiddelde wordt eventueel aangepast voor factoren die *in de toekomst* de hoogte van het resultaat kunnen beïnvloeden.
- Het rendement wordt eeuwigdurend gelijk verondersteld (er wordt met één vermenigvuldigingsfactor gewerkt).

Theoretische marktwaarde

Om bij eeuwigdurende geldstromen de theoretische marktwaarde vast te stellen, delen we de (eeuwigdurend gelijkblijvende) bedrijfseconomische EBIT door de vereiste vermogenskostenvoet. Stel dat we een eeuwigdurende gelijkblijvende EBIT verwachten van €1.000.000 en een rendement eisen van 12,5%.

Dan bedraagt de theoretische marktwaarde €1.000.000 : 0,125 = €8.000.000. Deze waarde krijgen we ook als we de EBIT vermenigvuldigen met een factor 8. Dit is ook niet verwonderlijk, want:

$$\frac{€1.000.000}{0,125} = €1.000.000 \times \frac{1}{0,125} = €1.000.000 \times 8 = €8.000.000$$

Het toepassen van een vermenigvuldigingsfactor 8 houdt in dat een rendement van 12,5% wordt vereist. Of we de EBIT delen door 0,125 of de

EBIT vermenigvuldigen met 8 maakt niet uit. In feite doen we hetzelfde, immers $1/0,125 = 8$. De hoogte van het vereiste rendement en de daaruit voortvloeiende hoogte van de vermenigvuldigingsfactor hangt ook af van de risico's die aan de overname zijn verbonden.

In de praktijk wordt in sommige gevallen ook de (netto-)omzet met een bepaalde factor vermenigvuldigd om de waarde van de onderneming vast te stellen. We kunnen ons afvragen wat de relatie is tussen omzet en waarde. Wat is de waarde van een onderneming met jaar in jaar uit een omzet van €1mln en kosten van €1,2 mln? Er is geen directe relatie tussen omzet en waarde, wel tussen bedrijfseconomische EBIT (voor aftrek van interest) en waarde. Met andere woorden: praktijkmensen die de omzet met een bepaalde factor vermenigvuldigen om de waarde vast te stellen, veronderstellen een bepaalde vaste relatie tussen omzet en bedrijfseconomische EBIT (voor aftrek van interest). In voorbeeld 8.1 lichten we dat toe.

- -

VOORBEELD 8.1

Onderneming Harvest heeft een gemiddelde jaarlijkse netto-omzet (na aftrek van kortingen) van €2 mln en een gemiddelde jaarlijkse bedrijfseconomische EBIT (voor aftrek van interest) van €400.000. De vermogenskosten (vergoeding voor vreemd én eigen vermogen) voor Harvest bedragen 5% per jaar.
We veronderstellen dat deze gegevens eeuwig gelden.

Bereken voor Harvest:
a   de theoretische marktwaarde (contante waarde van de toekomstige EBIT's);
b   de waarde door de gemiddelde jaarlijkse bedrijfseconomische EBIT's (voor aftrek van interest) met een bepaalde factor te vermenigvuldigen;
c   de factor waarmee de omzet van Harvest vermenigvuldigd moet worden om de theoretische waarde van Harvest vast te stellen.

Uitwerking:
a   De theoretische marktwaarde = €400.000 : 0,05 = €8.000.000.
b   De vermenigvuldigingsfactor = 1 : 0,05 = 20. De waarde = 20 × €400.000 = €8.000.000.
c   De theortische waarde van Harvest is €8.000.000 (zie b). De omzet van Harvest is €2.000.000. De vermenigvuldigingsfactor om uit de omzet van Harvest de theoretische waarde 'vast te stellen' is 4.

Conclusie:
De redenering en veronderstellingen achter de theoretische marktwaarde en de methoden die met een vermenigvuldigingsfactor werken, zijn dezelfde.

- -

Aan de toepassing van de vermenigvuldigingsfactor kleven dezelfde bezwaren als aan de toepassing van de theoretische marktwaarde:
- De toekomstige EBIT's moeten worden ingeschat (over een oneindige periode).
- De EBIT's worden eeuwigdurend constant verondersteld.
- Het vereiste rendement wordt eeuwigdurend gelijk verondersteld.

8.3.2   Een waarschuwing

Bij het vaststellen van de waarde van de afzonderlijke ondernemingen die bij een fusie of overname betrokken zijn, kunnen een of meer van bovenstaande waarderingen (boekwaarde, actuele waarde en theoretische marktwaarde) een rol spelen. Door onderhandelingen en mogelijk in overleg met externe financieel deskundigen zal de uiteindelijke overnameprijs tot stand komen.

Een ondernemer moet zich niet laten overrompelen door allerlei ingewikkelde berekeningen van adviseurs (zoals hiervoor weergegeven). Uit het voorafgaande blijkt dat veel van deze berekeningen zijn gebaseerd op verwachtingen en aannames. Als de verwachtingen en/of aannames veranderen, verandert daarmee ook de uitkomst van de berekeningen en de theoretische waarde van de onderneming. Kunnen we hieruit de conclusie trekken dat we de berekeningen beter achterwege kunnen laten? Zeer zeker niet. De berekeningen dwingen de ondernemer na te denken over de veranderingen in de toekomstige geldstromen die hij naar aanleiding van de overname verwacht. Bovendien geven de berekeningen aan welke factoren een rol spelen bij de waardebepaling en wat de invloed is van veranderingen in de basisgegevens op de uiteindelijke waardering. Door de berekeningen in een Excelmodel te plaatsen, kunnen snel allerlei varianten worden uitgerekend (scenario's). Dan wordt ook snel duidelijk welke invloed veranderingen in de basisgegevens hebben op de theoretische waarde van de onderneming.

Bij een overname speelt – naast het bepalen van de overnameprijs – ook de wijze waarop de overname wordt gefinancierd een belangrijke rol. Het een hangt met het ander samen. In het volgende hoofdstuk bespreken we de financieringsmogelijkheden in het MKB en welke factoren daarbij een rol spelen.

Samenvatting

Stilstand is achteruitgang. Dit is een gezegde dat zeker voor ondernemers geldt. Een ondernemer moet steeds weer reageren op veranderingen binnen de branche en zijn omgeving. Veel ondernemingen streven naar een groei van de omzet, met als einddoel een groei van de resultaten. Groei kan zowel van binnenuit plaatsvinden (interne groei) als door het overnemen van een andere onderneming (externe groei). Bij externe groei moet de onderneming die een andere onderneming wil overnemen zich een beeld vormen van de waarde van de over te nemen onderneming. Waarderingsgrondslagen die daarbij een rol kunnen spelen zijn de boekwaarde, de actuele waarde en de theoretische marktwaarde. De prijs die uiteindelijk voor de onderneming moet worden betaald, hangt mede af van het feit of er meer gegadigden zijn voor dezelfde onderneming. Naarmate de belangstelling groter is, zal de prijs toenemen. Daarnaast kunnen synergie-effecten van invloed zijn op de overnameprijs. Groei betekent ook dat er extra vermogen beschikbaar moet komen om deze groei te kunnen financieren. Als de interne middelen daartoe ontoereikend zijn, zal de onderneming een beroep op de vermogensmarkt moeten doen.

Begrippenlijst

Actuele waarde	De waarde van de activa op het moment van waarderen.
Bedrijfseconomische goodwill	Het positieve verschil tussen de rentabiliteitswaarde (bijvoorbeeld van een overname) en het totaal geïnvesteerde bedrag (bijvoorbeeld de totale kosten van een overname).
Bedrijfswaarde	De waarde die een actief heeft als de onderneming het actief dat ze in haar bezit heeft, gebruikt voor haar bedrijfsactiviteiten. Een andere naam voor bedrijfswaarde is indirecte opbrengstwaarde.
Boekhoudkundige goodwill	Het positieve verschil tussen de overnamesom en de waarde waarvoor de overgenomen activa worden opgenomen op de balans van de overnemende partij.
Boekwaarde	De waarde van activa, schulden en eigen vermogen zoals die blijkt uit de balans van een onderneming.
Due diligence	Een boekenonderzoek waarbij de overnemende partij alle posten op de balans en de winst- en verliesrekening van de over te nemen partij kritisch doorneemt. Bovendien onderzoekt de overnemende partij factoren die van invloed kunnen zijn op de toekomstige resultaten van de over te nemen onderneming.
Directe opbrengstwaarde	Het bedrag waarvoor een bezitting van een onderneming kan worden verkocht, onder aftrek van kosten.
Externe groei	Groei van de onderneming door het overnemen van andere ondernemingen.
Franchising	Een contract tussen een franchisenemer en de eigenaar van een handelsnaam (franchisegever), die de franchisenemer het recht geeft om tegen betaling een zaak met die handelsnaam te exploiteren.
Hypothecaire lening	Een lening waarbij onroerend goed als zekerheid is gesteld.
Indirecte opbrengstwaarde	De waarde die een bezitting heeft als de onderneming de bezitting gebruikt voor haar bedrijfsactiviteiten.

8

Interne groei	Groei van de onderneming zonder andere ondernemingen over te nemen.
Overname	Samenvoeging van twee bedrijven, waarbij een onderneming een andere onderneming overneemt. Bij samenvoeging van min of meer gelijkwaardige bedrijven spreken we van een fusie.
Synergie	Een situatie waarbij door samenvoeging van bepaalde activiteiten voordelen worden behaald, waardoor de waarde van het geheel meer bedraagt dan de som van de afzonderlijke onderdelen.
Theoretische marktwaarde	Contante waarde van de verwachte netto ingaande geldstromen.
Vervangingswaarde	Het bedrag dat (op het moment van waarderen) betaald zou moeten worden om eenzelfde of gelijkwaardig actief (bezitting/productiemiddel) te kopen.

8

Opgaven

8.1

HET FINANCIEELE DAGBLAD, 29 JULI 2015

Fokker sterker onder nieuwe eigenaar

Voor 706 miljoen euro neemt de Britse toeleverancier van vliegtuigonderdelen GKN zijn veel kleinere Nederlandse rivaal Fokker Technologies over van investeringsmaatschappij Arle Capital. Het fusiebedrijf wordt een van 's werelds grootste producenten van vliegtuigonderdelen. Fokker Technologies is blij met de overname, want dankzij die schaalvergroting krijgt het een betere onderhandelingspositie ten opzichte van opdrachtgevers als Airbus en Boeing. GKN, voorheen Guest, Keen and Nettlefolds, betaalt 500 miljoen euro voor het bedrijf uit Papendrecht en neemt ook Fokkers schuld van 200 miljoen euro over. GKN is een belangrijke speler op de internationale luchtvaartmarkt. Het bedrijf uit Worcestershire telt wereldwijd meer dan twaalfduizend werknemers en boekte in 2014 een omzet van ruim 3 miljard euro. GKN levert verschillende onderdelen aan vliegtuigbouwers, waaronder de motor. Door samen te gaan met Fokker Technologies wordt GKN een van de grootste onafhankelijke leveranciers van vliegtuigtechniek.

Fokker biedt GKN nieuwe technologieën in bedrading en landingsgestellen én langlopende contracten met Airbus en Lockheed Martin. Bovendien heeft het een sleutelpositie op de Nederlandse defensiemarkt in Nederland, zegt Hans Büthker, topman van Fokker Technologies. Als de Nederlandse overheid geld steekt in Apache- en Chinook-helikopters of F35-straaljagers (Joint Strike Fighters), dan wordt steevast Fokker gebeld. 'Zelf is GKN wat weggezakt op de markt voor legervliegtuigen. Met deze deal verstevigen ze die positie weer', aldus Büthker. Fokker Technologies bouwt geen complete vliegtuigen maar werkt samen met andere vliegtuigbouwers, waaronder Lockheed Martin, Airbus, Boeing en Bombardier. Bij Fokker werken ongeveer vijfduizend mensen, verspreid over onder andere Europa, Noord-Amerika en Azië. In Nederland heeft Fokker Technologies ongeveer 3.800 mensen in dienst. Het bedrijf is gespecialiseerd in het ontwerp, de ontwikkeling en de productie van lichtgewicht vliegtuigonderdelen, bekabeling en landingsgestellen. Ook levert het bedrijf onderhouds-, reparatie- en logistieke diensten aan luchtvaartmaatschappijen.

De merknaam Fokker is zo sterk dat die zeker niet wordt geschrapt.

706 miljoen euro betaalt GKN voor Fokker Technologies.

Het hoofdkantoor blijft in Papendrecht. Wel vallen er op termijn mogelijk ontslagen, maar Fokker wil daar nog niets over kwijt. 'We worden een aparte Fokkerafdeling binnen GKN', zegt Büthker. En dat de winst naar Groot-Brittannië gaat is niet nieuw. De huidige eigenaar is de Britse investeringsmaatschappij Arle Capital Partners.

HET FINANCIEELE DAGBLAD, 1 SEPTEMBER 2015

Fiat van Brussel voor overname van Fokker Technologies

Fokker Technologies komt definitief in handen van het Britse GKN, een bedrijf dat actief is in de luchtvaartindustrie, auto-industrie en machinebouw. De Europese Commissie (EC) heeft de eind juli aangekondigde overname maandag goedgekeurd.

Volgens de EC levert de overname van Fokker Technologies geen gevaar op voor de concurrentieverhoudingen. GKN is net als Fokker een grote toeleverancier van vliegtuigbouwers zoals Airbus en Boeing. Maar er zijn weinig elkaar overlappende activiteiten, aldus Brussel.

8

a Wat is zowel voor GKN als voor Fokker Technologies de hoofdreden om in te stemmen met de overname van Fokker Technologies door GKN? Licht je antwoord toe.

b Noem een aantal factoren die (waarschijnlijk) een rol hebben gespeeld bij het bepalen van de overnameprijs van €706 mln.

c Met betrekking tot welk marktsegment vullen GKN en Fokker Technologies elkaar goed aan?

d Met betrekking tot welke geografische markt vullen GKN en Fokker Technologies elkaar goed aan?

e Waar let de Economische Commissie van de EU (Brussel) op bij het verlenen van toestemming voor deze overname?

8.2 De directies van twee bv's hebben, met toestemming van de aandeelhouders, besloten de activiteiten van beide bv's samen te voegen. Van beide bv's, die in dezelfde branche actief zijn, zijn de volgende balansen gegeven per 31 december 2018:

Hansen bv (bedragen × 1 mln)

Gebouwen	230	Nominaal aandelenvermogen	550	
Machines	130	Aandelen in portefeuille	150	
Voorraden	70	Geplaatst aandelenvermogen		400
Debiteuren	20	Agioreserve		20
Kas	280	Winstreserve		30
		Winstsaldo 2018		50
		Banklening		138
		Crediteuren		37
		Rekening-courant		55
Totaal bezittingen	730	Totaal vermogen		730

Hendriksen bv (bedragen × 1 mln)

Gebouwen	180	Nominaal aandelenvermogen	160
Machines	90	Aandelen in portefeuille	40
Voorraden	85	Geplaatst aandelenvermogen	120
Debiteuren	15	Agioreserve	34
Kas	5	Winstreserve	20
		Winstsaldo 2018	28
		Voorziening	62
		Crediteuren	36
		Rekening-courant	75
Totaal bezittingen	375	Totaal vermogen	375

Alle aandelen, ook die van een eventueel nieuw op te richten bv, hebben een nominale waarde van €10. Het volledige winstsaldo 2018 wordt tot het eigen vermogen gerekend.

Voor Hansen bv wordt in de toekomst (eeuwigdurend) een winst na belasting verwacht van €60 mln per jaar, terwijl de vereiste rentabiliteit over het eigen vermogen 10% bedraagt. Onderneming Hansen bv neemt alle bezittingen en schulden van Hendriksen bv over in ruil voor contanten. De overnamesom is gebaseerd op de rentabiliteitswaarde van het eigen vermogen van Hendriksen bv. In de toekomst wordt voor Hendriksen bv (eeuwigdurend) een winst na belasting verwacht van €30 mln per jaar, terwijl de vereiste rentabiliteit over het eigen vermogen 12,5% bedraagt.

In het kader van de samenvoeging van beide ondernemingen zijn de boeken (financiële administratie) van beide ondernemingen door een onafhankelijke deskundige grondig onderzocht. Daaruit is gebleken dat een gedeelte van de debiteuren van Hendriksen bv oninbaar is. Het gaat hier om een bedrag van €2 mln, dat volledig ten laste van het resultaat van het lopende jaar (2018) wordt gebracht. Bij de bepaling van het winstsaldo 2018 dat in de balans staat vermeld, is met deze afboeking nog geen rekening gehouden.

De ondernemingen Hansen bv en Hendriksen bv gaan na de fusie verder onder de naam H&H bv. Voor H&H bv wordt (eeuwigdurend) een winst na belasting verwacht van €94 mln per jaar, terwijl de vereiste rentabiliteit over het eigen vermogen 10,5% bedraagt.

a 1 Bereken de actuele waarde van het eigen vermogen van onderneming Hansen bv.
　2 Bereken de actuele waarde van het eigen vermogen van onderneming Hendriksen bv.
　Houd ook rekening met de aanvullende informatie naar aanleiding van het boekenonderzoek.
b 1 Bereken de rentabiliteitswaarde van het eigen vermogen van H&H bv.
　2 Bereken de rentabiliteitswaarde van het eigen vermogen van Hansen bv.
　3 Bereken de rentabiliteitswaarde van het eigen vermogen van Hendriksen bv.
　4 Bereken de waarde van het synergie-effect als Hansen bv en Hendriksen bv fuseren.
c Bereken de door Hansen bv betaalde goodwill.
d Noem enkele synergie-effecten die kunnen optreden als twee ondernemingen samengaan.

e Geef de balansen van H&H bv en Hendriksen bv na de fusie. Voeg zo nodig nieuwe balansposten toe.

8.3 Jansen bv en Davids bv zijn in dezelfde branche actief. De aandeelhouders van Jansen bv en Davids bv zijn familieleden van elkaar. De aandeelhouders van Davids bv (twee broers op gevorderde leeftijd) willen hun werkzaamheden als DGA van Davids bv beëindigen. In goed onderling overleg hebben de directies van de bv's , met toestemming van de andere aandeelhouders, besloten de activiteiten van beide bv's samen te voegen. Van deze bv's zijn de volgende balansen gegeven per 31 december 2018.

Jansen bv (bedragen × €1.000)

Gebouwen	330	Nominaal aandelenvermogen	450
Machines	130	Aandelen in portefeuille	250
Voorraden	65	Geplaatst aandelenvermogen	200
Debiteuren	30	Agioreserve	80
Kas	55	Winstreserve	100
		Winstsaldo 2018	20
		Banklening	120
		Crediteuren	35
		Rekening-courant	55
Totaal bezittingen	610	Totaal vermogen	610

Davids bv (bedragen × €1.000)

Gebouwen	180	Nominaal aandelenvermogen	280
Machines	130	Aandelen in portefeuille	130
Voorraden	85	Geplaatst aandelenvermogen	150
Debiteuren	45	Agioreserve	50
Kas	30	Winstreserve	42
		Winstsaldo 2018	38
		Banklening	80
		Crediteuren	74
		Rekening-courant	36
Totaal bezittingen	470	Totaal vermogen	470

Alle aandelen hebben een nominale waarde van €10. Het volledige winstsaldo 2018 wordt tot het eigen vermogen gerekend.

Onderneming Jansen bv neemt alle bezittingen en schulden van Davids bv over in ruil voor aandelen van Jansen bv. De overnamesom is gebaseerd op de rentabiliteitswaarde van het eigen vermogen van Davids bv. In de toekomst wordt voor Davids bv (eeuwigdurend) een winst na belasting verwacht van €36.000 per jaar, terwijl de vereiste rentabiliteit over het eigen vermogen 10% bedraagt. In het kader van de overname van Davids bv door Jansen bv wordt aan de nieuw uit te geven aandelen Jansen bv een waarde toegekend van €40. Voorafgaande aan de samenvoeging van beide ondernemingen zijn de boeken (financiële administratie) van beide ondernemingen door een onafhankelijke deskundige grondig onderzocht. Daaruit is gebleken dat de gebouwen van Davids bv €200.000 waard zijn. Bij de bepaling van de actuele waarde van het eigen vermogen van Davids bv moet met deze waarde van €200.000 rekening worden gehouden.

Houd bij het beantwoorden van de volgende vragen zo nodig rekening met de aanvullende informatie naar aanleiding van het boekenonderzoek.

a 1 Bereken de actuele waarde van onderneming Jansen bv.
     2 Bereken de actuele waarde van onderneming Davids bv.
b 1 Bereken de rentabiliteitswaarde van het eigen vermogen van Davids bv.
     2 Bereken het aantal nieuw uit te geven aandelen Jansen bv.
     3 Bereken de omvang van het agio over de nieuw uit te geven aandelen Jansen bv.
     4 Bereken de goodwill die Jansen bv betaalt voor de onderneming Davids bv.
c Geef de balansen van Jansen bv en Davids bv na de fusie. Voeg zo nodig nieuwe balansposten toe.

8.4 Sanne Sonneville en haar man Bert runnen samen een speciaalzaak in keukenbenodigdheden onder de naam Het Kookeiland. Sanne is de eigenaresse van deze eenmanszaak en werkt fulltime (1 fte) in de zaak. Bert werkt gedurende drie dagen (0,6 fte) in de zaak. Onlangs zijn ze benaderd door een grote winkelketen in keukenapparatuur, die bekendstaat onder de naam De Keukenspecialist. De Keukenspecialist is een besloten vennootschap en is 25% vennootschapsbelasting verschuldigd. De Keukenspecialist wil Het Kookeiland overnemen en heeft inzage gekregen in de financiële administratie van Het Kookeiland. Daaraan is onder meer de volgende balans ontleend.

Het Kookeiland per 31 december 2018 (bedragen × €1.000)

Vaste activa			Eigen vermogen		420
Grond	180				
Gebouwen	540		Vreemd vermogen		
Inventaris	160		(lange termijn)		
		880	Hypothecaire lening	380	
Vlottende activa			Banklening	150	
Voorraden	106		Vreemd vermogen		
Debiteuren	12		(korte termijn)		
Kas	2		Crediteuren	26	
		120	Bank (rekening-courant)	24	
					580
Totaal bezittingen		1.000	Totaal vermogen		1.000

Het fiscale bedrijfsresultaat (de fiscale EBIT) van Het Kookeiland bedraagt €210.000. Op de vaste activa wordt jaarlijks €40.000 afgeschreven. We veronderstellen dat de fiscale EBIT en de afschrijvingskosten gedurende de komende 20 jaar niet veranderen. Met de fiscale EBIT's na deze 20 jaar houden we geen rekening (deze zijn verwaarloosbaar).
Het gewaardeerd ondernemersloon (GOL) voor de eigenaresse bedraagt €46.000 per fte, en voor de partner €30.000 per fte. Naast Sanne en Bert zijn er geen medewerkers werkzaam bij Het Kookeiland. De vermogenskostenvoet voor eenmanszaak Het Kookeiland (voor overname) bedraagt 14%.

Overname
Bij een eventuele overname neemt De Keukenspecialist bv alleen de vaste
activa en de voorraden over. De eigenaresse incasseert de vorderingen op
haar Debiteuren en behoudt het kasgeld.

Uit een nauwkeurig onderzoek van de financiële administratie van Het
Kookeiland door een financieel specialist en uit de rapporten van taxateurs
en een bodemdeskundige blijkt dat:
- de bodem waarop het pand van Het Kookeiland is gevestigd licht vervuild is; de kosten van de bodemsanering bedragen €30.000;
- de grond (nadat de bodem is gesaneerd) een marktwaarde heeft van
  €200.000 en de gebouwen €640.000 waard zijn;
- de inventaris een actuele waarde heeft van €80.000;
- van de voorraden een gedeelte ter waarde van €2.000 incourant (onverkoopbaar) is.

De eigenaresse van Het Kookeiland is bereid haar zaak voor €1.100.000 te
verkopen. Als De Keukenspecialist bv tot overname besluit, zal het pand
verbouwd moeten worden voor €160.000. Tevens moet de inventaris aangepast worden aan de huisstijl van De Keukenspecialist bv, waarmee een
bedrag is gemoeid van €40.000. Deze extra investeringen van in totaal
€200.000 hebben na 20 jaar geen restwaarde meer en worden in 20 jaar met
gelijke bedragen per jaar afgeschreven. Na een eventuele overname treden
Sanne en Bert in dienst van De Keukenspecialist bv tegen een vast brutosalaris (exclusief sociale lasten) van respectievelijk €30.000 en €18.000 per jaar.
De sociale lasten bedragen 30% van het brutosalaris.

a Bereken van de door De Keukenspecialist bv over te nemen bezittingen (per
31 december 2018):
1 de boekwaarde
2 de actuele waarde
b Bereken de theoretische marktwaarde van eenmanszaak Het Kookeiland
(voor de overname).

Als Het Kookeiland wordt overgenomen, verwacht De Keukenspecialist bv
dat haar fiscale EBIT door de overname zal toenemen met €50.000 per jaar,
ondanks een toename van de afschrijvingen met €10.000 per jaar. Bij de
berekening van deze extra fiscale EBIT is met de loonkosten van Sanne en
Bert Sonneville (die in dienst treden bij De Keukenspecialist bv) nog geen
rekening gehouden. Deze toenames van de EBIT's en afschrijvingen worden
gedurende de komende 20 jaar constant verondersteld. Met de fiscale
EBIT's na deze 20 jaar houden we geen rekening (zijn verwaarloosbaar).
c Beoordeel deze overname als een investeringsproject. De Keukenspecialist
bv vereist een rendement van 16% op een dergelijk investeringsproject en
gebruikt de netto contante waarde (NCW) als selectiecriterium. Is deze
overname voor De Keukenspecialist aanvaardbaar?
d Welke verschillen zijn er tussen de berekening van de economische waarde
bij een eenmanszaak en een besloten vennootschap?

8.5

HET FINANCIEELE DAGBLAD, 6 MAART 2017

De PSA-groep (Peugeot/Citroën) neemt Opel over

Synergievoordelen na overname van Opel zitten vooral 'backstage', en niet bij de dealers

Met de overname van Opel door het Franse PSA, fabrikant van de automerken Peugeot en Citroën, leeft de angst dat uit kostenoverwegingen dealerbedrijven zullen worden samengevoegd.

Gisteren maakte PSA bekend een akkoord te hebben bereikt met General Motors om het al jaren verlieslatende Opel en het Britse GM-merk Vauxhall voor € 2,2 miljard ($ 2,3 miljard) over te nemen. PSA-topman Carlos Tavares wil de twee ondernemingen samensmeden tot een efficiënt geheel door een saneringsslag die in 2026 € 1,7 miljard aan synergievoordelen moet opleveren. In de sector wordt niet uitgesloten dat Taveres ook het dealernetwerk kritisch tegen het licht zal houden.

Toch zal het niet zo'n vaart lopen, denkt Theo Janssens, voorzitter van de Vereniging Opel Dealers Nederland (VODN). 'We hebben 150 Opel-voordeuren', zegt Janssens over het dealernetwerk van Opel in Nederland. 'Er zullen zeker dingen veranderen, maar ik verwacht niet echt dat er Opel-dealerbedrijven hun deuren zullen moeten sluiten.'

Volgens Janssens zal Opel als zelfstandig merk operationeel blijven. 'Dat zie je binnen de PSA-groep bij Peugeot en Citroën ook. Ze voeren elk hun eigen merk met elk een aparte dealerstructuur en een eigen visie. Uiteindelijk gaat het om de merk- en productbeleving bij de klant. Ik denk dan ook dat de synergie eerder aan de achterkant dan aan de voorkant is te bereiken. In mijn optiek zijn 'backstage' de grootste slagen te maken en is daar het grootste gewin te halen. Dealers zullen dat niet of nauwelijks gaan merken.'

Met de achterkant, of 'backstage' doelt Janssens op de 'ontwikkeling, productie, inkoop en onderdelenlogistiek'. Nu al werken PSA en Opel samen en maken ze gebruik van elkaars platformen, de basis waarop een nieuwe auto wordt ontwikkeld en geproduceerd, aldus Janssens. 'Die trend is niet nieuw en zie je ook bij Volkswagen en andere automerken zoals Audi, Skoda en Seat. Die merken worden in de markt ook apart gepositioneerd.'

De opvatting dat de kostenvoordelen vooral op ontwikkeling en productie worden gehaald, wordt ondersteund door Ferdinand Dudenhöffer, hoogleraar aan het Center Automotive Research (CAR) van de universiteit Duisburg-Essen. Deze Duitse 'autopaus' gaat ervan uit dat PSA in Duitsland jaarlijks € 100 miljoen kan besparen. In het Verenigd Koninkrijk, waar Vauxhalls worden geproduceerd, kunnen de besparen zelfs oplopen tot € 200 miljoen per jaar. 'Het wordt een harde sanering.' Om snel op kosten te besparen zullen banen worden geschrapt, zoals PSA nu al jaar op jaar doet, aldus Dudenhöffer.

Volgens Clem Dickmann, directeur van onderzoeksbureau Aumacon, is het 'niet ondenkbaar' dat de consolidatie in de auto-industrie ook dealers treft. 'Opel blijft als merk wel voortbestaan, maar je ziet ook steeds meer schaalgrootte ontstaan bij autodealerbedrijven.'

Dickmann denkt dat steeds vaker verschillende automerken 'onder één dak' zullen worden verkocht. 'Het ligt voor de hand dat je Peugeotdealers krijgt die Opel-merken zullen vertegenwoordigen. Waar combinaties mogelijk zijn, zullen die zeker gezocht worden.'

Dickmann wijst in dit verband op de top 100-dealerbedrijven die hun gezamenlijk marktaandeel in Nederland, 68% in 2015, al jaren zien toenemen. Van de tien grootste dealers in Nederland hebben drie dealerbedrijven, Van Mossel Automotive, PGA en Motorhuis, zowel de PSA-merken als Opel in huis. 'Kleine nichespelers blijven wel bestaan, maar middelgrote dealerbedrijven hebben het zwaar. Grote dealers worden sterker, breiden hun verzorgingsgebied uit en voeren verschillende merken. Die trend gaat niet weg en zie je ook in de rest van Europa.'

a Welke synergievoordelen denkt de PSA-groep te realiseren door een overname van Opel?

b Hoe kun je verklaren dat de PSA-groep €2,2 miljard betaalt voor Opel, dat al jaren achtereen verlies leidt?

c Leg uit welke gevolgen deze overname waarschijnlijk zal hebben voor de werkgelegenheid op lange termijn.

d Wat wordt bedoeld met kleine nichespelers?

e Welke gevolgen kan de overname van Opel hebben voor de Opel-dealers in Nederland?

DEEL 4

Het aanvragen van een bankfinanciering

9 **Financiering in het MKB** 329

10 **Presentatie en beoordeling financieringsaanvraag** 365

Ondernemers moeten steeds weer nieuwe initiatieven ontplooien om zich staande te houden in een concurrerende markt. En nieuwe plannen vergen meestal extra vermogen. We gaan ervan uit dat de onderneming niet in staat is het volledige bedrag dat nodig is om nieuwe plannen te realiseren uit eigen middelen te financieren. Er zal een beroep gedaan moeten worden op externe financiers, zoals banken en andere verstrekkers van vreemd vermogen.

We bespreken hoe verstrekkers van vreemd vermogen tegen een krediet-aanvraag aankijken en op basis van welke aspecten zij besluiten een kredietaanvraag al dan niet te honoreren. Naast de kwaliteiten van de ondernemer, de markt en de concurrentiepositie speelt ook de huidige en de in de toekomst verwachte financiële situatie van de onderneming een rol. De verstrekkers van vreemd vermogen zullen mede op basis daarvan de haalbaarheid beoordelen van de plannen waarvoor de lening wordt aange-vraagd. Bij de beoordeling zullen zij zich ook afvragen of de onderneming in de toekomst in staat zal zijn haar rente- en aflossingsverplichtingen na te komen. De verstrekkers van vreemd vermogen zullen nagaan welke risico's er worden gelopen en welke zekerheden de onderneming die het krediet aanvraagt, kan bieden. Dat laatste is belangrijk in het geval de onder-neming haar verplichtingen ten opzichte van de verstrekkers van vreemd vermogen niet nakomt.

De ondernemer zal een kredietaanvraag moeten onderbouwen, waarbij een analyse van de huidige en de in de toekomst verwachte financiële situatie niet mag ontbreken. Dit is niet alleen van belang om het krediet te kunnen verkrijgen, maar ook noodzakelijk om te beoordelen of de onderneming de lasten in verband met het extra krediet kan opbrengen. In hoofdstuk 9 gaan we in op de financieringsmogelijkheden in het midden- en kleinbedrijf, terwijl in hoofdstuk 10 het aanvragen van een bankkrediet centraal staat. De aanvraag van een bankkrediet zal onder meer moeten worden onder-bouwd met een financiële analyse van de onderneming. Door de financiële onderbouwing ook in een Excelmodel te zetten, is de ondernemer in staat op eenvoudige wijze allerlei mogelijke toekomstige situaties door te rekenen.

9
Financiering in het MKB

9.1 Groei en de behoefte aan externe financiering
9.2 Financieringsmogelijkheden MKB
9.3 Nieuwe financieringsvormen voor het MKB
9.4 Financiering overname door onderneming Demo
9.5 Financiële reorganisatie en overnames
9.6 Gang van zaken bij faillissement
Samenvatting
Begrippenlijst
Opgaven

Ondernemingen die groeien zullen over extra vermogen moeten beschikken om deze groei mogelijk te maken. In het algemeen leidt groei immers tot een grotere behoefte aan activa en deze activa zullen gefinancierd moeten worden. We bespreken dit in paragraaf 9.1.
Als de interne financieringsbronnen, zoals de ingehouden winsten, onvoldoende zijn om de groei te financieren, zal de onderneming een beroep moeten doen op de vermogensmarkt. Er wordt dan van buiten de onderneming extra eigen en/of vreemd vermogen aangetrokken.
In paragraaf 9.2 gaan we in op de financieringsmogelijkheden voor bedrijven in het MKB. In paragraaf 9.3 bespreken we nieuwe financieringsvormen die voor het MKB beschikbaar zijn gekomen. In paragraaf 9.4 lichten we aan de hand van het voorbeeld van onderneming Demo toe op welke manier een onderneming kan voorzien in een toegenomen financieringsbehoefte. In dit hoofdstuk bespreken we behalve groei nog enkele situaties die leiden tot een grotere vermogensbehoefte bij ondernemingen. In paragraaf 9.5 gaan we in op financiële reorganisatie en overnames en in paragraaf 9.6 op het faillissement.

9.1 Groei en de behoefte aan externe financiering

Ondernemingen die sterk groeien zullen meer geldmiddelen moeten vastleggen in voorraden, bedrijfsgebouwen, inventaris en andere bedrijfsmiddelen. Een gedeelte van de extra vermogensbehoefte die daaruit voortvloeit, kan worden gefinancierd door een toename van kort vreemd vermogen (zoals ontvangen leverancierskrediet, waardoor de balanspost Crediteuren toeneemt) en winstinhouding. Een onderneming die sterk groeit zal waarschijnlijk niet in staat zijn haar groei volledig te financieren door een groei van het kort vreemd vermogen en winstinhouding. Er zal van buiten de onderneming extra vermogen aangetrokken moeten worden (externe **Externe** financiering). In de praktijk blijkt dat er (in het algemeen) een bepaalde **financiering** volgorde wordt aangehouden bij het aantrekken van financiële middelen om de groei van een onderneming te financieren.

In eerste instantie gebruikt de onderneming interne middelen (zoals vrijgekomen afschrijvingen en ingehouden winsten) om nieuwe investeringen te **Interne** financieren. Dit noemen we interne financiering. Als dit niet voldoende is, **financiering** wordt vreemd vermogen aangetrokken. In laatste instantie wordt overgegaan tot uitbreiding van het eigen vermogen. Financiering met behulp van vrijgekomen afschrijvingen en/of ingehouden winsten heeft als voordeel dat geen overleg met externe financiers nodig is. Het aantrekken van extra vreemd vermogen gaat gepaard met een uitgebreide stroom van (financiële) informatie voor de potentiële verschaffers van vreemd vermogen, waaronder banken.

Diverse economische instituten maken regelmatig ramingen van de economische groei, waaronder het centraal planbureau (www.cpb.nl) en organisaties op het gebied van het midden- en kleinbedrijf (zie www.panteia.nl, www.detailhandel.info en www.mkb.nl). Ondernemingen kunnen bij het opstellen van hun eigen groeiverwachtingen daarmee rekening houden.

9.2 Financieringsmogelijkheden MKB

Grotere ondernemingen zijn verplicht hun jaarrekening te publiceren, waardoor externe belangstellenden zich een beeld kunnen vormen van de financiële positie van deze ondernemingen. Dit maakt het mogelijk in brede kring vermogen aan te trekken.

Grote ondernemingen met de rechtsvorm nv kunnen een beroep doen op de **Vermogens-** vermogensmarkt door het uitgeven van aandelen en/of obligaties via de **markt** vermogensmarkt. In het midden- en kleinbedrijf (MKB) is meestal sprake van kleinere ondernemingen, die geen beursnotering hebben en geen beroep kunnen doen op de vermogensmarkt door het uitgeven van obligaties of aandelen. Kleinere ondernemingen zullen bij het voorzien in hun vermogensbehoefte vooral gebruikmaken van bankleningen en andere vormen van vreemd vermogen, en regelingen die speciaal voor het MKB in het leven zijn geroepen. In paragraaf 9.2.1 tot en met 9.2.9 bespreken we enkele overheidsmaatregelen die het aantrekken van vreemd vermogen moeten vergemakkelijken. In paragraaf 9.2.10 komt het microkrediet voor startende ondernemingen in Nederland aan de orde. In paragraaf 9.2.11 en 9.2.12 bespreken we respectievelijk de crediteuren en het rekening-courantkrediet als bron van vreemd vermogen op korte termijn. In paragraaf 9.2.13 gaan we kort in op de praktijk in het MKB.

Van oudsher vervullen banken (zoals RABO, ABN AMRO en ING) een belangrijke rol bij de financiering van het MKB.

Door de besloten structuur van MKB-ondernemingen hebben financiers, zoals banken en leasemaatschappijen, vaak minder informatie of minder goede informatie tot hun beschikking om de financiële positie van de onderneming te beoordelen. Ondernemers zijn soms niet bereid of niet in staat hun bank volledig inzicht te geven in hun bedrijfsvoering en ondernemingsplannen. Bij het verstrekken van vreemd vermogen aan MKB-ondernemingen lopen banken daardoor meer risico's of kunnen zij die slechter inschatten. Dit heeft tot gevolg dat de banken een hogere opslag voor het kredietrisico hanteren. Daarnaast moet de bank haar kosten, voor het maken van een financieringsaanvraag (waaronder personeelskosten), verdelen over een relatief klein uit te lenen bedrag.

Financiering MKB

Bovenstaande factoren hebben tot gevolg dat de verschaffers van vreemd vermogen een relatief (ten opzichte van beursgenoteerde ondernemingen) hoge interestvergoeding eisen van MKB-ondernemingen.

De financiële crisis in 2011 en 2012 in de eurozone (eurocrisis) heeft ertoe geleid dat banken terughoudender zijn geworden bij het verstrekken van vreemd vermogen aan mkb-bedrijven. Als gevolg van de financiële crisis worden de laatste jaren aan banken hogere eisen gesteld ten aanzien van hun buffers om eventuele verliezen op te vangen. Dit heeft er mede toe geleid dat banken op hun beurt hogere eisen zijn gaan stellen aan de bedrijven die een kredietaanvraag indienen. MKB-bedrijven die bij een bank een kredietaanvraag indienen, ontvingen vaker een afwijzing. In het volgende artikel komt dat ook aan de orde.

HET FINANCIEELE DAGBLAD, 17 JANUARI 2017

Banken in Nederland strenger met MKB-leningen

Nederlandse banken hebben hun eisen voor het verstrekken van leningen aan bedrijven opgeschroefd. In de rest van de eurozone was daar geen sprake van. Dat blijkt uit de Bank Lending Survey van de Europese Centrale Bank (ECB) over het vierde kwartaal 2016.

De redenen die de Nederlandse banken aandragen voor de verscherpte eisen zijn een lagere risicotolerantie van de banken en een veranderde inschatting van de risico's van lenen aan het midden- en kleinbedrijf. De vraag naar leningen nam wel toe, het aantal afwijzingen daalde iets.

Gunstiger voorwaarden

In het hele eurogebied nam de vraag naar leningen toe. De leningen werden verstrekt tegen gunstiger voorwaarden voor zowel bedrijfsleningen, hypotheken als consumentenkrediet. Dit gaat ten koste van de marges die de banken op deze leningen maken.

De stijgende vraag was voornamelijk te danken aan de groeiende vraag naar hypotheken. Oorzaken voor die stijging zijn de lage rentes, de vooruitzichten voor de woningmarkten en het gestegen consumentenvertrouwen. Vooral in

Nederland en Italië was er veel vraag naar woningleningen.

Bedrijfsleven
Ook het bij het bedrijfsleven nam de vraag naar krediet toe. Van de geraadpleegde banken zag netto 16 procentpunt meer vraag in plaats van minder. De redenen die zij aandroegen waren de lage rentes, het financieren van fusies en overnames en het herfinancieren van schulden.

'Het is teleurstellend om te zien dat maar een kleine netto 2 procentpunt van de banken aangaf dat de vraag van bedrijven steeg omdat er meer investeringen worden gedaan dan gepland', schreef ING-analist Teunis Brosens in een commentaar op de enquête.
In het hele eurogebied nam de vraag naar leningen toe, vooral door groeiende vraag naar hypotheken.

Bankinstellingen zijn belangrijke verstrekkers van vreemd vermogen voor het MKB. De banken treden in de financiële wereld onder andere op als 'doorgeefluik' van geld van anderen. Zo trekken banken geld aan van spaarders en lenen dit weer uit aan particulieren en bedrijven. Banken moeten de aan hen toevertrouwde spaargelden zeer zorgvuldig beheren en vragen daarom, aan degenen aan wie ze krediet verstrekken, zekerheden.

Zekerheid-stelling Een voorbeeld van zekerheid verstrekken is het verstrekken van het recht van hypotheek aan de geldverstrekker. Bij hypotheek dient onroerend goed als onderpand. Als de geldnemer (de onderneming) zijn aflossing en/of rente niet betaalt, mag de geldverstrekker het onderpand verkopen en uit de opbrengst ervan zijn vorderingen innen. Daarnaast kijken de banken bij het verstrekken van krediet aan bedrijven naar de financiële prestaties van de kredietaanvrager in het verleden, de kwaliteit van de ondernemingsplan-nen, de sector(en) waarbinnen de onderneming werkzaam is en de aanwe-zigheid van onderpand. Voor startende en/of snelgroeiende ondernemin-gen is het daarom relatief moeilijk vreemd vermogen aan te trekken. Zij hebben immers nog geen financiële historie opgebouwd en kunnen weinig of geen zekerheden (in de vorm van onderpanden) bieden.

Banken willen echter hun risico's beperkt houden. Ze zullen daarom alleen maar vreemd vermogen verstrekken als ze de overtuiging hebben dat de organisaties waaraan ze geld uitlenen de interest kunnen opbrengen en in staat zijn hun schulden aan de bank op tijd af te lossen. Ze willen het risico dat hun vordering (bijvoorbeeld in geval van faillissement) oninbaar is, zo veel mogelijk beperken. Banken zijn sinds de financiële crisis terughoudender geworden met het verstrekken van leningen aan ondernemingen, met name in het MKB. Omdat het MKB een belangrijke motor is voor de Nederlandse economie, heeft de overheid een aantal maatregelen getroffen om de kredietverlening aan ondernemingen in het MKB te bevorderen en goedkoper te maken (zie www.rvo.nl). We bespreken een aantal van deze overheidsmaatregelen:
- Borgstelling Midden- en Kleinbedrijf (BMKB) (par. 9.2.1)
- Innovatiekrediet (par. 9.2.2)
- Staatsgarantie (par. 9.2.3)
- Durfkapitaal (par. 9.2.4)
- Regionale ontwikkelingsmaatschappij (par. 9.2.5)
- Bijstandsbesluit zelfstandigen (Bbz) (par. 9.2.6)
- Oudedagsreserve (par. 9.2.7)
- Subsidies (par. 9.2.8)
- Fiscale faciliteiten (par. 9.2.9)

9.2.1 Borgstelling Midden- en Kleinbedrijf (BMKB)

De BMKB borgstellingsregeling is bestemd voor ondernemingen met
maximaal 250 werknemers met een jaaromzet tot €50 mln of een balanstotaal minder dan €43 mln. Verreweg de meeste mkb'ers kunnen er gebruik
van maken, waaronder ook veel vrijberoepsbeoefenaars. Het Borgstellingskrediet is alleen bestemd voor mkb-bedrijven.

De BMKB is bestemd voor zowel bestaande als startende ondernemingen in
Nederland, die onvoldoende financiële middelen en een tekort aan zekerheden hebben. Als voorwaarde geldt onder andere dat de winstgevendheid en
de vooruitzichten van het bedrijf goed zijn. Zo moet bijvoorbeeld het vermogen binnen drie jaar aan een norm voldoen die voor de branche acceptabel is.
Een onderneming wordt beschouwd als een gevestigde onderneming als het
bedrijf langer dan drie jaar bestaat. De rechtsvorm (natuurlijk persoon of
rechtspersoon) doet niet ter zake. Het maximum van het BMKB-krediet is €1
mln en er zijn verschillende looptijden mogelijk. Voor bestaande bedrijven is
er tot een kredietbehoefte van €266.667 de mogelijkheid om driekwart te
financieren met BMKB-krediet, anders ligt de grens op maximaal de helft van
de kredietverstrekking. Op het BMKB-krediet is een overheidsborgstelling van
90% van toepassing. De voorwaarden om voor een BMKB-krediet in aanmerking te komen, kunnen van jaar tot jaar veranderen. De BMKB kent ook nog
een aantal extra mogelijkheden voor:

- ondernemen in het buitenland
- investeringen in technologische innovatie
- startende ondernemingen
- kredieten bestemd voor bodemsanering

De looptijd van de borgstelling is maximaal zes jaar vanaf de datum van de
eerste aflossing. Als de lening bedoeld is om te investeren in een gebouw of
schip, geldt een periode van twaalf jaar. De regels die bij een borgstellingskrediet gelden (zoals de omvang, de looptijd, de aflossing en opschorting)
zijn afhankelijk van het type onderneming (starter of gevestigde onderneming) en het doel van de lening.

Je komt *niet* in aanmerking voor de BMKB als de onderneming:

- actief is in de publiekverzekerde zorg;
- de toetreding tot de markt in belangrijke mate door de overheid wordt
  bepaald (denk aan advocaten, notarissen, gerechtsdeurwaarders en
  dierenartsen);
- de laatste of de te verwachten jaaromzet voor meer dan 50% is verkregen
  uit de beoefening van:
  - de land- en tuinbouw, de vee- of visteelt, de visserij of de teelt van
    vee- en visvoer of
  - het bank-, verzekerings- of beleggingsbedrijf of het financieren van
    één of meer andere ondernemingen of
  - de verwerving, vervreemding, de ontwikkeling, het beheer of de
    exploitatie van onroerend goed.

Startende ondernemingen in het MKB

Een starter kan gebruikmaken van extra mogelijkheden binnen de BMKB.
Men is starter als men minder dan drie jaar een bedrijf voert. Als een startende onderneming bij de bank een 'starterslening' afsluit van maximaal
€266.667 (2017), staat de overheid borg voor 67,5%. Is de financieringsbehoefte
groter dan kan daarnaast gebruik worden gemaakt van een gewoon
borgstellingskrediet.

Aanvragen BMKB

Het borgstellingskrediet kan uitsluitend aangevraagd worden bij een van de volgende banken: ABN AMRO, ING Bank, Rabobank, Triodos, Van Lanschot Bankiers en Deutsche Bank Nederland. De aanvraag voor een borgstellings- krediet valt samen met de kredietaanvraag bij de bank. De bank beslist of zij de aanvrager een borgstellingskrediet verleent en onder welke voorwaar- den. Als de kredietaanvraag door een tekort aan zekerheden niet voldoet aan de eisen van de bank, kan de bank bekijken of de kredietaanvraag in aanmerking komt voor borgstellingskrediet.

In onderhandeling tussen de ondernemer en de bank worden de krediet- voorwaarden bepaald. Uiteraard zal de bank de BMKB-voorwaarden in acht moeten nemen.

Nadat de offerte is ondertekend meldt de bank het verleende borgstellings- krediet aan bij de Rijksdienst voor Ondernemend Nederland (RVO).

De ondernemer hoeft zelf voor de BMKB dus geen aanvraagprocedure in gang te zetten. De ondernemer moet de bank verzoeken om zo nodig gebruik te maken van de borgstellingsregeling. De bank zal de ondernemer normaliter op deze mogelijkheid wijzen. Door gebruik te maken van de borgstellingsregeling is het mogelijk meer te lenen en/of tegen gunstiger voorwaarden.

De onderneming mag slechts bij één bank een BMKB hebben uitstaan.

Enkele van de voorwaarden BMKB

De borgstellingsregeling dient alleen voor bedrijfsfinanciering, niet voor projectfinanciering. De lening kan aangewend worden voor de meest uiteenlopende kapitaalbehoeften, mits deze een zakelijk karakter hebben. Als enige uitzondering geldt dat de lening niet gebruikt mag worden voor beleggingsdoeleinden.

De hoogte van de lening is afhankelijk van de kredietbehoefte. Het bedrag van de lening kan echter nooit hoger uitvallen dan het tekort aan zekerhe- den dat de onderneming heeft. De borgstelling heeft een bovengrens: een onderneming of een groep van ondernemingen kan in de meeste gevallen voor maximaal €1,5 mln borgstellingskrediet krijgen.

Voor de borgstelling betaalt de bank aan de overheid eenmalig een provisie tussen de 3,9% en 5,85% van de hoofdsom (afhankelijk van de looptijd). De bank berekent deze provisie aan de ondernemer door.

De borgstelling door het Ministerie van Economische Zaken kan een eventueel tekort aan zekerheden compenseren, waardoor het gewenste bankkrediet toch kan worden aangetrokken. Een borgstellingskrediet is geen achtergestelde lening. Het verruimt echter wel de mogelijkheden om vreemd vermogen aan te trekken, omdat de staat borg staat.

Voor nadere informatie over de BMKB verwijzen we naar de website www.rvo.nl.

Kapitaalkrachtige vrienden, familieleden of bekenden van de ondernemer kunnen persoonlijk borg staan. Dat komt echter niet vaak voor, omdat zij grote risico's lopen waartegenover geen vergoeding staat.

9.2.2   Innovatiekrediet

Innovatie- krediet

Het innovatiekrediet is een krediet dat door de overheid wordt verstrekt voor de financiering van veelbelovende innovatieve projecten. Deze projecten moeten binnen enkele jaren leiden tot een nieuw product of een nieuw medicijn. Het krediet bedraagt maximaal €10 mln en is bestemd om een gedeelte van de ontwikkelingskosten van het nieuwe product te financieren. Welk deel van de ontwikkelingskosten als krediet kan worden verstrekt, hangt mede af van de omvang van de onderneming en van het al dan niet samenwerken met andere bedrijven. In tabel 9.1 zijn de betreffende percentages weergegeven.

TABEL 9.1 Kredietverstrekking ontwikkelingskosten

Omvang onderneming	Gedeelte van de ontwikkelingskosten dat maximaal gefinancierd kan worden:	
	Als de onderneming als solist innoveert	Als de onderneming samenwerkt
Klein	45%	50%
Middelgroot	35%	50%
Groot	25%	40%

Na afloop van het project moet het krediet worden terugbetaald. Over het krediet moet ook rente worden betaald.

Om in aanmerking te komen voor het innovatiekrediet moet aan een aantal voorwaarden worden voldaan. Het moet een nieuw technologisch of klinisch product (medicijn) betreffen binnen het MKB-segment. Om de kredietaanvraag te vergemakkelijken kan gebruik worden gemaakt van de 'Quickscan Innovatiekrediet', het Aanvraagformulier Innovatiekrediet en het Financieel format Innovatiekrediet (zie www.rvo.nl). Samen met het aanvraagformulier moet een businessplan, een projectplan en een financieel plan worden ingediend.

9.2.3 Staatsgarantie

De staatsgarantie is bedoeld om het verkrijgen van bankleningen en bank- **Staatsgarantie**
garanties te bevorderen. We behandelen in het kort drie regelingen:
1 Garantie Ondernemingsfinanciering
2 Garantstelling landbouw
3 Groeifaciliteit

Ad 1 Garantie Ondernemingsfinanciering
Op grond van de regeling Garantie Ondernemersfinanciering (GO) kan de overheid een staatsgarantie van 50% op middelgrote en grote leningen geven. Door deze staatsgarantie wordt het risico voor de bank op te verstrekken bedrijfsfinanciering kleiner. Dit vergroot voor banken de mogelijkheden om geld uit te lenen. Leningen van maximaal €150 mln zijn tot maximaal €75 mln gegarandeerd.

Ad 2 Garantstelling landbouw
Op grond van de regeling Garantiestelling landbouw kan de overheid een staatsgarantie van 80% geven aan agrarische bedrijven om zich te ontwikkelen, te investeren en duurzaam en efficiënt te produceren.

Ad 3 Groeifaciliteit

Met de regeling Groeifaciliteit worden bedrijven geholpen bij het aantrekken van risicodragend vermogen door 50% staatsgarantie te verstrekken op achtergestelde leningen van banken en op aandelen van participatiemaatschappijen. De Groeifaciliteit kan ondernemingen in een groeifase, bij bedrijfsovernames en bij herstructureringen helpen bij het aantrekken van risicodragend vermogen.

De voorwaarden om in aanmerking te komen voor staatsgarantie en andere regelingen van de overheid kunnen veranderen. Het inschakelen van financiële adviseurs is daarom onontbeerlijk.

9.2.4   Durfkapitaal

Sommige ondernemingen lopen een meer dan gemiddeld risico. Hierbij kunnen we denken aan startende ondernemingen en aan ondernemingen die zich op een nieuwe markt begeven of een nieuw product op de markt willen brengen. Omdat zowel bij startende ondernemingen als bij het betreden van nieuwe markten nog geen ervaring is opgebouwd, zijn de onzekerheden (over de bedrijfsresultaten) groter dan voor bedrijven die al een lange historie hebben en opereren op bestaande markten. Voor deze ondernemingen is het moeilijk om bij een bank vreemd vermogen aan te trekken. Zij proberen beleggers (investeerders) aan te trekken die bereid zijn eigen vermogen of achtergesteld vreemd vermogen aan hun onderneming beschikbaar te stellen. Het eigen vermogen of achtergesteld vreemd vermogen dat beschikbaar is gesteld aan ondernemingen met een relatief

Durfkapitaal   hoog risico noemen we durfkapitaal (venture capital). De verstrekkers van durfkapitaal kunnen zowel vermogende particulieren als financiële instellingen zijn. Tot de vermogende particulieren behoren onder andere ex-ondernemers die hun bedrijf (voor veel geld) hebben verkocht en een gedeelte ervan gebruiken om jonge, veelbelovende ondernemingen te financieren. Daarnaast zijn zij vaak ook als adviseur aan het bedrijf

Informal   verbonden. Zij worden ook wel *informal investors* genoemd. Naast deze
investors   informal investors zijn er financiële instellingen (vaak als onderdeel van een landelijk bekende bankinstelling), die zich speciaal toeleggen op het
Participatie-   verstrekken van durfkapitaal. Een participatiemaatschappij is een bedrijf
maatschappij   dat risicodragend vermogen (garantievermogen) beschikbaar stelt aan veelbelovende ondernemingen met een meer dan gemiddeld risico (zie www.nvp.nl).

Het doel van de verstrekker van durfkapitaal is om na een beperkt aantal jaren (daarbij kun je denken aan een periode van bijvoorbeeld vijf jaar) het vermogen uit de onderneming terug te trekken om het weer aan andere jonge, veelbelovende ondernemingen uit te lenen. Omdat de verstrekkers van durfkapitaal een hoog risico lopen, hopen zij een hoog rendement te behalen op het door hen verstrekte vreemd vermogen.

Alle landelijk bekende bankinstellingen bieden daarnaast specifieke vormen van vreemd vermogen voor het bedrijfsleven aan. Zie daarvoor de websites van deze banken (onder de kop zakelijk).

Venture capital

Venture capital   De Engelse term voor durfkapitaal is *venture capital*. Venture capital kan worden verstrekt door participatiemaatschappijen en informal investors en het vermogen dat zij verstrekken rekenen we tot het garantievermogen. Garantievermogen houdt in dat de verschaffers van dit vermogen hun geld pas terugkrijgen nadat de verschaffers van gewoon (niet-achtergesteld) vreemd vermogen hun vorderingen hebben geënd. Alle grote banken hebben een eigen participatiemaatschappij, maar een participatiemaatschappij kan ook een zelfstandige onderneming zijn.

9.2.5 Regionale ontwikkelingsmaatschappij (ROM)

Regionale ontwikkelingsmaatschappijen hebben als doel het stimuleren van de regionale economie en het bevorderen van regionaal ondernemerschap. Dit zou moeten leiden tot meer bedrijvigheid en meer werkgelegenheid in de regio. Het ministerie van Economische Zaken (EZ) participeert in vijf ROM's: Noordelijke OntwikkelingsMaatschappij (NOM), Oost NV, Brabantse OntwikkelingsMaatschapij (BOM), Limburgs Instituut voor Ontwikkelings-Financiering (LIOF) en Innovation Quarter (IQ). Een ROM bestaat uit een ontwikkelingsbedrijf en een participatiebedrijf. Het ontwikkelingsbedrijf heeft twee kerntaken: business development (het verbeteren van de structuur van de economie) en acquisitie (het aantrekken en met elkaar in contact brengen van veelbelovende innovatieve ondernemingen). De ROM's ontvangen subsidies van EZ en van de betreffende provincies voor het uitvoeren van de taken van het ontwikkelingsbedrijf. Het participatiebedrijf heeft als kerntaak het verstrekken van risicodragend kapitaal aan veelbelovende nieuwe ondernemingen (zogenoemde start-ups). De aandeelhouders van het participatiebedrijf (EZ en provincies) stellen bepaalde eisen aan het te realiseren rendement op het aandelenvermogen dat ze aan het participatiebedrijf beschikbaar stellen. De exploitatiekosten van het participatiebedrijf moeten uit de opbrengsten van het participatiebedrijf worden bekostigd. Voor de financiering van MKB-bedrijven is vooral het participatiebedrijf van belang. In tabel 9.2 zijn de resultaten weergegeven van een onderzoek van Ecorys, waaruit blijkt op welke terreinen ondernemingen gebruik hebben gemaakt van de diensten van de vijf ROM's waar EZ bij betrokken is.

Regionale ontwikkelings-maatschappijen

ROM

TABEL 9.2 Dienstverlening door de vijf ROM's

Aard van de dienstverlening	BOM	IQ	LIOF	NOM	OOST nv	Totaal
Financiering	41%	46%	53%	50%	50%	48%
Netwerkontwikkeling	25%	25%	18%	17%	19%	20%
Vestiging in de regio	15%	13%	11%	10%	9%	11%
Businesscaseontwikkeling	13%	17%	11%	13%	15%	14%
Anders	6%	0%	8%	10%	7%	7%

Bron: Enquête Ecorys, 2015

Toelichting
Uit deze enquête blijkt dat ondernemingen de ROM's vooral benaderen in het kader van de financiering van hun onderneming. Het gaat daarbij met name om het beschikbaar stellen van risicodragend vermogen.

9.2.6   Besluit bijstandverlening zelfstandigen (Bbz)

**Besluit
bijstand-
verlening
zelfstandigen**

Het Besluit bijstandverlening zelfstandigen (Bbz) regelt de financiële
bijstand die gemeenten kunnen geven aan zelfstandigen.
Het Bbz kent verschillende vormen van bijstand. Afhankelijk van de situatie kan
de ondernemer die voor de Bbz in aanmerking komt, recht hebben op een:
- renteloze lening;
- rentedragende lening of starterskrediet;
- vergoeding voor begeleidingskosten;
- aanvulling van zijn inkomsten tot bijstandsniveau.

De volgende groepen zelfstandigen kunnen in aanmerking komen voor
financiële ondersteuning op basis van het Bbz:
- startende zelfstandigen;
- gevestigde zelfstandigen in tijdelijke financiële problemen;
- oudere zelfstandigen (ouder dan 55 jaar) met een niet-levensvatbaar bedrijf;
- zelfstandigen die hun bedrijf willen beëindigen.

Startende zelfstandige

Een startende ondernemer kan, indien zijn inkomen uit het eigen bedrijf
beneden het bijstandsniveau ligt, gedurende maximaal 36 maanden aanspraak maken op aanvullende inkomensondersteuning. Bovendien kan de
gemeentelijke sociale dienst een bedrijfskapitaal verstrekken aan begin-
nende ondernemers van maximaal €35.130 als rentedragende lening.

Gevestigde zelfstandige in tijdelijke financiële problemen

Gevestigde zelfstandigen die vanwege tijdelijke inkomensproblemen niet in
hun levensonderhoud kunnen voorzien, kunnen een tijdelijke uitkering
ontvangen. Het Bbz vult het inkomen dan aan tot bijstandsniveau.
Als het voortbestaan van een bedrijf gevaar loopt, terwijl dit toch levensvatbaar is (bijvoorbeeld bij 'tijdelijke' liquiditeitsproblemen), kan er drin-
gend behoefte zijn aan bedrijfskapitaal. Een ondernemer die zich in een
dergelijke positie bevindt, kan dankzij het Bbz een maximumbedrag van
€190.812 krijgen als rentedragende lening. De rente ligt daarbij op het niveau
dat de banken voor een vergelijkbare lening hanteren. De lening moet in
tien jaar worden terugbetaald.

Oudere zelfstandige met een niet-levensvatbaar bedrijf

Het Bbz biedt ook aanvulling op het inkomen van zelfstandigen met een
niet-levensvatbaar bedrijf, als de ondernemer ouder is dan 55 jaar of als er
een noodzaak is het bedrijf te beëindigen. De zelfstandige kan dan maximaal twaalf maanden een aanvullende periodieke uitkering krijgen om te
voorzien in de kosten van levensonderhoud. Het beëindigen van het bedrijf
dient binnen de betreffende periode plaats te vinden.

Zelfstandigen die hun bedrijf willen beëindigen

Tot deze groep behoren de zelfstandigen van wie het bedrijf of zelfstandig
beroep niet levensvatbaar is en die de activiteiten in het bedrijf of zelfstandig
beroep zo spoedig mogelijk, doch uiterlijk binnen twaalf maanden,
beëindigen.
Aan deze zelfstandigen wordt algemene bijstand verleend gedurende ten
hoogste twaalf maanden. Verlenging van deze termijn met ten hoogste
twaalf maanden is op verzoek van de zelfstandige mogelijk als voor de
beëindiging van de onderneming een langere termijn noodzakelijk is.

De aanvraagformulieren voor bijstandverlening op grond van het Bbz zijn verkrijgbaar bij de sociale dienst in de gemeente waar de zelfstandige woonachtig is. Als de ondernemer het niet eens is met de beslissing van de gemeente kan hij binnen zes weken bij de gemeente bezwaar maken. Tegen de uiteindelijke beslissing van de gemeente kan allereerst in beroep worden gegaan bij de rechtbank en vervolgens bij de Centrale Raad van Beroep. Meer informatie over het Bbz verstrekt de sociale dienst van de gemeente waar de ondernemer woont.

9.2.7   Oudedagsreserve

De oudedagsreserve is een fiscale regeling die geldt voor ondernemers die onder de inkomstenbelasting vallen (zoals de eenmanszaak, vof en maatschap, dus niet voor de dga bij een bv) en die aan een bepaald urencriterium voldoen. Om aan het urencriterium te voldoen moet de ondernemer minimaal 1.225 uren per jaar besteden aan het drijven van de onderneming. Ondernemers die gebruikmaken van de oudedagsreserve (deelname is vrijwillig) parkeren in feite een gedeelte van de winst (fiscaal gezien) op een aparte rekening. Hierdoor neemt de te betalen inkomstenbelasting af op het moment dat bedragen aan de oudedagsreserve worden toegevoegd en moet inkomstenbelasting worden betaald op het moment dat bedragen aan de oudedagsreserve worden onttrokken. Het bedrag dat jaarlijks aan de oudedagsreserve mag worden toegevoegd is een percentage van de fiscale winst van de onderneming (voor 2017 is dat 9,44% met een maximum van €8.946). De toevoeging aan de oudedagsreserve wordt ten laste van de winst van de onderneming gebracht, waardoor de te betalen inkomstenbelasting lager wordt. Door gebruik te maken van de oudedagsreserve wordt een gedeelte van de te betalen inkomstenbelasting naar de toekomst doorgeschoven. De oudedagsreserve mag na toevoeging niet meer bedragen dan het op de balans vermelde eigen vermogen van de onderneming.

Oudedags-reserve

9.2.8   Subsidies

Op verschillende terreinen kunnen subsidies worden verkregen, zoals arbeid, werkgelegenheid, arbeidsomstandigheden, bouw en wonen, energie, export, innovatie en technologie, internationale samenwerking, kunst en cultuur, landbouw, milieu, recreatie en toerisme, regiobevordering, scholing en transport. De subsidiemogelijkheden zijn te talrijk om op te noemen. Daarom verwijzen we naar een aantal relevante websites, zoals www.rvo.nl, www.inzakengaan.nl en www.subsidieshop.nl.

Subsidies

9.2.9   Fiscale faciliteiten

Hierna bespreken we een aantal fiscale faciliteiten, die ertoe leiden dat de te betalen *inkomstenbelasting* wordt verlaagd. Deze faciliteiten zijn de zelfstandigenaftrek, de meewerkaftrek en de startersaftrek, die alle gelden voor ondernemers die onder de inkomstenbelasting vallen.

Zelfstandigenaftrek

Ondernemers die minimaal een bepaald aantal uren in de onderneming werkzaam zijn geweest (voor 2017 is dat 1.225 uur of meer) en op 1 januari van het jaar de AOW-leeftijd nog niet hebben bereikt, komen in aanmerking voor de zelfstandigenaftrek. De zelfstandigenaftrek bedraagt voor het jaar 2017 €7.280. Als aan bepaalde voorwaarden is voldaan, wordt de zelfstandigenaftrek verhoogd met een startersaftrek van €2.123 (2017).

Zelfstandigen-aftrek

Meewerkaftrek

Meewerkaftrek

De partner van de eigenaar komt in aanmerking voor de meewerkaftrek als de partner 525 uren of meer onbetaald in de onderneming heeft meegewerkt of de vergoeding minder is dan €5.000. De hoogte van de meewerkaftrek is afhankelijk van het aantal meegewerkte uren (urenregistratie bijhouden) en van de hoogte van de behaalde winst.

Startersfaciliteiten

Starters-
faciliteiten

Naast regelingen die rechtstreeks op de financiering van een startende onderneming betrekking hebben, zijn in de belastingwetgeving regelingen opgenomen die het beginnen van een eigen ondernemingen aanmoedigen. We noemen met name de startersaftrek en de willekeurige afschrijvingen. De startersaftrek is een verhoging van de zelfstandigenaftrek en bedraagt €2.123 (2017). Ondernemers komen in aanmerking voor de startersaftrek als ze recht hebben op zelfstandigenaftrek, in de vijf voorgaande jaren niet meer dan tweemaal de zelfstandigenaftrek hebben toegepast en in minimaal een van deze jaren geen onderneming hebben gehad. Een startende ondernemer kan drie achtereenvolgende jaren profiteren van de startersaftrek.

De ondernemersaftrek (= de optelsom van zelfstandigenaftrek, startersaftrek, meewerkaftrek en nog een aantal aftrekposten) is niet meer dan het bedrag van de winst vóór de ondernemersaftrek.

Willekeurige afschrijvingen

De willekeurige afschrijvingen bieden de mogelijkheid om in de beginjaren van de onderneming versneld af te schrijven, waardoor in de beginjaren de winst en daardoor de te betalen inkomstenbelasting wordt verminderd. Nadere informatie over deze fiscale regelingen is te vinden op de website van de belastingdienst www.belastingdienst.nl.

9.2.10 Microkrediet

Om de economieën in ontwikkelingslanden te bevorderen wordt het starten van een eigen onderneming in ontwikkelingslanden gestimuleerd. Startende ondernemers kunnen, als ze aan bepaalde voorwaarden voldoen, in aanmerking komen voor een microkrediet. Het verstrekken van microkredieten is een initiatief van de rijke landen. De elf banken die in 2006 het meest bij het verstrekken van microkredieten zijn betrokken, hebben 100 miljoen dollar beschikbaar gesteld aan microfinancieringsinstellingen (mfi's). Deze mfi's lenen het beschikbare bedrag weer in zeer kleine proporties uit aan kleine bedrijfjes en particulieren in ontwikkelingslanden. Maar ook in Nederland worden aan bedrijven microkredieten verstrekt. Qredits is de organisatie die daarmee is belast. Aan haar website (www.qredits.nl, waar meer informatie beschikbaar is) ontlenen we de volgende passages.

Microkrediet

● www.qredits.nl

Wie is Qredits?

Qredits helpt ondernemers met financiering tot €250.000, coaching en tools.
We zijn een onafhankelijke en private kredietverstrekker met betrouwbare partners, zoals onder andere ING, Triodosbank, Accenture en de Goudse Verzekeringen. Qredits is een stichting met een ANBI-status. We hebben namelijk geen winstoogmerk. En in een wereld waar het juist draait om winst, kijken wij naar jou, als ondernemer. Waarbij de kern is om samen stappen te durven zetten. En dit alles doen we niet om winst te maken, maar om winst te laten maken!

Doel
Qredits helpt startende en bestaande ondernemers bij het succesvol starten van of investeren in hun bedrijf. Dit doen we door het aanbieden van ondernemerstools, coaching én het verstrekken van bedrijfskredieten tot €250.000. Ons doel is om dromen van ondernemers mogelijk te maken. Vertrouwend op de kracht van het ondernemerschap, de kracht van een goed idee. Daarbij kijken wij liever naar de toekomst dan naar het verleden.

Missie
Qredits biedt coaching, Microkrediet en MKB-krediet aan (startende) ondernemers in het midden- en kleinbedrijf, die geen toegang hebben tot verschillende (financiële) diensten via het reguliere circuit, zodat zij economische, financiële en sociale onafhankelijkheid kunnen verkrijgen. Hiermee wil Qredits ondernemerschap bevorderen. Qredits doet dat door een combinatie van tools, coaching en kredietoplossingen voor (startende) ondernemers aan te bieden. Qredits beoogt hiermee:
• het starten van een eigen onderneming te stimuleren;
• (startende) ondernemers een weloverwogen keuze te laten maken voor het ondernemerschap;
• (startende) ondernemers meer start- en overlevingskansen te bieden;
• (startende) ondernemers de mogelijkheid te geven om financieel/economisch onafhankelijk te worden;
• een brug te vormen voor deze (startende) ondernemers om door te groeien naar de reguliere financiële sector.

Aanpak
De aanpak van Qredits is anders dan van de meeste zakelijke kredietverstrekkers. Wij bieden veel persoonlijke aandacht en flexibiliteit aan onze klanten. Niet alleen in woorden, maar dit is in al onze producten en processen verwerkt. Voorbeelden hiervan zijn:
• beoordeling van je ondernemingsplan door een bedrijfsadviseur bij je thuis;
• we houden rekening met je persoonlijke situatie;
• vast aanspreekpunt na verstrekking van de lening;
• persoonlijke en betaalbare coachingsoplossingen;
• handige e-learnings die je helpen om je bedrijf op te bouwen.

9.2.11 Crediteuren als bron van vreemd vermogen

De leveranciers van ondernemingen in het MKB zijn een andere belangrijke bron voor het aantrekken van vreemd vermogen. Door op rekening in te kopen, verstrekt de leverancier in feite krediet aan zijn afnemer. Voor de onderneming die inkoopt, is dit ontvangen leverancierskrediet vreemd vermogen op korte termijn, dat onder de naam Crediteuren aan de credit-zijde van haar balans staat. De verstrekkers van leverancierskrediet kunnen het eigendomsvoorbehoud maken. Als ze dat doen houdt dat in dat de leverancier eigenaar blijft van de geleverde goederen, zolang deze niet zijn betaald. Dat houdt tevens in dat de onderneming deze goederen (zolang ze niet zijn betaald) niet kan gebruiken als onderpand voor bankfinanciering. Het eigendomsvoorbehoud beperkt de mogelijkheden om bankkrediet aan te vragen.

Crediteuren

Eigendoms-voorbehoud

9.2.12 Rekening-courantkrediet

Een andere vorm van vreemd vermogen op korte termijn, naast het leveran-cierskrediet, is het rekening-courantkrediet. Een rekening-courantkrediet is een krediet bij een bankinstelling waarbij een bepaald kredietplafond wordt afgesproken. Het kredietplafond geeft aan tot welk bedrag het bedrijf maxi-maal 'rood' mag staan. De rente op het rekening-courantkrediet kan dage-lijks worden aangepast en de vordering is door de bank direct opeisbaar. De rekening-courant wordt onder meer gebruikt om de rekeningen aan de leveranciers te betalen, terwijl de afnemers hun betalingen naar deze reke-ning kunnen overmaken.

Rekening-courantkrediet

9.2.13 De praktijk in het MKB

● www.panteia.nl

Onderzoek naar de financiering van het Nederlandse bedrijfsleven

Met welk doel oriënteren bedrijven zich op financiering?
Meest genoemde redenen om zich op het verkrijgen van financiering te oriënteren zijn: het op peil houden van het werkkapitaal, het kunnen investeren in huisvesting, bedrijfsmiddelen en overige vaste activa, en herfinanciering van bestaande arrangementen.
In vergelijking met eerdere edities van de Financieringsmonitor wordt het mogelijk maken van investeren nu duidelijk vaker genoemd. Dit spoort met de toegenomen investeringsactiviteit in de economie en een ambitie tot autonome groei bij bedrijven. Ook herfinanciering wordt vaker genoemd dan in eerdere edities. Daarbij zou een rol kunnen spelen dat men verwacht tegen gunstiger voorwaarden te kunnen financieren, onder andere in het licht van lagere rentestanden. Dat verklaart waarom bedrij-ven met een lage solvabiliteit zich relatief vaak op financiering oriënteren.

Door wie laten bedrijven zich adviseren?
Het overgrote deel van de bedrijven die zich op het verkrijgen van finan-ciering oriënteren, zoekt advies. De meest genoemde adviseurs zijn de

huisbank en – vooral in het MKB – de bedrijfsadviseur, gewoonlijk de externe boekhouder. De reden is dat huisbank en bedrijfsadviseur het bedrijf goed kennen, en voor de ondernemer een soort vertrouwensrol spelen. Specifieke financiële adviseurs en brancheorganisatie worden weinig genoemd in de rol van adviseur tijdens de oriëntatie op financiering. Kamer van Koophandel en RVO worden nog minder genoemd als bron van advies, en vrijwel alleen door microbedrijven. In het algemeen vraagt het grootbedrijf het minst advies over financiering, omdat men in het grootbedrijf al voldoende financiële kennis in huis heeft.
De tevredenheid over het verkregen advies loopt weinig uiteen tussen de verschillende adviseurs.

Op welke financieringsvormen oriënteren bedrijven zich?
Het verreweg meest genoemde type financiering waarop bedrijven zich oriënteren is de lening, hetzij bij de huisbank, hetzij bij een andere bank. Uiteindelijk oriënteert 83% van de zich oriënterende bedrijven (MKB: 85%) zich op het verkrijgen van louter vreemd vermogen. Slechts 2% oriënteert zich op het verkrijgen van alleen eigen vermogen. Wel is het zo dat 15% van de bedrijven zich oriënteert op een combinatie van eigen en vreemd vermogen. Ten opzichte van eerdere edities van de Financieringsmonitor is de oriëntatie op vreemd vermogen toegenomen; dit houdt verband met gunstiger wordende voorwaarden voor vreemd vermogen (herfinanciering), met een breder palet van mogelijke financieringsvormen (bijvoorbeeld leasing en factoring, crowdfunding), en het streven naar eigen autonomie (weinig 'pottenkijkers'). Leasing en factoring wordt door 7% van de bedrijven (MKB: 4%) van de bedrijven genoemd. Alternatieve financieringsbronnen zijn bijvoorbeeld participatiemaatschappijen, crowdfunding platforms, kredietunies en business angels of andere informele investeerders. Voor microbedrijven is crowdfunding een opkomend fenomeen.

Hoeveel financiering oriënteren bedrijven zich?
Het gemiddelde bedrag waarop een MKB-bedrijf zich oriënteert, bedraagt €400.000; dit varieert tussen €100.000 in microbedrijven, €300.000 in kleine bedrijven en 2 miljoen in het middenbedrijf. In totaal oriënteert het MKB zich op de financiering voor een bedrag van €18 miljard: €7 miljard in microbedrijven, en ruim €5 miljard in middenbedrijf en ruim €5 miljard in het grootbedrijf.

Bron: Panteia, Financieringsmonitor 2016-1,
oktober 2016

Toelichting
Uit het onderzoek van Panteia blijkt dat de lening bij een bank nog steeds een belangrijke financieringsbron in het MKB is. Maar er zijn ook nieuwe financieringsvormen in opkomst zoals crowdfunding en kredietunies. Deze nieuwe financieringsvormen voor het MKB bespreken we in de volgende paragraaf.

9.3 Nieuwe financieringsvormen voor het MKB

Van oudsher zijn MKB-bedrijven voor de financiering van de onderneming sterk afhankelijk geweest van banken. De financiële crisis die in 2008 begon, had grote gevolgen voor financiële instellingen. Banken kwamen in grote financiële problemen en moesten bij de overheid aankloppen voor financiele steun.

9.3.1 Gevolgen bankencrisis voor financiering MKB

De bankencrisis heeft er mede toe geleid dat banken terughoudender werden bij het verstrekken van lening aan bedrijven. Veel MKB-bedrijven werden beperkt in hun investeringsmogelijkheden omdat ze de daarvoor vereiste bankfinanciering niet kregen.

● www.ser.nl

Markt MKB-financiering in Nederland uit evenwicht

Er zijn steeds meer aanwijzingen voor knelpunten bij de financiering van het Nederlandse MKB. Dergelijke financieringsknelpunten remmen het herstel van werkgelegenheid, innovatie en economische groei. Nederland moet voor de markt van MKB-financiering op zoek naar een nieuw, duurzaam houdbaar evenwicht.

Knelpunten financiering en kredietverlening MKB

De huidige financieringsproblemen van het MKB in Nederland zijn een samenspel van vier factoren:
- Terugval in de binnenlandse bestedingen: Nederland is hard geraakt en het MKB is afhankelijk van binnenlandse vraag. En bij minder klanten is er ook minder behoefte aan krediet.
- De financiële positie van het MKB is verzwakt door vijf jaar vraaguitval. Daarnaast kampt een deel van het MKB ook met structurele veranderingen (aankopen online). Vooral het kleinste MKB is kwetsbaar.
- Banken moeten hun eigen balansen versterken en doen dat onder meer via balansverkorting: maar bij balansverkorting is er ook minder ruimte voor MKB-financiering.
- De markt voor MKB-financiering heeft last van marktfalen, met name uit hoofde van transactiekosten en informatieknelpunten. Daarnaast is de marktstructuur in Nederland niet gunstig voor MKB-financiering. MKB-bedrijven zijn erg afhankelijk van bancair krediet en er is een hoge bancaire concentratiegraad (vier grootbanken). Als de eigen bank nee zegt, dan zijn er maar weinig alternatieven.

Bron: SER-Adviesrapport (Commissie Sociaal-Economische Aangelegenheden), 8 oktober 2014

Toelichting
Het MKB is hard geraakt door de financiële crisis die in 2007/2008 begon. Medio 2015 staan 'alle seinen echter weer op groen' en wordt voor de jaren 2018 en 2019 een economische groei van ongeveer 2% per jaar verwacht.

9.3.2   Crowdfunding

Crowdfunding is een vorm van financiering waarbij de geldgever en de   **Crowdfunding**
geldvrager rechtsreeks aan elkaar worden gekoppeld. Bij crowdfunding trekt
een onderneming vermogen aan bij vrienden, bekenden en andere
geïnteresseerden, waaronder welvarende particulieren (investeerders).
Crowdfunding vindt plaats buiten de reguliere banken zoals Rabobank,
ABN AMRO en ING om.

DE TELEGRAAF , 20 JANUARI 2015

Crowdfunding voorbij de €100 miljoen

Vier jaar na de lancering in Nederland van het financieringsfenomeen 'crowdfunding' is de mijlpaal van €100 miljoen aan opgehaald kapitaal gehaald.

Dat meldt het crowdfundingadviesbureau Douw&Koren, dat voor het ministerie van Economische Zaken alle projecten in kaart brengt.
Crowdfunding is een manier voor bedrijven en instellingen om geld voor een project bij elkaar te harken bij vrienden, bekenden en andere geïnteresseerden. Het afgelopen jaar werd €63 miljoen aan financiering opgehaald via crowdfunding voor 2.027 projecten en ondernemingen, zo telde Douw&Koren. De crowdfundingmarkt is daarmee opnieuw in een jaar tijd verdubbeld.
'Crowdfunding blijft groeien. Het ontwikkelt zich van innovatieve financieringsvorm naar meer mainstream. Naast bron van financiering wordt crowdfunding ook steeds vaker ingezet als marketinginstrument, waarbij een project of onderneming meer zichtbaarheid en draagvlak krijgt',

zegt Gijsbert Koren van Douw&Koren in een toelichting.
Het afgelopen jaar werd €63 miljoen opgehaald, waarvan meer dan €50 miljoen door ondernemingen (gemiddeld €85.000). Maatschappelijke projecten (€10.000) en creatieve projecten (€7.000) waren duidelijk minder aantrekkelijk.
Volgens crowdfundingadviseur Ronald Kleverlaan van de CrowdfundingHub was Snappcar het afgelopen jaar veruit het meest populaire crowdfundingproject. Het autodeelproject haalde volgens hem €560.000 op onder crowdfans.
Crowdfunding voorziet volgens de adviseurs in een sterke en blijvende behoefte om ondernemingen en projecten te financieren die sinds de economische crisis op zoek zijn naar nieuwe bronnen van kapitaal. Koren: 'We verwachten komend jaar een sterke groei van "stapelfinanciering", waarbij ondernemers en projecteigenaren verschillende vormen van financieren combineren om tot een passende financieringsmix te komen.'

De nieuwe financieringsvormen leiden ertoe dat MKB-ondernemers zich intensiever met de financiering van hun onderneming moeten bezighouden. Zij moeten zich verdiepen in de financiële positie van hun onderneming waarbij ze terug kunnen vallen op gespecialiseerde bedrijven. Een voorbeeld daarvan is Credion (www.credion.nl). Credion is een adviesorganisatie, gestart in 2000 met inmiddels meer dan 40 vestigingen.

Credion is gespecialiseerd in het verbeteren van de financiering van ondernemingen, waarbij naast crowdfunding ook leasing en factoring kunnen worden betrokken.

9.3.3   Kredietunie

Kredietunie   Een kredietunie is een coöperatieve vereniging met uitgesloten aansprakelijkheid waarbij de leden bestaan uit geldgevers en geldvragers (geldnemers). Iedere kredietunie geeft aandelen of ledencertificaten uit of vraagt storting op een ledenrekening om eigen vermogen te vormen. De leden zijn niet verder aansprakelijk dan het bedrag dat ze aan de kredietunie beschikbaar hebben gesteld.

Kredietunies kunnen per branche of per regio worden opgericht. Enkele voorbeelden van kredietunies zijn:

- Kredietunie Stad Amsterdam (www.kredietuniestadamsterdam.nl)
- Kredietunie Brabant (www.kredietuniebeheer.nl.)
- Kredietunie Midden-Nederland (www.kredietuniemiddennederland.nl)
- Kredietunie Eemsregio (www.kredietunie-eemsregio.nl)
- Kredietunie Gooi en Vechtstreek (zie www.kredietuniegooienvechtstreek.nl)

Nadere informatie over kredietunies is ook beschikbaar op www.dekredietunie.nl.

Nieuwe vormen van kredietverlening vragen in veel gevallen ook een aanpassing van de wetgeving, zoals uit het volgende artikel blijkt.

HET FINANCIEELE DAGBLAD, 4 MAART 2015

Initiatiefwet Kredietunies

Hard zochten ondernemers de afgelopen jaren naar alternatieve financiering omdat hun bank op de rem stond. Kredietunies zouden een uitkomst zijn. In deze coöperaties verenigen ondernemers zich per branche of per regio en lenen elkaar geld uit. In het buitenland zijn deze unies heel gebruikelijk, maar in Nederland waren ze in de vergetelheid geraakt. Nadat de coöperaties waren afgestoft, bleek dat bestaande regelgeving ze in de weg zit. Een kredietunie valt onder het toezicht op banken op het moment dat zij obligaties uitgeeft of geld uitleent. Die regels zijn streng op punten als bedrijfsvoering en kapitaalvereisten. Kamerleden Agnes Mulder (CDA) en Henk Nijboer (PvdA) hebben een initiatiefwet ingediend, die kredietunies daarvan uitzondert. Kredietunies vormen door hun vaak beperkte omvang geen gevaar voor de stabiliteit van de financiële sector, zeggen zij.

In het voorstel hoeven kleine kredietunies die minder dan €10 mln te vergeven hebben, geen vergunning van De Nederlandsche Bank te hebben. Kredietunies tot €100 mln en 25.000 leden vallen onder een apart regime, waarvoor geen volledige bankvergunning maar een aparte vergunning voor kredietunies nodig is. Voor dat toezicht betaalt een unie €20.000 per jaar. Alle coöperaties die meer geld te verdelen hebben, moeten wel een volledige bankvergunning aanvragen.

9.3.4   FinTech

De opkomst van nieuwe financieringsvormen kan niet los worden gezien van een andere ontwikkeling: de opkomst van internet en sociale media. Internet maakt het mogelijk grote hoeveelheden informatie te vergaren (en te verstrekken) over zowel de vrager naar vermogen als de aanbieder van vermogen. Dit heeft ook geleid tot het ontstaan van een geheel nieuwe bedrijfstak, die onder de naam FinTech bekendstaat.

FinTech is een samentrekking van de Engelse woorden financial en techno-   **FinTech**
logy. Met andere woorden: het begrip omvat alle innovatieve financiële
producten en diensten waarbij gebruik wordt gemaakt van internettechno-
logie. Internet maakt het mogelijk de vrager naar vermogen en de aanbieder
van vermogen op een snelle en relatief goedkope manier bij elkaar te
brengen (vaak buiten de traditionele banken om). Ook in Nederland is er
sprake van een sterke opkomst van FinTech-bedrijven. Bedrijven zoals
Paypal winnen snel marktaandeel. Het grootste en bekendste Nederlandse
FinTech-bedrijf is Adyen (www.ayden.com). Dit bedrijf is onlangs gewaardeerd op ruim €2,3 mld.
In 2014 werd er in Nederland voor €306 mln geïnvesteerd in de FinTech-
industrie. Dit komt neer op 20% van het totale in de FinTech geïnvesteerde
bedrag in Europa.
Binnen de FinTech-branche zijn er veel nieuwe ondernemingen ontstaan.
Op www.hollandfintech.com en www.fintech.nl vinden we een bonte
verzameling van bedrijven, waarvan we er slechts enkele noemen: Funding
Circle, BinckBank, Collin Crowdfund, Crowdpartners, NPEX en Geldvoorel-
kaar.nl (zie ook www.financieringslink.nl).

HET FINANCIEELE DAGBLAD, 13 JANUARI 2017

Kredietmarktplaats Funding Circle haalt €100 mln op

Het Brits/Nederlandse kredietplatform Funding Circle zegt in een recente investeringsronde € 100 miljoen te hebben opgehaald, dat wordt aangewend voor kredietverlening aan mkb-bedrijven. De jongste investeringsronde is geleid door de Amerikaanse durfinvesteerder Accel, met deelname van bestaande Funding Circle investeerders, waaronder Baillie Gifford, DST Global, Index Ventures, Ribbit Capital, Rocket Internet, Sands Capital Ventures, Temasek en Union Square Ventures.
De investeringsronde volgt op een jaar van sterke groei bij Funding Circle, zo claimt de mkb-kredietmarktplaats. Wereldwijd hebben investeerders in 2016 via de Funding Circle kredietmarktplaats meer dan € 1,25 miljard aan mkb'ers uitgeleend, waaronder in het vierde kwartaal alleen al meer dan € 450 miljoen, een record in de sector.

Funding Circle claimt sinds de start van het bedrijf al € 2,6 miljard aan financierin-gen te hebben gefaciliteerd, waardoor volgens het platform wereldwijd meer dan 25.000 bedrijven zijn geholpen. Dat zou hebben geleid tot de creatie van meer dan 50.000 banen De schaduwbank koppelt van oudsher ondernemers aan (particu-liere) investeerders. Tegenwoordig komt het grootste deel van het kapitaal niet van het publiek, het zogenoemde peer-to-peer lenen, maar van grote institutionele be-leggers.
Het kredietplafond ligt bij Funding Circle op € 250.000.

Invloed van nieuwe financieringsvormen

De Nederlandse vereniging van banken (www.nvb.nl) heeft onderzoek
gedaan naar het belang van de verschillende vormen van financiering voor
het MKB. Uit dit onderzoek, waaruit we hierna een passage afdrukken, blijkt
dat de nieuwe financieringsvormen nog een bescheiden rol spelen bij de
financiering van MKB-bedrijven.

● www.dkcrowdfunding.nl

Alternatieven voor bancaire kredietverlening

Ondanks de behoefte aan met name meer aanbod van risicodragend vermogen, gebruiken Nederlandse bedrijven nog relatief weinig alternatieven voor bankfinanciering. Participatiemaatschappijen hebben naar schatting ongeveer €1,2 miljard aan externe financiering aan het Nederlandse MKB verschaft en voor leasing en factoring worden een totaal volume van respectievelijk €4 miljard en €3,6 miljard geschat. In totaal is dit ongeveer 7% van de totale MKB-financiering.

Nieuwe vormen van financiering zijn in opkomst, maar met een omvang van enkele honderden miljoenen euro nog beperkt. In 2015 is door middel van crowdfunding circa €110 miljoen aan bedrijfsfinanciering opgehaald in Nederland. Qredits, het gezamenlijke initiatief van banken, verzekeraars en overheid voor microfinanciering, heeft tot nog toe €150 miljoen aan ondernemingen verstrekt en kredietunies, tot slot, hebben enkele miljoenen uitgeleend.

In totaal vertegenwoordigen deze nieuwe vormen van financiering iets minder dan een half procent van de totale MKB-financiering.

FIGUUR 9.1 Externe financiering voor het MKB

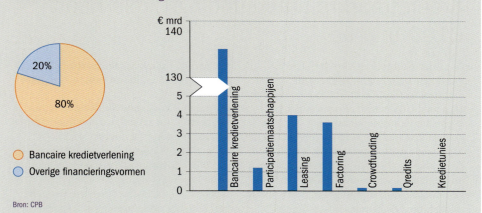

Bron: CPB

Bronnen: Nederlandse Vereniging van Banken, www.nvb.nl; Nederlandse Vereniging van Participatiemaatschappijen, www.nvp.nl; Centraal Plan Bureau (CPB)

Toelichting
Banken vervullen een sleutelrol in de financiering van het bedrijfsleven. Het aandeel van banken in de financiering van de Nederlandse economie is onverminderd groot en ook de komende jaren verwachten banken dat zij kunnen blijven voorzien in de vraag naar financiering en dat dit gepaard kan gaan met verdere versterking van de kapitaalbuffers. Tegelijkertijd is een verbreding van het financieringslandschap zowel gewenst als noodzakelijk zodat er met name aanbod komt van risicodragend kapitaal en het MKB zo het eigen vermogen kan versterken.

9.3.5   Gestapelde financiering

Tijdens de financiële crisis werd duidelijk dat het eigen vermogen van banken te klein was om financiële tegenvallers op te vangen. Als een reactie daarop worden hogere eisen gesteld aan de omvang van het eigen vermogen van banken. Ze moeten een groter gedeelte van het totaal vermogen in de vorm van eigen vermogen aanhouden. Eventuele verliezen op vorderingen op de klanten van de bank moeten opgevangen kunnen worden door het eigen vermogen van de bank. Hoe groter het eigen vermogen van de bank (hoe groter de kapitaalbuffers) des te beter is de bank in staat verliezen op te vangen. Deze strengere eisen leidden er ook toe dat banken kieskeuriger werden bij het verstrekken van leningen aan onder meer MKB-bedrijven. Banken wilden het risico dat MKB-bedrijven hun interest- en aflossingsverplichtingen niet zouden kunnen nakomen, verminderen.

In de conclusie bij het voorgaande artikel staat onder meer: 'Tegelijkertijd is een verbreding van het financieringslandschap zowel gewenst als noodzakelijk zodat er met name aanbod komt van risicodragend kapitaal en het MKB zo het eigen vermogen kan versterken.' Hiermee wordt bedoeld dat MKB-bedrijven moeten proberen risicodragend vermogen (lees eigen vermogen of achtergesteld vreemd vermogen) bij andere dan bankinstellingen aan te trekken. Zo zou een bedrijf door middel van crowdfunding zijn risicodragend vermogen kunnen uitbreiden. Op basis van het hogere risicodragend vermogen van het bedrijf, kan de bank dan gemakkelijker en/of meer vreemd vermogen in de vorm van een banklening aan dit bedrijf verstrekken. Om te voorzien in de vermogensbehoefte van MKB-bedrijven zien we in toenemende mate dat verschillende vormen van vermogensverstrekking worden gecombineerd. We spreken dan van gestapelde financiering. Om in de financieringsbehoefte van de onderneming te voorzien, wordt een combinatie gemaakt van zorgvuldig op elkaar afgestemde vormen van eigen en/of achtergesteld vreemd vermogen enerzijds en vreemd vermogen anderzijds.

Gestapelde financiering

Ondanks alle nieuwe ontwikkelingen rond de financiering van het MKB spelen de traditionele banken nog een toonaangevende rol bij de financiering van het MKB. Op dit moment (2017) zijn MKB-bedrijven nog voor 80% afhankelijk van de financiering door banken. De in deze paragraaf geschetste nieuwe ontwikkelingen zullen dit percentage in de toekomst waarschijnlijk doen dalen. Dit betekent ook dat de MKB-ondernemer (samen met zijn financieel adviseur) zich meer dan ooit zal moeten verdiepen in de financiële positie en wensen van zijn onderneming om een bijpassende financieringswijze te realiseren.

DE TELEGRAAF, 17 JANUARI 2017

Bankiers gaan op mkb-tournee

Banken trekken dit jaar het land in om met ondernemers te praten over de problemen, danwel mogelijkheden voor mkb-financieringen.
Voorzitter Chris Buijnk van de Nederlandse Vereniging van Banken (NVB) maakte dit maandagavond bekend op de nieuwjaarsreceptie van de branchevereniging.

Samen met 'uiteenlopende brancheorganisaties' voor het mkb worden in het tweede kwartaal van dit jaar 'een tiental bijeenkomsten' in het land georganiseerd. 'Wij willen door ondernemers worden gespiegeld over de problemen waar zij voor financiering tegenaan lopen', aldus Buijnk.

Banken werden tijdens de crisis zeer voorzichtig met leningen aan het mkb. Ook nu de economie is aangetrokken blijft deze kritiek. Banken, die hogere kapitaalsbuffers voor risicovolle leningen moeten aanhouden, zetten vooral in op gedeelde financiering.
Veel mkb'ers kunnen hun weg alleen moeilijk vinden in het woud van de vele nieuwe financieringspartijen en -mogelijkheden.

'Een bank kan als makelaar en schakelaar optreden tussen andere financiers voor met name meer risicodragende activiteiten', meent Buijnk.
Volgens hem is er onder klanten ook een grote behoefte aan hulp bij zogenoemde stapelfinanciering in een leningsaanvraag: 'Zo kunnen banken de goede beweging van groeicijfers verder aanwakkeren.'

⬤ 9.4 Financiering overname door onderneming Demo

We gaan terug naar het voorbeeld van onderneming Demo uit paragraaf 8.3 die de overname van Fenter Electro moet financieren. Voor de overname van Fenter Electro is €1,6 mln nodig. Jansen (de eigenaar van Demo) kan uit zijn privévermogen €400.000 vrijmaken. De overige €1,2 mln zal extern gefinancierd moeten worden. Jansen geeft de voorkeur aan een financiering door bankleningen. In overleg met zijn financieel adviseur heeft Jansen de volgende mogelijkheden onderzocht:een hypothecaire lening van €900.000 en een banklening van €300.000. De panden van Demo en Fenter Electro dienen als zekerheid voor de hypothecaire lening. De totale vrije verkoopwaarde van deze panden wordt geschat op €1,5 mln.
Demo en Fenter Electro hebben een goede en langdurige relatie met hun toeleveranciers. De leveranciers maken geen eigendomsvoorbehoud op de goederen die zij op rekening hebben geleverd. Als zekerheidsstelling voor de banklening wordt de voorraad handelsgoederen aan de bank verpand. Daarnaast is de bank bereid blanco krediet (zonder zekerheidsstelling) te verlenen. Een verhoging van het kredietplafond van het rekening-courantkrediet met €200.000 maakt het mogelijk tijdelijke pieken in de vermogensbehoefte op te vangen.

Kredietplafond

We veronderstellen dat Demo mede in verband met de overname de volgende vormen van vermogen aantrekt:

- hypothecaire lening   €   900.000
- banklening   €   300.000
- inbreng vanuit privé (eigen vermogen) €   400.000 +

Totaal extra vermogen   €   1.600.000

Bij het aantrekken van extra vreemd vermogen moet de ondernemer zich ook afvragen of de extra rente- en aflossingsverplichtingen die daaruit in de toekomst voortvloeien door de onderneming zijn op te brengen. Om dat te beoordelen maakt de financieel adviseur van Jansen een globale planning van de in- en uitgaande geldstromen voor de komende twee jaar. Hoe dat in zijn werk gaat bespreken we in hoofdstuk 10, waar de kredietaanvraag bij de bank aan de orde komt.

9.5 Financiële reorganisatie en overnames

Onder een financiële reorganisatie verstaan we het (drastisch) aanpassen
van de vermogensstructuur van een onderneming. Dit is bijvoorbeeld nodig
als een onderneming jarenlang verliezen heeft geleden, waardoor er een
negatief eigen vermogen is ontstaan. Deze situatie gaat vaak gepaard met
een toename van het vreemd vermogen en een stijging van de rente- en
aflossingsverplichtingen. Dan kan een situatie ontstaan waarin de onderneming niet meer kan voldoen aan de verplichtingen tegenover de verschaffers van het eigen en vreemd vermogen. Een faillissement dreigt. De leiding
van een onderneming kan proberen dit te voorkomen door tijdig een financiële reorganisatie door te voeren.

Reorganisatie

Bij een reorganisatie worden de organisatie van het primaire proces, de
financiering en eventueel het management van de onderneming zodanig
aangepast dat de onderneming weer levensvatbaar is (winst kan maken) en
in de toekomst op eigen kracht haar verplichtingen aan de verschaffers van
het eigen en vreemd vermogen kan nakomen.

De ondernemer zal in eerste instantie zelf (eventueel in overleg met de
accountant) geprobeerd hebben het (financiële) tij te keren, maar dat is
blijkbaar niet gelukt. In het MKB zal in veel gevallen de huisbankier de
grootste schuldeiser zijn. Een financiële reorganisatie zal dan ook vaak in
overleg met de bank plaatsvinden. Ook kunnen specialisten worden
ingehuurd (zogenoemde turn-aroundmanagers) die veel ervaring hebben
in het reorganiseren van ondernemingen. Bij een financiële reorganisatie
zal ook een offer gevraagd worden van de verschaffers van het vreemd
vermogen. Dit offer kan bestaan uit:
- het kwijtschelden van een deel van de schulden;
- het verlagen van het rentepercentage op de schulden;
- het uitstellen van de aflossingsverplichtingen;
- het omzetten van concurrerend vreemd vermogen in achtergesteld vreemd
  vermogen en/of het omzetten van vreemd vermogen in eigen vermogen.

Een grondige succesvolle reorganisatie waarbij alle aspecten van de
onderneming betrokken zijn, noemen we ook wel een *turn around*.

Turn around

Om te beoordelen welke bijdrage van de verschaffers van vreemd vermogen
kan worden verwacht in een situatie van dreigend faillissement, moet de
ondernemer zich ook verdiepen in de alternatieven die de verstrekker van
vreemd vermogen heeft. Dat bepaalt mede hoe ver de verschaffers van het
vreemd vermogen willen gaan bij het laten vallen van hun rechten. Als de
verschaffers van het vreemd vermogen niet willen meewerken, is een faillissement van de onderneming vaak het enige alternatief. Maar faillissement
gaat vaak gepaard met hoge kosten (waaronder de kosten van de curator).
Daarnaast valt de directe opbrengstwaarde van de activa bij een gedwongen
verkoop (executiewaarde) vaak tegen. Om te bepalen wie welke bijdrage zou
willen leveren, lichten we de gang van zaken rond een faillissement in
paragraaf 9.6 kort toe.

9.5.1 Management buy out en management buy in

In het voorgaande hebben we een situatie besproken waarin een financiële
reorganisatie min of meer is afgedwongen door de slechte financiële positie
van de onderneming. Er kunnen ook andere redenen zijn om een financiële
reorganisatie door te voeren. In dat verband bespreken we de management

buy out (MBO) en de management buy in (MBI). Overnames zijn er in verschillende soorten en maten. Hoewel iedere situatie natuurlijk anders is en een specifieke aanpak vereist, zijn er ook duidelijk overeenkomsten. Het gaat steeds weer over waarderen, de financiering door middel van eigen en vreemd vermogen (hoe komen we aan het geld) en de gevolgen voor de kasstromen (kunnen de verplichtingen worden nagekomen?).

Management buy out

Management buy out

We spreken van een management buy out (MBO) als het zittende management of een gedeelte daarvan (mede-)eigenaar wordt van de onderneming waaraan ze op dat moment leiding geven. Binnen het MKB zou een management buy out kunnen plaatsvinden bij de grotere bv's. Indien het management uit meer personen bestaat en de DGA zich (gedeeltelijk) wenst terug te trekken, dan zouden de overige leden van het management in de gelegenheid kunnen worden gesteld een gedeelte van de aandelen van de DGA over te nemen. Het voordeel van een MBO is dat het zittende management goed op de hoogte is van de gang van zaken en de financiële positie van de onderneming. Ze weten waar ze aan beginnen. Maar een goede manager is niet per definitie een goede ondernemer. Ondernemen betekent risico's durven nemen en niet alle managers kunnen daar goed mee omgaan. Bovendien moeten de managers over voldoende financiële middelen beschikken om de aandelen te kunnen kopen. Vaak wordt daarbij de hulp ingeroepen van externe financiers zoals banken. In hoofdstuk 10 gaan we nader in op het verstrekken van vreemd vermogen door banken.

Management buy in

Management buy in

Bij een management buy in (MBI) koopt een externe manager of groep van managers een onderneming. Zo kunnen de aandeelhouders van een familiebedrijf bij gebrek aan opvolgers besluiten hun aandelen te verkopen aan een of meer externe managers. De externe managers moeten dan wel een 'flink pak geld' meebrengen. Ten opzichte van een MBO zijn de externe managers bij een MBI minder op de hoogte van de interne gang van zaken binnen de onderneming die ze overnemen. Ze zijn in het algemeen wel goed op de hoogte van de ontwikkelingen binnen de branche.

9.5.2   Leveraged buy out, leveraged buy in

Leveraged buy out

De beloningen die managers bij een bv in het algemeen verdienen zijn van een dusdanige omvang dat ze niet in staat zijn een omvangrijk vermogen op te bouwen. Dat betekent dat ze in geval van een MBO of MBI zelf over onvoldoende middelen beschikken om de aandelen uit eigen middelen te kopen. In dat geval moeten ze een beroep doen op externe financiers,

Leveraged buy in

zoals banken of instellingen die zich hebben gespecialiseerd in MBO's en MBI's. Een MBO of een MBI die voor een groot deel met vreemd vermogen is gefinancierd, noemen we een leveraged MBO of een leveraged MBI. Deze hebben als kenmerk dat ze (vooral in de beginjaren) hoge aflossings- en renteverplichtingen hebben. Daardoor kunnen de resultaten die toekomen aan de eigenaren (de voormalige managers) flink fluctueren.

⬤9.6 Gang van zaken bij faillissement

In het geval van een liquidatie van een onderneming is het van belang welke aanspraken de schuldeisers hebben en in welke volgorde hun vorderingen worden afgewikkeld. Daarbij is onder meer het onderscheid in faillissements- schulden en boedelschulden van belang. Faillissementsschulden zijn de schulden die zijn ontstaan in de periode voorafgaand aan het moment waarop het faillissement is uitgesproken, boedelschulden ontstaan erna. We geven dat in figuur 9.2 weer.

Faillissements- schulden

Boedel- schulden

FIGUUR 9.2 Faillissements- en boedelschulden

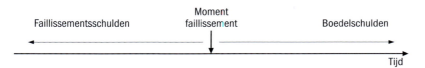

In paragraaf 9.6.1 bespreken we de volgorde van de vorderingen in geval van faillissement. In paragraaf 9.6.2 komt de schuldsanering van natuurlijke personen aan de orde. Paragraaf 9.6.3 gaat over doorstart na faillissement.

9.6.1   Volgorde van de vorderingen

Bij de verdeling van het restant, nadat de vorderingen van de separatisten (houders van het hypotheek- en pandrecht) zijn voldaan, is de rangorde tussen de overige schuldeisers van belang. Deze geven we hieronder kort weer:

1 boedelschulden
2 faillissementsschulden:
   a belastingen
   b premies sociale verzekeringen
   c bezitloos pandrecht
   d bijzondere voorrechten
   e algemene voorrechten
   f concurrente crediteuren
   g achtergestelde leningen

Bovenstaande volgorde is belangrijk bij het vaststellen van het bedrag dat aan de verschillende schuldeisers wordt uitgekeerd. Schuldeisers die achteraan in de rij staan, zullen in het algemeen slechts een klein gedeelte van hun vordering kunnen incasseren of niets ontvangen.

Ad 1 Boedelschulden
Boedelschulden zijn schulden die de curator heeft gemaakt, nadat het faillissement is uitgesproken. Voorbeelden hiervan zijn de kosten van het taxeren van de activa, honorarium van de curator, loonvorderingen van werknemers en premieschulden vanaf het moment van faillissement.

Boedel- schulden

Ad 2a Belastingen
De fiscus heeft een aantal bijzondere bevoegdheden die haar in bepaalde gevallen de status van superpreferente schuldeiser kunnen verschaffen. Een voorbeeld van een bijzondere bevoegdheid is het zogenoemde versnelde invorderingsrecht (art. 10.IW). Hierdoor kan de fiscus onmiddellijke voldoening uit de baten van de boedel eisen. Een ander voorbeeld is het bodemvoorrecht. Dit recht wordt aan de fiscus toegekend door het invorde- ringsrecht. Dit recht maakt het mogelijk dat de fiscus beslag laat leggen op

Faillissements- schulden

Bodem- voorrecht

Bodembeslag

bepaalde roerende zaken die bij de belastingplichtige (op zijn 'bodem') worden aangetroffen. Hierbij is het niet van belang of de roerende zaken aan de belastingplichtige of aan een derde toebehoren.

We nemen als voorbeeld een computerleverancier die enkele maanden eerder aan een bedrijf dat inmiddels failliet is verklaard op rekening een nieuwe computer met een verkoopwaarde van €3.000 heeft verkocht en afgeleverd. De failliete onderneming heeft nog niet betaald, zodat de computerleverancier een concurrente vordering heeft van €3.000 op de failliete onderneming. De fiscus kan nu beslag op deze computer laten leggen en de opbrengst ervan aanwenden ter vereffening van de belasting-schulden van de failliete onderneming. De computerleverancier behoudt een concurrente vordering van €3.000 op de failliete onderneming, maar kan de door hem geleverde computer niet terugvorderen.

Ad 2b Premies sociale verzekeringen
Een deel van de vorderingen van de werknemer die verband houden met loonvorderingen van werknemers en premieschulden *voorafgaand aan de faillietverklaring* kan door het Uitvoeringsinstituut Werknemers Verzekeringen (UWV) op grond van de zogenoemde loongarantieregeling worden overgenomen. Deze vorderingen van het UWV worden tot de faillissements-schulden gerekend. De premies sociale verzekeringen zijn preferent en van gelijke rangorde als de belastingen (art. 16 CSV).

Ad 2c Bezitloos pandrecht

Bezitloos pandrecht

Bij bezitloos pandrecht blijven de roerende zaken in de macht van de pandgever (de schuldenaar). Bezitloos pandrecht kan worden gevestigd door het opstellen van een authentieke of geregistreerde onderhandse akte. Als de pandgever of de schuldenaar in zijn verplichtingen ten opzichte van de pandhouder tekortschiet, is de pandhouder (schuldeiser) bevoegd te vorderen dat het onderpand alsnog in de macht van de pandhouder of een derde wordt gebracht. Bezitloos pandrecht wordt veel gebruikt bij voorraden en inventarissen. De pandgever moet dan de administratie zodanig inrichten dat daaruit kan worden afgeleid welke goederen onder het bezitloos pandrecht

Still pandrecht

(= stil pandrecht) vallen. De pandhouder heeft het recht van parate executie. Dat wil zeggen dat het verpande goed in het openbaar mag worden verkocht als de schuldenaar in gebreke blijft.

Ad 2d Bijzondere voorrechten
Hierbij gaat het om bijzondere voorrechten (art.3:283 e.v. BW) zoals:
- kosten tot behoud. Dit zijn kosten die moeten worden gemaakt om een fysieke zaak voor tenietgaan te behoeden. Kosten van onderhoud vallen daar niet onder.
- Aanneming van werk. Hij die uit hoofde van een overeenkomst tot aanneming van werk, een vordering heeft wegens bearbeiding van een zaak, heeft op die zaak een bijzonder voorrecht, mits hij persoonlijk aan de uitvoering heeft deelgenomen.

Ad 2e Algemene voorrechten
Hierbij gaat het om algemene voorrechten zoals:
- kosten van de aanvraag van het faillissement
- kosten van lijkbezorging
- pensioentermijnen
- loon in ruime zin over het lopende en voorafgaande kalenderjaar

Ad 2f Concurrente crediteuren
De vorderingen van handelscrediteuren die goederen op rekening hebben verkocht aan de gefailleerde onderneming vallen onder de concurrente crediteuren. Tot de concurrente crediteuren behoren ook degenen die een lening aan de onderneming hebben verstrekt en daarbij geen zekerheden (zoals pand of hypotheek) hebben bedongen.

Concurrente crediteuren

Ad 2g Achtergestelde leningen
We spreken van een achtergestelde lening als de schuldenaar en schuldeiser onderling zijn overeengekomen dat de vordering van de schuldeiser wordt terugbetaald nadat de vorderingen van andere schuldeisers zijn voldaan. Eerst moeten de vorderingen van alle voorgaande schuldeisers worden voldaan, voordat de verstrekkers van het achtergestelde vreemd vermogen iets ontvangen. In geval van faillissement is de kans klein dat er voor de verstrekkers van achtergestelde leningen nog iets overblijft.

Achtergestelde lening

9

Uit bovenstaande volgorde blijkt dat de verstrekkers van achtergestelde leningen en de concurrente crediteuren het meest te vrezen hebben van een faillissement. Dit zijn dan ook de vermogenverschaffers die bij een financiële reorganisatie de grootste bijdrage zullen willen leveren. Ze staan immers voor de keuze: niets doen (met het gevaar dat ze in geval van faillissement hun vorderingen geheel als oninbaar kunnen afboeken) of een gedeelte van hun vorderingen laten vallen (in de hoop dat de onderneming na de financiële reorganisatie er weer bovenop komt en er voor beide partijen weer een gezonde zakelijke relatie kan worden opgebouwd).

9.6.2 Schuldsanering natuurlijke personen
Particulieren maar ook de eigenaren van een onderneming met de rechtsvorm van eenmanszaak, vof, maatschap of de beherende vennoten van een commanditaire vennootschap (zogenoemde natuurlijke personen) kunnen een beroep doen op de Wet schuldsanering natuurlijke personen (Wsnp). Ondernemers die een beroep willen doen op de Wsnp kunnen zich wenden tot de plaatselijke gemeente voor een vrijwillige schuldhulpverlening. De meeste gemeenten schakelen hiervoor erkende organisaties in, zoals gemeentelijke kredietbanken, gespecialiseerde schuldhulpbedrijven of maatschappelijk werk. Als na onderling overleg met de schuldeisers geen vrijwillige overeenkomst (zogenoemd minnelijk akkoord) mogelijk is, kan met hulp van de gemeente een verzoek worden ingediend bij de rechtbank. Stemt de rechtbank met het verzoek in, dan moeten ook de schuldeisers zich aan het akkoord houden. Tijdens de wettelijke sanering ziet een door de rechtbank benoemde bewindvoerder erop toe dat alles volgens afspraak verloopt. De rechtbank houdt gedurende de schuldsanering ook rekening met de belangen van de schuldeisers. Nadere informatie over de Wsnp is beschikbaar op www.bureauwsnp.org.

Wet schuldsanering natuurlijke personen

9.6.3 Doorstart na faillissement
In de meeste gevallen eindigt een faillissement met de opheffing van de onderneming. Het kan echter ook voorkomen dat een doorstart wordt gemaakt. Een doorstart is bijvoorbeeld denkbaar als er bedrijfsonderdelen zijn die als afzonderlijke onderneming levensvatbaar zijn. In die situatie zal het faillissement eindigen met de sluiting van de verliesgevende onderdelen van de onderneming en worden de winstgevende onderdelen als zelfstandige onderneming voortgezet of aan een andere onderneming verkocht. Een doorstart van de onderneming zal plaatsvinden in overleg met de curator die het faillissement afwikkelt. De curator zal rekening houden met

Doorstart

de belangen van de schuldeisers. Banken zijn in veel gevallen huiverig om een doorstart van de onderneming financieel te ondersteunen door het verstrekken van vreemd vermogen. Ze hebben immers in het verleden met de betreffende onderneming – in financieel opzicht – minder gunstige ervaringen opgedaan. Een goede financiële onderbouwing van de doorstarter is noodzakelijk om het vertrouwen van de vermogenverstrekkers (bijvoorbeeld de bank of een informal investor) te herwinnen.
Een doorstart voorkomt dat waardevolle bedrijfsmiddelen tegen dumpprijzen moeten worden verkocht en bovendien kan het aantal werknemers dat moet worden ontslagen, worden beperkt.
Banken en andere externe financiers spelen een belangrijke rol bij de financiering van overnames en/of financiële reorganisaties. In het volgende hoofdstuk gaan we daar nader op in.

Samenvatting

Ondernemingen in het midden- en kleinbedrijf kunnen geen beroep doen op de vermogensmarkt door het uitgeven van aandelen en/of obligaties. Ondernemers in het MKB zullen zelf over vermogen moeten beschikken of kennissen of familieleden bereid moeten vinden eigen vermogen of achtergesteld vreemd vermogen aan hun onderneming beschikbaar te stellen. Het eigen en achtergesteld vreemd vermogen (garantievermogen) is de basis voor het aantrekken van vreemd vermogen. Banken zijn belangrijke verschaffers van vreemd vermogen. Speciaal voor het MKB zijn er regelingen, zoals de borgstellingsregeling BMKB en de staatsgarantie die het aantrekken van vreemd vermogen moeten vergemakkelijken. Naast banken zijn er informal investors, die bereid zijn risicodragend vermogen (durfkapitaal) beschikbaar te stellen.
Bij financiële reorganisaties spelen de waardering en financiering van ondernemingen een belangrijke rol. Financiële reorganisaties kunnen op min of meer vrijwillige basis plaatsvinden (zoals bij een management buy out en een management buy in) of noodzakelijk worden door de slechte financiële situatie, zoals bij een dreigend faillissement.

Begrippenlijst

Achtergestelde lening	Een lening waarbij de schuldenaar en schuldeiser zijn overeengekomen dat de vordering van de schuldeiser wordt terugbetaald nadat de vorderingen van andere schuldeisers zijn voldaan.
Bezitloos pandrecht	Zekerheidsstelling door roerende zaken, die niet in de macht van de schuldeiser zijn gebracht.
Boedelschulden	Schulden die ontstaan in de periode die volgt op het moment waarop het faillissement is uitgesproken.
Boekwaarde	De waarde van activa, schulden en eigen vermogen zoals die blijkt uit de balans van een onderneming.
Borgstelling MKB (BMKB)	Borgstelling door de overheid voor leningen die aan het MKB worden verstrekt.
Crowdfunding	Een wijze van financieren waarbij vermogen wordt aangetrokken bij 'de menigte' (veelal vermogende particulieren, vrienden of bekenden).
Curator	Functionaris die door de rechter-commissaris wordt aangesteld en belast is met het beheer en de vereffening van de failliete boedel.
Durfkapitaal	Vreemd of eigen vermogen dat beschikbaar is gesteld aan ondernemingen met een hoog risico (durfkapitaal = venture capital).
Executiewaarde	De waarde van activa die kan worden gerealiseerd door de activa op een veiling te verkopen.
Faillissement	Een situatie waarin een organisatie heeft opgehouden te betalen.
Faillissementsschulden	Schulden die zijn ontstaan in de periode die voorafgaat aan het moment van faillissement.
Financiële reorganisatie	Ingrijpende wijziging in de samenstelling en/of omvang van het eigen en vreemd vermogen van een onderneming.
FinTech	Financiële producten en diensten waarbij gebruik wordt gemaakt van internettechnologie.

Informal investor	Vermogende particulieren die (risicodragend) vermogen beschikbaar stellen aan jonge, veelbelovende ondernemingen.
Kredietunie	Een coöperatieve vereniging met uitgesloten aansprakelijkheid waarbij de leden bestaan uit geldgevers en geldvragers.
Management buy in (MBI)	Het overnemen van een onderneming door een externe manager of een groep van externe managers.
Management buy out (MBO)	Het overnemen van een onderneming door het huidige management van de onderneming
Meewerkaftrek	Fiscale aftrekpost waarvoor de partner van de ondernemer in aanmerking kan komen als zij/hij aan bepaalde eisen voldoet.
Onderhandse verkoopwaarde	De waarde van activa die kan worden gerealiseerd door de activa onderhands (buiten een veiling om) te verkopen.
Oudedagsreserve	Fiscale regeling waardoor ondernemers de betaling van inkomstenbelasting over het bedrag dat ze aan de oudedagsreserve hebben toegevoegd, kunnen uitstellen.
Pand	Vorm van zekerheidsstelling waarbij roerende zaken als zekerheid dienen.
Pandrecht	Een recht dat door de schuldenaar aan de schuldeiser wordt verleend, waardoor de schuldeiser het recht heeft om roerende goederen van de schuldenaar te (laten) verkopen als de schuldenaar zijn verplichtingen niet nakomt.
Participatiemaatschappij	Financiële instellingen die (risicodragend) vermogen beschikbaar stellen aan jonge, veelbelovende ondernemingen.
Publicatieplicht	De verplichting die bedrijven met een bepaalde omvang hebben om hun financiële gegevens (gedeeltelijk) openbaar te maken door deze gegevens te deponeren bij de Kamer van Koophandel.
Separatisten	Schuldeisers die hun vorderingen in geval van faillissement kunnen opeisen alsof er geen faillissement is. Tot de separatisten behoren de houders van het recht van hypotheek en de pandhouders.
Stil pandrecht	Pandrecht, waarbij de roerende goederen in de macht van de schuldenaar blijven.
Turn around	Een grondige reorganisatie waarbij alle aspecten van de onderneming zijn betrokken.

Zekerheidstelling	Het recht verlenen aan een geldgever om bepaalde bezittingen van de geldnemer te verkopen, als de geldnemer zijn verplichtingen tegenover de geldgever niet nakomt.
Zelfstandigenaftrek	Fiscale aftrekpost waarvoor ondernemers in aanmerking kunnen komen als ze aan bepaalde eisen voldoen.

9

Opgaven

9.1 Beschrijf in het kort de ontwikkelingen die ertoe hebben geleid dat banken terughoudender zijn geworden bij het verstrekken van leningen aan MKB-bedrijven.

9.2 Geef aan wat wordt verstaan onder:
a crowdfunding
b kredietunies

9.3 **a** Wat wordt verstaan onder FinTech?
b Welke ontwikkelingen hebben bijgedragen aan de groei van de FinTech-'industrie'?
c Beschrijf in het kort de rol die FinTech speelt bij de opkomst van nieuwe financieringsvormen.

9.4 **a** Beschrijf in het kort wat wordt verstaan onder gestapelde financiering?
b Welke ontwikkelingen hebben het ontstaan van gestapelde financiering bevorderd?

9.5

HET FINANCIEELE DAGBLAD, 14 SEPTEMBER 2016

MKB zoekt weg in kapitaalmarkt

De Nederlandse economie zou met € 150 miljoen tot € 300 miljoen extra kunnen groeien als middelgrote ondernemingen alternatieven voor bankfinanciering beter zouden weten te vinden. Het gaat om 0,02 tot 0,04 procentpunt van de omvang van de economie.

Dat stelt consultancybedrijf EY in een onderzoek dat is uitgevoerd in opdracht van Capital Amsterdam, een stichting voor de promotie van de kapitaalmarkt in Nederland.

Hoewel banken nog altijd het leeuwendeel van de financiering leveren, kunnen middelgrote en kleine bedrijven (mkb) uit steeds meer alternatieve financierings-bronnen kiezen. Zo zijn er de starters-leningen en crowdfunding vooral voor de onderkant van de markt en bijvoorbeeld kredietunies en 'credit funds' voor grotere bedrijven. Pensioenfondsen bieden sinds kort ook alternatieve leningsvormen aan. Dat middelgrote bedrijven deze alterna-tieve bronnen van financiering toch niet goed weten te vinden, ligt volgens EY vooral aan gebrekkige voorlichting. De onderzoekers zien daarin een taak weggelegd voor de banken, wanneer zij zelf geen financiering willen of kunnen verstrekken, of accountantskantoren. Hoewel er al veel alternatieven zijn, is het aanbod nog onvoldoende, aldus Jeroen van der Kroft van EY, een van de opstellers van het rapport. 'Wij adviseren daarom fiscale stimulering om het aantrekkelijker te maken voor particulieren om in bedrijven te investeren. Dat gebeurt onder meer al in België en Frankrijk.'

Een derde kans ziet EY in de vorm van een beursgenoteerd MKB-investeringsfonds, zoals onder meer in het Verenigd Koninkrijk al bestaat. Daarbij kunnen beleggers geld steken in het fonds, dat leningen verstrekt aan bedrijven.

Ten slotte zouden fintech-bedrijven het makkelijker moeten maken om bedrijven naar alternatieve financieringsbronnen te leiden.

a Hoe komt het dat veel MKB-bedrijven de weg naar alternatieve financieringsbronnen nog niet goed weet te vinden?
b Welke financiële dienstverleners zouden MKB-bedrijven behulpzaam kunnen zijn bij hun zoektocht naar nieuw eigen en of vreemd vermogen?
c Welke rol spelen FinTech-bedrijven op de kapitaalmarkt?

9.6

HET FINANCIEELE DAGBLAD, 19 JANUARI 2017

TIIN Capital komt met nieuw investeringsfonds van €30 mln

TIIN Capital richt een nieuw fonds op om te kunnen investeren in middelgrote Nederlandse bedrijven die voor groeifinanciering niet terecht kunnen bij de bank. De in Naarden gevestigde venture-capitalmaatschappij wil daarvoor € 30 miljoen ophalen bij beleggers. Het streven is om eind maart van start te gaan.
TIIN is vooral bekend als investeerder in jonge IT- en hightechbedrijven die financiering nodig hebben om te groeien. Daarvoor wordt een kapitaal van € 60 miljoen ingezet. De fondsbeheerder gaat nu een volgende stap zetten door € 30 miljoen op te halen voor deelnemingen in grotere ondernemingen die de beginfase voorbij zijn. Het wordt daarmee het grootste fonds in de bijna twintigjarige

geschiedenis van de participatiemaatschappij. TIIN doet voor het nieuwe kapitaal een beroep op vermogende ondernemers en investeringsvehikels van gefortuneerde families, een kring van ongeveer duizend relaties.
'We kunnen straks meer risicokapitaal per onderneming beschikbaar stellen dan in het verleden', zegt Michael Lucassen, managing partner van TIIN Capital. Hij denkt aan investeringen in een bandbreedte van € 2,5 miljoen tot € 4,5 miljoen. TIIN wil de bedrijven in het nieuwe fonds gemiddeld vijf jaar in portefeuille houden, om ze daarna met winst te verkopen. Die strategie moet een fondsrendement opleveren van 15% à 20% op jaarbasis.

HET FINANCIEELE DAGBLAD, 22 FEBRUARI 2017

MKB Fonds breidt uit in IT-sector

De Amsterdamse participatiemaatschappij MKB Fonds vergroot zijn belangen in de IT-sector met een meerderheidsbelang in automatiseerder Advisor ICT Solutions in Mijdrecht. De jongste overname is onderdeel van plannen van MKB Fonds om een grotere positie in deze branche op te bouwen. IT is voor bijna alle ondernemingen een bedrijfskritisch proces geworden, zo licht de investeringsgroep zijn strategie toe.

Advisor is een in 1985 opgerichte IT-dienstverlener met een jaaromzet van ruim € 6 miljoen en vijftig medewerkers. Het bedrijf werkt als partner van grote organisaties, waaronder KPN, Cisco en Microsoft. Advisor hoopt met de komst van KMB Fonds ook ruimte te krijgen om zelf overnames te doen.

a 1 Wat is een participatiemaatschappij?
2 Welke rol spelen participatiemaatschappijen bij de financiering van bedrijven?
3 Van wie trekken participatiemaatschappijen vermogen aan?
b Waarom richten participatiemaatschappijen zich vaak op een bepaalde branche (zoals MKB Fonds dat zich onder meer richt op de IT-sector)?
c Welke financiële dienstverleners zouden MKB-bedrijven behulpzaam kunnen zijn bij hun zoektocht naar nieuw eigen en/of vreemd vermogen?
d Welke rol spelen FinTech-bedrijven op de kapitaalmarkt?

9.7

HET FINANCIEELE DAGBLAD, 7 FEBRUARI 2017

Rabo dupe van faillissement Siebel

Rabobank is de grote verliezer bij het in 2014 uitgesproken faillissement van juweliersketen Siebel. De bank moet € 9,3 miljoen afschrijven op een vordering van ruim € 11 miljoen. De kans dat er later nog geld terugkomt is nihil.

Dit blijkt uit het jongste faillissements-verslag van curator Marc Molhuysen, verbonden aan advocatenkantoor DLA Piper. Rabobank was de belangrijkste financier van de winkelketen en had vrijwel alle activa in onderpand. Maar dit was niet voldoende om er zonder kleerscheuren vanaf te komen. Uiteindelijk heeft de bank het grootste deel van zijn vordering moeten afboeken, nadat Siebel een doorstart had gemaakt onder een nieuwe Russische eigenaar.

Het overzicht van de curator laat zien dat Rabobank veruit de grootste strop lijdt van alle crediteuren. Samen hebben de gewone schuldeisers nog bijna € 13 miljoen tegoed, waarvan € 9,3 miljoen betrekking heeft op Rabobank. De preferente schuldeisers, waaronder de Belastingdienst, uitkeringsinstelling UWV en het personeel, hebben gezamenlijk € 2,3 miljoen te vorderen. Ook deze partijen zien niets van hun geld terug. De curator zegt in zijn verslag dat er geen uitkering mogelijk is aan preferente en concurrente crediteuren. Alles bij elkaar had Siebel een schuld van bijna € 16 miljoen.

De ruim honderd jaar oude juweliersketen ging in januari 2014 kopje-onder na een tegenvallende winkelomzet in de voorafgaande decembermaand. Daardoor kon Siebel de salarissen van de 279 medewerkers niet meer betalen. Kort vóór de faillietverklaring besloot de directie de 34 winkels te sluiten. Dit gebeurde in overleg met Rabobank.
In februari 2014 volgde een doorstart met Moscow Jewelry Factory als nieuwe eigenaar.

  a Welk probleem ontstaat er voor banken als bedrijven waaraan ze leningen hebben verstrekt failliet gaan?
  b Wat zijn concurrente crediteuren en geef daarvan twee voorbeelden?
  c Wat zijn preferente schuldeisers en geef daarvan drie voorbeelden?
  d Welke rol speelt een curator bij een faillissement?

9.8

HET FINANCIEELE DAGBLAD, 14 FEBRUARI 2017

Doorstart scheepsschroevenfabrikant levert vele miljoenen op

De doorstart van de failliete scheepsschroevenfabrikant Van Voorden Castings levert een miljoenensom op en beperkt de schade voor schuldeisers. Voormalig eigenaar Andus Group koopt het ruim honderd jaar oude bedrijf uit Zaltbommel terug voor bijna € 6 miljoen. Andere bieders zijn daarmee royaal verslagen.
Dit bleek maandag uit het eerste faillissementsverslag dat curator Coen Houtman over Van Voorden heeft opgesteld. De scheepsschroevenmaker, de enige in Nederland, ging begin dit jaar kopje-onder na aanhoudende verliezen als gevolg van achterblijvende opdrachten.
Drie weken geleden werd al duidelijk dat een doorstart zou volgen onder de vlag van metaalconglomeraat Andus Group uit Vianen. Diverse partijen hadden een bod op de uit 1912 daterende gieterij uitgebracht, maar geen van hen kwam in de buurt van de bieding van de oude moedermaatschappij, zo valt op te maken uit het verslag van de curator.
Andus Group zet het bedrijft voort met 35 van de 86 medewerkers en neemt de betalingsverplichtingen van de belastingdienst over. Ook zal de doorstarter handelscrediteuren voldoen die goederen of diensten hadden geleverd aan het failliete bedrijf. In totaal is met de overname een bedrag gemoeid van € 5,8 miljoen. Het grootste deel van de opbrengst gaat naar ABN Amro, de huisbankier van Voorden.

  a Leg uit waarom een doorstart de schade voor de schuldeisers beperkt?
  b Welke rol speelt een curator bij een faillissement?
  c Welke vermogensverschaffers ondervinden het meeste financiële nadeel bij het faillissement en de doorstart van Van Voorden Castings?

10
Presentatie en beoordeling financieringsaanvraag

10.1   De eerste indruk
10.2   Financiële onderbouwing kredietaanvraag
10.3   Beoordeling kredietaanvraag door de bank
10.4   Risico-inschatting en risicobeheer
10.5   Procedures en beslissing over kredietaanvraag
        Samenvatting
        Begrippenlijst
        Opgaven

Een ondernemer zal steeds weer nieuwe initiatieven moeten ontplooien om de concurrentiepositie van de onderneming te handhaven of te verbeteren. In veel gevallen betekent het dat er nieuwe investeringen moeten plaatsvinden. Het overnemen van een andere onderneming valt daar ook onder. Voor de financiering van deze plannen is extra eigen en/of vreemd vermogen nodig. De bank is voor het MKB nog steeds een zeer belangrijke verstrekker van vreemd vermogen. In dit hoofdstuk gaan we er daarom van uit dat voor de financiering ook een lening van de bank noodzakelijk is. We gaan in op de wijze waarop de ondernemer zijn plannen aan de bank presenteert en op de factoren die een rol spelen bij de beoordeling van de kredietaanvraag door de bank. Naast de balans, winst- en verliesrekening en kasstroomoverzichten over een aantal jaren uit het verleden, is financiële informatie over de toekomst van de onderneming belangrijk bij de beoordeling van de kredietaanvraag. We gaan in dit verband in op de betekenis van de begrote balans, begrote winst- en verliesrekening en het begroot kasstroomoverzicht.

De beoordeling van de kredietaanvraag door de bank betreft de volgende aspecten: de ondernemer en de onderneming, liquiditeit, rentabiliteit, vermogen en zekerheden. Ook een vergelijking van de cijfers van de eigen onderneming met branchegegevens maakt onderdeel uit van de analyse van de kredietaanvraag.

⑩·① De eerste indruk

Bij de presentatie van de plannen moet de ondernemer een duidelijke visie op tafel leggen. De nieuwe plannen moeten passen binnen de strategie van de onderneming en de ondernemer moet in staat zijn deze strategie op overtuigende wijze uit te dragen. Daarbij gaat het niet om een mooi verkoop-praatje (daar prikt de bank doorheen), maar om een duidelijke onderbouwing van de plannen. Van een ondernemer wordt niet verwacht dat hij de financiële consequenties van zijn plannen tot in detail kan toelichten. Daar heeft de ondernemer zijn financieel adviseur voor. Wel moet de ondernemer er blijk van geven in grote lijnen inzicht te hebben in de financiële consequenties van zijn plannen.

In de eerste oriënterende gesprekken met de bank moet de ondernemer zijn plannen helder en bondig uiteenzetten. Zelfverzekerd maar niet overmoedig. In eerste instantie gaat het om een globale beschrijving van de plannen en het schetsen van de achtergronden. De plannen moeten met argumenten en financiële gegevens worden onderbouwd. De bank heeft niets aan mooie woorden. Uiteindelijk gaat het om de harde feiten en het vertrouwen dat de ondernemer uitstraalt. Bij de beoordeling van de kredietaanvraag door de bank gaat het om de financiële positie van *de onderneming* op dit moment, de kwaliteiten van *de ondernemer* en de in *de toekomst* verwachte financiële resultaten en kasstromen.

Quick scan

Quick scan

Met behulp van een quick scan probeert de bank bij een nieuwe kredietaanvraag een eerste indruk te krijgen van de onderneming en de ondernemer. Iedere bank heeft daarvoor een eigen methode ontwikkeld. Uit deze quick scan blijkt dat voor de beoordeling van de financiële positie in grote lijnen de volgende factoren een rol spelen:
- de onderneming en haar omgeving (de markt);
- de ondernemer en zijn privésituatie;
- de structuur en de strategie van de onderneming;
- de vermogenspositie, zowel zakelijk als privé;
- de kwaliteit van het personeel en management;
- de in de toekomst verwachte in- en uitgaande geldstromen;
- de risico's waaraan de onderneming blootstaat.

De quick scans hebben tot doel op een snelle wijze de overlevingskansen van de onderneming en de haalbaarheid van de investerings- en financieringsplannen te beoordelen. Daarna zal een grondige analyse nodig zijn om een definitief oordeel over een kredietaanvraag te kunnen vellen. Bij deze nadere analyse komen onder meer aspecten uit het Vijfkrachtenmodel van Porter en de bedrijfsanalyse aan de orde.

⑩·② Financiële onderbouwing kredietaanvraag

Een bank die een kredietaanvraag van een onderneming moet beoordelen, zal niet over één nacht ijs gaan. Ze zal een grondige analyse van de markt, de marktpositie en de financiële gegevens van de onderneming maken en zich een beeld vormen van de in de toekomst te verwachten resultaten. Een bedrijfs- en marktanalyse en de meest recente balans, winst- en verliesrekening en kasstroomoverzicht van de onderneming zijn daarvoor

het uitgangspunt. Als voorbeeld nemen we de kredietaanvraag van eenmanszaak Demo in verband met de overname van eenmanszaak Fenter
Electro. In paragraaf 10.2.1 beschrijven we welke financiële gegevens de
bank wil inzien om de kredietaanvraag van Demo te kunnen beoordelen.
Paragraaf 10.2.2 gaat in op de verwachte toekomstige kasstromen, die we
kunnen weergeven in een begroot kasstroomoverzicht.

10.2.1   Beoordeling kredietaanvraag Demo

Om de kredietaanvraag door Demo in verband met de overname van
Fenter Electro te kunnen beoordelen, wil de bank inzage hebben in de
financiële gegevens van zowel Demo als Fenter Electro. De bank zal de
balans en de winst- en verliesrekening van een aantal voorafgaande jaren
en prognoses voor een aantal toekomstige jaren opvragen. Door de verschillende jaren met elkaar te vergelijken, kan mogelijk een bepaalde ontwikkeling (trend) in de resultaten worden vastgesteld. Hier is echter een
waarschuwing op zijn plaats. Vaak wordt verondersteld dat een bepaalde
trend zich ook in de toekomst zal voortzetten. Maar dat laatste is zeer de
vraag. Met andere woorden: een kredietanalist zal ook (moeten) onderzoeken of er *bijzondere omstandigheden* zijn die kunnen leiden tot een verandering in de trend (trendbreuk). Een dergelijke trendbreuk kan zowel
positief als negatief uitpakken voor de onderneming die het krediet aanvraagt.

**Krediet-
aanvraag**

De balansen, winst- en verliesrekeningen en kasstroomoverzichten zijn ook
in een Excelmodel weergegeven (zie www.financieelmanagementmkb.
noordhoff.nl). Door veranderingen in de basisgegevens van het Excelmodel
aan te brengen, kunnen de gevolgen voor de in de toekomst verwachte
kasstromen worden vastgesteld. Zo kunnen verschillende varianten worden
doorgerekend waarin bijvoorbeeld wijzigingen in het fiscale bedrijfsresultaat (als gevolg van veranderingen in de opbrengsten en kosten), wijzigingen in het nettowerkkapitaal en veranderingen in het investeringsbeleid
zijn opgenomen. Het Excelmodel rekent de gevolgen ervan voor de
financiële situatie van de onderneming door. Daarbij moet ook rekening
worden gehouden met bijzondere omstandigheden, als die zich voordoen.

Excelmodel

Ten aanzien van de in het verleden behaalde financiële resultaten van
Demo beperken we ons tot de gegevens over 2017. Voor de eenvoud
veronderstellen we dat de bedrijfseconomische balans gelijk is aan de
fiscale balans.

**Financiële
resultaten
Demo**

Debet		**Balans Demo per 1 januari 2017**		Credit

Debet				Credit		
Vaste activa:			Eigen vermogen		€	515.000
Grond	€ 240.000					
Gebouwen	€ 620.000					
Inventaris	€ 200.000					
		€ 1.060.000	Vreemd vermogen			
Vlottende activa:			lang:			
Vooruitbetaalde			Achtergestelde			
bedragen	€ 6.000		lening	€ 200.000		
Voorraad handels-			Hypothecaire			
goederen	€ 370.000		lening	€ 610.000		
Debiteuren	€ 20.000		Banklening (o/g)	€ 100.000		
Bank (rekening-					€	910.000
courant)	€ 30.000		Vreemd vermogen			
Bank (spaarre-			kort:			
kening)	€ 4.000		Nog te betalen			
Kas	€ 60.000		kosten	€ 65.000		
		€ 490.000	Crediteuren	€ 60.000		
					€	125.000
Totaal bezittingen		€ 1.550.000	Totaal vermogen		€	1.550.000

Om de hoeveelheid financiële informatie te beperken, veronderstellen we dat de winst- en verliesrekening van Demo over 2017 representatief is voor de afgelopen vijf jaar.

Om de gegevens van Demo te kunnen vergelijken met de branchegegevens gaan we uit van de *fiscale winstberekening*.
De fiscale winst van Demo wordt bij de eigenaar (Jansen) belast met inkomstenbelasting. We veronderstellen dat het belastingpercentage voor Jansen 45 bedraagt (belastingquote = 0,45). Als de winst stijgt, moet Jansen meer belasting betalen. We veronderstellen daarom dat Jansen ieder jaar een bedrag uit zijn zaak haalt (privéopname), dat gelijk is aan het totaal van:
- de te betalen inkomstenbelastingen in verband met de fiscale winst (= 0,45 × fiscale winst);
- de uitgaven voor levensonderhoud (we veronderstellen €36.000 per jaar).

Opmerking: de te betalen inkomstenbelasting wordt niet geheven over de fiscale winst, maar de gegeven berekening dient hier slechts *als indicatie* voor de hoogte van de privéopnames.

We veronderstellen dat er geen verschil is tussen de bedrijfseconomische balans per 31 december 2017 en de fiscale balans per 31 december 2017, zoals die in hoofdstuk 3 zijn gegeven. In hoofdstuk 3 is bovendien gegeven dat Demo in 2017 in Gebouwen €84.000 heeft geïnvesteerd en in Inventaris €10.000.

Winst- en verliesrekening Demo over 2017 (fiscaal)

Netto-omzet (Opbrengst verkopen)	€ 760.000	
Inkoopwaarde van de omzet	€ 429.400 –	
Brutowinstmarge		€ 330.600
Overige kosten (met uitzondering van interestkosten en afschrijvingen):		
Lonen en salarissen	€ 81.000	
Sociale lasten	€ 24.000	
Huisvestingskosten	€ 20.400	
Autokosten (o.a. leasekosten)	€ 11.200	
Verkoopkosten	€ 8.000	
Algemene kosten	€ 6.000 +	
		€ 150.600 –
Fiscale EBITDA		€ 180.000
Afschrijvingskosten:		
• Gebouwen	€ 24.000	
• Inventaris	€ 30.000 +	
		€ 54.000 –
Fiscale EBIT = fiscaal bedrijfsresultaat		€ 126.000
Interestkosten		€ 46.000 –
Fiscaal resultaat		€ 80.000
Privéopname[1]		€ 72.000 –
Winstinhouding (toename winstreserve)		€ 8.000

1 Berekening privéopname:
- in verband met verwachte inkomstenbelasting: $0,45 \times$ € 80.000 = € 36.000
- levensonderhoud　　　　　　　　　　　　　€ 36.000 +
　　　　　　　　　　　　　　　　　　　　　€ 72.000

Debet		**Balans Demo per 31 december 2017**			*Credit*
Vaste activa:		Eigen vermogen:		€	523.000
Grond	€ 240.000				
Gebouwen	€ 680.000	Vreemd vermogen			
Inventaris	€ 180.000	lang:			
	€ 1.100.000	Achtergestelde lening	€ 180.000		
Vlottende activa:		Hypothecaire			
Vooruitbetaalde		lening	€ 540.000		
bedragen	€ 8.000	Banklening (o/g)	€ 87.000	€	807.000
Voorraad					
handelsgoederen	€ 290.000				
Debiteuren	€ 39.000	Vreemd vermogen			
Bank (spaarrekening)	€ 3.000	kort:			
Kas	€ 10.000	Nog te betalen			
		kosten	€ 25.000		
	€ 350.000	Crediteuren	€ 51.000		
		Bank (rekening-courant)	€ 44.000		
				€	120.000
Totaal bezittingen	€ 1.450.000	Totaal vermogen		€	1.450.000

Als we de verschillende onderdelen van het vreemd vermogen op lange termijn vergelijken, blijkt dat in 2017 de bedragen zijn afgelost zoals weergegeven in tabel 10.1.

TABEL 10.1 Aflossingen in 2017

	Balans 1-1-2017	Balans 31-12-2017	Aflossing in 2017
Achtergestelde lening	€ 200.000	€ 180.000	= € 20.000
Hypothecaire lening	€ 610.000	€ 540.000	= € 70.000
Banklening	€ 100.000	€ 87.000	= € 13.000

Financiële gegevens Fenter Electro

Naast de financiële gegevens van Demo zijn de gegevens van Fenter Electro van belang. Ook daarbij veronderstellen we dat er geen verschillen zijn tussen de fiscale en de bedrijfseconomische balans. De balans van Fenter Electro per 31 december 2017 laat het volgende beeld zien:

Activa	Balans Fenter Electro per 31 december 2017		Passiva
Vaste activa:		Eigen vermogen	€ 600.000
Grond	€ 200.000	Vreemd vermogen lang:	
Gebouwen	€ 600.000	Hypothecaire lening	€ 350.000
Inventaris	€ 100.000	Banklening	€ 140.000
Vlottende activa:		Vreemd vermogen kort:	
Voorraden	€ 193.000	Crediteuren	€ 6.000
Debiteuren	€ 5.000	Rekening-courant	€ 4.000
Kas	€ 2.000		
Totaal bezittingen	€ 1.100.000	Totaal vermogen	€ 1.100.000

In de volgende winst- en verliesrekening van Fenter Electro over 2017 is al rekening gehouden met het feit dat Fenter in dienst treedt bij DeFeX en dus op de loonlijst bij DeFeX komt te staan. Behalve Fenter (1 fte) treedt ook het winkelpersoneel (2 fte) in dienst bij DeFeX. De daarmee samenhangende loonkosten zijn in de aangepaste winst- en verliesrekening van Fenter opgenomen onder de post 'Lonen en salarissen' en 'Sociale lasten'. De opbouw ervan is weergegeven in tabel 10.2.

TABEL 10.2 Opbouw loonkosten

	Lonen en salarissen	Sociale lasten
2 fte's winkelpersoneel (zie hoofdstuk 8)	€ 34.000	€ 11.000
Fenter (1 fte)	€ 36.000	€ 12.000
Totaal	€ 70.000	€ 23.000

Demo en Fenter Electro hebben in principe overeenstemming bereikt over de overname, onder het voorbehoud dat Demo een voor haar passende bankfinanciering kan krijgen.

Fiscale winst- en verliesrekening Fenter Electro over 2017 (*aangepast* in verband met toename fte's)

Netto-omzet (Opbrengst verkopen)	€ 680.000	
Inkoopwaarde van de omzet	€ 353.600 –	
Brutowinstmarge		€ 326.400
Overige kosten		
(met uitzondering van interestkosten en afschrijvingen):		
Lonen en salarissen	€ 70.000	
Sociale lasten	€ 23.000	
Huisvestingskosten	€ 25.400	
Autokosten (o.a. leasekosten)	€ 12.000	
Verkoopkosten	€ 9.000	
Algemene kosten	€ 11.000 +	
		€ 150.400 –
Fiscale EBITDA		€ 176.000
Afschrijvingskosten:		
• Gebouwen	€ 24.000	
• Inventaris	€ 22.000 +	
		€ 46.000 –
Fiscale EBIT = fiscaal bedrijfsresultaat		€ 130.000
Interestkosten		€ 30.000 –
Fiscaal resultaat		€ 100.000

10

Na de overname van Fenter Electro door Demo gaat de onderneming verder onder de naam DeFeX (Demo Fenter Exploitatie). De rechtsvorm blijft een eenmanszaak. De partner van Fenter zal niet in de nieuwe onderneming werkzaam zijn (hierdoor daalt het aantal fte's met 0,4). Demo neemt alleen de grond, gebouwen, inventaris en handelsgoederen van Fenter Electro over, waarvoor een overnamesom van €1.600.000 is afgesproken. De volgende aanvullende gegevens over Fenter Electro zijn beschikbaar:

DeFeX

Fenter

- Ook in de toekomst zijn de jaarlijkse afschrijvingen (gemiddeld) €46.000.
- De grond is door een makelaar getaxeerd op €280.000. Hierbij is nog geen rekening gehouden met de verontreiniging van de grond (zie hierna).
- De grond is gedeeltelijk vervuild en de kosten van de noodzakelijke bodemsanering worden geschat op €29.000. De eventuele koper moet de bodem laten saneren.
- De gebouwen zijn door een makelaar onroerend goed getaxeerd op €700.000.
- De werkelijke waarde van de inventaris wordt op dit moment geschat op €60.000.
- Van de voorraden is €4.000 incourant en deze worden vernietigd.
- We nemen aan dat bij de overname het winkelpersoneel nog steeds een omvang heeft van twee fte's.
- We nemen aan dat in de niet met name genoemde posten van de winst- en verliesrekening in de toekomst geen veranderingen optreden.

- We nemen aan dat de gegeven balans ook de situatie weergeeft op het moment van de overname.

Voorgaande informatie is in de volgende opstelling verwerkt.

Overnamesom	€ 1.600.000

Balanswaarde over te nemen activa:

Grond €280.000 – €29.000 =	€ 251.000	
Gebouwen	€ 700.000	
Inventaris	€ 60.000	
Voorraden €193.000 – €4.000 =	€ 189.000	
		€ 1.200.000
Boekhoudkundige goodwill		€ 400.000

Demo betaalt €400.000 meer dan de waarde waarvoor de overgenomen activa op de balans (in de boeken) van DeFeX worden opgenomen. Deze €400.000 is de *boekhoudkundige* goodwill. Naast de boekhoudkundig goodwill kennen we het begrip economische goodwill. Economische goodwill ontstaat als de verwachte rentabiliteit van een investering of belegging hoger is dan de daarover vereiste rentabiliteit. In hoofdstuk 8 hebben we de overname van Fenter Electro als investeringsproject beoordeeld, waarbij een vereiste vermogenskostenvoet van 10% is gebruikt. De verwachte kasstromen hebben daar een zodanige omvang dat een netto contante waarde (NCW) wordt verwacht van + €160.282,42. Dit bedrag geeft de hoogte van de *bedrijfseconomische* goodwill weer. Een positieve NCW betekent dat over de overnamesom en bijkomende kosten in verband met de overname van Fenter Electro een rentabiliteit wordt verwacht die hoger ligt dan de vereiste 10%.

Boekhoudkundige goodwill

Bedrijfseconomische goodwill

DEMO

Om de overname van Fenter Electro te financieren, dient Demo bij haar huisbankier het volgende verzoek in:

In totaal te financieren bedrag:

• overnamesom	€ 1.600.000
• bouw nieuw magazijn	€ 200.000
• aanpassing winkelpanden	€ 100.000 +
	€ 1.900.000

Aan te trekken vormen van vermogen:

• uitbreiding van de hypothecaire lening:	€ 1.200.000
Looptijd 20 jaar, aflossing €60.000 per jaar. De panden van Demo en Fenter Electro dienen als hypothecaire zekerheid.	
• een extra banklening met een looptijd van 10 jaar:	€ 300.000
Aflossing €30.000 per jaar. De voorraden en inventaris dienen daarbij als zekerheid.	
	€ 1.500.000 –
Door Jansen in te brengen eigen vermogen	€ 400.000

De verwachte extra interestkosten in verband met het extra vreemd vermogen van €1.500.000 bedragen in 2018 €72.000 en in 2019 €66.000.

Als de overname, de geplande nieuwbouw en andere aanpassingen doorgaan en de hiervoor beschreven financiering wordt verkregen, komt de balans van DeFeX er als volgt uit te zien.

DeFeX balans

Debet			**Balans DeFeX per 1 januari 2018**			*Credit*
Vaste activa:			Eigen vermogen[5]		€ 923.000	
Grond[1]	€ 491.000					
Gebouwen[2]	€1.680.000		Vreemd vermogen lang:			
Inventaris[3]	€ 240.000		Achtergestelde lening	€ 180.000		
Goodwill	€ 400.000		Hypothecaire lening[6]	€1.740.000		
		€ 2.811.000	Banklening (o/g)[7]	€ 387.000		
Vlottende activa:					€ 2.307.500	
Vooruitbetaalde			Vreemd vermogen kort:			
bedragen	€ 8.000		Nog te betalen kosten	€ 25.000		
Voorraad			Crediteuren	€ 51.000		
handelsgoederen[4]	€ 479.000		Bank (rekening-			
Debiteuren	€ 39.000		courant)	€ 44.000		
Bank (spaarre-					€ 120.000	
kening)	€ 3.000					
Kas	€ 10.000					
		€ 539.000				
Totaal bezittingen		€ 3.350.000	Totaal vermogen		€ 3.350.000	

Toelichting (bedragen in euro's):

1 240.000 + 280.000 – 29.000	=	491.000
2 680.000 + 700.000 + 200.000 + 100.000	=	1.680.000
3 180.000 + 60.000	=	240.000
4 290.000 + 193.000 – 4.000	=	479.000
5 523.000 + 400.000	=	923.000
6 540.000 + 1.200.000	=	1.740.000
7 87.000 + 300.000	=	387.000

De accountant van Demo heeft ook een begrote winst- en verliesrekening opgesteld over het jaar 2018, voor de situatie waarin Fenter Electro door Demo is overgenomen.
Daarbij veronderstellen we dat de financiële resultaten van Demo en Fenter Electro over 2017 ook in de toekomst worden gerealiseerd, met één verschil: door het nieuw te bouwen magazijn komt er 100 m² winkelruimte extra beschikbaar, waardoor de omzet per jaar kan stijgen met €150.000. We veronderstellen dat deze extra omzet gezien de marktverhoudingen (concurrentie, marktomvang enzovoort) kan worden gerealiseerd. De toename van de inkoopwaarde van de omzet (die met deze extra omzet samenhangt) bedraagt €80.000. Hierdoor wordt per jaar een extra EBIT (bedrijfsresultaat) van €70.000 verwacht.

Voor de eenvoud veronderstellen we dat de bruto-investeringen, de vrijval nettowerkkapitaal, de aflossingen, de afschrijvingen en alle andere kosten en opbrengsten (met uitzondering van de veranderingen naar aanleiding van de overname van Fenter Electro) in 2018 gelijk zijn aan de gegevens over 2017. Dit houdt onder meer in dat in 2018 in Gebouwen weer €84.000 wordt geïnvesteerd en in Inventaris €10.000.

Begrote winst- en verliesrekening DeFeX

De betaalde (boekhoudkundige) goodwill wordt in tien jaar afgeschreven met gelijke bedragen per jaar (€40.000 per jaar).
De begrote winst- en verliesrekening van DeFeX over 2018 is hierna weergegeven.

Begrote winst- en verliesrekening DeFeX 2018 (bedragen in euro's)

	Demo		Fenter Electro		Extra door overname		DeFeX	
Netto-omzet (Opbrengst verkopen)	760.000		680.000		150.000		1.590.000	
Inkoopwaarde van de omzet	429.400		353.600		80.000		863.000	
Brutowinstmarge		330.600		326.400		70.000		727.000
Overige kosten (met uitzondering van interestkosten en afschrijvingen):								
Lonen en salarissen	81.000		70.000				151.000	
Sociale lasten	24.000		23.000				47.000	
Huisvestingskosten	20.400		25.400				45.800	
Autokosten (o.a. leasekosten)	11.200		12.000				23.200	
Verkoopkosten	8.000		9.000				17.000	
Algemene kosten	6.000		11.000				17.000	
		150.600 –		150.400 –				301.000 –
Fiscale EBITDA		180.000		176.000	70.000			426.000
Afschrijvingskosten (depreciation):								
• Gebouwen	24.000		24.000		14.000[1]		62.000	
• Inventaris	30.000		22.000				52.000	
		54.000 –		46.000 –				114.000 –
EBITA		126.000		130.000	56.000			312.000
Amortisatie Goodwill[2]					40.000 –			40.000 –
Fiscale EBIT = fiscaal bedrijfsresultaat		126.000		130.000	16.000			272.000
Interestkosten		46.000 –		30.000 –	42.000 –			118.000 –
Fiscaal resultaat		80.000		100.000	26.000 –			154.000 +
Privéonttrekking[3]								105.300 –
Winstinhouding								48.700

1 We veronderstellen dat de afschrijvingskosten op Gebouwen toenemen met €14.000.
2 De amortisatie op Goodwill (amortization = afschrijving) bedraagt €400.000 : 10 = €40.000 per jaar.
3 Berekening privéopname:
  • in verband met te betalen inkomstenbelasting: $0,45 \times €154.000 = €$ 69.300
  • levensonderhoud   €   36.000 +
                                                                 € 105.300

Op basis van de beginbalans, de winst- en verliesrekening en de overige gegevens over onder meer afschrijvingen en aflossingen stellen we de balans van DeFeX per 31 december 2018 op.   **Balans DeFeX**

Debet	Balans DeFeX per 31 december 2018			*Credit*
Vaste activa:			**Eigen vermogen[5]**	€ 971.700
Grond	€ 491.000			
Gebouwen[1]	€1.702.000		**Vreemd vermogen**	
Inventaris[2]	€ 198.000		**lang:**	
Goodwill[3]	€ 360.000		Achtergestelde	
		€ 2.751.000	lening[6]	€ 160.000
Vlottende activa:			Hypothecaire	
Vooruitbetaalde			lening[7]	€1.610.000
bedragen	€ 8.000		Banklening (o/g)[8]	€ 344.000
Voorraad han				€ 2.114.000
delsgoederen[4]	€ 469.000		**Vreemd vermogen**	
Debiteuren	€ 41.000		**kort:**	
Bank (spaarreke			Nog te betalen	
ning)	€ 3.000		kosten	€ 25.000
Kas	€ 8.000		Crediteuren	€ 51.000
		€ 529.000	Bank (rekening-	
			courant)[9]	€ 118.300
				€ 194.300
Totaal bezittingen		€ 3.280.000	**Totaal vermogen**	€ 3.280.000

Toelichting (bedragen in euro's):

1	1.680.000 – 62.000 + 84.000	=	1.702.000
2	240.000 – 52.000 + 10.000	=	198.000
3	400.000 – 40.000	=	360.000
4	479.000 – 10.000	=	469.000
5	923.000 + 48.700	=	971.700
6	180.000 – 20.000	=	160.000
7	1.740.000 – 70.000 – 60.000	=	1.610.000
8	387.000 – 13.000 – 30.000	=	344.000
9	sluitpost		

10.2.2   Begroot kasstroomoverzicht DeFeX

Door het maken van een financiële planning kunnen eventuele knelpunten in de financiering tijdig worden gesignaleerd. Dit kan ertoe leiden dat plannen moeten worden aangepast of dat extra financiële middelen moeten worden aangetrokken. Het voorspellen van toekomstige geldstromen is een lastige zaak. Wie weet hoe de (wereld)economie er over een jaar of vijf uitziet? Een gedegen marktonderzoek kan hierbij uitkomst bieden.

Verwachte toekomstige kasstromen kunnen we weergeven in de vorm van een begroot kasstroomoverzicht. Het maken van een begroot kasstroomoverzicht- **Begroot** lichten we hierna toe aan de hand van de gegevens van Demo en Fenter **kasstroom-** Electro. We beperken ons tot de eerstkomende twee jaren. De winst- en **overzicht** verliesrekening over 2017 en de balans per 1 januari 2017 en 1 januari 2018 van Demo en de aanvullende gegevens in verband met de overname van Fenter Electro zijn het uitgangspunt voor de financiële planning. We veronderstellen dat de overname op 1 januari 2018 plaatsvindt. Voor het kasstroomoverzicht

over 2019 maken we dezelfde veronderstellingen als voor het kasstroomoverzicht over 2018, met de volgende uitzondering: in 2019 vinden er geen
investeringen in vaste activa plaats en is er geen mutatie in het nettowerkkapitaal.

Begroot kasstroomoverzicht DeFeX over 2018

Fiscaal bedrijfsresultaat		€ 272.000
Afschrijvingen:		
Gebouwen	€ 62.000	
Inventaris	€ 52.000	
Goodwill	€ 40.000 +	
		€ 154.000 +
Kasstroom op winstbasis		€ 426.000 +
Nettowerkkapitaal begin 2018[1]	€ 450.000	
Nettowerkkapitaal eind 2018[1]	€ 442.000 −	
Afname nettowerkkapitaal		€ 8.000 +
Operationele kasstroom		€ 434.000 +
Bruto-investeringen:		
Gebouwen	€ 84.000	
Inventaris	€ 10.000 +	
		€ 94.000 −
Vrije kasstroom		€ 340.000 +
Privéonttrekkingen		€ 105.300 −
Beschikbaar voor de vermogensmarkt		€ 234.700 +
Geldstromen van en naar de vermogensmarkt:		
Aflossing achtergestelde lening	€ 20.000 −	
Aflossing hypothecaire lening	€ 130.000 −	
Aflossing banklening	€ 43.000 −	
Betaalde interest	€ 118.000 −	
Toename rekening-courantkrediet	€ 74.300 +	
		€ 236.700 −
Mutatie liquide middelen in 2018		€ 2.000 −

[1] Het nettowerkkapitaal is exclusief liquide middelen én exclusief
rekening-courantkrediet.

De mutatie in de liquide middelen kunnen we ook afleiden uit de begin- en
eindbalans:

Eindbalans:	Bank (spaarrekening)	€ 3.000	
	Kas	€ 8.000 +	
Saldo liquide middelen per 31-12-2018		€ 11.000 +	

Saldo liquide middelen per 31-12-2018   €   11.000

Beginbalans: Bank (spaarrekening)   €   3.000
            Kas   €   10.000

Saldo liquide middelen per 1-1-2018   €   13.000 –

Mutatie liquide middelen in 2018   €   2.000 –

Het voorgecalculeerde kasstroomoverzicht over 2019 komt grotendeels overeen met dat van 2018. Alleen de interestkosten bedragen in 2019 €57.000 in plaats van €60.000 in 2018. Bovendien veronderstellen we dat er in 2019 geen bruto-investeringen in de vaste activa plaatsvinden en dat het nettowerkkapitaal per 31 december 2013 gelijk is aan het nettowerkkapitaal per 31 december 2018. De privéonttrekkingen in 2019 stellen we gelijk aan de privéopname in 2018 (€ 105.300)

Begroot kasstroomoverzicht DeFeX over 2019

Fiscaal bedrijfsresultaat			€ 272.000
Afschrijvingen:	Gebouwen	€ 62.000	
	Inventaris	€ 52.000	
	Goodwill	€ 40.000 +	
			€ 154.000 +
Kasstroom op winstbasis			€ 426.000 +
Nettowerkkapitaal excl. liquide mid. begin 2019[1]		€ 442.000	
Nettowerkkapitaal excl. liquide mid. eind 2019[1]		€ 442.000 –	
Afname nettowerkkapitaal			€ 0
Operationele kasstroom			€ 426.000 +
Bruto-investeringen:	Gebouwen	€ 0	
	Inventaris	€ 0 +	
			€ 0
Vrije kasstroom			€ 426.000 +
Privé-onttrekkingen			€ 105.300 –
Beschikbaar voor de vermogensmarkt			€ 320.700 +
Geldstromen van en naar de vermogensmarkt:			
Aflossing achtergestelde lening		€ 20.000 –	
Aflossing hypothecaire lening		€ 130.000 –	
Aflossing banklening		€ 43.000 –	
Betaalde interest		€ 112.000 –	
			€ 305.000 –
Mutatie liquide middelen in 2019			€ 15.700 +

[1] Het nettowerkkapitaal is exclusief liquide middelen én exclusief rekening-courantkrediet.

De voor DeFeX opgestelde kasstroomoverzichten over 2018 en 2019 geven een goed beeld van de verwachte geldstromen. Uit deze overzichten blijkt dat DeFeX in staat zal zijn in de toekomst de toegenomen verplichtingen in verband met aflossingen en interest op te brengen. Daarbij veronderstellen we dat DeFeX de financiële resultaten die in 2017 en 2018 zijn behaald ook in de toekomst kan realiseren. Het bedrag dat beschikbaar is voor de vermogensmarkt is net voldoende om de financieringsverplichtingen na te komen. Vanaf 2019 kunnen (bij ongewijzigde omstandigheden) de liquide middelen jaarlijks toenemen met € 15.700. Dit bedrag geeft aan hoeveel ruimte er is om met de binnen de onderneming gegenereerde middelen:

- een terugval in de opbrengsten op te vangen;
- kostenstijgingen op te vangen;
- investeringen in vaste activa te verrichten;
- het nettowerkkapitaal uit te breiden;
- extra aflossingen te verrichten;
- de privéonttrekkingen te laten toenemen.

Bij de voorgaande kasstroomoverzichten merken we op dat:
- De te betalen rente ieder jaar afneemt, omdat er jaarlijks wordt afgelost.
- De leningen in een relatief korte periode worden afgelost.

De eigenaar van DeFeX heeft per 1 januari 2018 €923.000 eigen vermogen ingebracht. Daarover wil de ondernemer een marktconforme vergoeding ontvangen. Het is de vraag of de verwachte kasstromen van DeFeX daarvoor toereikend zijn. Mogelijke maatregelen om de verwachte kasstromen te verhogen, zijn:
- Verhoging van de bezettingsgraad. Vooral ondernemingen met relatief veel vaste kosten hebben er belang bij een hoge bezettingsgraad te realiseren. Als dat niet lukt, zullen de vaste kosten gereduceerd moeten worden om de resultaten te verbeteren. Een van de manieren om de vaste kosten terug te dringen is het uitbesteden van werkzaamheden

Outsourcing

(outsourcing). Daardoor worden de vaste kosten lager, maar er komen variabele kosten voor in de plaats. Dit betekent dat de kosten zich aanpassen aan veranderingen in de omzet, waardoor de resultaten minder zullen schommelen.
- Een efficiënter beheer van het nettowerkkapitaal. Op die manier kunnen er financiële middelen worden vrijgemaakt.
- Beperking van investeringen in vaste activa of afstoting van vaste activa (die niet voor de bedrijfsuitoefening noodzakelijk zijn).

Sale and lease back

- Verkoop en terughuur van vaste activa (sale and lease back).

Het opstellen van een begroot kasstroomoverzicht is niet eenvoudig, omdat schattingen moeten worden gemaakt. Het heeft echter als voordeel dat je als ondernemer wordt gedwongen na te denken over de toekomst van de onderneming en de sterke en zwakke punten te analyseren. Bovendien geldt: beter een matige prognose dan geen prognose.

10.2.3   Liquiditeitsbegroting

Zowel een begroot kasstroomoverzicht als een liquiditeitsbegroting geven inzicht in de toekomstige liquiditeitspositie van een onderneming. Kasstroomoverzichten (volgens de indirecte methode) gaan uit van de gegevens van de winst- en verliesrekening en gegevens van de balans en

geven een verklaring over de mutatie in de liquide middelen. Een kasstroomoverzicht wordt meestal opgesteld over een periode van een jaar.
Een liquiditeitsbegroting wordt bij voorkeur opgesteld over korte perioden, **Liquiditeits-**
bijvoorbeeld een maand of een kwartaal en geeft de verwachte ontwikkeling **begroting**
in de omvang van de liquide middelen weer. Het opstellen van een liquiditeitsbegroting is vooral van belang voor ondernemingen die te maken
hebben met seizoenen. Hierbij kunnen we denken aan bedrijven in de
agrarische sector, maar bijvoorbeeld ook aan een fabrikant van schaatsen.
Voor seizoenbedrijven geldt dat er eerst – gedurende een lange periode
– geïnvesteerd en geproduceerd moet worden, voordat er iets verkocht kan
worden. Dat betekent dat er eerst veel gelduitgaven plaatsvinden en pas
(veel) later geldontvangsten volgen. Hierdoor kunnen de gelduitgaven hoog
oplopen en uit de liquiditeitsbegroting moet blijken of de onderneming in
staat is deze gelduitgaven te verrichten of dat er liquiditeitstekorten dreigen.
Door een liquiditeitsbegroting per maand of kwartaal op te stellen, kan
nauwkeurig worden vastgesteld in welke maand of in welk kwartaal er
liquiditeitsproblemen verwacht worden. Een onderneming kan dan tijdig
maatregelen treffen om een eventueel verwacht liquiditeitstekort op te
heffen. Bijvoorbeeld door het tijdelijk aantrekken van extra vreemd vermogen. Uit de liquiditeitsbegroting zal dan ook moeten blijken dat de onderneming de extra aflossings- en renteverplichtingen, die daarvan het gevolg
zijn, kan opbrengen.
Bij het nemen van beslissingen moet de leiding van een onderneming
rekening houden met de gevolgen voor de geldstromen en dus voor de
liquiditeitspositie van de onderneming. We lichten dat toe aan de hand van
een voorbeeld uit de agrarische sector.

VOORBEELD 10.1
Dit voorbeeld gaat over een producent van fruit (bijvoorbeeld appels). De appeloogst
vindt ieder jaar ongeveer in september plaats. Dat betekent dat de producent van
appels voor die tijd vooral gelduitgaven heeft en geen geldontvangsten. Op het moment
dat de appels zijn geoogst (in september), is het aanbod van appels hoog waardoor de
prijs van appels relatief laag is. De leiding van dit agrarisch bedrijf zou ervoor kunnen
kiezen de appels eerst op te slaan in koelhuizen met het doel ze in december te verkopen (als de prijzen door het lagere aanbod in december hoger zijn). Dit heeft echter wel
tot gevolg dat er nog meer gelduitgaven (voor het bewaren in koelhuizen) ontstaan en
dat de geldontvangsten nog later plaatsvinden. Uit de liquiditeitsbegroting moet dan
blijken of deze beslissing niet tot liquiditeitsproblemen in de maanden september,
oktober en november leidt.
Mocht de beslissing om de appels eerst in koelhuizen op te slaan tot een liquiditeitstekort leiden, dan kan de bank worden gevraagd om extra financiering. Mocht dat niet
mogelijk zijn, dan zal de onderneming toch moeten besluiten de appels direct te
verkopen. Daarnaast moet de leiding van de onderneming beoordelen of de extra
kosten van het opslaan van de appels opwegen tegen de hogere prijzen die men denkt
op een later tijdstip voor de appels te kunnen realiseren.

Uit de liquiditeitsbegroting moet ook blijken of de eigenaar van de onderneming voldoende geld uit zijn onderneming kan halen om in zijn levensbehoeften (privé-uitgaven) te voorzien.

10

Een liquiditeitsbegroting is ook voor de bank een belangrijk instrument om te beoordelen welke financiering voor een onderneming mogelijk is en tegen welke condities.

10.3 Beoordeling kredietaanvraag door de bank

Op basis van de hiervoor verstrekte informatie beoordeelt de bank de kredietaanvraag.

Bij de beoordeling van de kredietaanvraag besteedt de bank met name aandacht aan de aspecten:

1 ondernemer en onderneming
2 liquiditeit
3 rentabiliteit
4 solvabiliteit
5 zekerheden

Binnen ieder aspect spelen de volgende factoren een rol:

Ondernemer en onderneming

1 de *ondernemer*:
- visie en strategie
- ervaring
- opleiding
- netwerken
- leeftijd
- privésituatie.

de *onderneming*:
- structuur
- activiteiten.

Liquiditeit

2 *liquiditeit*:
- begroot kasstroomoverzicht
- liquiditeitsbegroting
- kengetallen

Rentabiliteit

3 *rentabiliteit*:
- historisch
- in de toekomst verwacht
- ontwikkeling en fluctuaties
- vergelijking met de branche.

Solvabiliteit

4 *solvabiliteit*:
- samenstelling van het vermogen
- ontwikkeling in het vermogen.

Zekerheden

5 *zekerheden*:
- zekerheidsrechten
- borgstelling
- betrokkenheid van ondernemer.

Behalve met voorgaande aspecten moet nog rekening worden gehouden met bijzondere omstandigheden en bijzondere ontwikkelingen.

Bij het beoordelen van de plannen en de kredietaanvraag speelt ook een rol of een onderneming een nieuwe relatie van de bank is of dat de onderneming al langer klant is. In het laatste geval heeft de bank ervaringen met de klant (een 'track record') opgebouwd. Deze ervaringen zal de bank betrekken bij het beoordelen van de kredietaanvraag.

Track record

In eerste instantie zal de bank onderzoeken of de verwachte financiële resultaten van de onderneming voldoende zijn om in de toekomst, naast de reeds bestaande verplichtingen, de nieuwe verplichtingen in verband met de extra lening na te komen. Om dat te beoordelen zijn de aspecten 1 tot en met 4 van belang. Aspect 5 (zekerheden) wordt actueel als de onderneming haar verplichtingen niet nakomt en in een situatie van faillissement terechtkomt. In dat geval zal de bank proberen haar vordering te verhalen op de bezittingen van de onderneming en bij een eenmanszaak, vof en maatschap ook op de privébezittingen van de eigenaren. Het aspect zekerheden komt als laatste aan bod. In de paragrafen 10.3.1 tot en met 10.3.5 beoordelen we de kredietaanvraag in verband met de overname van Fenter Electro met behulp van deze vijf aspecten. In paragraaf 10.3.6 volgt op grond van de aspecten 1 tot en met 5 een voorlopige conclusie over de kredietaanvraag.

10.3.1   Aspect 1: de ondernemer/onderneming

Jansen, de eigenaar van Demo, is 43 jaar en heeft ruime ervaring in de branche. Jansen is in gemeenschap van goederen gehuwd, heeft een zoon van 18 jaar en een dochter van 16 jaar en is bereid veel tijd in de onderneming te steken. De zoon zit op een middelbare opleiding voor de detailhandel en is van plan de zaak van zijn vader over te nemen. Sinds zijn 14e jaar werkt hij al in de zaak om een centje bij te verdienen. De dochter zit op het vwo en ambieert een wetenschappelijke carrière. Jansen en zijn vrouw bezitten een privéwoning met een getaxeerde vrije verkoopwaarde van €480.000. Op deze woning rust een hypothecaire lening van €200.000 (aflossingsvrij) met resterende looptijd van tien jaar. Verder hebben ze nog €10.000 op een internetspaarrekening staan. Fenter, de eigenaar van de over te nemen onderneming, is bereid nog een aantal jaren in zijn winkel te blijven werken. Hierdoor krijgt Jansen de gelegenheid zich in te werken in de over te nemen onderneming. Jansen heeft goede contacten met de branchevereniging. Door schaalvergroting probeert Jansen de kosten van reclame en opslag over een grotere omzet te verdelen. Bovendien is hij na de overname beter in staat om kwantumkortingen bij de inkoop te bedingen.

Aspect 1

Ondernemer
Onderneming

De onderneming

DeFeX is een speciaalzaak in huishoudelijke apparaten met de rechtsvorm eenmanszaak. De eigenaar van DeFeX is een ondernemer in hart en nieren, die de markt goed aanvoelt. De vooruitzichten voor de branche zijn gunstig. Er wordt een geringe economische groei verwacht en de consument gaat steeds meer experimenteren in de keuken. Jansen heeft de kwaliteiten om zijn visie over te brengen op het personeel van de over te nemen onderneming. Fenter en Jansen vullen elkaar goed aan en ten aanzien van de samenwerking worden geen problemen verwacht. Door de uitbreiding van de winkelvloeroppervlakte wordt in de toekomst een stijging van de omzet en het bedrijfsresultaat verwacht. Een groot deel van de kosten is vast, waardoor een omzetstijging direct doorwerkt in het resultaat.
De winkels van DeFeX zijn gevestigd op een A1-locatie in het centrum van het dorp en hebben een moderne uitstraling.

Bancaire invalshoek

Bancaire invalshoek

Op grond van deze informatie zal de bank concluderen dat:
- Jansen als ondernemer zeer gemotiveerd is en goed in de branche is ingevoerd;
- de privéonttrekkingen in verband met de studerende kinderen voorlopig nog wel op het huidige niveau zullen blijven of zelfs iets zullen toenemen;
- de opvolging van de onderneming waarschijnlijk geen problemen gaat opleveren;
- de ondernemer nog over een aanzienlijk privévermogen beschikt;
- Fenter aan de onderneming verbonden blijft. Dit maakt het mogelijk de overdracht van de contacten met klanten (klantenbinding) geleidelijk te laten verlopen;
- de onderneming op een goede locatie is gevestigd en wordt geleid door een vakbekwame ondernemer.

10.3.2   Aspect 2: liquiditeit

Aspect 2 Liquiditeit

Bij dit aspect beoordelen we of de *toekomstige* cashflows van de onderneming voldoende zijn om de betalingsverplichtingen na te komen en om de gewenste groei te realiseren. Goede manieren om daar inzicht in te krijgen zijn het opstellen van kasstroomoverzichten over een reeks van *toekomstige jaren* en het opstellen van een liquiditeitsbegroting. Een begroot

Begroot kasstroom- overzicht

kasstroomoverzicht gaat uit van de toekomst en houdt rekening met verwachte (des)investeringen in nettowerkkapitaal en vaste activa. In paragraaf 10.2 staan de begrote kasstroomoverzichten van DeFeX over 2018 en 2019.
Daaruit blijkt dat DeFeX in staat is zijn betalingsverplichtingen over 2019 na te komen en dat de voorraad liquide middelen in 2019 naar verwachting zal stijgen met € 15.700.

Een begroot kasstroomoverzicht geeft (in grote lijnen) de verwachte geldontvangsten en gelduitgaven over een bepaalde jaar weer. Een liquiditeitsbegroting is gedetailleerder dan een kasstroomoverzicht en kan per maand of per kwartaal worden gespecificeerd. De liquiditeit op korte termijn (bijvoor-

Liquiditeits- begroting

beeld voor komend jaar) kan het beste op basis van een liquiditeitsbegroting worden beoordeeld. Daarnaast worden kasstroomverzichten opgesteld om de mutaties in de liquide middelen gedurende meerdere toekomstige jaren in kaart te brengen.

Kengetallen

Naast liquiditeitsbegrotingen en begrote kasstroomoverzichten worden er kengetallen berekend om inzicht te krijgen in de ontwikkeling in de liquiditeit. De rol van deze kengetalen bij de beoordeling van de liquiditeit is bescheiden.
We berekenen hierna de kengetallen voor DeFeX en plaatsen enkele kritische opmerkingen bij het gebruik ervan.

Current ratio Quick ratio

De kengetallen current ratio en quick ratio berekenen we in het kader van de beoordeling van de liquiditeit van DeFeX.

TABEL 10.3 Current ratio en quick ratio DeFeX

	Per 1-1-2018	Per 31-12-2018
Current ratio = $\dfrac{\text{Vlottende activa}}{\text{Vlottende passiva}}$	$\dfrac{€539.000}{€120.000} = 4,49$	$\dfrac{€529.000}{€194.300} = 2,72$
Quick ratio = $\dfrac{\text{Vlottende activa (exclusief voorraden)}}{\text{Vlottende passiva}}$	$\dfrac{€60.000}{€120.000} = 0,50$	$\dfrac{€60.000}{€194.300} = 0,31$

Uit de vergelijking van de kengetallen op 1 januari 2018 en 31 december 2018 kunnen we de voorzichtige conclusie trekken dat de liquiditeit is afgenomen. De quick ratio is duidelijk lager dan de current ratio. Dit wordt veroorzaakt door de hoge voorraden. Dit betekent dat de liquiditeit met name afhangt van de courantheid van de voorraden. Om te beoordelen of de voorraden snel in geld kunnen worden omgezet, is de omzetsnelheid van belang. Een hoge omzetsnelheid van de voorraden is gunstig voor de liquiditeit van de onderneming.

In de bankwereld wordt ook gewerkt met de debt service coverage ratio (DSCR), die we als volgt berekenen.

Debt service coverage ratio

$$\text{Debt service coverage ratio (DSCR)} = \frac{\text{Vrije kasstroom}}{\text{Aflossingsverplichtingen} + \text{rentekosten}}$$

$$\text{Debt service coverage ratio (voor DeFeX over 2018)} =$$

$$\frac{\text{Vrije kasstroom}}{\text{Aflossingen} + \text{interestkosten}} = \frac{€342.000}{€193.000 + €118.000} = 1,1$$

Een debt service coverage ratio van 1 betekent dat de vrije kasstroom precies voldoende is om de aflossingen en interestkosten te dekken. Omdat voor DeFeX de debt service coverage ratio boven de 1 ligt, wordt verwacht dat DeFeX over 2018 de verplichtingen in verband met aflossingen en rente kan nakomen. De debt service coverage ratio voor DeFeX ligt slechts een klein beetje boven de 1. Bij tegenvallende resultaten zou het kunnen gebeuren dat DeFeX niet in staat is haar aflossings- en renteverplichtingen tijdig na te komen.

Kritische opmerkingen bij het gebruik van kengetallen

De hiervoor berekende kengetallen, zoals de current en de quick ratio, zijn momentopnames (tijdstipgrootheden). Ze zeggen iets over de situatie op 1 januari 2018 en 31 december 2018, maar geven geen inzicht in de geldstromen tijdens het jaar. Bovendien hebben de kengetallen betrekking op situaties uit het verleden.

Het gaat de verstrekkers van het vreemd (en eigen) vermogen niet zozeer om in het verleden behaalde resultaten. Veel belangrijker zijn de resultaten die in de toekomst worden verwacht. Gegevens uit het verleden kunnen eventueel worden gebruikt om toekomstige ontwikkelingen te voorspellen. Om inzicht te krijgen in de toekomstige financiële positie van een onderneming, zal de bank vooral uitgaan van *begrote kasstroomoverzichten* en liquiditeitsbegrotingen.

10.3.2   Aspect 3: rentabiliteit

Aspect 3

Rentabiliteit

Historische analyse

Branche-vergelijking

De hoogte van de brutowinstmarge en rentabiliteit is onder meer afhankelijk van de mate van concurrentie binnen de branche. Naarmate de concurrentie feller is, zullen de verkoopprijzen onder druk komen te staan, waardoor de brutomarge en rentabiliteit afnemen. Een grondige analyse van de markt, de marktverhoudingen en de concurrentiepositie van een individuele onderneming is daarom belangrijk om uitspraken te kunnen doen over de ontwikkeling van de *rentabiliteit in de toekomst*. Om inzicht te krijgen in de financiële prestaties van een onderneming, kunnen we de cijfers van de onderneming vergelijken met cijfers uit voorafgaande jaren (historische analyse) en met branchegegevens (branchevergelijking). Een historische analyse geeft inzicht in de ontwikkelingen van de financiële positie van de onderneming in het verleden. De bank zal daarom de financiële gegevens over bijvoorbeeld de laatste drie tot vijf jaar willen inzien. Maar voor de bank is het nog belangrijker inzicht te hebben in de *toekomstige* resultaten. In deze paragraaf beperken we de historische analyse van de resultaten tot het afgelopen jaar (2017) en wat de toekomst betreft geven we een prognose voor het komende jaar (2018), na de overname van Fenter Electro door Demo, zie tabel 10.4.

TABEL 10.4 Historische en verwachte winst- en verliesrekening (bedragen in euro's)

	Situatie voor overname (2017)				Verwachte situatie na overname (2018)			
	Demo		Fenter Electro		T.g.v. overname		DeFeX	
Omzet	760.000		680.000		150.000		1.590.000	
Inkoopwaarde	429.400		353.600		80.000		863.000	
Brutowinst		330.600		326.400		70.000		727.000
Kosten:								
• personeelskosten	105.000		93.000				198.000	
• huisvestingskosten	44.400		49.400		14.000		107.800	
• overige kosten	55.200		54.000		40.000		149.200	
Totale kosten		204.600		196.400		54.000		455.000
Fiscaal bedrijfsresultaat		126.000		130.000		16.000		272.000
Interestkosten		46.000–		30.000 –		42.000 –		118.000
Fiscaal resultaat voor belasting		80.000		100.000		26.000 –		154.000
Aantal m²	280		200		100		580	
Aantal fte's	3,0		2,0		0		5,0	
Gemiddelde voorraad	330.000		193.000		50.000		573.000	

Op basis van de gegevens uit tabel 10.4 kan een aantal kengetallen worden uitgerekend, die we vergelijken met de branchegemiddelden. Deze kengetallen staan in tabel 10.5.

TABEL 10.5 Vergelijking financiële resultaten DeFeX met branchegemiddelden (in % van netto-omzet)

	Gehele branche 2017		Demo 2017		Fenter Electro 2017		DeFex 2018	
Netto-omzet	100		100		100		100	
Inkoopwaarde	61,1		56,50		52,00		54,28	
Brutowinst		38,9		43,50		48,00		45,72
Kosten:								
• Personeelskosten	18,9		13,82		13,68		12,45	
• Huisvestingskosten	13,8		5,84		7,26		6,78	
• Overige kosten	9,9		7,26		7,94		9,38	
Totale kosten		42,6		26,92		28,88		28,61
Fiscaal bedrijfsresultaat (fiscale EBIT)		- 3,7		16,58		19,12		17,11
Interestkosten[1]		0		6,05		4,41		7,42
Fiscaal resultaat		- 3,7		10,53		14,71		9,69

1 Bij de gegevens in de kolom 'Gehele branche' zijn de interestkosten verwerkt in de totale kosten.

NRC HANDELSBLAD, 13 FEBRUARI 2017

Grootste omzetgroei detailhandel in acht jaar

Ondanks de groei ligt de omzet in de detailhandel nog altijd 4,3 procent lager dan vóór de crisis, die in 2008 begon.

Clara van de Wiel

Met een omzetgroei van 1,9 procent kende de detailhandel in 2016 de sterkste groei in acht jaar, zo blijkt uit cijfers die het Centraal Bureau voor de Statistiek (CBS) maandag bekendmaakte. De verkopen groeiden in 2016 met 1,4 procent.
De Nederlandse detailhandel werd de afgelopen jaren hard geraakt door de crisis. Verschillende grote winkelketens moesten de afgelopen jaren hun deuren sluiten, waaronder vorig jaar V&D. Vorige week maakte winkelketen Blokker bekend door tegenvallende resultaten 69 van zijn 190 winkels in België te gaan sluiten.

Ondanks de groei ligt de omzet in de detailhandel nog altijd 4,3 procent lager dan vóór de crisis, die in 2008 begon. Ook zijn er grote verschillen tussen winkels die voedsel verkopen en winkels in de non-foodsector. Die laatste sector groeide in 2016 met 0,9 procent, maar kende sinds de crisis nog altijd een omzetverlies van bijna 16 procent. Voedselwinkels deden het daarentegen een stuk beter: de omzet steeg in 2016 met 1,9 procent en ligt daarmee bijna 12 procent hoger dan voor de crisis. Ook onlinewinkels deden het in 2016 goed, met een omzetgroei van bijna 19 procent. December was een goede maand voor de detailhandel, met een omzetgroei van 2,7 procent in vergelijking met dezelfde periode in 2015.

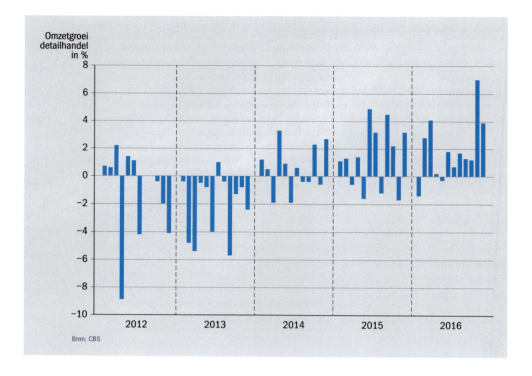

Bron: CBS

Toelichting

De non-foodsector, waar ook de branche huishoudelijke artikelen toe behoort, heeft sinds de crisis te maken met een omzetverlies van bijna 16 procent. Sinds 2016 stijgt de omzet in de detailhandel weer en ook voor de jaren 2017 en 2018 wordt een omzetstijging verwacht.

Een probleem bij het maken van een branchevergelijking is dat de gegevens over de branche met een grote vertraging bekend worden. Terwijl voor Demo en Fenter Electro de gegevens over 2017 al bekend zijn, zijn voor de branche als geheel slechts de gegevens over 2016 bekend. Met betrekking tot Defex wordt gewerkt met begrote omzet en begrote kosten die betrekking hebben op 2018. Gegevens over 2018 laten zich moeilijk vergelijken met branchegegevens over 2016. Juist in de jaren 2012-2016 heeft de branche huishoudelijke artikelen een forse omzetdaling doorgemaakt. Veel ondernemingen hebben in die periode verlies geleden. Vanaf 2017 wordt weer een omzetstijging in de branche verwacht.

Het verwachte fiscaal resultaat voor belasting van DeFeX over 2018 is (uitgedrukt in procenten van de netto-omzet) gunstig ten opzichte van het branchegemiddelde over 2016. Voor de branche als geheel is het bedrijfsresultaat over 2016 negatief: –3,6% (Bron: www.detailhandel.info).

We moeten echter bedenken dat bij de berekening van het fiscaal resultaat voor belasting voor DeFeX geen rekening is gehouden met:
- het gewaardeerd ondernemersloon (GOL);
- een marktconforme vergoeding over het geïnvesteerde eigen vermogen.

Als we voor DeFeX rekening houden met deze twee factoren, krijgen we de volgende berekening (stel dat over het eigen vermogen per 1 januari 2018 van €923.000 een vergoeding van 10% wordt vereist):

Fiscaal resultaat voor belasting		€ 154.000
Gewaardeerd ondernemersloon:		
Eigenaar: 1 × €40.000 =	€ 40.000	
Partner eigenaar: 0,4 × €20.000 =	€ 8.000 +	
GOL	€ 48.000	
Vergoeding over eigen vermogen:		
0,10 × €923.000 =	€ 92.300 +	
		€ 140.300 –
Verwacht bedrijfseconomisch resultaat voor belasting over 2018		€ 13.700

De mate waarin de beschikbare winkelvloeroppervlakte en personeelsleden hebben bijgedragen aan de omzet blijkt uit de omzet per fte en per m^2 winkelvloeroppervlakte (WVO) (zie tabel 10.6).

TABEL 10.6 Omzetgegevens

	Gehele branche 2016	Demo 2017	Fenter Electro 2017	DeFeX 2018
Netto-omzet per winkel	€ 306.000	€ 760.000	€ 680.000	€ 1.590.000
Omzet per m^2 WVO[1]	€ 1.347	€ 2.714	€ 3.400	€ 2.741
Omzet per fte[2]	€ 142.761	€ 253.333	€ 340.000	€ 318.000
Inkoopwaarde omzet		€ 429.400	€ 353.600	€ 863.000
Brutowinstmarge	38,9%	43,5%	48,0%	45,7%

1 WVO = winkelvloeroppervlakte. In plaats van WVO komen we ook wel de afkorting VVO tegen (VVO = verkoopvloeroppervlakte).
2 Fte's op de loonlijst (dus exclusief de meewerkende eigenaar en eventueel meewerkende partner bij eenmanszaak en vof).

Uit tabel 10.6 blijkt dat de omzet per m^2 winkelvloeroppervlakte bij DeFeX afneemt ten opzichte van Demo en Fenter Electro. Dit kan worden verklaard uit de toename van de extra winkelvloeroppervlakte met 100 m^2, die leidt tot een omzettoename in het eerste jaar van slechts €150.000 (dit is €1.500 per extra m^2). Waarschijnlijk zal in de toekomst de omzet verder stijgen, waardoor de omzet per m^2 winkelvloeroppervlakte weer zal toenemen.

De omzetgegevens voor Demo, Fenter Electro en DeFex zijn beter dan voor de branche als geheel. Daarbij moeten we bedenken dat de gegevens op verschillende jaren betrekking hebben. Bovendien wijkt het assortiment van Demo en Fenter Electro af van de branche als geheel. Hierdoor zijn de cijfers moeilijk vergelijkbaar.

Rentabiliteit over het geïnvesteerde vermogen

Rentabiliteit

De rentabiliteit van een onderneming kunnen we ook beoordelen vanuit het gezichtspunt van de verstrekkers van het eigen en vreemd vermogen. Daarbij maken we gebruik van kengetallen. Voordat we deze kengetallen berekenen, geven we een overzicht van de gegevens die daarvoor nodig zijn. De gegevens hebben betrekking op DeFeX. Zie tabel 10.7 en 10.8.

TABEL 10.7 Balansgegevens DeFeX (bedragen in euro's)

	1-1-2018		31-12-2018	
Vaste activa		2.811.000		2.751.000
Voorraden	479.000		469.000	
Overige vlottende activa	60.000		60.000	
Totaal vlottende activa		539.000		529.000
Totaal bezittingen		3.350.000		3.280.000
Eigen vermogen		923.000		971.700
Vreemd vermogen lang	2.307.000		2.114.000	
Vreemd vermogen kort	120.000		194.300	
Totaal vreemd vermogen		2.427.000		2.308.300
Totaal vermogen		3.350.000		3.280.000

TABEL 10.8 Samenstelling van het vermogen en financiële resultaten DeFeX (in bedragen in euro's)

2018

$$\text{Gemiddeld eigen vermogen} \quad \frac{923.000 + 971.700}{2} = 947.350$$

$$\text{Gemiddeld vreemd vermogen} \quad \frac{2.427.000 + 2.308.300}{2} = 2.367.650$$

$$\text{Gemiddeld totaal vermogen} \quad \frac{3.350.000 + 3.280.000}{2} = 3.315.000$$

EBITDA (fiscaal)	426.000
Afschrijvingen/amortisatie	154.000 –
EBIT (fiscaal)	272.000
Interestkosten	118.000 –
Fiscaal resultaat	154.000

We kunnen de rentabiliteit uitdrukken in een percentage van het totale vermogen, het vreemd vermogen en het eigen vermogen. Om het rentabiliteitspercentage te berekenen, delen we de vergoedingen die toekomen aan het totaal, vreemd en eigen vermogen door respectievelijk de omvang van het totaal, vreemd en eigen vermogen. Voor DeFeX krijgen we dan de volgende berekeningen.

$$\text{Rentabiliteit totaal vermogen } (R_{tv}) = \frac{\text{Bedrijfsresultaat (EBIT)}}{\text{Gemiddeld totaal vermogen}} = \qquad \mathbf{R_{tv}}$$

$$\frac{\text{€272.000}}{\text{€3.315.000}} \times 100\% = 8{,}205\%$$

Gemiddelde interestkosten vreemd vermogen $(K_{vv}) = \qquad \mathbf{K_{vv}}$

$$\frac{\text{Interestkosten}}{\text{Gemiddeld vreemd vermogen}} = \frac{\text{€118.000}}{\text{€2.367.650}} \times 100\% = 4{,}984\%$$

Een Kvv van 4,984% betekent dat de onderneming gemiddeld 4,984% interest betaalt over het aangetrokken vreemd vermogen. Dit percentage is enigszins vertekend, omdat er bij het vreemd vermogen ook componenten zijn opgenomen (zoals Crediteuren en Nog te betalen kosten) waarvan de daaraan verbonden kosten niet expliciet als interestkosten in de winst- en verliesrekening zijn opgenomen.

Omdat Rtv hoger is dan Kvv, verdient DeFeX aan iedere euro vreemd vermogen. Deze 'winst' op het vreemd vermogen komt ten goede aan de verschaffers van het eigen vermogen en leidt tot een hogere rentabiliteit van het eigen vermogen (hogere Rev). Dit effect is groter naarmate er relatief veel vreemd vermogen (ten opzichte van het eigen vermogen) in de onderneming aanwezig is. De verhouding vreemd vermogen/ eigen vermogen bij DeFeX bedraagt 2,5. Dit wijst erop dat de onderneming met relatief veel vreemd vermogen is gefinancierd.

$$\text{Rentabiliteit eigen vermogen } (R_{ev}) = \frac{\text{Resultaat voor belasting}}{\text{Gemiddeld eigen vermogen}} = \qquad \mathbf{R_{EV}}$$

$$\frac{\text{€154.000}}{\text{€947.350}} \times 100\% = 16{,}26\%$$

Relatief veel vreemd vermogen werkt in het voordeel van Rev zolang Rtv groter is dan Kvv. Een toename van de verhouding VV/EV kan er echter toe leiden dat de verschaffers van het vreemd vermogen meer risico gaan lopen en een hogere interestvergoeding gaan eisen. Hierdoor zal Kvv stijgen en mogelijk hoger worden dan Rtv. Als dat het geval is, wordt er 'verlies' geleden op iedere euro vreemd vermogen en dat komt ten laste van de verschaffers van het eigen vermogen. Dit heeft een negatieve invloed op Rev.

Voor DeFeX kunnen we vaststellen dat de rentabiliteit van het totaal vermogen aanmerkelijk hoger is dan de gemiddelde interestkosten. Met andere woorden: de interestkosten worden ruimschoots terugverdiend.

In dit verband kunnen we ook de *interest coverage ratio* (interest dekkings- **Interest** getal) uitrekenen: **coverage ratio**

$$\text{Interestdekkingsgetal} = \frac{\text{Bedrijfsresultaat (EBIT)}}{\text{Interestkosten}} = \frac{\text{€272.000}}{\text{€118.000}} = 2{,}31$$

**Interest-
dekkingsgetal**

Een interestdekkingsgetal van 1 betekent dat het bedrijfsresultaat (EBIT) precies voldoende is om de interestkosten te dekken. Naarmate het interestdekkingsgetal verder boven de waarde 1 ligt, is de onderneming beter in staat zijn interestlasten terug te verdienen en zal de rentabiliteit voor de verschaffers van het eigen vermogen toenemen.

**Debt service
ratio**

De interest coverage ratio (ICR) is vooral van belang voor financieringen waarop niet wordt afgelost, zoals het rekening-courantkrediet. Als er op leningen moet worden afgelost, kijkt de bank ook naar de debt service ratio (DSR). De debt service ratio berekenen we als volgt.

$$\text{Debt service ratio (DSR)} = \frac{\text{EBITDA} (= \text{EBIT voor aftrek van afschrijvingen})}{\text{Aflossingsverplichtingen} + \text{rentekosten}}$$

$$\text{De debt service ratio (DSR) voor DeFex} = \frac{€426.000}{€193.000 + €118.000} = 1{,}37$$

Bij de toepassing van dit kengetal veronderstellen we dat de vrijgekomen afschrijvingen niet worden gebruikt voor investeringen, maar voor de aflossing van het vreemd vermogen. Een aflossings- en interestdekkingsgetal van 1 betekent dat de EBITDA precies voldoende is om de aflossingen en de interestkosten *te dekken*. Een aflossings- en interestdekkingsgetal dat ruim boven de waarde 1 ligt, betekent dat financiële resultaten van de onderneming (gemeten in EBITDA) ruim voldoende zijn om de aflossings-verplichtingen en interestlasten te dekken. Of een onderneming ook daadwerkelijk in staat is in de toekomst de aflossingen en interest op tijd *te betalen*, kan niet uit dit kengetal worden afgeleid. Daarvoor moet ook rekening worden gehouden met de vereiste gelduitgaven in verband met investeringen in nettowerkkapitaal en vaste activa. Om te kunnen beoorde-len of een onderneming ook in de toekomst zijn aflossings- en interestver-plichtingen kan nakomen, zullen voor een aantal toekomstige jaren *kasstroomoverzichten* moeten worden opgesteld. De debt service ratio wordt met name gebruikt bij kleinere (MKB-) financieringen. Op basis van de DSR kan de bank beoordelen of de winstgevendheid van de onderne-ming voldoende is om de aflossingsverplichtingen en interestkosten te dekken.

Banken kunnen met de ontvanger van de lening afspraken maken over de minimale hoogte van de ICR en DSR.

Aspect 4

10.3.4   Aspect 4: solvabiliteit

Solvabiliteit

In bijzondere situaties (bijvoorbeeld als de onderneming een nieuwe banklening aanvraagt, failliet dreigt te gaan of haar activiteiten beëindigt) zal de bank zich afvragen of de onderneming in staat is het vreemd vermo-gen af te lossen. Om dat te beoordelen vergelijken we de waarde van de activa van de onderneming met de omvang van het vreemd vermogen. Als de waarde van de activa hoger is dan de waarde van het vreemd vermogen, is de onderneming in principe solvabel: ze is in staat het vreemd vermogen af te lossen uit de opbrengst van de activa. Daarbij veronderstellen we dat de activa marktconform zijn gewaardeerd en eenvoudig liquide gemaakt kunnen worden.

We kunnen de mate van solvabiliteit uitdrukken door middel van de volgende kengetallen:

$$\text{Solvabiliteitspercentage} = \frac{\text{Eigen vermogen}}{\text{Totaal vermogen}} \times 100\%$$

Solvabiliteits-percentage

$$\text{Debt ratio} = \frac{\text{Vreemd vermogen}}{\text{Totaal vermogen}}$$

Debt ratio

Een onderneming met relatief veel eigen vermogen heeft een gunstige solvabiliteit, dat tot uitdrukking komt in een hoog solvabiliteitspercentage en een lage debt ratio. Het solvabiliteitspercentage en de debt ratio van DeFeX zijn berekend in tabel 10.9.

TABEL 10.9 Solvabiliteit en debt ratio DeFeX

	Per 1-1-2018	Per 31-12-2018
Solvabiliteitspercentage	$\frac{€923.000}{€3.350.000} \times 100\% = 27,55\%$	$\frac{€971.700}{€3.280.000} \times 100\% = 29,63\%$
Debt ratio	$\frac{€2.427.000}{€3.350.000} = 0,7245$	$\frac{€2.308.300}{€3.280.000} \times 100\% = 0,7037$

Uit deze kengetallen blijkt dat DeFeX in principe in staat is haar schulden af te lossen. De debt ratio bedraagt ruim 0,70. Dit betekent dat de schuld ongeveer 70% bedraagt van de boekwaarde van de activa. Als de activa verkocht kunnen worden tegen de boekwaarde, kan uit de opbrengst daarvan het vreemd vermogen worden terugbetaald. Dan is de onderneming solvabel. Naarmate de jaren verstrijken zal DeFeX een groter gedeelte van haar vreemd vermogen hebben afgelost, waardoor deze kengetallen zullen verbeteren. Dit wordt al enigszins zichtbaar als we de kengetallen per 1 januari 2018 en 31 december 2018 met elkaar vergelijken.

Bij de beoordeling van de solvabiliteit speelt de waardering van de activa een belangrijke rol. Een aantal waardebegrippen dat daarbij een rol kan spelen, lichten we nader toe.

Balanswaarde en actuele waarde
De kengetallen die worden gebruikt om de solvabiliteit te beoordelen, maken vaak gebruik van waarderingen die op de balans van de onderneming zijn gebaseerd. Meestal zal de actuele waarde van de activa echter afwijken van de waarde waarvoor ze op de balans staan (boekwaarde). Dat betekent dat er correcties op de boekwaarde van de activa moeten worden aangebracht om de actuele waarde van de activa vast te stellen. Dit heeft gevolgen voor de waarde van het totaal en eigen vermogen en daarmee voor de solvabiliteitskengetallen.
Enkele belangrijke factoren die kunnen leiden tot verschillen tussen de boekwaarde en de actuele waarde, lichten we kort toe.

Balanswaarde

Actuele waarde

Liquidatiewaarde versus going-concernwaarde
De activa van een onderneming zullen in het algemeen op de balans worden gewaardeerd, ervan uitgaande dat de onderneming ook in de toekomst blijft voortbestaan (going-concernwaarde). Bij een (dreigend) faillissement zal de

Going-concern-waarde

bank overgaan tot het opeisen van de door haar verstrekte kredieten. Dan blijkt vaak dat de liquidatiewaarde lager ligt dan de boekwaarde van de activa. Als liquidatie van de onderneming dreigt, is het beter bij de beoordeling van de solvabiliteit uit te gaan van de liquidatiewaarde.

Liquidatie-waarde

Vaste activa

De boekwaarde van grond en gebouwen komt tot stand door de aanschaf-waarde te verminderen met de reeds verrichte afschrijvingen. Dit leidt er vaak toe dat de boekwaarde lager uitvalt dan de actuele waarde. Om de actuele waarde (vrije verkoopwaarde) van onroerend goed vast te stellen, kan de ondernemer de waarde laten taxeren door een makelaar onroerend goed. Geactiveerde goodwill en andere immateriële activa (zoals licenties) worden bij de berekening van de solvabiliteit vaak buiten beschouwing gelaten, omdat ze in geval van liquidatie geen waarde of een veel lagere waarde dan de boekwaarde blijken te hebben.

Vlottende activa

Courantheid

De waarde van de voorraden handelsgoederen moet eventueel worden verlaagd als er sprake is van incourante voorraden. Het aantal voorraaddagen is een eerste indicatie voor de courantheid van de voorraden. Wat betekent een aantal voorraaddagen van bijvoorbeeld 180 voor de waarde van de voor-raden? Dit houdt in dat de goederen *gemiddeld* een halfjaar 'op de schap' liggen. Dit gemiddelde kan opgebouwd zijn uit goederen die een maand in voorraad zijn, maar ook uit goederen die meer dan een jaar op voorraad liggen. In het eerste geval zal de waarde van de goederen gelijk zijn aan de actuele waarde, terwijl in de tweede situatie waardering tegen de liquidatie-waarde meer voor de hand ligt. Het aantal voorraaddagen dat 'normaal' is, zal van branche tot branche verschillen. Zo zal voor een handel in verse groenten en fruit het aantal voorraaddagen aanmerkelijk lager liggen dan bij een handel in consumentenelektronica, zoals tv's en geluidsapparatuur.

Bij de waardering van debiteuren moet rekening worden gehouden met oninbare vorderingen en bij onderhanden werk moet worden vastgesteld of de boekwaarde ook daadwerkelijk kan worden gerealiseerd. Dit laatste valt te betwijfelen als de werkzaamheden niet naar wens van de opdrachtgever zijn uitgevoerd of als de onderneming in verband met faillissement het onderhanden werk niet kan voltooien.

Inzicht in de afwikkeling van een faillissement is ook van belang voor de waardering van de vorderingen op afnemers. Vorderingen op afnemers staan onder de naam Debiteuren aan de debetzijde van de balans. Als een afnemer failliet is verklaard, zullen de vorderingen op deze afnemer lager gewaardeerd moeten worden en moet de balanspost Debiteuren worden verlaagd. Door de daling van de waarde van de balanspost Debiteuren, daalt ook het eigen vermogen van de onderneming. Voor een juiste bepa-ling van de (intrinsieke) waarde van een onderneming is inzicht in de waarde van de vorderingen (zoals Debiteuren bij een handelsonderneming of verstrekte leningen bij bankinstellingen) van belang. Het oplopen van het aantal debiteurendagen is een eerste indicatie dat er onder de Debiteuren een aantal posten dubieus kunnen worden.

Op basis van voorgaande vier aspecten probeert de bank vast te stellen of de onderneming in staat is in de toekomst de toegenomen verplichtingen in verband met aflossingen en rente na te komen. Als dat een positief resultaat oplevert, zal de bank in principe bereid zijn de extra leningen te verstrekken. Maar de werkelijke financiële resultaten kunnen achteraf ongunstiger zijn dan vooraf werd verwacht. Om in geval van een negatieve ontwikkeling verliezen voor de bank te voorkomen of te beperken, vraagt de bank zekerheden (aspect 5).

10.3.5 Aspect 5: zekerheden

Aspect 5

Een voorbeeld van zekerheidstelling is het vestigen van het recht van hypotheek op onroerende zaken. Als de geldnemer zijn verplichtingen niet nakomt, heeft de geldgever het recht het onroerend goed te laten verkopen en uit de opbrengst ervan zijn vordering te verhalen. Het recht van hypotheek moet bij notariële akte worden gevestigd.

Zekerheden

Hypotheek

Een andere vorm van zekerheidsstelling is het pandrecht. Het pandrecht wordt verleend door de schuldenaar/geldnemer aan de schuldeiser/geldgever en biedt meer zekerheid over de terugbetaling van een schuld, die voortvloeit uit een geldlening. De wet kent twee vormen voor het vestigen van pandrecht. Enerzijds door het vestigen van een vuistpand, waarbij het pand in de macht wordt gebracht van de geldgever. Anderzijds door het vestigen van bezitloos pand (stil pandrecht) bij authentieke of geregistreerde onderhandse akte, waarbij het pand in de macht blijft van de geldnemer. De gedachte achter het vestigen van een bezitloos pand is de schuldenaar in staat te stellen het onderpand functioneel te blijven gebruiken. Dit is vooral van belang als de schuldenaar een onderneming drijft. In dat geval is het kunnen blijven gebruiken van het onderpand (denk bijvoorbeeld aan machines) in het kader van de onderneming essentieel voor de schuldenaar. Het pandrecht kan worden gevestigd op een roerende zaak, op een recht aan toonder of order, of op het vruchtgebruik van een zodanige zaak.

Pandrecht

Vuistpand

Stil pandrecht

Ingeval de schuldenaar/pandgever in zijn betalingsverplichtingen tekortschiet of dreigt tekort te schieten, heeft de schuldeiser/geldgever het recht afgifte van het onderpand te vorderen, aan welke vordering de schuldenaar onverwijld uitvoering dient te geven. Afgifte houdt in dat het bezitloos pand feitelijk in de macht van de geldgever of in de macht van een derde wordt gebracht. Daarnaast heeft de pandhouder/geldgever het recht van parate executie. Dit wil zeggen dat wanneer de schuldenaar in verzuim is met de terugbetaling, de pandhouder/schuldeiser bevoegd is het verpande goed te verkopen en het hem verschuldigde op de opbrengst te verhalen. Dezelfde situatie doet zich voor ingeval de schuldenaar in staat van faillissement wordt verklaard. Dan is de pandhouder als separatist (de pandhouder kan zich gedragen alsof er geen faillissement is) gerechtigd het pand in het openbaar te verkopen en uit de verkoopopbrengst zijn vordering te verhalen.

Parate executie

Separatist

Bezitloos pandrecht wordt veel gebruikt bij voorraden en inventarissen. De pandgever moet dan de administratie zodanig inrichten dat daaruit kan worden afgeleid welke goederen onder het bezitloos pandrecht (stil pandrecht) vallen. Als de voorraad goederen toeneemt nadat het bezitloos pandrecht is gevestigd, kan deze toename weer een basis zijn om het krediet bij de bank te verhogen.

Positie van de geldgever (schuldeiser)

In het geval van een liquidatie van een onderneming is van belang welke aanspraken de schuldeisers hebben en in welke volgorde hun vorderingen worden afgewikkeld (zie ook hoofdstuk 9, waar de afwikkeling in geval van een faillissement is besproken).

Faillissement

De wijze waarop een faillissement wordt afgewikkeld en de volgorde bij de verdeling van de opbrengst van de activa is ook van belang voor het inschatten van de risico's van de kredietverstrekkers en voor het bepalen van de waarde van hun vorderingen.

Als er geen zekerheden zijn gesteld, worden de schuldeisers ingedeeld bij de concurrente crediteuren en is de kans groot dat een (groot) gedeelte van hun vorderingen niet geïncasseerd kan worden. Als een onderneming onroerend goed of voorraden bezit, kunnen deze als zekerheid dienen. De geldnemer kan op basis van deze bezittingen vreemd vermogen aantrekken. Voor de geldgever geeft de aanwezigheid van deze activa enige zekerheid in het geval de onderneming (geldnemer) niet in staat is zijn verplichtingen na te komen. Vooral banken zullen bij het verstrekken van vreemd vermogen zekerheden (in de vorm van bijvoorbeeld hypotheek of pand) vragen.

Hoofdelijke aansprakelijkheid en borgstelling

Hoofdelijke aansprakelijkheid

Bij een bv is de directeur-grootaandeelhouder (DGA) niet aansprakelijk voor de schulden van de bv. Dit betekent dat de schuldeisers geen aanspraak kunnen maken op het privévermogen van de DGA. Maar wat te doen als een bv een lening aanvraagt bij de bank en de bv onvoldoende zekerheden kan bieden, terwijl de verwachte kasstromen in de toekomst weliswaar redelijk maar niet overtuigend zijn? Voor de bank bestaat dan het gevaar dat, wanneer de toekomstige kasstromen tegenvallen en de bv haar verplichtingen niet kan nakomen, er onvoldoende zekerheden beschikbaar zijn om haar vorderingen daarop te verhalen. In deze situatie kan de bank aan het verstrekken van het krediet aan de bv de voorwaarde verbinden dat de DGA('s) of andere belanghebbenden hoofdelijk aansprakelijk is (zijn) voor de verplichtingen die uit de lening voortvloeien. Dit betekent dat de bank haar totale vordering kan verhalen op iedereen die zich hoofdelijk aansprakelijk heeft gesteld. Daarbij kan ook het privévermogen van deze personen worden aangesproken.

Borgstelling

Een andere mogelijkheid om extra zekerheid te verkrijgen is borgstelling (waaronder staatsgarantie). De borg is daarbij alleen aansprakelijk tot het bedrag waarvoor iemand zich borg heeft gesteld.

DeFeX

De (boek)waarde van de activa van DeFeX op 1 januari 2018 die als zekerheid kunnen dienen, bestaan uit:

- grond   €   491.000
- gebouwen   € 1.680.000
- inventaris   €   240.000
- voorraad handelsgoederen   €   479.000
- debiteuren   €   39.000

  _____

                                             € 2.929.000

- privéwoning na aftrek hypothecairelening:
  €480.000 – €200.000 =   €   280.000

  Totaal   € 3.209.000

Dit bedrag lijkt voldoende om als zekerheid voor de bank te dienen in verband met de lening van DeFeX (€2.171.000). We merken hierbij op dat de actuele waarde van de activa van DeFeX zowel in negatieve als in positieve zin kan afwijken van de boekwaarde.

10.3.6   Voorlopige, globale conclusie naar aanleiding van de aspecten

DeFeX

De eigenaar van DeFeX is een gemotiveerde ondernemer, die waarschijnlijk door zijn zoon wordt opgevolgd. De winstgevendheid is redelijk, al valt te betwijfelen of DeFeX een marktconforme vergoeding over het eigen vermogen kan waarmaken. Uit het begrote kasstroomoverzicht blijkt dat DeFeX haar aflossings- en interestverplichtingen kan nakomen. De toekomstige resultaten van DeFeX zijn afhankelijk van de economische ontwikkelingen en eventuele veranderingen binnen de branche. De bank zal vooral letten op de gevolgen van negatieve ontwikkelingen. DeFeX kan voldoende zekerheden bieden. Omdat DeFeX de rechtsvorm eenmanszaak heeft, staat de ondernemer ook met zijn privévermogen garant voor de schulden van de onderneming. Mede daaruit blijkt een grote betrokkenheid van de ondernemer. Op grond van het voorgaande zal de bank weinig belemmeringen zien om het gevraagde krediet te verstrekken.

Daarbij zal de bank echter ook rekening houden met de ontwikkeling in de liquiditeit zoals die blijkt uit de aan te leveren liquiditeitsbegrotingen.

Kredietaanvragen van MKB-bedrijven worden door banken regelmatig afgewezen omdat de gevraagde leningen voor de bank tot een te groot risico leiden. In de volgende paragraaf gaan we nader in op het risicobeheer bij ondernemingen en de mogelijkheden om risico's te beperken.

10.4 Risico-inschatting en risicobeheer

Ondernemen houdt in dat er risico's moeten worden genomen. Zo is een ondernemer niet zeker van de omvang van zijn omzet en kosten. De beloning voor de inspanningen van de ondernemer zijn daardoor ook onzeker. Een ondernemer moet inzicht hebben in de aard en omvang van de risico's. Hij kan dan beslissen welke maatregelen getroffen moeten worden om de risico's te beheersen. Risicobeheersing betekent niet dat alle risico's uitgesloten moeten worden. De risico's moeten tot een dusdanig niveau worden teruggebracht dat het voortbestaan van de onderneming niet in gevaar komt. We staan kort stil bij twee soorten risico's: calamiteiten in paragraaf 10.4.1 en onzekerheid over opbrengsten en kosten in paragraaf 10.4.2. In paragraaf 10.4.3 gaan we in op de risicoanalyse.

Risico-beheersing

10.4.1 Calamiteiten

Bij calamiteiten kunnen we denken aan schade door weersinvloeden (zoals storm en wateroverlast), brand of diefstal van essentiële bedrijfsonderdelen. In het algemeen kan een onderneming zich tegen deze risico's verzekeren. Daarbij maakt de ondernemer de afweging tussen de hoogte van de verzekeringspremies en het eventuele verlies dat de onderneming lijdt als de calamiteit zich voordoet. Een bank zal bij de inschatting van risico's en het vestigen van zekerheden ook aandacht schenken aan de wijze waarop de activa zijn verzekerd. Wat heeft een bank aan een zekerheidstelling in de vorm van een bedrijfsgebouw, als dat niet tegen brand is verzekerd?

Calamiteiten

10.4.2 Onzekerheid over opbrengsten en kosten

De opbrengsten van een onderneming zijn mede afhankelijk van het economisch klimaat en het consumenten- en producentenvertrouwen dat daaruit voortvloeit. De mate waarin de omzet van een onderneming reageert op veranderingen in de economie verschilt per branche. De omzetten van branches die zich richten op de primaire levensbehoeften zullen bijvoorbeeld minder fluctueren dan de omzetten van branches die luxe consumptiegoederen produceren of verhandelen.

Consumenten-en producen-tenvertrouwen

10

Kosten-structuur

Ook de kostenstructuur van een onderneming heeft invloed op de schommelingen in het bedrijfsresultaat. De resultaten van ondernemingen met relatief hoge vaste kosten (ten opzichte van de variabele kosten) zullen sterker schommelen dan de resultaten van ondernemingen met relatief lage vaste kosten. De mate van concurrentie binnen een branche heeft invloed op de hoogte van de verkoopprijs die voor een product of dienst kan worden gevraagd. Felle concurrentie leidt tot lagere verkoopprijzen en lagere resultaten. De mate van concurrentie is mede afhankelijk van de hoogte van de barrières om tot de markt toe te treden, de aanwezigheid van overcapaciteiten in de branche en de mate waarin substituten verkrijgbaar zijn.

Bij het bepalen van de risico's moet ook gelet worden op het feit of de omzet en/of kosten van een onderneming afhankelijk zijn van een bepaalde toeleverancier of een bepaalde afnemer, en wat de macht van deze toeleverancier of afnemer is.

Ook (langdurige) ziekte van de ondernemer/eigenaar kan tot een daling van de resultaten leiden. Uitkeringen op basis van een goede arbeidsongeschiktheidsverzekering kunnen een groot gedeelte van deze daling compenseren.

10.4.3 Risicoanalyse

Risicoanalyse

Een grondige risicoanalyse is nodig om vast te stellen welke risico's een onderneming loopt. De risico's kunnen zowel aan de zijde van de geldontvangsten als aan de kant van de gelduitgaven ontstaan. De ondernemer moet zich in het bijzonder richten op de risico's die de grootste invloed hebben op de resultaten van de onderneming. Als deze risico's in kaart zijn gebracht, moet worden bekeken welke maatregelen kunnen worden getroffen om de risico's te beperken. We beschrijven in tabel 10.10 een aantal bronnen/aspecten van potentiële risico's en welke maatregelen getroffen kunnen worden.

Risico-beheersing

Het is geenszins de bedoeling dat een ondernemer alle risico's probeert weg te werken. De risico's moeten echter wel tot een aanvaardbaar niveau worden teruggedrongen. Als zich een tegenvaller voordoet of een combinatie van tegenvallers, waardoor het voortbestaan van de onderneming in gevaar komt, is de grens van hetgeen aanvaardbaar is, bereikt of overschreden.

DEMO

Onderneming Demo is een speciaalzaak in huishoudelijke apparaten. De omzet van dit soort zaken is conjunctuurgevoelig, dat geldt zeker voor Demo, omdat het een speciaalzaak betreft die zich richt op het hogere marktsegment. De variabele kosten bestaan vooral uit de inkoopwaarde van de huishoudelijke artikelen. De andere kosten hebben nagenoeg een vast karakter. Demo heeft alle activa in eigendom. Dat leidt tot hoge afschrijvingskosten.

TABEL 10.10 Risico's en mogelijke maatregelen

Aard of ontstaan van het risico	Te treffen maatregelen
1 Relatief hoge vaste kosten ten opzichte van de variabele kosten	Vaste kosten terugdringen door te huren (leasen) in plaats van te kopen. Werkzaamheden uitbesteden.
2 Relatief veel vreemd vermogen ten opzichte van het eigen vermogen	Totale vermogensbehoefte terugdringen (zie ook 1) of meer eigen vermogen opbouwen onder meer door winstinhouding.
3 Arbeidsongeschiktheid eigenaar	Arbeidsongeschiktheidsverzekering afsluiten.

TABEL 10.10 Risico's en mogelijke maatregelen *(vervolg)*

Aard of ontstaan van het risico	Te treffen maatregelen
4 Conjunctuurgevoelige producten	Verbreding van het assortiment met producten die minder conjunctuurgevoelig zijn.
5 Fluctuaties in de marktrente (renterisico)	Leningen afsluiten tegen een vaste rente.
6 Brand, diefstal	Verzekeringen afsluiten.
7 Technische storingen in het productieproces	Regelmatig onderhoud en/of op afroep vervangende productiecapaciteit (maar dat laatste zal niet altijd mogelijk zijn).
8 Grote afhankelijkheid van een of twee toeleveranciers	Het aantal toeleveranciers uitbreiden.
9 Grote afhankelijkheid van een of twee afnemers	Grotere spreiding in afnemers nastreven.
10 Fluctuaties in wisselkoersen (valutarisico)	Indien mogelijk contracten afsluiten in de eigen valuta of valutarisico afdekken.
11 Tegenvallende vooruitzichten binnen de branche	Indien mogelijk: uitbreiding van het assortiment met branchevreemde artikelen.
12 Gevaar van nieuwe toetreders	Zorgen dat de producten/diensten die worden aangeboden steeds 'up to date' en concurrerend geprijsd zijn.

Demo heeft relatief veel eigen vermogen. Als de eigenaar van Demo het grootste gedeelte van het vreemd vermogen tegen een vaste rente aantrekt, loopt Demo weinig renterisico.

De risico's waaraan een onderneming blootstaat en de maatregelen die de ondernemer heeft getroffen om deze te voorkomen en/of te beheersen, bepalen mede het oordeel van de bank over de toekomstige financiële ontwikkeling van de onderneming. Risicoaspecten vinden we daarom terug bij ieder van de hiervoor genoemde vijf aspecten en ze zijn van invloed op de beoordeling van de kredietaanvraag.

We laten Bart Romijnders aan het woord ten aanzien van de risico's van zijn onderneming: 'Door de investering in het nieuwe bedrijfspand is het vreemd vermogen aanzienlijk toegenomen. De rente- en aflossingsverplichtingen, maar ook de afschrijvingskosten en de kosten van verwarming en verlichting hebben een vast karakter. Ik heb relatief weinig variabele kosten. Een tegenvallende omzet kan ik me niet permitteren. In dit verband is het van belang dat mijn voormalige werkgever bij mij in dienst komt. Hij loopt tegen de 60, heeft zijn zaak verkocht maar wil nog wel wat omhanden hebben. Dit betekent dat ik nu met drie vaste krachten kan gaan werken, waardoor een betere benutting van de beschikbare apparatuur wordt gerealiseerd. Ik kan nu veel meer omzet maken, terwijl de kosten (die grotendeels een vast karakter hebben) nauwelijks stijgen. Dat is gunstig voor mijn bedrijfsresultaten.'

10.5 Procedures en beslissing over kredietaanvraag

De ondernemer zal zijn plannen in eerste instantie bespreken met de accountmanager bedrijven van de bank. Met de accountmanager worden de achtergronden van de kredietaanvraag besproken; de ondernemer zal financiële cijfers over de onderneming beschikbaar stellen en ook prognoses overhandigen. Op basis van deze informatie dient de account-manager een kredietvoorstel in dat door een interne afdeling binnen de bank wordt beoordeeld. Hoe beter de kredietaanvraag is onderbouwd, des te sneller zal het beoordelingproces verlopen en des te groter is de kans dat het kredietvoorstel zal worden geaccepteerd. Als de bank de kredietaan-vraag honoreert, spreekt ze daarmee tevens haar vertrouwen uit in de toekomst van de onderneming. Dit vertrouwen zal voor een belangrijk deel zijn gebaseerd op de financiële analyse en op het vertrouwen dat de bank in de ondernemer stelt.

We ronden dit boek af met een verslag van een interview met Han Verhae-gen, accountmanager zakelijke relaties bij de Rabobank. Hij legt daarin uit welke factoren een rol hebben gespeeld bij de kredietverstrekking aan Bart Romijnders voor de financiering van de nieuwe bedrijfshal die Bart heeft laten bouwen: 'Bart was voor mij geen onbekende. Hij komt uit een familie van ondernemers en staat bekend om zijn ondernemersgeest. Maar omdat de bank geen kredieten verstrekt op alleen de "blauwe ogen" van de ondernemer, hebben we een prognose gevraagd van de financiële resulta-ten. Het gaat immers om een investering van ruim €500.000, waarvan ongeveer 80% door de bank moet worden gefinancierd. Een gedeelte van het te lenen bedrag is aflossingsvrij en €240.000 moet in twintig jaar, met gelijke bedragen per maand, worden afgelost. Uit de financiële prognoses, die door de accountant van Bart zijn opgesteld, blijkt dat de maandelijkse aflossing van €1.000 en de interestkosten kunnen worden opgebracht. Ik weet dat Bart veel tijd in zijn onderneming stopt en er een sobere levensstijl op nahoudt. Dat betekent dat de privéonttrekkingen beperkt zullen zijn. Bovendien is Bart goed in het beheersen van de kosten. Zo koopt hij regelmatig bedrijfs-middelen op een veiling of uit een failliete boedel. Alle gebruikelijke verzekeringen zijn aanwezig en die geven een goede dekking. Daartoe behoren onder meer een arbeidsongeschiktheidsverzekering en een

Bedrijfsscha-deverzekering bedrijfsschadeverzekering, in het geval dat de omzet (bijvoorbeeld door ziekte of het afbranden van het bedrijfsgebouw) voor lange tijd zou wegval-len. Het nieuwe bedrijfspand is goed gebouwd, heeft een gunstige locatie en is voor verschillende doeleinden te gebruiken. De vrije verkoopwaarde direct na oplevering ligt waarschijnlijk hoger dan de stichtingskosten. Het pand is door middel van een hypotheek als zekerheid gesteld voor de bankleningen. Hoewel de onderneming met relatief veel vreemd vermogen is gefinancierd, hebben we Bart scherpe interesttarieven kunnen aanbieden. We hebben immers alle vertrouwen in de onderneming en in de persoon van de ondernemer. Hoewel de concurrentie in met name de autoschade-herstel groot is, zijn we ervan overtuigd dat de onderneming ruim vol-doende omzet zal opleveren om de kosten te dekken. Het feit dat de voormalige werkgever van Bart bij hem in dienst treedt en de goede naam die Bart inmiddels heeft opgebouwd op het gebied van de restauratie van klassieke auto's versterken het vertrouwen in de toekomst.'

Carrosseriebedrijf Bart Romijnders werkt naast klassieke auto's soms ook aan moderne auto's

Samenvatting

Vooral bij omvangrijke investeringen wordt extra aandacht geschonken aan de financiële positie van de onderneming. Dan moet worden beoordeeld of de nieuwe plannen een bijdrage leveren aan de realisatie van de doelstelling van de onderneming. Bij de beoordeling van de levensvatbaarheid van de onderneming en haar investeringsplannen spelen de factoren ondernemer/onderneming, rentabiliteit, liquiditeit, vermogen en zekerheden een belangrijke rol. De analyse begint met het analyseren van de onderneming en de markt waarop de onderneming opereert. Verwachtingen voor de branche waarbinnen de onderneming opereert en de concurrentiepositie bepalen de toekomstige financiële resultaten.

Bij de beoordeling van de financiële positie van een onderneming kunnen we ook gebruikmaken van kengetallen, die betrekking hebben op de liquiditeit, rentabiliteit en solvabiliteit van de onderneming. Deze kengetallen berekenen we op basis van historische cijfers. Maar niet zozeer het verleden als wel de toekomst van een onderneming is belangrijk om nieuwe investeringen te beoordelen. Daarom is het maken van een begrote winst- en verliesrekening, een begroot kasstroomoverzicht en liquiditeitsbegrotingen van belang. Vooral banken zullen beoordelen of de extra aflossingen en interestverplichtingen in verband met nieuwe leningen in de toekomst opgebracht kunnen worden. Uit het begroot kasstroomoverzicht en de liquiditeitsbegroting zal moeten blijken of de onderneming daartoe in staat is. Een kredietaanvraag bij een bank zal goed onderbouwd moeten worden, zowel met financiële gegevens als met argumenten. De bank zal bij haar beoordeling ook rekening houden met de risico's waaraan de onderneming blootstaat en de maatregelen die de onderneming heeft getroffen om de risico's te voorkomen en/of te beheersen.

Mocht achteraf blijken dat de onderneming zijn verplichtingen ten opzichte van de bank niet kan nakomen, dan zal de bank gebruikmaken van de verworven zekerheden. De zekerheden kunnen bestaan uit een hypotheek op onroerend goed (bedrijfspanden of privébezittingen) en/of de verpanding van voorraden. Ook borgstelling kan als zekerheid voor de kredietverstrekker dienen.

Begrippenlijst

AFM	Autoriteit Financiële Markten: de Nederlandse overheids-instelling die belast is met het toezicht op de werking van de financiële markten (in Nederland).
Boekhoudkundige goodwill	Het positieve verschil tussen de overnamesom en de waarde waarvoor de overgenomen activa worden opgenomen in de boeken van de overnemende onderneming.
Bruto-investeringen	Het bedrag waarvoor nieuwe activa zijn aangekocht (daarop zijn de afschrijvingen niet in mindering gebracht).
Current ratio	$\dfrac{\text{Vlottende activa}}{\text{Vlottende passiva}}$
Debt ratio	$\dfrac{\text{Vreemd vermogen}}{\text{Totaal vermogen}}$
Debt Service Coverage Ratio (DSCR)	$\dfrac{\text{Vrije kasstroom}}{\text{Aflossingsverplichtingen} + \text{interestkosten}}$
Debt service ratio (DSR)	$\dfrac{\text{EBITDA}}{\text{Aflossingen} + \text{interestkosten}}$
EBITDA	Earnings Before Interest, Taxes Depreciation and Amortization = resultaat voor aftrek van interestkosten, belastingen, afschrijvingen op materiële vaste activa en amortisatie op goodwill.
EBITA	Earnings Before Interest, Taxes and Amortization = resultaat voor aftrek van interestkosten, belastingen en amortisatie op goodwill.
EBIT	Earnings Before Interest and Taxes = resultaat voor aftrek van interestkosten en belastingen = bedrijfsresultaat.
Economisch resultaat	Opbrengst min kosten (op basis van bedrijfseconomische maatstaven), waarbij ook het GOL en een marktconforme vergoeding over het ingebrachte eigen vermogen als kosten worden aangemerkt.
Economische goodwill	Het positieve verschil tussen de contante waarde van de verwachte toekomstige kasstromen ten gevolge van een overname en de overnamesom.
Fiscaal resultaat	EBIT (op basis van fiscale maatstaven berekend) min de interestkosten.

10

Fte	Full-time equivalent = een volledige betrekking.
GOL	Gewaardeerd ondernemersloon: een marktconforme beloning voor de eigenaar en meewerkende partner bij een eenmanszaak, vennootschap onder firma of maatschap.
Interestdekkingsgetal / interest coverage ratio	$\dfrac{\text{EBIT}}{\text{Interestkosten}}$
Kasstroomoverzicht	Een overzicht waarin, uitgaande van het bedrijfsresultaat (bij een bv na aftrek van vennootschapsbelasting) in stappen een verklaring wordt gegeven voor de *mutatie in de liquide middelen* gedurende een bepaalde periode.
Kasstroom op winstbasis	Fiscaal bedrijfsresultaat + afschrijvingen.
Kostenvoet vreemd vermogen K_{vv}	$\dfrac{\text{Interestkosten}}{\text{Gemiddeld vreemd vermogen}}$
Liquiditeit	De mate waarin een onderneming in staat is haar verplichtingen op korte termijn na te komen.
Rentabiliteit	Het resultaat van een onderneming uitgedrukt in een percentage van het gemiddeld geïnvesteerde vermogen.
Rentabiliteit eigen vermogen R_{ev}	Resultaat na belasting : gemiddeld eigen vermogen (bij bv) Resultaat voor belasting : gemiddeld eigen vermogen (bij eenmanszaak, vof en maatschap).
Rentabiliteit totaal vermogen R_{tv}	$\dfrac{\text{EBIT}}{\text{Gemiddeld totaal vermogen}}$
Solvabiliteit	De mate waarin een onderneming in staat is om haar totale vreemd vermogen af te lossen.
Operationele kasstroom	Kasstroom op winstbasis + mutatie in nettowerkkapitaal.
Quick ratio	$\dfrac{\text{Vlottende activa (exclusief voorraden)}}{\text{Vlottende passiva}}$
Quick scan	Globale beoordeling van de financiële positie van een onderneming.
Track record	De financiële historie van een onderneming (die bij de bank bekend is).

10

Solvabiliteitspercentage	$\dfrac{\text{Eigen vermogen}}{\text{Totaal vermogen}} \times 100\%$
Vlottende passiva	Vreemd vermogen op korte termijn (looptijd minder dan één jaar).
Vrije kasstroom	Operationele kasstroom – bruto-investeringen in vaste activa.

10

Opgaven

10.1 **a** Wat verstaan we onder de boekhoudkundige goodwill?
  b Wat is het verschil tussen de boekhoudkundige en de bedrijfseconomische goodwill?
  c Waarvoor geeft het kasstroomoverzicht een verklaring?
  d Noem enkele verschillen tussen een kasstroomoverzicht en een liquiditeits-begroting.
  e Op welke aspecten let een bank bij de beoordeling van een kredietaan-vraag?
  f Waarom zijn de financiële prestaties van een individuele onderneming vaak moeilijk te vergelijken met branchegegevens?

10.2 Opmerking vooraf: deze opgave heeft de vorm van een casus waarvan een Excel-model op de website www.financieelmanagementmkb.noordhoff.nl beschikbaar is.

Hans Kersten en zijn vrouw hebben een elektronicawinkel in *witgoed* (was-machines, koelkasten, wasdrogers, magnetrons en dergelijke en in *bruin-goed* (audio- en videoapparaten). De winkel heeft de rechtsvorm van ven-nootschap onder firma (vof). Electro Kersten, die handelt onder de naam Kersten Electro vof, ondervindt de laatste jaren veel concurrentie van web-winkels. Om de concurrentie het hoofd te bieden, zijn Hans en zijn vrouw van plan naast hun winkel een eigen webwinkel op te zetten. Ze hopen op die wijze extra omzet en extra winst te behalen. Als de eigen webwinkel doorgaat, moet ook het magazijn worden uitgebreid en moet een grotere voorraad handelsgoederen worden aangehouden. De uitbreiding van het magazijn kan plaatsvinden op grond die al in het bezit is van Kersten Electro en nu braak ligt.

HET FINANCIEELE DAGBLAD, 18 JANUARI 2017

'Pure' webwinkels zagen omzet zeer snel groeien in 2016

De 'pure' webwinkel ziet zijn omzetten een stuk sneller groeien dan de winkels die een webshop combineren met een fysieke winkel. Dat blijkt uit de laatste cijfers van het Centraal Bureau voor de Statistiek.

Over de eerste elf maanden van vorig jaar blijkt dat de pure webshops hun omzetten zagen groeien met een forse 23% vergele-ken met dezelfde periode van 2015. De online-omzetten van winkels die tevens een fysieke vestiging hebben, groeide met 14,9% ook erg hard, maar wel een heel stuk minder snel.

De opkomst van de webwinkels heeft de afgelopen paar jaar veel klassieke winkelketens in de problemen gebracht en soms gedwongen hun deuren te sluiten. De klappen komen onder andere hard aan bij de kledingwinkels. De meeste pure webwinkels verkopen hoofdzakelijk kleding, met 25,4% van het totaal. Met een score van 16% zijn er ook veel pure webwinkels die zich hebben gespecialiseerd in huis- en tuinartikelen.

Begin 2016 telde Nederland ruim 32 duizend pure webwinkels, bijna 10% meer dan begin 2015. Onder de pure webwinkels groeide het aantal winkels dat zich richt op de verkoop van voeding met bijna 14% het snelst. Inmiddels is ongeveer 9% van de webwinkels een foodwebshop. Vorig jaar kocht 73% van de Nederlanders van twaalf jaar of ouder iets via het internet. In 2015 was dit nog 70%.

We geven een overzicht van de geschatte investeringen:

Ontwikkeling webwinkel	€	260.000
Uitbreiding magazijn	€	500.000
Toename voorraden	€	300.000 +
Totale investering	€	1.060.000

Kersten Electro vof onderzoekt nu de mogelijkheden om het investeringsbedrag gefinancierd te krijgen. We geven eerst de financiële resultaten van Kersten Electro vof over 2017 (voor de investering) en gaan daarna de gevolgen van een eventuele investering toelichten.

Financiële informatie over Kersten Electro vof (voor de investering):
- balans per 1 januari 2017;
- balans per 1 januari 2018;
- winst- en verliesrekening over 2017 met aanvullingen.

De eigenaar en zijn partner hebben – naast het eigen vermogen van de zaak – geen privévermogen.

Debet	**Balans Kersten Electro vof per 1 januari 2017**		Credit
Vaste activa:		Eigen vermogen:	
Grond	€ 200.000	Gestort	€ 400.000
Gebouwen	€ 820.000	Winstreserve	€ 100.800
Inventaris	€ 190.000		€ 500.800
	€ 1.210.000	Vreemd vermogen lang:	
Vlottende activa:		Achtergestelde	
Vooruitbetaalde		lening	€ 170.000
bedragen	€ 4.400	Hypothecaire lening	€ 630.000
Voorraad		Banklening (o/g)	€ 210.000
handelsgoederen	€ 336.000		€ 1.010.000
Debiteuren	€ 19.800	Vreemd vermogen kort:	
Bank (spaarrekening)	€ 30.000	Nog te betalen	
Bank		kosten	€ 34.200
(rekening-courant)	€ 8.000	Crediteuren	€ 65.000
Kas	€ 1.800		€ 99.200
	€ 400.000		
Totaal bezittingen	€ 1.610.000	Totaal vermogen	€ 1.610.000

Debet	**Balans Kersten Electro vof per 1 januari 2018**			*Credit*
Vaste activa:		Eigen vermogen		€ 520.000
Grond	€ 200.000			
Gebouwen	€ 800.000	Vreemd vermogen		
Inventaris	€ 180.000	lang:		
	€ 1.180.000	Achtergestelde		
Vlottende activa:		lening	€ 160.000	
Vooruitbetaalde		Hypothecaire lening	€ 600.000	
bedragen	€ 4.000	Banklening (o/g)	€ 200.000	
Voorraad				€ 960.000
handelsgoederen	€ 360.000	Vreemd vermogen kort:		
Debiteuren	€ 14.000	Nog te betalen		
Bank		kosten	€ 50.000	
(rekening-courant)	€ 10.000	Crediteuren	€ 70.000	
Bank (spaarrekening)	€ 30.000			€ 120.000
Kas	€ 2.000			
	€ 420.000			
Totaal bezittingen	€ 1.600.000	Totaal vermogen		€ 1.600.000

Winst- en verliesrekening Kersten Electro vof over 2017
(Om de hoeveelheid financiële informatie te beperken, veronderstellen we dat de financiële resultaten van Kersten Electro vof over 2017 representatief zijn voor de afgelopen vijf jaar.)

	2017	
Netto-omzet (Opbrengst verkopen)	€ 900.000	
Inkoopwaarde van de omzet	€ 585.000 –	
Brutowinstmarge		€ 315.000
Overige kosten (met uitzondering van interestkosten en afschrijvingen):		
Lonen en salarissen	€ 70.000	
Sociale lasten	€ 21.000	
Energiekosten	€ 12.000	
Transportkosten	€ 14.000	
Verkoopkosten	€ 10.000	
Algemene kosten	€ 8.000 +	
		€ 135.000
Fiscale EBITDA		€ 180.000
Afschrijvingskosten:		
• Gebouwen	€ 20.000	
• Inventaris	€ 10.000 +	
		€ 30.000 –
Fiscale EBIT = fiscaal bedrijfsresultaat		€ 150.000
Interestkosten		€ 58.000 –
Fiscaal resultaat		€ 92.000
Privéopname[1]		€ 72.800 –
Winstinhouding (toename winstreserve)		€ 19.200

1   De fiscale winst van Kersten Electro vof wordt bij de eigenaar (Kersten) belast met inkomstenbelasting. We veronderstellen dat het gemiddelde belastingpercentage voor Kersten 40 bedraagt (belastingquote = 0,4). Als de winst stijgt, moet Kersten meer belasting betalen. We veronderstellen daarom dat Kersten ieder jaar een bedrag uit zijn zaak haalt (privéopname), dat gelijk is aan het totaal van:
   • de te betalen inkomstenbelastingen in verband met de fiscale winst (= 0,4 × fiscale winst);
   • de uitgaven voor levensonderhoud (we veronderstellen €36.000 per jaar).
   Berekening privéopname:
   • in verband met verwachte inkomstenbelasting: 0,40 × €92.000 = € 36.800
   • levensonderhoud   € 36.000 +
                                                                              ───────────
                                                                              € 72.800

In 2017 is 40% van de omzet op rekening verkocht.
De winkelvloeroppervlakte bedraagt 200 m².

In 2017 zijn twee werknemers (2 fte's) in dienst van Kersten Electro vof. De eigenaar werkt voor 100% in zijn zaak (1 fte) en zijn vrouw voor 50% (0,5 fte). In 2017 zijn op de bestaande leningen de volgende bedragen afgelost:
   • Achtergestelde leningen   € 10.000
   • Hypothecaire lening   € 30.000
   • Banklening o/g (o/g = opgenomen geld)   € 10.000

In 2017 is er niet geïnvesteerd in vaste activa.

We veronderstellen (voor de eenvoud) dat de ontwikkeling van de webwinkel en de uitbreiding van het magazijn in de eerste week van 2018 plaats kunnen vinden. De ingebruikname van de webwinkel heeft onder meer gevolgen voor de bezittingen van Kersten Electro vof en voor de winst- en verliesrekening. We geven hierna de gedeeltelijk ingevulde begrote balans per 8 januari 2018 (nadat de investering is uitgevoerd) en de begrote winst- en verliesrekening over 2018.

Debet   **Begrote balans Kersten Electro vof per 8 januari 2018**   *Credit*
                                        (gedeeltelijk)

	Voor investe- ring	Wijziging door investe- ring	Na investering		Voor extra vermogen	Extra vermogen	Na aantrek- ken extra vermogen
Vaste activa:				Eigen			
Grond	€ 200.000		€ 200.000	vermogen:	€ 520.000		
Gebouwen	€ 800.000	€ 500.000	€ 1.300.000				
Inventaris	€ 180.000		€ 180.000	Vreemd			
Webwinkel		€ 260.000	€ 260.000	vermogen lang:			
				Achterge- stelde lening	€ 160.000		
Vlottende activa:				Hypothecaire			
Vooruitbe- taalde				lening	€ 600.000		
bedragen	€ 4.000		€ 4.000	Banklening (o/g)	€ 200.000		
Voorraad handelsgoe-							
deren	€ 360.000	€ 300.00	€ 660.000				
Debiteuren	€ 14.000		€ 14.000	Vreemd			
Bank				vermogen kort:			
(rek-courant)	€ 10.000		€ 10.000	Nog te			
Bank				betalen			
(spaarrek.)	€ 30.000		€ 30.000	kosten	€ 50.000		
Kas	€ 2.000		€ 2.000	Crediteuren	€ 70.000		
Totaal bezittingen	€1.600.000	€1.060.000	€ 2.660.000	Totaal vermogen	€1.600.000	€1.060.000	€ 2.660.000

De uitbreiding van de onderneming met een webwinkel zal tot een hogere omzet en hogere kosten leiden. Naast de afschrijvingskosten nemen ook de loonkosten toe omdat er één nieuwe medewerker (1 fte) in dienst komt die de bestellingen, die via de webwinkel binnenkomen, afhandelt.

Na de uitbreiding met de webwinkel heeft Kersten Electro een winkelvloer-oppervlakte van 300 m². Hierin is ook de oppervlakte van de verzendafde-ling van de webwinkel in opgenomen.

Omdat de eigenaar en zijn partner – naast het eigen vermogen van de zaak – geen privévermogen hebben, zal de investeringen in de webwinkel vol-ledig met nieuw aan te trekken vermogen gefinancierd moeten worden. Aan jou – als financieel expert – wordt gevraagd een voorstel te doen voor de financiering. Daarbij wordt er onder meer een *nieuwe banklening* aan-gevraagd. Daarnaast kunnen de hypothecaire lening en de achtergestelde lening worden verhoogd. Je moet zelf kiezen hoe je het totale investerings-bedrag van €1.060.000 over deze vormen van extern vermogen verdeeld.

De interestkosten in verband met de verschillende vormen van vreemd vermogen zijn hierna weergegeven:

Achtergestelde lening	9%
Hypothecaire lening	5%
Banklening (o/g)	8%
Rekening-courantkrediet	12%
Nieuwe banklening	7%

Om het Excelmodel niet te ingewikkeld te maken, veronderstellen we dat op een eventueel tegoed op de rekening-courant een interestvergoeding van 12% wordt ontvangen. Dat is in de praktijk echter geenszins het geval.

De begrote resultaten over 2018 geven we hierna weer in een begrote winst- en verliesrekening. Omdat de wijze waarop de investering daadwerkelijk gefinancierd gaat worden nog niet bekend is (jij moet immers die keuze nog gaan maken), is voor de interestkosten een stelpost opgenomen.

Begrote winst- en verliesrekening Kersten Electro vof over 2018 (inclusief webwinkel)

Netto-omzet (Opbrengst verkopen)	€ 1.400.000	
Inkoopwaarde van de omzet	€ 980.000 –	
Brutowinstmarge		€ 420.000
Overige kosten (met uitzondering van interestkosten en afschrijvingen):		
Lonen en salarissen	€ 100.000	
Sociale lasten	€ 30.000	
Energiekosten	€ 20.000	
Transportkosten	€ 16.000	
Verkoopkosten	€ 12.000	
Verzendkosten	€ 18.000	
Algemene kosten	€ 6.000 +	
		€ 202.000 –
Fiscale EBITDA		€ 218.000
Afschrijvingskosten:		
• Gebouwen	€ 38.000	
• Inventaris	€ 12.000	
• Webwinkel	€ 26.000 +	
		€ 76.000 –
Fiscale EBIT = fiscaal bedrijfsresultaat		€ 142.000
Interestkosten (stelpost)		€ 90.000 –
Fiscaal resultaat		€ 52.000
Privéopname[1]		€ 56.800 –
Winst-onttrekking (afname winstreserve)		€ 4.800 –

1 Berekening privéopname:
  • in verband met verwachte inkomstenbelasting:

$$0{,}40 \times €52.000 = €20.800$$

  • levensonderhoud

€ 36.000 +
€ 56.800

We veronderstellen (voor de eenvoud) dat de begrote resultaten in de jaren na 2018 overeenkomen met het begrote resultaat over 2018.
Bij deze opgave hoort een Excelbestand (zie www.financieelmanagement-mkb.noordhoff.nl) dat je moet gebruiken voor de uitwerkingen van dit vraagstuk. We nemen aan dat de investering in de webwinkel plaatsvindt op 8 januari 2018. In het Excelmodel moet je de wijze waarop de investering wordt gefinancierd nog invullen in de gedeeltelijk opgestelde balans per 8 januari 2018. Ook moet je een keuze maken ten aanzien van de omvang van de jaarlijkse aflossingen vanaf 2018. In de gele cellen kun je je keuzes invullen.
Het Excelmodel rekent op basis van jouw keuzes een groot aantal zaken uit, zoals:
- volledig ingevulde begrote balans per 8 januari 2018;
- begrote winst- en verliesrekening over 2018 (na investering in webwinkel);
- begrote balans per 31 december 2018;
- begroot kasstroomoverzicht 2018;
- mutatie in de hoeveelheid liquide middelen in 2018;
- begrote winst- en verliesrekening over 2019;
- begrote balans per 31 december 2019;
- begroot kasstroomoverzicht 2019;
- mutatie in de hoeveelheid liquide middelen in 2019;
- omvang van de rekening-courant bij de bank; dit is een sluitpost en wordt door het model automatisch uitgerekend.

Met behulp van deze financiële informatie moet je een groot aantal kengetallen berekenen, die je moet gebruiken om je financieringsvoorstel te onderbouwen. Hiervoor moet je het Excelmodel gebruiken en door middel van celverwijzingen (formules) de berekeningen uitvoeren. De cellen waarin de formules ingevuld moet worden, zijn lichtblauw gekleurd. Daarnaast moet je de kengetallen van Kersten Electro vof ook vergelijken met kengetallen die gelden voor de branche als geheel. De branchegegevens zijn beschikbaar op www.detailhandel.info en kunnen in de gele cellen aan het einde van het Excelmodel worden ingevuld. De huisvestingskosten bestaan uit energiekosten, onderhoudskosten bedrijfspanden en afschrijvingskosten op gebouwen, inventaris en showroommodellen. De overige bedrijfskosten bestaan uit verkoopkosten, transportkosten en algemene kosten.

Let bij het Excelmodel op het volgende:
- in de *lichtgele* cellen kun je nieuwe *gegevens* invullen;
- in de *lichtblauwe* cellen moet je *celverwijzingen (formules)* invullen;
- de omvang van de rekening-courant wordt door het model automatisch uitgerekend.

a De algemene banken, zoals RABO, ABN-AMRO en ING, zijn de laatste jaren terughoudend geweest met het verstrekken van bankleningen aan MKB-bedrijven.
  1 Wat zijn de oorzaken van deze terughoudendheid?
  2 Welke problemen levert dat op voor MKB-bedrijven en de Nederlandse economie?
b 1 Leg uit wat wordt verstaan onder gestapelde financiering.
  2 Waarom komt gestapelde financiering de laatste jaren meer voor?
  3 Wat is een participatiemaatschappij en welke rol spelen die bij de financiering in het MKB?

10

c 1 De overheid heeft verschillende maatregelen getroffen om de financiering van MKB-ondernemingen te vergemakkelijken.
Van welke overheidsmaatregelen zou Kersten Electro vof gebruik kunnen en willen maken? Leg duidelijk uit waarom Kersten Electro vof van een bepaalde regeling gebruik zou willen maken en wat de gevolgen ervan zijn voor de financiering van deze investering in de webwinkel.

2 In deze opgave moet de investering in de webwinkel (€1.060.000) volledig met *vreemd vermogen op lange termijn* worden gefinancierd. Er moet in ieder geval ook een banklening worden aangevraagd met een looptijd van 20 jaar (die onder de naam 'Nieuwe banklening' op de balans komt te staan). Deze lening moet met gelijke bedragen per jaar worden afgelost. De door jou gemaakte keuzes moet je in het Excelmodel invullen (in de *lichtgele* cellen). De omvang van de rekening-courant is een sluitpost en wordt door het model automatisch berekend.

3 Je moet ook een keuze maken ten aanzien van de bedragen die in de jaren 2018 en 2019 op de verschillende vormen van vreemd vermogen worden afgelost. De door jou gemaakte keuzes moet je in de desbetreffende (lichtgele) cellen invullen.

d Voordat je naar de bank stapt om een banklening aan te vragen, maak je voor jezelf een financiële analyse en een summiere brancheanalyse. Hiervoor moet je het Excelmodel gebruiken en gebruikmaken van celverwijzingen (formules in de *lichtblauw* gekleurde cellen invullen).
In de financiële analyse moet je aandacht schenken aan:

• de *liquiditeit*, door de current én quick ratio per 1 januari 2018, per 31 december 2018 en 31 december 2019 te berekenen en het kasstroomoverzicht over 2018 en 2019 op te stellen en de resultaten te verwerken in je oordeel over de liquiditeit;

• de *solvabiliteit* door de debt ratio, het solvabiliteitspercentage en de verhouding garantievermogen / totaal vermogen te berekenen;

• de *rentabiliteit* door de rentabiliteit van het totaal vermogen (Rtv), de gemiddelde kostenvoet van het vreemd vermogen (Kvv) en de rentabiliteit van het eigen vermogen (Rev) te berekenen over de jaren 2017, 2018 en 2019;

• het beheer van het nettowerkkapitaal van Kersten Electro vof door het aantal voorraaddagen, het aantal debiteurendagen en het aantal crediteurendagen te berekenen;

• de mate waarin Kersten Electro vof in staat zal zijn haar aflossings- en interestverplichtingen in verband met het vreemd vermogen na te komen door de debt service coverage ratio (DSCR), de debt service ratio (DSR) en het interestdekkingsgetal te berekenen.

e 1 Wat verstaan we onder garantievermogen?
2 Welke zekerheden zou Kersten Electro vof kunnen geven aan de verstrekkers van vreemd vermogen?

f Voor de branche-analyse moet je met behulp van het Excelmodel (celverwijzingen in de lichtblauwe cellen) voor Kersten Electro vof voor de jaren 2017, 2018 en 2019 berekenen:

1 de brutowinstmarge in % van de omzet
2 de personeelskosten in % van de omzet
3 de huisvestingskosten in % van de omzet
4 de overige bedrijfskosten in % van de omzet
5 de fiscale EBIT in % van de omzet
6 de omzet per winkel (waarbij de webwinkel als een aparte winkel moet worden beschouwd)
7 de omzet per m2
8 de omzet per fte

g Vergelijk je resultaten met de kengetallen voor de gehele branche. Zie hiervoor www.detailhandel.info en informatie die beschikbaar wordt gesteld door organisaties zoals Panteia, CBS, DNB en de grote banken.

h 1 Wat is het bezwaar van branchegegevens (zoals die bijvoorbeeld door www.detailhandel.info beschikbaar worden gesteld) in het kader van financiële prognoses, zoals begrotingen?

2 Welke instanties (organisaties) verschaffen informatie over toekomstige economische ontwikkelingen?

i Verplaats je nu in de positie van de bank waar Kersten Electro vof de nieuwe banklening aanvraagt. Zou jij – gezien vanuit je positie van de bank – de gevraagde banklening aan Kersten Electro vof verlenen? (De omvang en aard van de door Kersten Electro vof gevraagde banklening blijkt uit je antwoord op vraag **c2**). Motiveer je antwoord en geef aan op welke aspecten de bank met name zal letten. Bij het beantwoorden van deze vraag moet je ook gebruikmaken van de kengetallen die bij de vragen **d** tot en met **g** zijn berekend.

10.3 Opmerking vooraf: deze opgave heeft de vorm van een casus waarvan een Excel-model op de website www.financieelmanagementmkb.noordhoff.nl beschikbaar is.

Piet Schoonderlogt is directeur-grootaandeelhouder (DGA) van 'De Badkamer&Keuken Expert bv', die onder de handelsnaam BKE bv op dit moment drie speciaalzaken in badkamers en keukeninrichting exploiteert. Zoals uit de naamgeving al blijkt, heeft BKE de rechtsvorm van besloten vennootschap (bv). Door de stagnatie op de woningmarkt (er worden minder nieuwe woningen verkocht en mensen gaan ook minder snel verhuizen) zijn de bedrijfsresultaten van BKE onder druk komen te staan. Er doet zich de mogelijkheid voor twee zaken van een concurrent (die wil stoppen) over te nemen. Het assortiment van deze zaken en de klantenkring sluiten goed aan bij die van BKE. Schoonderlogt heeft wel interesse in de overname en verwacht door schaalvergroting een aantal kostenvoordelen te behalen en zodoende extra omzet en extra winst te behalen. We geven eerst de financiële resultaten van BKE bv over 2017 (voor de overname) en gaan daarna de gevolgen van een eventuele overname toelichten.

Financiële informatie over BKE (voor de overname):
- balans per 1 januari 2017;
- balans per 1 januari 2018;
- winst- en verliesrekening over 2017 met aanvullingen.

Debet <div align="center">**Balans BKE bv per 1 januari 2017**</div> *Credit*

Vaste activa:			Eigen vermogen:		
Grond	€ 700.000		Gestort	€1.000.000	
Gebouwen	€ 1.500.000		Winstreserve	€ 400.000	
Inventaris	€ 430.000		Participatiemaat-		
Showroommodel-			schappij	€ 0	
len	€ 400.000				€ 1.400.000
		€ 3.030.000	Vreemd vermogen		
Vlottende activa:			lang:		
Vooruitbetaalde			Achtergestelde		
bedragen	€ 30.000		lening	€ 400.000	
Voorraad handels-			Hypothecaire		
goederen	€ 300.000		lening	€ 800.000	
Debiteuren	€ 168.000		Banklening (o/g)	€ 700.000	
Bank (spaarreke-					€ 1.900.000
ning)	€ 60.000		Vreemd vermogen		
Bank (rekening-			kort:		
courant)	€ 0		Nog te betalen		
Kas	€ 12.000		kosten	€ 60.000	
		€ 570.000	Crediteuren	€ 225.000	
			Nog te bet. Venn.		
			belasting	€ 0	
			Bank rekening-		
			courant	€ 15.000	
					€ 300.000
Totaal bezittingen		€ 3.600.000	Totaal vermogen		€ 1.610.000

Debet <div align="center">**Balans BKE bv per 1 januari 2018**</div> *Credit*

Vaste activa:			Eigen vermogen		
Grond	€ 700.000		Gestort	€ 1.000.000	
Gebouwen	€ 1.425.000		Winstreserve	€ 410.560	
Inventaris	€ 390.000		Participatiemaat-		
Showroommodel-			schappij	€ 0	
len	€ 480.000				€ 1.410.560
		€ 2.995.000	Vreemd vermogen		
Vlottende activa:			lang:		
Vooruitbetaalde			Achtergestelde		
bedragen	€ 34.000		lening	€ 390.000	
Voorraad handels-			Hypothecaire		
goederen	€ 360.000		lening	€ 770.000	
Debiteuren	€ 174.000		Banklening (o/g)	€ 690.000	
Bank (rekening-					€ 1.850.000
courant)	€ 80.000		Vreemd vermogen		
Bank (spaarreke-			kort:		
ning)	€ 0		Nog te betalen		
Kas	€ 14.000		kosten	€ 54.000	
		€ 662.000	Crediteuren	€ 230.000	
			Nog te bet Venn.		
			belasting	€ 2.640	
			Bank rekening-		
			courant	€ 109.800	
					€ 396.440
Totaal bezittingen		€ 3.657.000	Totaal vermogen		€ 3.657.000

Winst- en verliesrekening BKE bv over 2017

(Om de hoeveelheid financiële informatie te beperken, veronderstellen we dat de financiële resultaten van BKE bv representatief zijn voor de afgelopen vijf jaar.)

2017 (vóór overname)

Netto-omzet (Opbrengst verkopen)	€	3.500.000		
Inkoopwaarde van de omzet	€	2.120.000 –		
Brutowinstmarge			€	1.380.000
Overige kosten (met uitzondering van interestkosten en afschrijvingen):				
Lonen en salarissen	€	500.000		
Sociale lasten	€	150.000		
Energiekosten	€	36.000		
Onderhoudskosten bedrijfspanden	€	24.000		
Verkoopkosten	€	160.000		
Transportkosten	€	108.000		
Algemene kosten	€	80.000 +		
			€	1.058.000
Fiscale EBITDA			€	322.000
Afschrijvingskosten:				
• Gebouwen	€	75.000		
• Inventaris	€	40.000		
• Showroommodellen	€	60.000 +		
			€	175.000 –
Fiscale EBIT = fiscaal bedrijfsresultaat			€	147.000
Interestkosten			€	133.800 –
Fiscaal resultaat			€	13.200
Te betalen vennootschapsbelasting[1]			€	2.640 –
Winstinhouding (toename winstreserve)			€	10.560

1   We veronderstellen dat de te betalen vennootschapsbelasting 20% bedraagt van het fiscaal resultaat.

In 2017 is 40% van de omzet op rekening verkocht.
De winkelvloeroppervlakte bedraagt 1.800 m².

In 2017 zijn naast de DGA zestien werknemers in dienst. Omdat een aantal werknemers parttime werkt komt het totaal aantal werknemers (gemeten in fulltime equivalents) uit op 14 fte (inclusief de DGA).

In 2017 zijn op de bestaande leningen de volgende bedragen afgelost:
- Achtergestelde leningen   € 10.000
- Hypothecaire lening   € 30.000
- Banklening o/g (o/g = opgenomen geld)   € 10.000

In 2017 is €140.000 geïnvesteerd in nieuwe showroommodellen.

Overname

Als BKE bv de twee zaken van de concurrent overneemt, neemt de winkel-vloeroppervlakte toe met 1.100 m² en het aantal werknemers met 7 fte's. BKE bv koopt dan ook beide panden waarin de winkels zijn gevestigd. De overnamesom bedraagt €2.500.000, die als volgt is opgebouwd:

Grond	€ 500.000
Gebouwen	€1.000.000
Inventaris	€ 300.000
Showroommodellen	€ 400.000
Voorraad goederen	€ 300.000
Totale overnamesom	€2.500.000

We nemen aan dat de overname wordt gerealiseerd op 2 januari 2018 en geven de gevolgen voor de balans weer in de volgende, gedeeltelijk inge-vulde balans per 8 januari 2018.

Debet — **Begrote balans KBE bv per 2 januari 2018 (gedeeltelijk)** — *Credit*

	Voor investering	Wijziging door investering	Na investering		Voor extra vermogen	Extra vermogen	Na aantrek-ken extra vermogen
Vaste activa:				**Eigen vermogen:**			
Grond	€ 700.000	€ 500.000	€ 1.200.000	Gestort	€1.000.000		
Gebouwen	€ 1.425.000	€1.000.000	€ 2.425.000	Winstreserve	€ 410.560		
Inventaris	€ 390.000	€ 300.000	€ 690.000	Participatiemaatsch.			
Showroom-modellen	€ 480.000	€ 400.000	€ 880.000				
Vlottende activa:				**Vreemd vermogen lang:**			
Vooruit-betaalde bedragen	€ 34.000		€ 34.000	Achtergestelde lening	€ 390.000		
Voorraad handels-goederen	€ 360.000	€ 300.000	€ 660.000	Hypothecaire lening	€ 770.000		
				Banklening (o/g)	€ 690.000		
Debiteuren	€ 174.000		€ 174.000	Nieuwe banklening			
Bank spaarrekening	€ 80.000		€ 80.000	**Vreemd vermogen kort:**			
				Nog te betalen kosten	€ 54.000		
Bank (rek-courant)	€ 0		€ 0	Crediteuren	€ 230.000		
				Nog te bet. Venn. belasting	€ 2.640		
Kas	€ 14.000		€ 14.000	Bank Rek-courant	€ 109.800		
Totaal bezittingen	€3.657.000	€2.500.000	€ 6.157.000	**Totaal vermogen**	€3.657.000	€2.500.000	€6.157.000

De uitbreiding met de twee filialen zal tot een hogere omzet en hogere kosten leiden. Naast de afschrijvingskosten nemen ook de loonkosten toe omdat er nieuwe medewerkers in dienst komen (van 14 fte naar 21 fte). Omdat DGA Schoonderlogt én BKE bv geen financiële middelen vrij beschikbaar hebben, zal de overname volledig met nieuw aan te trekken vermogen gefinancierd moeten worden. Aan jou – als financieel expert – wordt gevraagd een voorstel te doen voor de financiering van de overname. Daarbij wordt onder andere een beroep gedaan op een *participatiemaatschappij* en wordt er een *nieuwe banklening* aangevraagd. Daarnaast kunnen de hypothecaire lening en de achtergestelde lening worden verhoogd. Je moet zelf kiezen hoe je de totale overnamesom van €2.500.000 over deze vormen van extern vermogen verdeeld. De interestkosten in verband met de verschillende vormen van vreemd vermogen zijn hierna weergegeven:

Achtergestelde lening	9%
Hypothecaire lening	5%
Banklening (o/g)	8%
Rekening-courantkrediet	12%
Nieuwe banklening	7%

Om het Excelmodel niet te ingewikkeld te maken, veronderstellen we dat op een eventueel tegoed op de rekening-courant een interestvergoeding van 12% wordt ontvangen. Dat is in de praktijk echter geenszins het geval.

De begrote resultaten over 2018 geven we hierna weer in een begrote winst- en verliesrekening. Omdat de wijze waarop de overname daadwerkelijk gefinancierd gaat worden nog niet bekend is (jij moet immers die keuze nog gaan maken), is voor de interestkosten een stelpost opgenomen.

Begrote winst- en verliesrekening BKE bv over 2018 (na overname)

Netto-omzet (Opbrengst verkopen)[1]	€ 6.000.000	
Inkoopwaarde van de omzet	€ 3.650.000 –	
Brutowinstmarge		€ 2.350.000
Overige kosten (met uitzondering van interestkosten en afschrijvingen):		
Lonen en salarissen	€ 800.000	
Sociale lasten	€ 240.000	
Energiekosten	€ 50.000	
Onderhoudskosten bedrijfspanden	€ 80.000	
Verkoopkosten	€ 250.000	
Transportkosten	€ 160.000	
Algemene kosten	€ 120.000 +	
		€ 1.700.000 –
Fiscale EBITDA		€ 650.000
Afschrijvingskosten:		
• Gebouwen	€ 135.000	
• Inventaris	€ 80.000	
• Showroommodellen	€ 120.000 +	
		€ 335.000 –
Fiscale EBIT = fiscaal bedrijfsresultaat		€ 315.000
Interestkosten (willekeurig bedrag)[2]		€ 240.000 –
Fiscaal resultaat		€ 75.000
Te betalen vennootschapsbelasting[3]		€ 15.000 –
Mutatie winstreserve		€ 60.000

1 In 2018 is 38% van de omzet op rekening verkocht.
2 Voor interestkosten is een willekeurig bedrag opgenomen. De werkelijke interestkosten hangen af van de gekozen financieringswijze van de overname en worden door het Excel-model automatisch berekend.
3 Het percentage van de vennootschapsbelasting is 20%.

We veronderstellen (voor de eenvoud) dat de begrote resultaten in de jaren ná 2018 overeenkomen met het begrote resultaat over 2018.
In 2019 wordt voor een bedrag van €200.000 geïnvesteerd in nieuwe showroommodellen.
Bij deze opgave hoort een Excelbestand (zie www.financieelmanagement-mkb.noordhoff.nl) dat je moet gebruiken voor de uitwerkingen van dit vraagstuk. We nemen aan dat de overname plaatsvindt op 2 januari 2018. In het Excelmodel moet je de wijze waarop de overname wordt gefinancierd nog invullen in de gedeeltelijk opgestelde balans per 2 januari 2018. Ook moet je een keuze maken ten aanzien van de omvang van de jaarlijkse aflossingen vanaf 2018. In de gele cellen kun je je keuzes invullen.
Het Excelmodel rekent op basis van jouw keuzes een groot aantal zaken uit, zoals:
- volledig ingevulde begrote balans per 2 januari 2018;
- begrote winst- en verliesrekening over 2018 (na overname);
- begrote balans per 31 december 2018;
- begroot kasstroomoverzicht 2018;
- mutatie in de hoeveelheid liquide middelen in 2018;
- begrote winst- en verliesrekening over 2019;
- begrote balans per 31 december 2019;

- begroot kasstroomoverzicht 2019;
- mutatie in de hoeveelheid liquide middelen in 2019;
- omvang van de rekening-courant bij de bank; dit is een sluitpost en wordt door het model automatisch uitgerekend.

Met behulp van deze financiële informatie moet je een groot aantal kengetallen berekenen, die je moet gebruiken om je financieringsvoorstel te onderbouwen. Hiervoor moet je het Excelmodel gebruiken en door middel van celverwijzingen (formules) de berekeningen uitvoeren. De cellen waarin de formules ingevuld moet worden, zijn lichtblauw gekleurd. Daarnaast moet je de kengetallen van BKE bv ook vergelijken met kengetallen die gelden voor de branche als geheel. De branchegegevens zijn beschikbaar op www.detailhandel.info en kunnen in de gele cellen aan het einde van het Excelmodel worden ingevuld. De huisvestingskosten bestaan uit energiekosten, onderhoudskosten bedrijfspanden en afschrijvingskosten op gebouwen, inventaris en showroommodellen. De overige bedrijfskosten bestaan uit verkoopkosten, transportkosten en algemene kosten.

Let bij het Excelmodel op het volgende:
- in de *lichtgele* cellen kun je nieuwe *gegevens* invullen;
- in de *lichtblauwe* cellen moet je *celverwijzingen (formules)* invullen;
- de omvang van de rekening-courant wordt door het model automatisch uitgerekend.

a De algemene banken, zoals RABO, ABN AMRO en ING, zijn de laatste jaren terughoudend geweest met het verstrekken van bankleningen aan MKB-bedrijven.
  1 Wat zijn de oorzaken van deze terughoudendheid?
  2 Welke problemen levert dat op voor MKB-bedrijven en de Nederlandse economie?
b **1** Leg uit wat wordt verstaan onder gestapelde financiering.
  2 Waarom komt gestapelde financiering de laatste jaren meer voor?
  3 Wat is een participatiemaatschappij en welke rol spelen die bij de financiering in het MKB?
c **1** De overheid heeft verschillende maatregelen getroffen om de financiering van MKB-ondernemingen te vergemakkelijken.
  Van welke overheidsmaatregelen zou BKE bv gebruik kunnen en willen maken? Leg duidelijk uit waarom BKE bv van een bepaalde regeling gebruik zou willen maken en wat de gevolgen ervan zijn voor de financiering van deze overname.
  2 In deze opgave moet je voor de financiering van de overname €2.500.000 van buiten de onderneming aantrekken. Een participatiemaatschappij is bereid deel te nemen in het eigen vermogen van BKE bv. Je moet zelf een keuze maken ten aanzien van de omvang van de deelname in het eigen vermogen van BKE bv door de participatiemaatschappij. Daarnaast moet je de omvang van het *vreemd vermogen op lange termijn* aanpassen (gele cellen in het Excelbestand). Er moet in ieder geval ook een banklening worden aangevraagd met een looptijd van 20 jaar (die onder de naam 'Nieuwe banklening' op de balans komt te staan). Deze lening moet met gelijke bedragen per jaar worden afgelost. De door jou gemaakte keuzes moet je in het Excelmodel invullen. De omvang van de rekening-courant is een sluitpost en wordt door het model automatisch berekend.

3 Je moet ook een keuze maken ten aanzien van de bedragen die in de jaren 2018 en 2019 op de verschillende vormen van vreemd vermogen worden afgelost. De door jou gemaakte keuzes moet je in de betreffende (lichtgele) cellen invullen.

d Voordat je naar de bank stapt om een banklening aan te vragen, maak je voor jezelf een financiële analyse en een summiere brancheanalyse. Hiervoor moet je het Excelmodel gebruiken en gebruikmaken van celverwijzingen (formules in de lichtblauw gekleurde cellen invullen).

In de financiële analyse moet je aandacht schenken aan:
- de *liquiditeit*, door de current én quick ratio per 1 januari 2018, per 31 december 2018 en 31 december 2019 te berekenen en het kasstroomoverzicht over 2018 en 2019 op te stellen en de resultaten te verwerken in je oordeel over de liquiditeit;
- de *solvabiliteit* door de debt ratio, het solvabiliteitspercentage en de verhouding garantievermogen/totaal vermogen te berekenen;
- de *rentabiliteit* door de rentabiliteit van het totaal vermogen (Rtv), de gemiddelde kostenvoet van het vreemd vermogen (Kvv) en de rentabiliteit van het eigen vermogen (Rev) te berekenen over de jaren 2017, 2018 en 2019;
- het beheer van het nettowerkkapitaal van BKE bv door het aantal voorraaddagen, het aantal debiteurendagen en het aantal crediteurendagen te berekenen;
- de mate waarin BKE bv in staat zal zijn haar aflossings- en interestverplichtingen in verband met het vreemd vermogen na te komen door de debt service coverage ratio (DSCR), de debt service ratio (DSR) en het interestdekkingsgetal te berekenen.

e 1 Wat verstaan we onder garantievermogen?
 2 Welke zekerheden zou BKE bv kunnen geven aan de verstrekkers van vreemd vermogen?

f Voor de branche-analyse moet je met behulp van het Excelmodel (celverwijzingen in de lichtblauwe cellen) voor BKE bv voor de jaren 2017, 2018 en 2019 berekenen:
 1 de brutowinstmarge in % van de omzet
 2 de personeelskosten in % van de omzet
 3 de huisvestingskosten in % van de omzet
 4 de overige bedrijfskosten in % van de omzet
 5 de fiscale EBIT in % van de omzet
 6 de omzet per winkel
 7 de omzet per m²
 8 de omzet per fte

g Vergelijk je resultaten met de kengetallen voor de gehele branche. Zie hiervoor www.detailhandel.info en informatie die beschikbaar wordt gesteld door organisaties zoals Panteia, CBS, DNB en de grote banken.

h 1 Wat is het bezwaar van branchegegevens (zoals die bijvoorbeeld door detailhandel.info beschikbaar worden gesteld) in het kader van financiële prognoses, zoals begrotingen?
 2 Welke instanties (organisaties) verschaffen informatie over toekomstige economische ontwikkelingen?

i Verplaats je nu in de positie van de bank waar BKE bv de nieuwe banklening aanvraagt. Zou jij – gezien vanuit je positie van de bank – de gevraagde banklening aan BKE bv verlenen? (De omvang en aard van de door BKE bv gevraagde banklening blijkt uit je antwoord op vraag **c2**). Motiveer je antwoord en geef aan op welke aspecten de bank met name zal letten. Bij het beantwoorden van deze vraag moet je ook gebruikmaken van de kengetallen die bij de vragen **d** tot en met **g** zijn berekend.

10

Numerieke antwoorden van de opgaven

Hoofdstuk 1

1.1   a   €32.060.000
        b   €3.220.000
        c   €250.000
        d   €35.000.000

1.2   a   €42.240.000
        b   €38.400.000
        c   €6.470.000
        d   €10.000.000

1.3   a   €129.600
        b   Primaire geldontvangsten €800.000, secundaire geldontvangsten €3.600
           Primaire gelduitgaven €648.000, secundaire gelduitgaven €26.000
        c   €803.600 – €674.000 = €129.600

1.5   a   €70.000
        b   €30.000

1.6   b   Klaas €35.000, Piet €165.000

1.7   a   1   €100.000
           2   €200.000
           3   €60.000
           4   €340.000
        b   1   €100.000
           2   €200.000
           3   €0
           4   €0

1.8   a   1   €310.000
           2   €260.000
        b   €205.000
        c   1   €127.015,09
           2   €125.800,76
        d   €182.984,92
        e   €184.199,24

1.9   a   1   €167.263,09
           2   €164.880,76

1.10 **a** 1 €33.103,09
           2 €39.710,77

Hoofdstuk 2

2.1 **a** €42.123,63
        b €44.518,22
        d €50.000

2.2 **a** €86.202,50
        b €90.122,34
        c € 80.000

2.3 **a** €17.785,28
        b €17.815,04
        d €20.000

2.4 **a** €32.306,58
        b €32.342,05
        d €30.000

2.9   EBIT = €500.000
            Resultaat na vennootschapsbelasting = €235.000

Hoofdstuk 3

3.1 **a** Liquide middelen per 31 december 2017 = €41.000
        b Liquide middelen per 1 januari 2017 = €64.000
        c Mutatie liquide middelen = €23.000– (afname)
        d Kasstroom op winstbasis = €214.000
        e Operationele kasstroom = €209.400
        f Vrije kasstroom = €187.400
        g Geldstromen vermogensmarkt = €120.000–
        h Mutatie liquide middelen = €23.000– (afname)

3.2 **a** Liquide middelen per 31 december 2017 = €22.000
        b Liquide middelen per 1 januari 2017 = €58.000
        c Mutatie liquide middelen = €36.000– (afname)
        d Kasstroom op winstbasis = €127.400
        e Operationele kasstroom = €26.400
        f Vrije kasstroom = €134.400
        g Geldstromen vermogensmarkt = €113.040–
        h Mutatie liquide middelen = €36.000– (afname)

3.3 **a** EBITDA = €170.000
        b EBIT = €140.000
        c Fiscale winst = €100.000
        d Cashflow = €130.000
        f Bedrijfseconomisch resultaat = –€30.000 (verlies)

3.4 **a** EBITDA = €195.000
        b EBIT = €155.000
        c Fiscale winst = €100.000
        d Fiscale winst na belasting = €80.000
        e Cashflow = €120.000

3.5   **a** €720.000
    b €345.000
    c €315.000
    d €216.250
    e €246.250

Hoofdstuk 4

4.1   **a** €3.640.000
    b €2.410.000
    c €3.200
    d €1.049.740
    e €877.335
    f €440.000

4.2   **a** €806.000
    b €340.000
    c €512.000
    d Balanstotaal = €806.000
    f Voorgecalculeerde winst = €41.225
    g 1 Januari = €42.000, februari = €44.000, maart = €50.000
       2 Eindsaldo rekening-courant: jan. = €123.925–, febr. = €142.850–, maart = €131.775+
    h Balanstotaal = €828.000

4.3   **a**

	1 januari 2017	31 december 2017
Current ratio	1,4	1,07
Quick ratio	0,73	0,36

    c

	1 januari 2017	31 december 2017
Debt ratio	0,4737	0,4286
Solvabiliteits%	52,63%	57,14%

    f

	1 januari 2017	31 december 2017
Liquide middelen	€40.000	€30.000

4.4   **a** €177.800
    b €75.150
    c €102.650
    d €79.040,50
    e 6,08%

4.5

	1 januari 2017	31 december 2017
b current ratio	2,5	2,75
c quick ratio	1,5	1,38

4.6   **c** 0,204755 (20,4755%)
    e 3,478261
    f 19,2 (op basis van inkoopwaarde van de omzet)
       32 (op basis van de omzet in verkoopprijzen)
    g 15,2 dagen

h 19,4 dagen
i 0,204755 (20,4755%)

4.8

		31 december 2016	31 december 2017
a	Nettowerkkapitaal	€300.000	€370.000
b	Current ratio	2,5	2,19
c	Quick ratio	1,5	0,84

4.9

		1 januari 2018	31 december 2018
a	Nettowerkkapitaal	€125.000	€140.000
b	Current ratio	2,32	2,17
c	Quick ratio	1,37	1,00

4.10

			31 december 2017	31 december 2016
b	1	Current ratio	6	7
	2	Quick ratio	2,64	3
	3	Nettowerkkapitaal	€125.000	€120.000

			31 december 2017	31 december 2016
f	1	Debt ratio	0,49	0,55
	2	Solvabiliteits%	51%	45%
	3	Garantievermogen	€200.000	€180.000
h	1	0,22 (22%)		
	2	0,0594 (5,9%)		
	3	0,40 (40%)		
	4	0,32 (32%)		
j	1	7,19		

4.11

			31 december 2016	31 december 2017
b	1	Current ratio	2,2	3,4
	2	Quick ratio	1,0	1,7
	3	Nettowerkkapitaal	€100.000	€110.000

			31 december 2016	31 december 2017
f	1	Debt ratio	0,35	0,33
	2	Garantievermogen	€420.000	€390.000
h	1	0,182 (18,2%)		
i		−€4.400 (verlies)		
k		Rev (voor belasting) = 0,108 (10,8%)		
l	1	Interestdekkingsgetal (interest coverage ratio) = 8,5		

4.12

			31 december 2016	31 december 2017
a	1	Current ratio	0,65	0,85
b	1	Debt ratio	0,6451	0,6314
	2	Interestdekkingsgetal (interest coverage ratio) = 2,18		
c		Rev = 0,1131 (11,31%)		
d		Rtv = 0,1038 (10,38%)		

4.13   **a**   1   1,61 keer per jaar (op basis van inkoopwaarde van de omzet)
              1,81 keer per jaar (op basis van de omzet in verkoopprijzen)
          2   11,3 keer per jaar (op basis van inkoopwaarde van de omzet)
              12,67 keer per jaar (op basis van de omzet in verkoopprijzen)
          3   Rtv = 0,1667 (16,67%)
          4   48 dagen

        b   Interestdekkingsgetal (interest coverage ratio) = 7
        f 1 €68.000
            2 €2,29
            3 Rtv = 0,1667 (16,67%)
            4 1,03

4.14   **b** Eindsaldo Kas = €215.000
         c Current ratio = 3,2
         e Winst voor aftrek van vennootschapsbelasting = €81.000
         f Balanstotaal = €1.521.000

4.15   Kosten leverancierskrediet = 18,18%

4.16   Kosten leverancierskrediet = 18,27%

4.17   Kosten leverancierskrediet = 35,62%
           Kosten rekening-courantkrediet = 18%

Hoofdstuk 5

Geen numerieke antwoorden

Hoofdstuk 6

6.1   **b** €15,95

6.2   **b** €131,64

6.3   **a** 65.000
        b €5
        d Verkoopprijs excl. btw = €9, inclusief btw = €10,89

6.4   Winst = €2.200

6.5   **a** 24.000
        c €14 (voor beide jaren)

6.6   **a** 10.000
        c €100 (voor beide jaren)

6.7   **a** €12
        b €97.700
        c €12
        e €15
        f €25.300

6.8   **a** 36%
        b €11,72
        c €12,35

6.9   **a** 25%
        b €11,00
        c 14% op directe grondstof, 3% op direct e arbeid, 1% op totale directe kosten
        d €10,72

6.10 **a** 1 40%
       b €1.620
       c €3.267
       d 10% op directe materialen en 142,66% op directe arbeid
       e €1.633,85

6.11 **b** 20% op directe materialen, 8,33% op directe arbeid, 12,82% op totale directe kosten.
       c €62,91
       d Verkoopprijs excl. btw = €114,38, inclusief btw = €138,40

6.12 **a** 50% opslag op directe materialen
       b €42,50
       d 15% op directe materialen, 20% op directe arbeid, 2% op totale directe kosten
       e €41,95

6.13 **a** Indirect vast = €90.000, indirect variabel = €80.000
       b Totale directe kosten = €261.000
       c Vast indirect = 34,48% en variabel indirect = 156,86%
       d 1 Mont Ventoux = €662,29
           2 Alpe d'Huez = €746,33
       e €1.144,82

6.14 **a** €220.574,16
       b €204.283,60
       d Opslagpercentage = 105,36%, kostprijs = €30,80

6.15 **a** €6,35
       b €7
       c €8,75
       d €10,59

6.16 **a** €12
       b €720.000
       c €21

6.17 **a** €7,50
       b €31.000
       c €10,60

6.18 **a** 25% (0,25)
       b €1,65
       c €1,62

6.19 **a** 20% (0,20)
       b €33,80
       c 5% op directe materialen, 20% op directe lonen, 6,25% op totale directe kosten
       d €33,01

6.20 **a** Indirecte vaste kosten = €10.500.000, indirect variabel = €6.000.000
       b €21.600.000 + €3.000.000 + €1.600.000 = €26.200.000

    c 15,65% op directe materialen, 178,26% op directe arbeid, 18,78% op totale directe kosten
    d €10.622,06
    e €19.773,37

6.21   **a** 800
    c 880

6.22   **a** 13.000 (10.000 voldoet niet)

6.23   **a** €6.000.000
    b €7.500.000
    c €8.000.000
    d €6.400.000
    e €8.000.000

6.24   **a** 0,295 (29,5%)
    b Break-evenomzet = €2.000.000
    c Brutowinstmarge = 0,315 (31,5%), break-evenomzet = €1.873.016

6.26   Differentiële winst = €55.000

6.27   Differentiële winst = €3.414

6.28   Differentiële winst = €12.000.000

Hoofdstuk 7

7.1   €70.000

7.2   **a** 3⅓ jaar
    b 18,18%
    c 1 +€16.286,56

7.3   **a** 1 €50.000
    b 4,8 jaar
    c 16,67%
    d 1 NCW = −€8.056,80

7.4   **a** Extra winst = €120.000
    b €30.000
    c €190.000
    e 6 jaar
    f NCW = +€118.954,08

7.5   **a** 1 XR-1000 = 2 jaar, CB-300 = 3 jaar, FXRS = 3 jaar
      2 XR-1000 = 26,92%, CB-300 = 16,19%, FXRS = 25%
      3 XR-1000 = +€257.653,06, CB-300 = −€18.709,00, FXRS = +€260.122,09

7.6   **a** Project A = 2,78 jaar, Project B = 3,03 jaar, Project C = 2,86 jaar
    b Project A = 30%, Project B = 26%, Project C = 18,18%
    c Project A = +€6.467,02, Project B = +€5.019,20, Project C = +€2.189,05

7.8   **a**   1   €50.900
            2   –36,22%

7.10   **a**   €13
        b   Voor belasting €140.000, na belasting €105.000
        c   Jaar 1 t/m 4 = €165.000 per jaar, jaar 5 = €215.000
        e   3 jaar
        f   52,5%
        g   +€187.838,68

Hoofdstuk 8

8.2   **a**   1   €500.000.000
            2   €200.000.000
        b   1   €895.238.095,20
            2   €600.000.000
            3   €240.000.000
            4   €55.238.095,20
        c   €40.000.000
        e   Balanstotaal H&H bv = €903.000.000, balanstotaal Hendriksen bv = €240.000.000

8.3   **a**   1   €400.000.000
            2   €300.000.000
        b   1   €360.000.000
            2   9.000.000
            3   €270.000.000
            4   €60.000.000
        c   Balanstotaal Jansen bv = €1.160.000.000, balanstotaal Davids bv = €360.000.000

8.4   **a**   1   €986.000
            2   €994.000
        b   €1.231.902,28
        c   NCW = –€124.903,73

Hoofdstuk 10

Voor de opgaven 10.2 en 10.3 zijn er geen eenduidige (numerieke) antwoorden gegeven. De numerieke antwoorden op bepaalde vragen zijn mede afhankelijk van de gemaakte keuzes ten aanzien van de financiering van de beoogde investeringen.

Overzicht van websites en aanvullende literatuur

Onderwerp	Naam website (www.)
Financieel management	financieelmanagementmkb.noordhoff.nl
Algemene informatie	ondernemersplein.nl, mkbservicedesk.nl, fd.nl
Banken	dnb.nl, abnamro.nl, rabo.nl, ing.nl, nvb.nl
Bart Romijnders	bartromijnders.nl
Belastingen	belastingdienst.nl
Branche-informatie	detailhandel.info, panteia.nl, locatus.nl, cbs. nl
Economische vooruitzichten	cpb.nl, dnb.nl, ser.nl, ecb.int, websites van banken
Externe verslaggeving	nba.nl, flynth.nl, bdo.nl, kpmg.nl, ey.nl, pwc.nl, deloitte.nl
Financiering	ftm.nl, websites van banken, graydon.nl, rvo.nl, nvp.nl, credion.nl
FinTech	hollandfintech.com, fintech.nl, financieringslink.nl, credion.nl, ayden.nl
Kredietunie	dekredietunie.nl
Marktwerking	acm.nl
Microkrediet	qredits.nl
Ontwikkelingsmaatschappijen	bom.nl, oostnl.nl, liof.nl, nom.nl
Starters	de-eigen-zaak.nl, ondernemersplein.nl
Subsidies	rvo.nl, inzakengaan.nl, subsidieshop.nl, subsidiebureau.nl
Schuldsanering	bureauwsnp.nl
Wet- en regelgeving	kvk.nl, rijksoverheid.nl, minez.nl, ez.nl, uwv.nl
Zakelijke informatie (divers)	eurobench.com, zibb.nl

Aanvullende literatuur

Heezen, A.W.W. *Bedrijfseconomie voor het besturen van organisaties,* 6e druk, Noordhoff Uitgevers

Heezen, A.W.W. *De financiële functie: Beslissingen en planning,* 5e druk, Noordhoff Uitgevers

Heezen, A.W.W., Ammeraal, T. *De financiële functie: Vermogensmarkt en ondernemingswaarde,* 5e druk, Noordhoff Uitgevers

Register

A

Aanbiedingsregeling 30
Aandelen 29
Aanmerkelijk belang 41
Aansprakelijkheid 24, 30
Accountant 27
Achtergestelde lening 355
Activastructuur 121
Actuele kostprijs 63
Actuele waarde 302, 305, 308, 391
Administratie 60
Afschrijvingskosten 211
Algehele gemeenschap van goederen 24
Algemene Vergadering van Aandeelhouders 29
Anti-misbruikwetgeving 30
Aspect 1 381
Aspect 2 382
Aspect 3 384
Aspect 4 390
Aspect 5 393

B

Balans 88
Balans DeFeX 375
Balans Fenter 303
Balansverkorting 130
Balanswaarde 391
Bancaire invalshoek 382
Bedrijfsdrukte 207
Bedrijfseconomische goodwill 311, 372
Bedrijfseconomisch resultaat 99, 100
Bedrijfsschadeverzekering 398
Bedrijfswaarde 305
Begroot kasstroomoverzicht 375, 379, 382
Begrote winst- en verliesrekening 284, 374
Belastingdruk 44
Belasting toegevoegde waarde 204
Benchmarking 191
Benchmarking Demo 191
Beoordelingsverklaring 69
Besloten vennootschap 29
Besluit bijstandverlening zelfstandigen 338
Bestuursverslag 62

Bezettingsgraad 219
Bezitloos pandrecht 132, 354
Blokkeringsregeling 30
Bodembeslag 354
Bodemvoorrecht 353
Boedelschulden 353
Boek 2, titel 9, BW 61
Boekhoudkundige goodwill 310, 372
Boekwaarde 72, 302, 304, 308
Borgstelling 394
Borgstelling Midden- en Kleinbedrijf (BMKB) 333
Box 1 39
Box 2 41
Brancheanalyse 184
Branchevergelijking 384
Break-evenpunt 214
Bruto-investeringen 96
Brutomarge 74
Brutowinst 218
Brutowinstmarge 136
Bufferfunctie 132

C

Calamiteiten 395
Capaciteitskosten 210
Cashflow 102
Categoriale kostensplitsing 73
Concurrente crediteuren 355
Conjunctuurgevoeligheid 221
Consumenten- en producentenvertrouwen 395
Contante waarde 64
Controleverklaringen 69
Courantheid 392
Crediteuren 342, 346
Crediteurendagen 150
Crowdfunding 345
Current ratio 145, 382

D

Debiteurendagen 150
Debt ratio 391
Debt service coverage ratio 383

Debt service ratio   390
Deelneming   72
DeFeX   310, 371, 374, 394
DeFeX balans   373
Degressief stijgende variabele kosten   208
Delingscalculatie   228
Demo   136
Differentiële calculatie   237
Directe kosten   227
Directe methode   74, 92
Directe opbrengstwaarde   63, 305
Directeur-grootaandeelhouder   32
Dividend   21
Dochtermaatschappij   73
Doorstart   355
Dubbele belasting   31
Dubbele belastingheffing   43
Due diligence   305
Durfkapitaal   336
Dynamische liquiditeit   144

E

EBIT   91
EBITDA   91
Eenmanszaak   23
Eenmanszaak Demo   89
Eigendomsvoorbehoud   342
Eigen vermogen   21, 122
Elektronisch deponeren   65
Enkelvoudige opslagmethode   229, 234
Excelmodel   285, 367
Externe accountant   61, 68
Externe adviseurs   17
Externe financiering   125, 330
Externe groei   299
Externe relaties   17
Externe verslaggeving   61

F

Factoring   128
Faillissement   393
Faillissementsschulden   353
Fair value   71
Fenter Electro   370
Financial accounting   61
Financial lease   72, 131
Financieel verslag   62
Financiële gegevens   370
Financiële resultaten Demo   367
Financiële structuur   120
Financiële vaste activa   72
Financiering   299
Financiering MKB   331

FinTech   347
Fiscaal resultaat   61
Fiscale eenheid   39
Franchise   298
Franchisegever   298
Franchisenemer   298
Fte   89
Functionele kostensplitsing   73

G

Garantievermogen   154, 155
Geconsolideerde jaarrekening   73
Geldstromen   19
Geldstromen van en naar de
    vermogensmarkt   96
Gemiddelde bedrijfsdrukte   224
Gemiddelde boekhoudkundige rentabiliteit
    269, 275, 277
Gemiddelde brutowinstmarge   218
Gemiddelde kostenvoet vv   140
Gemiddeld geïnvesteerd vermogen   136
Gestapelde financiering   349
Goederen- en geldstromen   20
Goederenstroom   19
Goedkeuringsregeling   30
Going concern   145
Going-concernwaarde   63, 391
GOL   99
Goodwill   71
Goudenbalansregel   123

H

Hefboomwerking vermogensstructuur   140
Herwaardering   72
Historische analyse   384
Historische kostprijs   63
Homogeen product   215
Hoofdelijk aansprakelijk   28
Hoofdelijke aansprakelijkheid   394
Hoofdindeling balans   70
Hoofdindeling kasstroomoverzicht   74
Hoofdindeling winst- en verliesrekening   73
Houdstermaatschappij   73
Huwelijkse voorwaarden   24
Hypothecaire lening   123
Hypotheek   132, 393

I

Immateriële vaste activa   71
Indifferentiepunt   236
Indirecte kosten   227
Indirecte methode   75, 92
Indirecte opbrengstwaarde   305

Indirecte opbrengstwaarde 63
Informal investors 336
Inkomstenbelasting 25, 39
Innovatiekrediet 334
Integrale kosten 223
Intensieve financiering 125
Interest coverage ratio 389
Interestdekkingsgetal 154, 390
Interne accountant 68
Interne financiering 125, 330
Interne groei 299
Interne verslaggeving 60
Investeren 261
Investeringsbeslissingen 261, 265
Investeringsproject 262, 311
Investeringsselectie 261
IVA 26

J
Jaarrekening 62

K
Kamer van Koophandel 23
Kapitaalsvergelijking 98
Kasstroom op winstbasis 95
Kasstroomoverzicht 88, 92
Kengetallen 382
Keuze investeringsmogelijkheden 274
Kostenstructuur 220, 396
Kostprijs 203, 223
Kostprijsberekening Demo 232
Kostprijsformule 225
Kredietaanvraag 367
Kredietplafond 104, 350
Kredietunie 346
Kwartaalaangifte 206

L
Leasing 130
Leencapaciteit 104, 153
Leveraged buy in 352
Leveraged buy out 352
Leverancierskrediet 141
Lijfrenteverzekering 26
Liquidatiewaarde 63, 392
Liquide middelen 20, 74, 88, 281
Liquiditeit 143, 380, 382
Liquiditeitsbalans 143
Liquiditeitsbegroting 144, 281, 284, 379, 382

M
Maandelijkse aangifte 206
Maatschap 28

Macro-economische ontwikkelingen 188
Management accounting 60
Management buy in 352
Management buy out 352
Management-bv 34
Marktmechanisme 18
Marktvorm 202
Marktwerking 18
Materiële vaste activa 71
Maturity factoring 130
Meerderheidsdeelneming 73
Meervoudige opslagmethode 230
Meewerkaftrek 340
Microkrediet 340, 347
Minderheidsdeelneming 73
MKB-winstvrijstelling 39

N
Nadelen 277, 278
Nadelen besloten vennootschap 33
Nadelen eenmanszaak 27
Natuurlijke personen 22
Nettocontantewaardemethode 276, 278
Nettogeldontvangst 265
Nettowerkkapitaal 95, 144, 147
Niet-rentedragende vreemd vermogen 140
NMa 203
Normale bezetting 224

O
Old-line factoring 129
Omloopsnelheid totaal vermogen 138
Omloopsnelheid van de voorraden 138, 152
Omlooptijd van de voorraden 152
Omzetbelasting 204
Omzettingsmotieven 44
Onbehoorlijk bestuur 30
Ondernemer 381
Ondernemer en onderneming 380
Ondernemersaftrek 40
Onderneming 381
Ondernemingsdoelstelling 16
Ondernemingsvorm 22
Onvermijdbare kosten 226
Openbaar maken 60
Operational lease 72, 130
Operationele kasstroom 95
Opportunity costs 99, 279
Opportunity profits 279
Opslagmethode 229
Opslagpercentage 233
Opslagpercentage per productgroep 234
Oudedagsreserve 26, 29, 339

Ouderdom vorderingen   306
Outsourcing   222, 378
Overige gegevens   67
Overnameprijs   309
Overwaarde   104

P
Pandrecht   132, 393
Parate executie   393
Participatiemaatschappij   336
Partiële financiering   123
Payroll   36
Pensioenvoorziening   26
Persoonlijke holding   34
Porter   184
Prijsbederf   238
Primaire geldstromen   20
Primaire geldstromen na belastingen   265
Primair proces   19
Progressief stijgende variabele kosten   207
Proportioneel variabele kosten   207
Publicatie jaarrekening   65
Publiceren   33

Q
Quick ratio   147, 382
Quick scan   18, 366

R
Raad van Bestuur   29
Raad van Commissarissen   29
Rechtspersonen   22
Regionale ontwikkelingsmaatschappij   337
Rekening-courantkrediet   342, 345
Rentabiliteit   135, 380, 384, 388
Rentabiliteit eigen vermogen   138
Rentabiliteitswaarde   302
Rentabiliteit totaal vermogen   137
Rentabiliteit vreemd vermogen   139
Reorganisatie   351
Risicoanalyse   396
Risicobeheersing   222, 395, 396
Risicoverzekeringen   28
ROM   337

S
Sale and lease back   132, 378
Samenstellingsverklaring   69
SBI   184
Secundaire geldstromen   20
Separatist   393
Solvabiliteit   390
Solvabiliteit Demo   153, 156, 380

Solvabiliteitspercentage   155, 391
Staatsgarantie   335
Startersfaciliteiten   340
Stil pandrecht   354
Statische liquiditeit   144
Stil pandrecht   393
Stuurinstrument   70
Subsidies   339
Synergie   310

T
Terugverdienperiode   269, 274, 277
Theoretische marktwaarde   307, 309, 312
Tijdvoorkeur   271
Totale financiering   123
Track record   380
Turn around   351

U
Uitbesteding   236
Uitbreidingsinvestering   262

V
Vaste activa   121
Vaste kosten   209
Vastgoed-bv   34
Vennootschap onder firma   27
Vennootschapsbelasting   31, 38
Venture capital   336
Verantwoording   69
Vergelijking selectiemethoden   277
Vergoeding ingebracht eigen vermogen   100
Vermenigvuldigingsfactor   312
Vermogensbehoefte   121
Vermogenskosten   233
Vermogensmarkt   20, 22, 330
Vermogensstructuur   122, 132
Verslaggeving   60
Vervangingsinvestering   262
Vervangingswaarde   305
Vijfkrachtenmodel   184
Vlottende activa   121
Voordelen   277, 278
Voordelen besloten vennootschap   33
Voordelen eenmanszaak   27
Voorraaddagen   150
Voorziening   96
Vreemd vermogen   122
Vrije kasstroom   96
Vuistpand   132, 393
Vuistregel   312

W
Waardering 63, 302
Weerstandvermogen 155
WAO 26
Werkmaatschappij 34
Wet schuldsanering natuurlijke personen
355
WGA 26
WIA 26
Winst- en verliesrekening 136
Winst- en verliesrekening Demo 90, 107
Winstopslag 234
WW 26

Z
Zakelijk vermogen 24
Zeggenschap 29
Zeggenschapsverhoudingen 133
Zekerheden 132, 380, 393
Zekerheidstelling 332
Zelfstandigenaftrek 39, 339
Zorgverzekering 27
ZW 26
Zzp 36